A LIBRARY OF DOCTORAL DISSERTATIONS IN SOCIAL SCIENCES IN CHINA

中国
社会科学
博士论文
文库

乡土中国的仪式性少数民族体育

——以湘北侗乡抢花炮为个案的研究

李志清　著

导师　虞重干

中国社会科学出版社

图书在版编目(CIP)数据

乡土中国的仪式性少数民族体育:以桂北侗乡抢花炮
为个案的研究/李志清著. —北京:中国社会科学出版社,
2008.11

(中国社会科学博士论文文库)

ISBN 978-7-5004-6915-5

Ⅰ.乡… Ⅱ.李… Ⅲ.侗族—民族形式体育—研
究—广西 Ⅳ.G852.9

中国版本图书馆 CIP 数据核字(2008)第 166110 号

责任编辑 易小放
责任校对 徐幼玲
技术编辑 李 建

出版发行 中国社会科学出版社
社 址 北京鼓楼西大街甲 158 号 邮 编 100720
电 话 010—84029450(邮购)
网 址 http://www.csspw.cn
经 销 新华书店
印 刷 北京新魏印刷厂 装 订 丰华装订厂
版 次 2008 年 11 月第 1 版 印 次 2008 年 11 月第 1 次印刷
开 本 880×1230 1/32
印 张 15.875 插 页 2
字 数 395 千字
定 价 35.00 元

作者简历

　　李志清　1961年3月生，广西桂林人。1977年考入广西师范大学，攻读生物学；2002年考入上海体育学院攻读博士学位，2006年获体育人文社会学专业博士学位。现为广西师范大学体育学院教授、自治区重点建设学科体育人文社会学学科带头人、中国社会学会体育社会学专业委员会委员。主持过国家社科基金项目、上海市社科基金项目、广西社科基金项目、上海市体育局社会科学决策咨询项目和广西教育厅研究项目，在《体育科学》、《中国运动医学杂志》、《体育科研》等学术刊物发表论文40余篇。

内 容 提 要

少数民族传统体育活动是民族群体文化的重要组成部分，它们往往具有仪式和信仰的特点，理解和掌握这一点对少数民族体育的保护、传承、引导有重要的意义。作者选择社会文化人类学等学科的相关论述作为研究的学理依据，以原生态的抢花炮为个案，运用多视角的观察深入调查研究，获得了翔实的资料。本书提供了抢花炮活动中反映的大小传统的互动和国家与社会关系的大量实证材料，展示了桂北侗乡的社会面貌及其社会变迁，论述了仪式性少数民族体育存在的现实意义及其在现代背景下的生机与困境。

作者提出"仪式性少数民族体育"的概念，开拓了少数民族体育研究的一个新的领域——使少数民族体育研究引入了权力关系和政治视角，关注了它们与国家政治生活及国家权力的互动关系而不再局限于其小传统的描述。由此本书对少数民族体育有了新的认识——仪式化使少数民族体育实现功能的扩展，其传承全景展示了乡土社会面貌及其社会变迁的轨迹；仪式化使少数民族体育具有顽强的生命力，也使少数民族体育在现代背景下获得循环与再生。本书通过对抢花炮的全面系统分析，挖掘了这种仪式性体育活动的重要意义，包括形成集体记忆，建构族群认同和国家认同；创造公平与公正的竞争，维护村寨间的和谐；构筑公共空间，实现社区整合；增强民族自信，加倍热爱生活等。本书认为，对少数民族体育仪式性功能的认识具有理论和实践的双重价值。

总　序

　　在胡绳同志倡导和主持下,中国社会科学院组成编委会,从全国每年毕业并通过答辩的社会科学博士论文中遴选优秀者纳入《中国社会科学博士论文文库》,由中国社会科学出版社正式出版,这项工作已持续了 12 年。这 12 年所出版的论文,代表了这一时期中国社会科学各学科博士学位论文水平,较好地实现了本文库编辑出版的初衷。

　　编辑出版博士文库,既是培养社会科学各学科学术带头人的有效举措,又是一种重要的文化积累,很有意义。在到中国社会科学院之前,我就曾饶有兴趣地看过文库中的部分论文,到社科院以后,也一直关注和支持文库的出版。新旧世纪之交,原编委会主任胡绳同志仙逝,社科院希望我主持文库编委会的工作,我同意了。社会科学博士都是青年社会科学研究人员,青年是国家的未来,青年社科学者是我们社会科学的未来,我们有责任支持他们更快地成长。

　　每一个时代总有属于它们自己的问题,"问题就是时代的声音"(马克思语)。坚持理论联系实际,注意研究带全局性的战略问题,是我们党的优良传统。我希望包括博士在内的青年社会科学工作者继承和发扬这一优良传统,密切关注、深入研究21世纪初中国面临的重大时代问题。离开了时代性,脱离了社会潮流,社会科学研究的价值就要受到影响。我是鼓励青年人成名成家的,这是党的需要,国家的需要,人民的需要。但问题在于,什么是名呢? 名,就是他的价值得到了社会的承认。如果没有得到社会、人民的承认,他的价值又表现在哪里呢?所以说,价值就在于对社会重大问题的回答和解决。一旦回答了时代性的重大问题,就必然会对社会产生巨大而深刻的影响,你也因此而实现了你的价值。在这方面年轻的博士有很大的优势:精力旺盛,思想敏捷,勤于学习,勇于创新。但青年学者要多向老一辈学者学习,博士尤其要很好地向导师学习,在导师的指导下,发挥自己的优势,研究重大问题,就有可能出好的成果,实现自己的价值。过去12年入选文库的论文,也说明了这一点。

什么是当前时代的重大问题呢? 纵观当今世界,无外乎两种社会制度,一种是资本主义制度,一种是社会主义制度。所有的世界观问题、政治问题、理论问题都离不开对这两大制度的基本看法。对于社会主义,马克思主义者和资本主义世界的学者都有很多的研究和论述;对于资本主义,马克思主义者和资本主义世界的学者也有过很多研究和论述。面对这些众说纷纭的思潮和学说,我们应该如何认识? 从基本倾向看,资本主义国家的学者、政治家论证的是资本主义的合理性和长期存在的"必然性";中国的马克思主义者,中国的社会科学工作者,当然要向世界、向社会讲清楚,中国坚持走自己的路一定能实现现代化,中华民族一定能通过社会主义来实现全面的振兴。中国的问题只能由中国人用自己的理论来解决,让外国人来解

2

决中国的问题,是行不通的。也许有的同志会说,马克思主义也是外来的。但是,要知道,马克思主义只是在中国化了以后才解决中国的问题的。如果没有马克思主义的普遍原理与中国革命和建设的实际相结合而形成的毛泽东思想、邓小平理论,马克思主义同样不能解决中国的问题。教条主义是不行的,东教条不行,西教条也不行,什么教条都不行。把学问、理论当教条,本身就是反科学的。

在21世纪,人类所面对的最重大的问题仍然是两大制度问题!这两大制度的前途、命运如何?资本主义会如何变化?社会主义怎么发展?中国特色的社会主义怎么发展?中国学者无论是研究资本主义,还是研究社会主义,最终总是要落脚到解决中国的现实与未来问题。我看中国的未来就是如何保持长期的稳定和发展。只要能长期稳定,就能长期发展;只要能长期发展,中国的社会主义现代化就能实现。

什么是21世纪的重大理论问题?我看还是马克思主义的发展问题。我们的理论是为中国的发展服务的,决不是相反。解决中国问题的关键,取决于我们能否更好地坚持和发展马克思主义,特别是发展马克思主义。不能发展马克思主义也就不能坚持马克思主义。一切不发展的、僵化的东西都是坚持不住的,也不可能坚持住。坚持马克思主义,就是要随着实践,随着社会、经济各方面的发展,不断地发展马克思主义。马克思主义没有穷尽真理,也没有包揽一切答案。它所提供给我们的,更多的是认识世界、改造世界的世界观、方法论、价值观,是立场,是方法。我们必须学会运用科学的世界观来认识社会的发展,在实践中不断地丰富和发展马克思主义,只有发展马克思

主义才能真正坚持马克思主义。我们年轻的社会科学博士们
要以坚持和发展马克思主义为己任,在这方面多出精品力作。
我们将优先出版这种成果。

2001 年 8 月 8 日于北戴河

目　　录

1

4

序　一

卢元镇

第一次捧卖李志清的博士学位论文时，就被文章涉及到的遥远而切近的事物强烈吸引，并为之深深感动。在论文答辩时，她的论文得到了共同的赞誉，看来大家的感想是共同的。

湘桂黔交界地区侗族的抢花炮活动具有悠久的历史，动员参与人数之众、游戏竞争之激烈、与民俗礼仪结合之紧密，在中国少数民族体育项目中极为罕见，在世界体育发展史上也是一个特例。

作者以桂北侗乡抢花炮活动的缘起、沉浮和发展为实例，进行了理论探讨和案例研究。这项研究不仅对深入开发我国民族民间体育项目，对建设我国民族体育理论具有重要的意义和价值，而且对实现世界体育文化的多样化也有积极的响应作用。当今，奥林匹克文化正在向世界的每一个角落渗透着、弥散着，成为世界体育发展的坐标系，它创造了"同一个世界，同一个梦想"的神话，对世界各国人民的体育与文化交往发挥了无与伦比的作用，同时，它也对各种民族体育文化产生了强大的同化和融合作用，其他国家、民族的体育文化，无论是传统的还是现代的，无论是成熟的还是萌芽态的，无论是单一民族的还是跨国的、多民族的体育文化，与奥林匹克文化之间形成了一种绝对不对称的文

1

化关系。

今天，奥林匹克文化与流行文化、时尚文化纠合在一起，在全世界涌动着，呼啸着，进入各国人民的生活方式和他们的精神世界，许多弱小民族几乎忘记了自己的民族体育文化的过去，而很多青少年不知民族传统体育为何物，更分不清哪些是"土特产"，哪些是"舶来品"。当代中国的体育工作者，在奥运会上奋勇拼搏，争金夺银，为中华民族更多地了解世界，更快地融入世界，积极地影响世界，更具国际视野地走向未来，发挥了巨大的作用，其功至伟。当代中国的体育工作者，还应认识到我们虽是奖牌大国，并不等于是体育大国，我们必须脚踏实地、埋头苦干，重整中国民族传统体育的旗鼓，在新的时代条件下发扬光大中国民族传统体育，并将它们推介到世界上去，这也是中国体育工作者责无旁贷的历史责任。从这个意义上理解这本书的意义就不同凡响了，大有在民族体育研究中开先河的作用。

作者在书稿中从抢花炮在族群中的礼仪价值，推演到族群与族群之间的族际交往作用，再演绎出民间传承的文化轨迹，进而研究了抢花炮与国家社会之间的密切关系，最终预测了这项活动在现代社会中的文化地位。作者还特别指出了它对劣质文化的"竞争性抑制"作用，这对构建和谐社会、建设社会主义新农村等都有重要的现实意义。

我对作者在研究中采用的田野调查、文献资料、历史档案等方法十分欣赏。现在有些人坐在电脑前，靠"复制"与"粘贴"拼凑论文，生产着学术垃圾。有些博士、硕士靠一张"问卷"包打天下，用似乎是很"定量"的数据去骗人、唬人。而李志清博士则迈开双腿跑遍桂北的山山水水，用自己的足迹丈量出抢花炮的历史，用自己的诚意换回了侗族百姓的心声。当我们读到书中一段段访谈记录时，往往可以身临其境地感受到一种强烈的乡土气息和少有的真情。

如果一项研究止于田野调查是远远不够的，必须进行理论升华。作者所采用的"文化网络"概念、"国家—社会"模式以及现代性、国家和地方知识性三个维度的理论，大大提升了论文的理论水平和普适价值。

我与李志清博士接触不多，初读博士学位论文时，误以为她是一个男性，因为完成这样一个课题实在是太辛苦了。然而与她交谈后才感悟到她身上具备的那种顽强、执著的品质和对事业、学业孜孜以求的精神，这是成功完成任何一项研究必备的个人心理前提。凡是与她打过交道的人也几乎都有同感，并交口称赞。

在本书中，李志清又在毕业论文的基础上作了补充和修改，包括书的题目。我常讲，好文章不是一笔写出来的，而是一字一字改出来的。经过修改锤炼，读者面前的这本书更为精彩。

是为序。

2008 年初春写于广州容笑斋

序 二

　　李志清教授选择桂北侗乡地区"抢花炮"作为博士论文的研究对象。为了深入研究仪式性的抢花炮，在导师虞重干教授指导下作了充分的理论和方法准备，还到复旦大学选修多门课程，参加研究生班讨论。她选择文化社会学、文化人类学、民俗学、体育社会学等学科的相关论述作为学理依据，不怕苦不怕累，带领助手多次深入侗乡各个调查点，入乡随俗，仔细观察和访谈，获得丰富多彩的原生态资料，然后放在国家—社会框架下深入分析，置于现代背景下全面透视，获得丰硕成果——《乡土中国的仪式性少数民族体育——以桂北侗乡抢花炮为个案的研究》。

　　中国是多民族国家，如何保护每个民族的文化尤其是民间传统，使 56 个民族在中华民族大家庭内和睦相处、和谐共生？李志清教授的研究给出了答案。"抢花炮"是少数民族仪式性体育个案，也是一个民间传统文化的个案，李志清教授关于"抢花炮"的生动研究，发人深思。于是，我想到了这个关系到中国社会健康而永续发展的重要问题。

（一）

何谓文化？"社会学家和人类学家对文化的共同定义是，文化是人群或社会的共享成果，这些共有产物不仅仅包括价值观、语言、知识，而且包括物质对象。所有群体和社会的人们共享非物质文化——抽象和无形的人类创造，如'是'与'非'的定义，沟通的媒介，有关环境的知识和处事的方式。人们还共享物质文化——物质对象的主体，它折射了非物质文化意义。物质文化包括工具、钱、衣服以及艺术品等"①。

显然，仪式性少数民族体育属于文化，同时含有非物质文化和物质文化。李志清教授作为研究对象的桂北侗乡"抢花炮"，既有丰富的思想、规则、知识，也有精彩的服饰和艺术品。

（二）

自然科学为了求真，只有真伪的判断。怎样判断真伪？必须诉诸科学实验（包括科学观察）。面对科学实验，科学家要超越自己的价值偏好，作出关于事实的判断。这就是所谓的价值中立。社会科学既为求真，也为求善。在事实判断上，社会科学工作者应与科学家一样，坚持价值中立观点。在对事实的评价上，每个社会科学工作者都会根据自己的价值观判断，不可能价值中立。

由于历史绵延和地方水土影响，少数民族的仪式性体育形形色色，千姿百态。应该用何种价值观来对待仪式性体育呢？

---

① ［美］戴维·波普诺著，李强等译：《社会学》，中国人民大学出版社 1999 年版，第 63 页。

社会由人组成，没有人哪来社会？因此，社会运行的根本目的乃是为了人的全面发展。研究和评论经济活动、政治活动、文化活动以及其他各种社会活动，都必须以人为本。对于仪式性体育，当然也应如是观。何谓以人为本？何谓人的全面发展？细说起来十分复杂，它涉及哲学、经济学、政治学、法学、伦理学、社会学、美学、管理学以及文学艺术诸多学科中的诸多问题，可以出一套又一套丛书。然而，论其要点，只有一个原则——必须维护人的基本权利，保护人权。

一项仪式性体育运动，如果尊重人的基本权利，有利于人的健康，那么就应该肯定、保留并使其发展。反之，那些侵犯人权、有害人的健康的仪式性体育，则应淘汰，或者改造。以此观之，桂北侗乡"抢花炮"，无疑是一项值得继承和发扬的优秀的民间仪式性体育运动。

（三）

仪式性体育运动的文化内涵非常繁杂，往往涉及民间信仰、地方风俗、民族伦理、民族艺术等各个方面，是民族文化珍贵的活化石。如何正确对待仪式性体育，问题十分复杂，必须从社会共生的视角深入分析，切莫草率武断。

不可用现代政治意识形态批判仪式性体育。大凡一个民族的仪式性体育，总是在历史运行中逐步形成，自然会留下各个时代的文化印记，不可能符合现代政治意识形态的观念。如果用现代意识形态作为评判标准，那么，历史上传下来的仪式性体育，必然会被扣上封建主义的帽子，遭受淘汰。那些仪式性体育在"文化大革命"中的遭遇，不是明证吗？

不可用唯物主义来分析仪式性体育。仪式性体育中难免包含各种鬼神信仰，否则，何来仪式性？考察各种仪式性体育，祭天、祭地、祭山、祭海、祭树、祭石、祭祖、祭形形色色的神灵鬼怪，无奇不有。从无神论者看来，一概是有神论的垃圾。如果用唯物主义原则来分析，都是唯心主义的糟粕，毫无保留价值。即使是奥运会的圣火采集仪式，也无法抗拒来自唯物主义的批判。火就是火而已，都是物质在燃烧，何来"圣"或"不圣"？

不可用现代科学来解释仪式性体育。科学是一条永流不驻的长河，后浪推前浪，创新层出。人类的生活与科学息息相关，不同时代的人运用不同的科学知识。仪式性体育纳入各个时代的科学知识，内化为自身的有机组成。出现在仪式性体育中的科学知识，不可能完全符合现代科学的原则。如果用现代科学来解释仪式性体育，势必砸碎七宝楼台，土崩瓦解。

不可用一种宗教教义来要求仪式性体育。仪式性体育不是纯粹的宗教活动，其中含有一些民间信仰。民间信仰无经典，无系统的教义，无严密的宗教组织，不可能严格地符合某种宗教教义。如果用一种宗教教义来要求，必然被斥为不正规、不典雅、不系统、不美观、土里土气、大杂烩、愚昧等等，当成异端邪说。也不可用一种体育运动的仪式标准来评判仪式性体育中的仪式，各种仪式的象征意义不同，各有特色，没有可比性，难分优劣。如果以奥运会的仪式作为标准来要求各种体育运动，那么，世界各民族的仪式性体育还有立锥之地吗？

（四）

为什么要保护和发展优秀的民间传统？

文化是民族的灵魂，文化消亡就标志着民族消亡，即使这个民族还有人存在，但是作为一个民族已经不存在了。文化以经典的形式传承，可称为精英传统；文化以风俗存在，可称为民间传统（或曰大众传统）。精英传统的问题，姑且不论，那么，民间传统对于社会发展有什么价值？共生是人的基本存在方式，社会是由各个层面的共生关系组成复杂的共生系统。民间传统是社会共生的重要约束条件，社会微观秩序张力的提供者，具有法律不可替代的功能。民间传统是在生活中活着的一个民族的生活样式，它包括举止言谈、衣食住行、祭祀、节庆、婚丧嫁娶等等。民间传统主要作为生活样式而存在，是先辈传承下来的生活样式的活的体现。从它和历史的关系来说，它是先辈生活样式的活化石；如果从它的现状来说，它是现代人的生活中仍然保存着的先辈生活样式的成分。民间传统的内容涉及面比较广，显得比较驳杂。从经济、政治、文化三方面来看，民间传统是很庞杂的，因为它来源于生活，是在生活中形成的，而且不是一代人的生活，是历代人的生活所积淀下来的、不断传承的东西，是通过历史过滤而积淀形成的。因此，民间传统的多样性并不奇怪。我们国家这么大，民间传统的地域性更强，在流传过程中，有各种人有各种想法，各地区之间也有差异，但是它有某些共同的地方，这些共同的地方就构成了中国的民间传统。民间传统的社会功能很清晰：它的存在是为个体、为群体、为社会提供一种张力。这里所说的张力，是指使各种在社会的稳定与发展中起作用的因素保持适度平衡的一种力量，维持相对合理的共生关系。民间传统的起源或许非常复杂，可以另作探讨，但是，它的社会功能很明显，即维持秩序。可以说，民间传统最重要的社会功能就在于它是微观秩序张力的提供者。

（五）

民间传统为社会微观秩序塑造行为规则。社会微观秩序当然离不开法律，因为政治层面肯定要影响民间社会，不可能完全不管，离开民间社会，政治也会被架空。政权会往下渗透，法律法规会层层下达，法律为民间社会提供一个大的规则，这是没有问题的。但是，大的规则常常是很粗糙的，微观的秩序还是要靠民间传统来提供。这里不妨举例来说。家庭要有秩序，就需要民间传统作保障：夫妻两人都守法，但天天吵架，彼此冷淡，这不犯法，但家庭就没有秩序。邻里之间不相往来也不犯法，社区的微观秩序就很差。所以，民间传统提供了社会微观秩序的张力，这是法律无法替代的。这是因为，首先，法律管不了这么多，也没有办法事事立法。其次，即使都立了法，执行起来成本也很高。俗话说"清官难断家务事"，其实就是这个道理。由此可见，社会宏观秩序的维系，主导力量是法律；社会微观秩序的维系也要有法律，但同时还要靠民间传统。如果缺少了民间传统，家庭不可能和谐，邻里不可能和睦，社区不会太平，行业没有规则……如果都没有规则，社会秩序就是一个悬空的东西。这样的社会可能在宏观方面很有秩序，但是在微观方面没有秩序——这是很大的问题。人们为什么会用"有规矩"来形容某个人、某个地方？这个"规矩"就和当地的民风、个人的家风有关。假如把有关的民风、民俗革除了，也就破坏了这些行为规则的支撑系统。行为规则的支撑系统正是隐含在各种民间传统中的，把它们都去掉了，就是对民间行为规则的一种打击，这些规则就支离破碎了。尊长爱幼、对朋友诚信，这原本都是中国民间社会最基本的行为规则，而隐藏在诚信原则背后的东西就是各种民间传统。现在常常有人说中国社会出现了诚信危机，有人将它归结为市场经济的影响，但实际上，市场经济只是引发了这种危机，早在引入市场机制之前，支撑诚信原则的民间传统就已经被破坏了。这一点在商业中非常明显，从前商店里写着"童叟无欺"，也的确是这样做的，因为店员在做学徒的时候受的教育就是"童叟无欺，不可以缺斤少两"，学徒要学很多的行规，核心内容就是这个。他不会对着你皮笑肉不笑，也不会搞站立服务，关键是把服务做好就可以了。优秀民间传统的丢失使得民间社会失去了应有的行为规则，新的民间传统不可能很快建立起来，民间生活全靠法律，于是就出现"诚信危机"问题。

（六）

民间传统为社会提供民间信仰。这里首先需要明确的是，信仰的程度是一个问题，有没有信仰是另外一个问题。如果说一个村庄有土地庙，还说村庄里的农民都没有信仰，那肯定是不对的。至于信仰土地信到什么程度，那是另外的问题；有没有形成教团、形成组织，那都是另外的问题；有没有人来阐发教义，也是另外的问题。中国民间的信仰，大多不在理论层面。老百姓拜菩萨、信财神，其实对于菩萨是谁也不一定知道，对赵公明的身世也不一定清楚。"侗乡人对花炮的信仰正是这样的状况"（李志清）。"问到飞山庙祭祀的是谁，就听到许多不同的议论：'是杨家将的杨六郎'，'应该是岳飞'，'飞山宫祭拜的就是飞山公'"（李志清）。这只是一种民间信仰，是生活化的信仰，是作为一种象征符号存在的：有个土地庙，保佑村庄平安；家里生了孩子，给灶王爷供猪头等等。这种信仰就是日常生活形态的信仰，而不是精英层面、理论层面的信仰。中国民间信仰很多都是这样的，这也就是为什么中国民间信仰带有很强的包容性的道理。你拜的菩萨和他拜的菩萨观点不一样，中国的老百姓不知道，也没有研究过，菩萨之间的分歧和他们没有关系。道教的神仙和佛教的菩萨一起拜，也没有关系。中国民间信仰大多是这种形态，所以容易被认为是没有信仰。西方的宗教，包括天主教、基督教等，教团的边界清楚，信徒的边界也就很清楚。但是中国民间信仰没有教团，信仰财神和信仰土地、信仰观音菩萨是不矛盾的，虽然他们不一

10

定属于同一种宗教。19 世纪末的美国传教士明恩溥（Arther H. Smith）对这种状况曾有一段生动的描写："我们时常听到一些很有学问的演讲，讨论中国佛教徒和道教徒的人数。我们认为，这个问题就如同去调查比较英国有多少人抽十便士一包的香烟，或者有多少人吃菜豆。谁想抽十便士一包的香烟而又能买到，那他就可以抽；谁喜欢吃菜豆而又买得起菜豆，就可以吃。中国两种最有名的'教义'，情况也是这样。任何一个中国人，如果想举行一场佛教仪式，同时也请得起和尚，就可以花钱请一个来，他自己因而成了'一个佛教信徒'。如果他想要个道士，他也可以同样请来，他自己也成了'一个道教信徒'。对于中国人来说，请哪个都无所谓，他并不是不可能把他们同时请来……"① 这样一种带有很强包容性的信仰，对于信仰者的约束作用同样也很重要。中国农村最有影响的信仰就是土地供奉，土地就是守护村庄的地方神，此外，还有灶王爷等各种各样的地方神，这些神都是民间传统的组成部分，对于社会的作用很大，土地庙就是这个村庄的精神寄托了。一个地方神就是一种精神寄托的体现，体现了当地的共同精神和共同信念，把同一社区的人团结起来了。在传统的民间信仰之下，毋庸讳言，"离地三尺有神灵"这样的观念对于老百姓的约束力原本是相当强的。

当然，中国民间信仰大多处于没有教规、没有宗教组织的状态，它是一种很宽泛的、带有弥散性的、充斥在生活各个方面的信仰，但是深入下去的东西比重不大，它与生活的相关度远没有那些有宗教组织的信仰那样强。但中国的民间信仰不带有"原教旨"的色彩，因为神打仗的情况比较少，这也是其优长之所在。

---

① ［美］明恩溥著，秦悦译：《中国人的素质》，学林出版社 1999 年版，第258 页。

（七）

　　民间传统影响人的审美观。民间的生活用品、工艺品对人的审美观会产生影响。不同的人从小接触的生活用品、工艺品不一样，他们所受到的审美教育就是不一样的。一件生活用品、工艺品制作得如何，可能对人的行为规则没有很大的影响，但是它对于生活质量有影响。比如音乐，为什么我们听中国的民歌、地方戏剧，感到它们可以和心产生共鸣，就是因为从小受到的审美教育的缘故——我们对于这种音乐语汇能够领悟，容易沟通，听西洋音乐就很难有这种感觉，要经过专门的培养才能欣赏。当然，人类的艺术总有共通的地方，艺术无国界，但它还是有很明显的地域特点。相应地，民间的生活用品、工艺品造成的人的审美观的差异，对人的生活内涵也有影响。比如，民间仪式通常就有很强的审美意义，它一般包含有舞蹈、音乐、色彩、造型等因素，大家来参加这个仪式，感觉很舒服，也就是因为在这个仪式的过程中，获得了审美的感受，获得了生活的寄托。"花炮节是桂北侗乡一年最热闹、最疯狂的日子，到处可以听到芦笙、哆耶，看到的都是穿着新衣服的侗家人，姑娘压在箱底的银饰都戴出来了……街道难得挂起了广告横幅，整个村落充满了欢腾的喜气和活力，青年们专门等到会期结束再出去"（李志清）。它告诉人们，我们是中国人、我们是这个地方的人、我们应该怎样美好地生活等等，使生活充满了本土的艺术色彩。以前过年贴窗花、放爆竹，后来过年逐渐没有这些东西了，这对民间社会的行为规则或许没有什么影响，但是，生活慢慢变得"苍白"了，人们感觉郁闷，感觉生活不充实。这个不充实不是物质上的，是精神上的，是生活的文化内涵的缺失造成的。从广义上看，传统民居也是一种民间生活用品与工艺品的综合体。传统民居是住所，"火柴盒"式的建筑也是住所,两者有什么根本差别?差别就在于民居背后有丰富的民间传统,而"火柴盒"式建筑没有。所以,人类的住房不仅是物,也是重要的精神产品。民间传统就是传统民居的灵魂、其他传统建筑物的灵魂。人们为什么眷恋祖屋?为什么留恋故乡?民间传统所培养起来的独特的审美观,无疑是重要的因素。另外,这里还涉及民间艺术的生存场域问题。比如城隍庙,它曾经是各种民间艺术形态汇聚和展示的主要场所,很多民间文化在这里产生、传播、繁荣,包括剪纸、书法、绘画、雕刻等等都是,城隍庙改作他用以后,民间工艺品就缺少了生存发展的一个重要空间。

(八)

民间传统为社会微观秩序赋予象征意义。任何文化形态中,都有象征符号。比如祭祖先,祖先就是一个有象征意义的符号,我们烧香、点蜡烛、敬酒、焚纸,就是针对具有特定的象征意义的符号所作出的特定举动。而这些象征符号都是民间传统的有机组成部分,具有社会学家所称的"集体表象"(Collective Representation)的特性。"集体表象"原本是涂尔干提出的术语 后人加以推演,将包含着团体行为目标的概念均称为集体表象,认为每个团体必有其特殊的语言、符号和表征才能继续其"集合存在"(Collective Existence)[①]。因为民间传统中的这些象征符号所具有的"集体表象"性质,它们就有了一定的神圣性,就具有了社会整合的功能。这种功能的维系不是简单的事,它不是靠法律、政权才拥有了强制性的东西。法律的神圣性的背后是强大的政权;民间

---

① 参见林耀华《义序的宗族研究》,三联书店2000年版,第41页注5。

传统的背后没有这个，它要靠它的象征意义来产生神圣性，才能使大家对它敬畏，不敢蔑视它，不敢随便解构它，那么，它才能够提供有关的社会整合功能。如果没有这一点，它就不可能做到。所以，民间传统的象征意义是重要的，人类需要这些象征意义。"民间寨老组织几乎把各项集体活动仪式化，并且与信仰文化结合，使活动成为人们的自觉行动，同时把它们建构成公益性活动，使活动成为人人都有义务参加的活动。通过这些仪式活动形成集体记忆，凝聚族群，强化权威"。"抢花炮活动可以说是一种圣福流动活动——抢炮：'抢'来福气'抢'来机会；得炮：获得神恩；祀宴：共食分福；还炮：酬谢神恩；游炮：传递神恩人。通过抢炮、接炮、还炮、游炮，把'福气'传递给得炮、接炮的村寨和个人，由有福的人传递给盼望得福的人，一年一度或数年一度，流动不歇"（李志清）。和动物不一样，人非常注重有象征意义的东西，现在的各种纪念品就有象征意义，颁发毕业文凭、拍毕业照都有象征意义。民间传统中的象征符号如神、鬼、祖先等，象征意义特别强。民间传统被破坏之后，相关的象征意义也就丢失了。所以，对于民间传统中的一些礼俗老是提倡创新是有问题的。现在媒体经常提倡各式各样的婚礼，像集体婚礼等等，这些时髦式样的婚礼最多只能具有临时的象征意义。比如，旅游节上搞集体婚礼，旅游节过了，和旅游节有关的象征意义就没有了。婚礼关乎婚姻关系的长时间维系，它的象征意义应当是永远存在的。为什么传统婚礼中有"拜天地"的仪式，就是因为天地永存。

民间传统赋予象征意义的作用也很显著地体现在一些民间仪式中。按照人类学的理论，人的一生有很多 crisis（危机），每当要渡过一个 crisis 的时候，就要举行一个仪式，像成人礼、婚礼，还有一些重要的生日典礼等等，经过了这种仪式以后，这个人在社区中就被认为是一个新人了。[1] 其实，这就是仪式的象征意义的一种体现。仪式标志着生活的一个阶段的结束，或者是另一个阶段的开始。比如，婚礼就标志着单身时期的结束和婚姻阶段的开始，举行过婚礼以后，当事人的身份当然就不一样了，因为社会对他的角色期待不一样了。所以，这些仪式都要隆重、严肃，如何做到呢？就是要靠民间传统，没有民间传统，相关的象征意义就缺矢了，仪式自然也不会严肃。

（九）

民间传统帮助人的社会化与再社会化。社会学家通常将"社会化"定义为人们获得人格、学习社会和群体方式的社会互动的过程。[2] 由于民间传统是许多人生活在一起、相互影响而形成的特定生活样式，它在一定程度上就会涉及社会化的问题。一个团体的成员，不管他是新出生的也好，还是外来加入的也好，他总要逐渐适应这个团体的价值观念，等到全部适应后才能认为他已真正成为其中的一分子，这样一个过程就是社会化。对于儿童来说，儿童的社会化是他成长过程中很重要的一课。儿童当然要接受法律方面的教育，学着如何守法。除此以外，就是进行民间传统的教育，行为举止怎样做、节假日怎样过等等。"花炮节的时候，林溪、梅林的中小学都放假参加，家长们都为自己的孩子精心打扮，织布、染布、做衣、做绣花布鞋、绣花拎包，从头到脚的打扮都是自制的民族服饰，一套行头要花母亲几个月的时间。穿上节日盛装的孩子们兴奋和自豪的情绪溢于言表，相互的

---

① 参见林耀华《义序的宗族研究》，三联书店 2000 年版，第 107 页和第 119 页注 1。

② ［美］戴维·波普诺著，李强等译：《社会学》，中国人民大学出版社 1999 年版，第 169 页。

欣赏和夸耀以及游客的赞赏和频频拍照更增添了他们的自豪感"。"梅林中学的女生为准备花炮节的演出自己排练大歌,'老师不懂这种歌,是会唱的同学教,会唱的同学是在家里学的'。花炮节使几乎失传的侗族大歌重新唱响,演出的受欢迎使她们'好高兴','很喜欢唱大歌'"(李志清)。并且,这种教育是不经意的,是在潜移默化中进行的,是由长辈的身体力行范铸而成的。而在长辈们的行为背后,事实上是相关的民间传统在发生作用。一个有教养的家庭里,子女也很有教养,怎么和老师打招呼,怎样与人打交道等等,他都做得得体,他是在"家风"的熏陶下才这样的。如果一个地区很讲究礼仪,来自那里的人就是和其他地方的人不一样。这样一个"言传身教"、"看样学样"的过程非常重要,它对于社会秩序的维系、对于民间传统的延续、对于民间传统对社会所能够产生的作用等等,都是非常重要的。

社会学家对于"再社会化"的定义是,"产生与以前的价值和行为不同的新价值观与行为的社会化形式"①。对于成年人来说,加入新的团体便是一个"再社会化"的过程,是学习新的生活样式的过程。我们常说"入乡随俗","俗"就有强大的力量,人们很难消解它,而是要想办法去遵循它。成年人经常面临的一种再社会化就是就业——进入某个特定的行业从事工作。民间传统在这种再社会化的过程中也起到了很重要的作用,这就是各个行业的"行业神"(祖师爷)供奉。我们曾经采用的办法是由政府树立一个行业标兵、行业模范,提倡大家向他学习。从社会功能的角度看,标兵、模范与"行业神"的功能有某些相似之处。但是,标兵、模范不是历史上长期积淀而形成的,只具有

---

① 〔美〕戴维·波普诺著,李强等译:《社会学》,中国人民大学出版社 1999年版,第 170 页。

临时性，起到的作用不如传统的"行业神"那样明显。今天树立"行业标兵"，其实正好说明以往的"行业神"是适应了当时社会上的各个职业团体的需要。

（十）

民间传统提高社会的组织化程度。民间传统包含民间信仰，民间信仰相同的人聚在一起可能就会产生某些民间组织；民间传统中不带信仰成分的那些内容得到一部分人的认同后，也会产生组织。这些组织或者亚组织与民间传统是伴生的。比如舞龙的人，聚在一起专门研究怎么舞龙，就变成了一个亚组织。人类学家林耀华先生曾炎到福建民间有一种"目的在于庆祝神诞，恭贺迎会"的"把社"，"社有社首，集合社员若干人，交纳社费若干元，由社首保管，投入商店以生利息。每年以所得利润，社众集合宴饮，数年后社众拈阄按序收回母本"。"'把社'常奉'把社'神一尊，为该社社神，所以常有'将军把社'、'观音把社'、'关帝把社'等等名称"①。"一项跨村落的民间大型活动能够有序地进行并且稳定地传承，与当地民间组织的存在以及民间组织的权威与号召力有直接关系。桂北侗乡抢花炮的组织基础是老人协会，这是具有传承性的有效的社群组织。花炮筹委会是一种地缘组织，就是跨村寨的老人协会组织"（李志清）。

民间传统的存在，对于社会组织的形成与发展有帮助，这一点对于当前的中国社会尤其重要。中国进行经济体制改革时谁在保证秩序？是政治体制在保证秩序。产业结构调整、员工下岗等等，社会秩序都能保持不乱，这是政治体制在保证。当政治体制改革进行时，种种社会矛盾、纠纷、冲突可能会频繁发生，这时

---

① 林耀华：《义序的宗族研究》，三联书店 2000 年版，第 38 页。

由谁保证秩序？我认为，除了力求从政治方面寻求秩序的保证外，很重要的一点就是要得到社会方面的保证，在这种情况下，社会组织化程度较高的状态，可以起到稳定秩序的作用，从微观、中观的层面上向社会提供一些秩序保证，使政治体制改革能够顺利进行，维护整个社会的稳定、健康发展。

目前，官方对于基于民间传统产生的组织比较敏感，限制性措施也较多。之所以采取这样的措施，可能是认为民间传统所酝酿的一些民间组织在管理上有很多麻烦和困难，认为民间信仰这个神、拜那个菩萨，千姿百态，五花八门，人员也是各式各样的，管理起来太费事。其实，现代社会中政府对民间组织的管理就是用法律来管理，依法管理、依法行政。民间传统在一些民间组织的产生过程中起作用是正常的，重要的是要关注民间组织的演化，如果它们演化成秘密的、带宗教色彩的东西后，就要注意了；如果变成了政治组织，就超越民间组织的范围了。但是，不能因此就认为，提倡民间传统会导致反政府、反社会组织的产生，这里没有必然的联系。组织变迁总是会发生的，"每个组织本身就蕴涵着变迁的种子"，组织变迁可能是由于内部事件（所谓"内部变迁"），也可能是由于外部因素（所谓"外部变迁"）。① 从管理的角度来看，要从内部和外部两个方面防止民间组织的异化。

对于民间组织，曾经采取过很简单的对策，就是社会的"无组织化"。曾经有很多很健康的民间组织，后来都打掉了。"无组织化"的措施不仅涉及同乡组织、行业组织、带有民风民俗性质的各种组织，还涉及到家族组织，将它们统统瓦解。这种选择其实隐藏着很大的问题，因为在"无组织化"的社会中，

---

① ［美］戴维·波普诺著，李强等译：《社会学》，中国人民大学出版社1999年版，第195页。

政府面对的是个体，不是团体，这样政府管理起来更加困难。这种时候，社会上形成的组织就是乌合之众组成的组织，是临时的、突然形成的组织，是非理性的组织，无论是出于什么目的组织起来的，都有可能走向极端——没有一些极端的口号，怎么能在很短的时间里汇集人气？所以，我认为，"无组织化"是一个重大失误，而这一失误恰恰是以对民间传统的忽视、瓦解为其表现形式之一的。重视民间传统的作用，有助于提高社会的组织化程度，防止上述弊端的发生。

（十一）

一个社会的健康发展既涉及社会宏观秩序，也涉及社会微观秩序。我认为，宏观秩序和微观秩序是靠两个传统维系，宏观秩序和微观秩序是靠两个传统协调：如果官方传统（或精英传统）有所缺损，会影响到社会宏观秩序的维护；如果民间传统有所缺损，会影响到社会微观秩序的维护。当前，中国社会的宏观秩序总体上是好的、稳定的；但微观社会秩序就不大好，有时几乎是无秩序，其根源就在于我们的民间传统被部分破坏，没有合适的东西来为社会微观秩序提供张力。民间传统有它的特定功能，这些功能对于一个社会来说是有必要的、有价值的，是对人的发展有好处的，因为追求社会健康发展的目的，还是为了人的全面发展。如果能有效地保护每个民族、每个地区的优秀的民间传统文化，十分有利于各个民族在中华民族大家庭内和谐共生。从这个角度来分析认识民间传统，善莫大焉！

（十二）

个案研究的价值在于一般，所谓滴水见太阳。从一项个案中能产出的推想愈多，个案的"生产力"愈强，个案就愈有价值。那么，桂北侗乡"抢花炮"的"生产力"如何？从"抢花炮"的个案研究，读者究竟能作哪些推想呢？语曰：智者见智，仁者见仁。如此而已，岂有他哉？

　　是为序。

第　一　章

导　　论

本书选择广西北部湘、桂、黔三省交界的侗族聚居区六个花炮节举办地展开田野工作，通过对抢花炮的仪式过程、文化基础、经济基础、组织基础以及它的传承和发展过程中所体现的国家与社会互动的考察，表达对仪式性少数民族体育的存在及其意义的理解，为认识少数民族乡村传统文化的传承与运用提供一些鲜活的材料，引发对农村民间仪式性体育的传统与现实问题的思考以及如何呵护民间文化的思考。

一　选题的缘起及意义

（一）研究缘起

1. "自下而上"的研究——相关学科共同研究趋向的启发

20 世纪中国社会史研究由"自上而下"看历史到"自下而上"看历史给本书研究重要的启发。社会史研究是近年来中国史学研究中最具活力的领域之一，[①] 它一改研究精英和政治事件的史学传统而"眼光向下"，更多地关注民众、基层社会和普通人的日常生活。"自上而下"看历史，把目光投放到更

---

① 参见赵世瑜、邓庆平《二十世纪中国社会史研究的回顾与思考》，载《历史研究》2001 年第 6 期。

1

为宽阔的领域，使史学研究的内容更加丰富多样，其研究方法也具有了开放性与多元性，包括社会科学理论与方法的借鉴，人类学、民俗学田野调查方法的运用，由此硕果累累。但由于"自上而下"研究也存在"对重大历史问题进行反思和解释的忽略"①的不足，于是，在"眼光向下"的研究视野之外，一些学者开始"自下而上"的社会史研究。"自下而上"看历史，更强调一种立场的调整，不是停留在对民间社会的关注，而是从民众的角度和立场来重新审视国家与权力，审视政治、经济和社会体制及重大的历史事件与现象。由于这种"自下而上"的视角，中国社会史研究中出现了新的研究取向，大量地以国家与社会关系作为分析模式，从单纯的基层社会研究转向以基层社会研究为切入点关注国家与社会之间的复杂关系。研究者通过自下而上的研究了解国家如何进入民间、乡民如何理解国家。例如郑振满"从民俗研究历史"，通过对分家、祭祖、婚姻与收养、神庙祭奠的研究，从民间日常生活习俗入手，揭示了民俗背后社会机制与社会历史的变迁；刘志伟通过考察明清时期里甲赋役制度在广东地区的实行情况，探讨了代表国家力量的地方政府与基层社会之间的复杂关系及其变动趋势；科大卫通过考察北宋到清中叶珠江三角洲地区礼仪的演变，讨论了地方社会与国家整合的过程。②"把'政治'放到'地方史'的故事脉络中加以阐释"是当代社会史研究的一个重要特征，③研究者的共识是，"所谓的国家政治，只有从乡民的日

---

① 赵世瑜：《"自上而下"、"自下而上"与整合的历史观》，载《光明日报》2002年10月12日。

② 科大卫：《国家与礼仪：宋至清中叶珠江三角洲地方社会的国家认同》，载《中山大学学报》1999年第5期。

③ 陈春声：《乡村的故事与国家的历史——以樟林为例兼论传统乡村社会研究的方法问题》，载黄宗智主编《中国乡村研究》（第2辑），商务印书馆2003年版。

常生活习俗和记忆中加以理解才可以触摸到"①。例如，陈春声对樟林乡村地域神三山国王崇拜和樟林神庙系统的研究，② 刘志伟对珠江三角洲地区北帝信仰的研究，③ 郑振满对莆田江口平原的神庙系统和祭奠组织及其演变的研究，④ 赵世瑜对明清北京的"顶"和东岳庙的个案研究，⑤ 均是从民间信仰和传说的角度探讨国家与社会的关系。

与史学界"眼光向下"的变化相反，我国文化人类学界的一些研究者则引入了一种"眼光向上"的视角。"'只见树木，不见森林'，专注于各个小型社会，对本土性的、地方性的文化小传统做细致入微的描述，但缺少宏观视野和理论关怀，至多只能提供大千世界无限多样的生活现象的一种或几种"，这是来自相关学科对文化人类学的一种批评，⑥ 在对此进行反思的过程中，学者们找到了"超越乡土社会小传统的界限"的路径，即权力关系和政治视角的引入，关注民间文化与政治生活及国家权力的互动关系。由于仪式"作为一个社会或族群生存状态与生存逻辑的凝聚点而存在，它本身处于变化之中，同时也是表现和参与社会变迁的重要变量"，"就仪式的现实内容来说，在民间社会，它们往往是当地人们日常生活中最基本的生存技术，而在

---

① 杨念群：《'地方性知识'、'地方感'与"跨区域研究"的前景》，载《天津社会科学》2004 年第 6 期。

② 陈春声：《信仰空间与社区历史的演变——以樟林的神庙系统为例》，载《清史研究》1999 年第 2 期；陈春声：《正统性、地方化与文化的创制——潮州民间信仰的象征与历史意义》，载《史学月刊》2001 年第 1 期。

③ 刘志伟：《神明的正统性与地方化——关于珠江三角洲地区北帝崇拜的一个解释》，载《中山大学史学集刊》第 2 辑，广东人民出版社 1994 年版。

④ 郑振满：《神庙祭奠与社区发展模式》，载《史林》1995 年第 1 期。

⑤ 赵世瑜：《国家正祀与民间信仰的互动——以明清京师的"顶"与东岳庙为个案》，载《北京师范大学学报》1998 年第 6 期。

⑥ 郭于华：《导论：社会生活及其变迁的文化人类学视角》，载郭于华主编《仪式与社会变迁》，社会科学文献出版社 2000 年版，第 4 页。

国家层面，它则与权力技术相关联，或者说它就是一种权力技术或权力实践的过程，可以使局部的微观性研究与整个社会与文化的格局连接起来，成为认识宏观社会结构不可或缺的环节"。因此，学者们围绕仪式、象征及其特定的社区、群体的文化特质和演变展开研究，"在社会变迁的背景中描述分析仪式的变化过程、仪式的角色与意义的改变，或通过仪式观察并呈现社会与文化的变异"，通过"以仪式为对象的研究在一定程度上把国家与社会关系的讨论从很高的、抽象的、粗疏概念的层次落实到一个非常具体的、可操作的研究实践中"①。这方面的研究实践集中反映在郭于华教授主编的《仪式与社会变迁》一书中。这种在田野的位置上"眼光向上"——在一个更广阔深厚的政治、社会与文化背景下探讨仪式与象征的问题，也是一种"自下而上"的眼光，它与社会史研究的"眼光向下"可以说殊途同归，一个以现实中民间的仪式生活为言说对象，一个以区域历史故事为言说对象，共同致力于探讨和呈现社会与文化的变迁以及国家与社会的关系。

在我国政治学研究领域，我们也看到这种"自上而下"到"自下而上"的研究趋势。先后获得全国优秀博士论文奖和优秀博士论文提名奖的三篇博士论文就体现了这一趋向——华中师范大学徐勇教授关于村民自治的博士论文《中国农村村民自治：制度与运作》② 主要是研究村民自治的制度框架和运行机制；于建嵘博士的《岳村政治》③ 由外向内，由国家到乡村社会"考察中国政治是怎样一步步将一个小村庄结构化于国家政

---

① 此处几段文字引自郭于华主编《仪式与社会变迁》，社会科学文献出版社2000年版。

② 徐勇：《中国农村村民自治：制度与运作》（华中师范大学博士学位论文，1996年，1998年被评为全国百篇优秀博士论文）。

③ 于建嵘：《岳村政治》，商务印书馆2001年版。

治体制之内，并分析其结构化过程中村庄自身的反应，从而把握村寨与国家的互动关系"；吴毅博士的《村治变迁中的权威与秩序》①则"由内向外，由乡土社会到国家，由村庄到乡、再至县，由此考察村庄自身的政治原生形态，并分析当国家政治介入后村庄权威与秩序的更迭，国家对村庄的重新塑造"②。上述三篇博士论文使我们看到村民自治的研究从制度方面的研究进入到更广泛的乡村社会和乡村治理研究领域，研究进入到更深的层次。2004 年，《村治变迁中的权威与秩序》和《岳村政治》分获全国优秀博士论文奖和提名奖，说明这一研究取向得到了学术界的肯定。

除了上述研究之外，还有许多学科的研究也加入了这股潮流。如梁治平先生等从习惯法去透视社会；③ 花儿研究走出本体研究的圈子向区域文化研究方向辐射发展，把花儿作为论证西北区域文化特征甚至人性普遍特征的有力证据，把花儿演唱活动作为一种人类文化现象加以思考。④

总的说来，目前相关各学科的一个共同趋向是通过具体的研究对象透视社会，由此也就出现了研究方法的综合运用和学科界限的模糊。对此，一位著名史学教授说："画地为牢，各自为政……这样的学科只能走向危机与贫困！所以，我们应该淡化这种学科意识。学术管理尽管可以做到界限分明，但学术研究却应该通达古今，因为学术研究并没有严格的界限。"⑤ 开放的思维，多元的方法以及淡化学科意识，增强学术兴趣是目前的学术

①　吴毅：《村治变迁中的权威与秩序》，中国社会科学出版社 2002 年版。

②　参见徐勇为《村治变迁中的权威与秩序》写的序。

③　梁治平：《清代习惯法：社会与国家》，中国政法大学出版社 1996 年版。

④　参见郗慧民《"花儿"研究与"花儿学"》，载《西北民族学院学报》2002 年第 4 期。

⑤　孙卫国：《海外中国学带给我们什么启示》，载南开大学中国社会史研究中心《社会史研究生沙龙通讯》第 8 期，2004 年 12 月。

倾向。

2. 少数民族体育实践的丰富与该方面研究不足的反差

我国少数民族体育的研究主要是在新中国成立以后,尤其是近年来呈显著增长态势(参见图 1 – 1①、图 1 – 2、附录 1《国家图书馆收藏的民族传统体育著作目录》)。由于最初主要是在体育史学界开展少数民族体育研究工作,因此,较为扎实的研究是从体育史和民族文化史的角度,通过理论分析和文献研究对少数民族体育的起源和文化功能进行的研究,对少数民族体育活动项目与内容的收集整理也卓有成效。近年来,随着国家体育发展战略的调整,长期以来我国体育科学的研究集中于现代竞技体育研究的状况有所改变,城市社区体育和少数民族体育的研究渐受重视。笔者曾对近 10 年 (1994—2003) 核心期刊发表的少数民族体育的研究论文进行了计量统计分析。②在研究主题方面,我们把 10 年来我国少数民族体育研究论文的主题归为"少数民族体育的发展"、"少数民族体育文化"、"学校体育"、"全民健身"四大类(这种划分并不是学科意义上研究领域的划分,只是对某些相对集中的研究主题的总结和提炼)进行统计。③ 文献分析表明,近 10 年我国少数民族体育

---

① 由于核心期刊的认定有变化,此处的统计结果与 2004 年发表的结果在计数上有一定出入,但变化趋势和特征仍是一样的。

② 虞重干、李志清:《近 10 年我国少数民族体育研究评析》,载《体育科学》2004 年第 10 期。

③ "少数民族体育的发展"主题包括发展模式探讨、现状展望、学科建设、西部建设、产业化道路与旅游开发、少数民族体育在当今面临的冲突与出路等;"少数民族体育文化"主题包括少数民族体育的起源、渊源、传承、演进,少数民族体育的文化特征、功能、价值、地位,少数民族体育项目整理、介绍等;"学校体育"主题包括从高等教育改革、素质教育、课程建设的角度探讨少数民族体育在学校体育中的地位与作用,少数民族体育教学与课程建设,少数民族地区学校体育的现状调查与发展对策等;"全民健身"主题包括少数民族体育的健身功能、健身资源、健身模式等的研究。

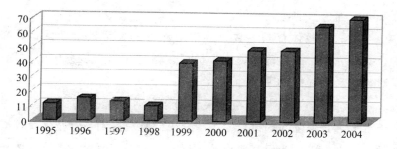

图 1-1　近 10 年核心期刊少数民族体育主题研究论文统计（篇）

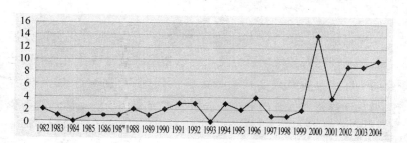

图 1-2　1982—2004 年国家图书馆馆藏少数民族体育主题书籍统计（本）

的研究主题呈现以下主要特点：

（1）"发展"成为最主要的主题。西部开发战略的实施，以及近年来作为主要民族工业之一的旅游业的迅速发展，为传统文化形式的再造和进一步发展提供了机会，而少数民族体育作为民族风情的主要内容，其商业化潜力被普遍挖掘和利用。这样的社会环境和社会背景促成了对少数民族体育宏观发展战略等研究的升温。

（2）少数民族体育的文化特征仍是传统主题。研究者对少数民族体育的起源、渊源、传承、演进，少数民族体育的文化特征、功能、价值、地立，少数民族体育项目整理、介绍等仍然保持浓厚的兴趣，对少数民族体育价值和功能从笼统的讨论进入对某一方面价值的深入探讨。

（3）学校体育与少数民族传统体育的关系被重新认识。在这类研究中，人们普遍关注少数民族体育在素质教育中的作用，对现状和发展对策进行讨论。

（4）少数民族体育在全民健身中的作用被普遍关注。这方面的研究是伴随我国体育改革、全民健身被提到与竞技体育等同的战略地位而成为研究热点的。研究者从多方面对少数民族体育的健身功能进行了讨论，对其健身模式和健身资源的开发提出了建议。

概括地说，我国近 10 年来的少数民族传统体育研究的发展和进步表现在对传统的研究主题有所拓展，并能结合当前中国社会的实际状况研究现实社会中面临的问题。[①] 在对近 10 年来我国少数民族传统体育研究论文剖析的过程中，我们也感到我国少数民族传统体育研究存在某些不足：在研究层次上，宏观的理论分析研究较多，深入农村基层的研究较少；缺乏把少数民族传统体育置于社会及文化变迁的背景下进行的专门研究；对当今少数民族体育所面临的困境和出路问题关注不够、研究不深。另外，目前体育界的研究基本上是眼光向内、聚焦于体育的研究。

我国少数民族体育研究领域有深度的研究不多，研究方法上的欠缺是一个主要的原因。近年来，大量的研究依然是以文献研究为主，社会学的调查研究和实地研究虽有运用，但目前规范的实地研究不多。一些关于少数民族体育内容的细致的田野工作大多是相关学科的研究者做的，如四川大学公共管理学院周瑾的硕士论文通过实地观察、典型案例分析和文献研究方法论证并分析

---

① 参见虞重干、李志清《近 10 年我国少数民族体育研究评析》，载《体育科学》2004 年第 10 期。

8

了跳锅庄在藏区传统社会的社会功能和现今社会的演变特点;①西北民族学院社会人类学、民俗学研究所张冀震对西藏的儿童体育游戏"提格"及其文化内涵进行了细致的研究。② 然而,其他学科的研究以少数民族体育为题材,侧重点往往不在体育方面,且往往是零星的研究,难以形成围绕少数民族体育的集群性的研究,因而,只有得到本学科研究者广泛参与和支持的研究才会对学科发展产生较大的作用。目前,这一现象正在有所改变,一些体育人文社会学博士生正在采用田野调查的方法,深入基层,进行博士论文课题研究。

"民族传统体育是从民族文化共同体中的剥离与凸现",这是目前一种流行的观念。③ 在这一观念的指导下,许多研究在强调"体育"特征时淡化了其文化基础和内涵,脱离了其得以滋生的社会文化土壤,因而研究往往浮于表象,呈现一种平面式的研究。笔者以为,民族传统体育无疑是从民族文化共同体中凸显的,但认为它们是从民族文化共同体中的剥离则不大确切。"剥离"意味着脱离母体的存在。在广大少数民族乡村,少数民族体育即少数民族生活本身,是结合着它们的信仰和节日文化而开展的,对它们的研究是不应将其与母体文化剥离的。活态的少数民族体育要在村寨或村落层面才能深刻认识,因而村落层面的微观研究是必不可少的。

总体看来,以往的少数民族体育研究大多是从宏观的角度,自上而下地审视少数民族体育,许多研究只注意少数民族体育活

---

① 周瑾:《论藏区跳锅庄的社会功能》,四川大学硕士论文,2002 年。

② 张冀震:《西藏儿童游戏"提格"及其文化内涵》,载《西北民族学院学报》2000 年第 3 期。

③ 白晋湘撰文指出:"对于民族传统体育是从民族文化共同体中的剥离与凸现,各种研究基本能取得一致的意见。"见白晋湘《弘扬中华民族传统体育 丰富世界现代体育宝库》,载《北京体育大学学报》2001 年第 3 期。

动的结构和过程，对它们之所以存在的自然地理与社会心理原因、与民众日常生活的关系、民众相关的观念等很少关注或者说缺乏细致的实地研究，尚缺乏深入社区采取自下而上的视角联系社会变迁、国家与社会的关系对少数民族生存及发展进行探讨的研究，尚未见到从仪式的角度对少数民族体育的研究。

　　相对于仪式性少数民族体育研究的空缺，少数民族现实生活中的仪式性体育活动则是丰富多彩、源远流长、生生不息的。"一方水土养一方人"，长期生活于某一地域的人民，在为这一方水土所养育的同时，也创造和积累了具有特殊地域适应性的丰富知识和文化。从远古时代开始，少数民族出于生理需要和社会需要就创造了多彩的体育活动。研究者的收集和整理表明，我国少数民族体育活动的内容极为丰富，《体育大辞典》所收集的民族民间体育（多为少数民族体育）活动项目就有 190 种。[①] 在民间，仪式性体育活动总是牵动其他的民族文化活动共同开展的，往往形成独特的节庆，因此，仪式性的民间体育活动是农村基层文化的龙头、民族文化的平台和民族文化的传承场。在田野调查中我们看到，湘、桂、黔交界的少数民族地区的许多乡村，仪式性的民间体育作为唯一的跨村落的公共仪式在当地社会和文化生活中发挥着重要作用，是乡土社会"草根力量"[②] 显示其存在的重要场域，在仪式性民间体育活动的组织过程中明显地表现了国家—民间社会的互动。由于仪式性的少数民族体育与纯粹娱乐性的少数民族体育的社会功能、文化内涵以及在社会变迁中的生存状态都有明显的差异，它结合着少数民族的信仰，也是族群建构

----

　　① 陈荫槐等主编：《体育大辞典》，上海辞书出版社 2000 年版，第 826—859 页。

　　② "草根力量"是指天然根植于民间的一种文化内部力量，它们如同白居易诗"野火烧不尽，春风吹又生"所形容的有着天然的生生不息的坚毅品质。在近年的社会学研究中，"草根力量"往往指相对于国家或政府力量的社会（民间）力量。

和认同的重要活动，因此，有必要超越体育本体，对仪式性少数民族体育从社会人类学的角度作深入细致的田野考察。

本研究从仪式性少数民族体育切入乡村社会，得益于前述相关学科研究趋向的启发，也得益于许多专家学者的帮助。①选择桂北侗乡作为田野调查地点最初是出于一种直觉。20 年前，笔者到侗乡参加一个全国会议，会议期间参观了侗寨。初次进入少数民族聚居区，侗族男子吹出的苍凉的芦笙久久萦绕心头，对山寨淳朴的民风民俗留下了难以磨灭的印象。因此，在考虑调查项目和调查地点时首先想到侗乡和它的抢花炮。最初，由于缺乏田野调查经验和对侗乡抢花炮具体过程的了解，笔者对于侗乡抢花炮是否有足够丰富的材料支持博士论文的完成心里是忐忑的。可是，一当踏进侗乡、深入田野，那里丰富多彩的生活和研究素材就使笔者获得了足够的信心。2003 年11 月初入桂北侗乡进行抢花炮活动调查的时候，笔者惊讶地发现，这项外界所知甚少的民间体育活动在当地有着极大的吸引力，每个人都那么兴高采烈，人人都在谈论着有关花炮节的话题，都在做着与花炮节有关的事情——节前，老人们筹划活动的内容、组织乐捐、搭建松门，青年和小孩练习芦笙歌舞，母亲们忙着织染侗布、做衣绣花；花炮节时鞭炮硝烟弥漫，河滩数百人挤作一团激烈拼抢，岸上万头攒动，紧张观望花炮的归宿；抢花炮之后　关于抢花炮的内容很长时间都是人们谈话的主题。通过观察和访谈，笔者了解到，抢花炮在侗乡经历了

———————————

①　中国社会科学院少数民族研究所翁乃群研究员在百忙中多次接受笔者电话咨询，明确肯定仪式性少数民族体育是进行"少数民族体育与社会"研究的一个很好的切入点，并通过 E-mail 进行具体的指点；华东理工大学曹锦清教授在田野调查的理论准备和方法上给予了指导；复旦大学社会学系胡守钧教授多次对本选题进行鼓励和点拨，旁听胡老师的"发展社会学"、"中国社会"、"中国古代思想著作选读"等课程也获益匪浅。笔者对这些老师的指点和帮助表示衷心的感谢。

百余年的社会动荡和变迁而顽强地传承至今，它有着深厚的文化内涵，不是一项单纯的体育活动。笔者在调查感受中写道："在侗乡，我每天从早到晚都在与各种各样的人聊天、访谈，每天都有惊喜的发现，现实生活中收集到的材料总是比我预期的精彩，每一次的调查都使我获得超乎想象的收获，而且一次比一次更丰富、更精彩。花炮节活动的过程和在侗乡社会生活中的意义一步步验证着它是本研究最适宜的个案。田野收获的愉悦早已扫清了村寨奔波调查的劳累和艰苦生活造成的疲惫。在侗乡，淳朴善良的村民热情地接受我的访谈，给我介绍各种情况，讲述他们经历过的故事；70多岁的老人在风雨中陪我爬到高坡观察地形，翻出几十年的日记和活动记录给我抄录、拍照（图1-3、1-4、1-5）。不可思议的是，六个花炮节中，有三个已改为四年一办，已经停了好几年了，可都在我调查的期限内（2003年下半年至2004年上半年）举办，一个都没有漏过……让我感动和庆幸的事情太多太多，我深感选择侗乡、选择抢花炮是一种缘分，更是一种幸运！"由于抢花炮活动纵向地打上了历史变迁的印痕，又横向联系了侗乡村寨的每根神经，抢花炮研究也就有了非同一般的意义。初步田野调查表明，这是一个值得挖掘的富矿，对少数民族体育研究现状的梳理又表明此方面研究的阙如，于是，在导师虞重干先生的支持下，笔者确定以侗乡的仪式性少数民族体育活动抢花炮切入乡村社会，在一个具体的时空坐标中展开对该仪式性少数民族体育的存在与意义的叙述和思考。这个受直觉引导的个案经过理性的选择之后就此开始了认真的准备和深入的实地调查，笔者试图通过对侗乡抢花炮活动实实在在的参与、近距离的观察及深层次的解读，展示仪式性少数民族体育的社会存在价值和学术研究价值。

图 1 - 3　松江公的账本

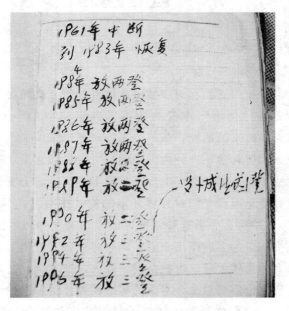

图 1 - 4　街道会的花炮记录本

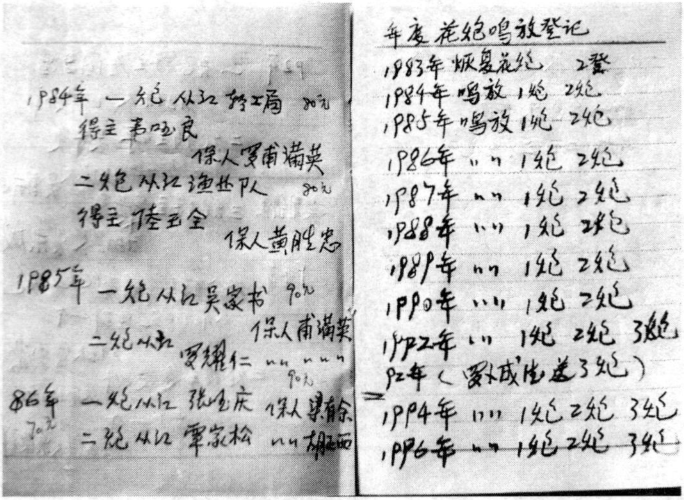

图 1-5　街道会的花炮记录本

（二）研究意义

1. 理论意义

文献回顾可以看到，对少数民族体育的研究犹如对待一片树林，目前有对"树木"本身的结构、功能、生长特点的研究，也有对其影响因素的研究，基本上是一种"眼光向内"的研究。实际上，一片树林除了这种内向型的研究价值和意义之外，还可以通过它的年轮、通过它们的生长状况了解气候、土壤等外界环境的状况和变化以及它们对外界环境的能动作用（防风、防沙、固土、保水等等），分析这种状况可以丰富对这些环境因素的认识，为人类认识的发展作出贡献，同时亦可获得对树木本身进行保护和培育的最佳手段。也就是说，除内向型的研究之外，还有外向型的研究价值与意义。本书的实地调查显示，这种仪式性的民间体育活动全面地反映了村寨的社会状态和社会变迁，现代化、全球化等等对村寨各方面的影响都反映在它的传承和变迁过

14

程当中，同时在其中也反映了许多社会问题，通过它，可以让我们认识社会。本书突破体育的狭隘范畴，在乡村社会生活中了解民间体育活动的功能，从功能来理解其意义，在社会变迁背景下研究少数民族体育，试图通过少数民族体育透视其社会的变迁，弥补少数民族体育研究中单从体育属性进行研究的不足，使少数民族体育体现其本身的人文社会学研究价值，亦表达在民族民间体育研究中加强与其他社会科学结合的学术关怀。人类学的仪式研究是破解社会文化内核的工具之一，少数民族体育的仪式研究能够开辟一条向文化深层研究少数民族体育的途径。

2. 实践意义

仪式中的原始信仰崇拜内容使得仪式性民间体育在满足人们娱乐需求的同时满足了人们的信仰需求。本研究表明，"抢花炮"是一种民间信仰的载体，人们在其中寄托着求子祈福、村寨平安兴旺等朴素的愿望，在民众存在信仰需求的客观情况下，正确引导和疏导这种信仰需求是保证基层安定和谐的重要手段。仪式性体育活动满足了人们不同的心理和社会需要，又是乡村文化的平台，与其他形式的村落文化共生发展，在乡村具有极强的吸引力和最广泛的号召力，是丰富基层文化生活、对劣质文化进行有效抵制的文化替代方式。这一民间仪式性体育活动的组织过程中所激发的民间自组织的活力以及民间组织与地方政府的主动沟通与合作、民众的参与与社区意识和社区情感的形成，是村落社区活力的重要源泉。通过本研究可以提供乡村文化治理和农村基层文化建设的有用信息，也为国家与民间的良性互动提供一些有价值的意见。

现代体育史中有许多民间体育走出民间逐渐成为地区性、跨地区性、国家性甚至世界性活动的事例。抢花炮正在经历这种过程，即由地方民间仪式，到跨地方的仪式，再进而被建构成族群仪式及体现民族团结的全国性体育竞赛项目（抢花炮已进入全国少数民族运动会，成为正式比赛项目），反映了仪式性民间体育已成为族群建构或国家建构的一个重要内容，本书提供了对该作用的一种认识。本书研究发现，民间抢花炮的仪式活动有一些被忽视了的文化资源，挖掘此项资源可以为全国少数民族运动会的民族团结诉求增加新的象征符号和内涵。

二 本研究的理论基础与相关学科的借鉴

中外学者对各种民俗事象和传统文化现象的长期研究及探讨积累了许多宝贵的理论和概念工具，它帮助我们理解许多用现代理性的思考无法解释的现象。例如，民众的许多仪式行为属于祈福与除煞，前者是迎神降神的仪式，后者是行傩的仪式，与娱乐活动相联系的祭祀活动是一种社区整合的体现等等。用相关的理论工具来观察和分析这些传统行为，有助于发现其中的叙事机理和叙事意义。毋庸讳言，我国少数民族体育研究尚处于幼稚期，理论和方法都还很不成熟，也存在许多研究盲点。然而，后发学科也有优势，这就是有许多学科成熟的理论、经验和研究方法可以借鉴，可以少走弯路、加快发展。当然，这种后发优势不会自动实现而需要学术自觉。因此，检阅一下有关学科的相关研究，对别人的研究结论和研究过程作认真的分析，能对我们的研究有所启发和帮助。

社会学、文化人类学和民俗学等学科为我们全面认识农村民间体育的社会文化功能提供了很好的理论和方法，我们有必要突破学科壁垒，取长补短，综合利用。本研究检阅和参考的研究著作及文献主要包括民族理论、仪式与象征、少数民族文化、当代中国农村和农民问题研究等主题。民族理论与民族问题研究的理论著作和研究文献为本研究准确把握民族问题、体现国家的民族政策提供理论支持；仪式与象征研究资料涉及人类学、宗教学、社会学、民俗学、历史学、符号学、民族体育学等许多中外学者的研究成果，它们为本研究提供理论见解与方法的借鉴；少数民族文化研究资料尤其是其他少数民族文化在现代化和全球化背景下的际遇可以为本研究提供参照；农村基层文化建设是近年来备受政府和学术界关注的领域，经济学、社会学、人类学、政治学和法学等学科纷纷介入农村问题的研究，既考察宏观社会，又关注微观社区，既有学理分析，也有实地调查，呈现多元发展的特征，在许多方面给本研究以启发；我国文化人类学界近年十分关注传统社会资源与现代社会文化变迁的关系，民间社会与国家的关系，许多研究成果是我国民间体育文化和少数民族体育文化研究可以学习和借鉴的宝贵资源。本书在不同的章节对相关学科的理论有不同的选择和运用。

（一）节庆仪式的意义——社会文化人类学的有关理论

仪式通常被界定为象征性的、表演性的、由文化传统所规定的一整套行为方式。它既包括神圣活动亦包括凡俗的活动，常被功能性地解释为在特定群体或文化中沟通（人与神之间、人与人之间）、过渡（社会类别的、地域的、生命周期的）、强化秩序及整合社会的方式。仪式是人类文化的普遍现象之一，也是人类学的重要研究领域，几乎每一位人类学大师都把仪式与象征当做一项极其重要的研究内容。目前，不仅人类学，社会学、政治学、历史学、法学、文学、民俗学等学科都从不同的角度借用仪式的研究，透过仪式获得对社会的深刻认识。

早期人类学中，以古典进化论为代表的人类学家将神话与仪式联系起来进行研究。20 世纪初涂尔干（Durkheim，E. 又译迪尔凯姆）把仪式的研究转移到对仪式的内部意义和社会关系的研究，注重仪式在社会结构中的功能。他在《宗教生活的基本形式》中提出仪式可以实现神圣与凡俗的分离，仪式是社会群体定期重新巩固自身的手段。[①] 他的研究启蒙了许多后续的仪式理论，构建了后人仪式研究的基础平台。

本书从自身研究的需要梳理了有关的仪式理论。

1. 作为秩序的象征表现及合理性来源

许多人类学家都把仪式的功能归结到"维持社会秩序"这一主题。涂尔干认为，社会事实（禁忌、仪式、礼仪等）的特点在于它的外在性和强制性，即它的存在先于任何个人，并制约着个人的行为。法国 17 世纪的数学家、物理学家、哲学家帕斯卡尔曾经说："对待上帝，一跪下就是承认。"[②] 说明意识形态的力量来源于社会性的仪式，通过仪式产生个体的文化认同。继承并发展涂尔干仪式功能学说的人类学大师拉德克利夫·布朗十分着迷于中国古代哲学，大量引用孔子、荀子等人的观点来印证他关于仪式社会功能的理论，并赞叹中国人在两千多年前就已洞悉了宗教仪式的社会整合功能。[③]

在人类文明的历史上，"宗教一直是历史上流传最广、最为有效的合理化工具"，历来都是人类文明秩序合法化最适用的工具和手段。它可以将社会之中难以稳定的实在结构与一种终极性的联系结合在一起，从而导致前者获取一种神圣性的资源和根基，让人们忘记这个秩序是人创造的而认为是神建造的。[④] 因

---

① 涂尔干著，渠东、汲喆译：《宗教生活的基本形式》，上海人民出版社 1999 年版，第 359 页。

② 转引自王杰、海力波《审美人类学：研究方法与学科意义》，载《民族艺术》2000 年第 3 期。

③ 参见拉德克利夫·布朗著，潘蛟等译《原始社会的结构与功能》第八章"宗教与社会"，中央民族大学出版社 2002 年版，第 170—199 页。

④ 彼特·贝格尔著，高师宁译：《神圣的帷幕——宗教社会学理论之要素》，上海人民出版社 1991 年版，第 40—41 页。转引自李向平《宗教的权力表述——中国宗教的公—私形态及其秩序构成》，世纪中国（http://www.cc.org.cn），2005 年 1 月 7 日。

此，宗教是人建立神圣宇宙的活动。换句话说，宗教是用神圣的方式来进行秩序化的。象征人类学的代表人物克利福德·格尔兹（Cliford Gezertz）认为，正是在仪式（神圣化的活动）中，产生出"宗教观念是真实的"，"宗教指引是有道理的"这样的信念。正是在特定的仪式形式中，宗教象征符号所引发的情绪和动机，与关于存在秩序的一般观念相互满足和强化。通过仪式，生存的世界与想象的世界借助于象征符号得到融合，变为同一个世界，使人产生现实感，塑造了一个民族的精神意识。①

中国古代帝王通过祭祀天神将世俗权力演变为神性的权力。《国语·楚语》说，楚昭王对"命重、黎绝天地通"不明其意，观射父解释道：少皞氏之前，"民神不杂"，民中有觋、巫祝、宗"各司其序"，只有他们能同天降神，普通人只是信任与忠诚于神灵，这时天地分明、秩序安定。但少皞衰世，"民神杂糅"，人人都可祭神，家家都有巫师，社会混乱不堪，神明也失去了意义。直到颛顼兴起，恢复以前的传统，"绝天地通"才重新建立起秩序。② 观射父曾对祭祀的意义如此说明："祀所以昭孝息民、扶国家、定百姓也。"上古时的时节祭祀，不仅显示出统治阶层对上天的礼敬，也给民众展示出世人对神灵的虔诚，以及下层如何侍奉上层的事理，树立恭顺的表率。③ 费孝通先生指出，中国人对鬼神相当实际，采用了有求必应的方式。他们对鬼神的供奉只是为了风调雨顺、免灾消祸。他们的宗教祭祀很有点像请客、疏通、贿赂；宗教祈祷有点像许愿、哀乞。所以，鬼神对他们来

---

① 克利福德·栓尔兹著，纳日碧力戈等译：《文化的解释》，上海人民出版社1999年版，第129页。

② 参见葛兆光《中国思想史》，复旦大学出版社2004年版，第125页。

③ 萧放：《岁时——传统中国民众的实践生活》，中华书局2002年版，第21页。

说是权力，是财源，不是公道，也不是理想。^① 这种能够获取权力和财源的表达方式，蕴涵着中国社会中权力秩序的构成过程，而这种社会权力、资源的获取方式常常是先验地具备了合法性并能够发挥出秩序功能。杜赞奇利用《惯调》（《中国农村惯行调查》）材料指出，是祭祀仪式使华北农村的闸会组织神圣化并获得公众的承认，^② 地方领袖通过祭祀仪式使自己加入天人合一的宇宙体系，使其在乡村中建立自己的政治权威。^③

葛兆光先生在《中国思想史》中，对中国古代礼制秩序作了分析，指出仪式是"作为秩序的象征表现及合理性来源"。秩序的合理性依据来自人们对宇宙天地的体验、观察和想象。同时，它也用仪式特别是祭祀的等级、形式把这些体验、观察和想象的结果加以确认和表现。"万物本乎天，人本乎祖，此所以配上帝也"^④，这样的仪式把"宇宙"秩序投射到社会秩序上，把人类社会的等级秩序在仪式上加以反映，并通过仪式赋予它与自然秩序一样的权威性和合理性，经由象征性的活动得到宇宙、天地、神祇的认可，人们也通过仪式与世俗发生关系，借助象征性的行为把天意、神意传达给世间，由它来强化人们对秩序的认同，也由它来表达超出自身能力的愿望。仪式的合理性有两个来源，第一，出自人的性情的合理延伸。人的感情和理智及出自内心的亲情使得家族之内的长幼亲疏自有和睦与秩序，形成社会的"差序格局"和仪式的"轻重等差"；第二，宇宙天地的秩序。仪式进一步确认、肯定和强化了社会差序的事实，把这种天道与

---

① 费孝通：《中国人和美国人》，生活·读书·新知三联书店1985年版，第110页。
② 杜赞奇著，王福明译：《文化、权力与国家》，江苏人民出版社2003年版，第20页。
③ 同上书，第96页。
④ 《礼记·郊特性》。

"人心"用一整套形式化的东西确认并表现出来。在人们把自己的全部心智和情感都投入对神圣的体验时，"以其恍惚与神明交"，于是，仪式确立了自身的权威性，也确立了这一秩序在人间的合理性，宇宙的结构、亲族的感情、社会的等级，就在这仪式中被奇妙地叠合在一起，作为秩序的象征。[1]

秩序的效力最终依赖于人的自觉遵守与实施。中国古代儒家早已看到了这一点并采取了一整套措施来保证那些基本的社会规则获得普遍尊重，并通过定期举行的社区活动与宗教性的仪式不断巩固社会规则在人们心目中的地位与效力。例如我国"出现年代最早、在民间最为普及的体育运动"乡射礼。[2]

2. 集体欢腾·集体记忆·集体认同

在《宗教生活的基本形式》一书中，涂尔干通过对澳洲土著的研究，指出仪式的一个基本功能是营造"集体欢腾"（collective effervescence，也称"集体兴奋"）的氛围，也就是说透过共同的仪式促使所有成员获得共同经历的情绪，在集体的、仪式化的活动中个体获得精神的兴奋与共鸣，产生一种共同体的感受。[3]"集体欢腾"的仪式是集体认同和愉悦的来源，在这种氛围中，人们意识到集体的存在，而仪式中出现的图腾则成为这一存在的象征，汇集了人们在仪式中所经验到的对集体的情感，在仪式之外的生活中维系人们对群体的认同。

玛丽·道格拉斯指出，许多社会并没有图腾的存在。那么，是什么维系着社会以及将人们凝聚在一起？哈布瓦赫用集体记忆来解

---

① 参见葛兆光《中国思想史》，复旦大学出版社 2004 年版，第 49—66 页。

② 《仪礼·乡射礼》完整地记载了它的比赛规程，而《礼记·射义》又对它的比赛意蕴作了阐发。参见彭林《从〈仪礼·乡射礼〉看中国古代的体育精神》，载《光明日报》史学版，2004 年 2 月 10 日；《新华文摘》2004 年第 16 期。

③ 涂尔干著，渠东、汲喆译：《宗教生活的基本形式》，上海人民出版社 1999 年版，第 496—503 页。

决这个问题。他认为，社会生活中的各种仪式使得人们的集体记忆能够在日常生活中保持鲜活，同时将人们维系在一起，巩固了社会的存在，这就是他提出的"集体记忆"（collective memory）概念。[1]集体记忆的产生可由仪式的重复性、象征性、集体性来解释。仪式的重复性使人们在仪式的情境之中回忆过去；仪式所具有的象征性使仪式包含丰富的内涵，激发人们的记忆；共同的经历使人们产生类似的记忆，共同的记忆形成彼此沟通的基础，所以仪式是集体记忆产生、保持和不断更新的重要机制。哈布瓦赫强调的是记忆的社会建构，美国学者保罗·康纳顿（Connerton，P.）关注的是社会记忆的传递性和持续性，着力研究了作为社会记忆重要传播形式的纪念仪式和身体实践，强调记忆的惯性（inertial）。他把记忆分为三种：记忆对象的个人生活史形成的个人记忆、记忆对象在场形成的认知记忆和再现某种操演能力的习惯性记忆。他认为，社会记忆是通过"（或多或少是仪式性的）操演来传达和维持的"，"在仪式上展示的一切，也渗透在非仪式性行为和心理中"[2]。因此，把仪式定义为一种"操演语言"，操演的形式化、语言的延续性或者说重复性以及操演语言内在的含义构成了仪式的主要意义。

"认同"概念来自心理学，通常指个体在社会生活中与某些人联系而与其他人区分的自我意识。社会学对认同的研究偏重于揭示个人与群体、群体与群体的归属问题，关注社会现象的一致特性（如身份、地位、利益和归属），人们对此的共识及其对社会关系的影响。社会认同是通过社会时空和社会记忆得以建构、解构、重构和变化的。在不同的社会时空中，人们会有不同的生命历程和行为特点，这给他们留下了不同的社会记忆。人们总是

---

① 参见莫里斯·哈布瓦赫著，毕然、郭金华译《论集体记忆》中刘易斯·科瑟写的导论，上海人民出版社 2002 年版。

② 保罗·康纳顿著，纳日碧力戈译：《社会如何记忆》，上海人民出版社 2000 年版，第 4、50 页。

凭借这样的记忆（或经验）来确定自己的行为，建构自己对周围的认识。这样的记忆并不属于个人，而是属于社会。没有社会记忆，人们在互动上就找不到一致性，就缺乏行动的规则。不同的社会记忆影响着不同社会群体彼此的认同。[①] 在人类学的视野里，仪式是社会的一种存在形式，我们通过仪式来完成自我认同，使个人以仪式参与者的身份来达到对社会认同的享有。

由此可见，"一个仪式之所以有效果，具有渲染力、说服力，其关键在于透过象征性、戏剧性的演出，成为一群人共同的沟通语言，并发出涂尔干所谓的集体共识，提供团体生活中个人的情感意义与心灵归属"[②]。节日习俗在一定意义上可以说是一个民族内部认同的标志。"每一种文化都有其符号体系，有时候符号的意义比内容还重要"[③]。节日习俗仪式使民族凝聚，"集体欢腾"的仪式是集体认同和愉悦的来源，节庆仪式产生集体欢腾，集体欢腾形成集体记忆，在集体记忆的基础上产生集体认同。

3. 国家与社会关系的反映及互动的媒介

仪式与象征是最能体现人类本质特征的行为与符号表述，是现代社会中政治权力的实践工具。因此，现代潮流的人类学研究不再执著于传统人类学的功能主义视角，在阐述仪式象征意义及其内在逻辑的同时，更为关注仪式在现代社会中的存在和运用，关注仪式的行为、象征符号与政治和权力的关系，探讨谁为了什么目的创造出了这些意识形态，揭露出权力的运作。[④]

---

① 王春光：《新生代农村流动人口的社会认同与城乡融合的关系》，载《社会学研究》2001 年第 3 期。

② 潘英海：《仪式：心灵的叙说与数术》，参见汪芸译著《失窃的心灵》，源流出版社 1994 年版，第 i—xx 页。

③ 刘魁立、三爰教授的谈话：《专家称对传统节日的文化认同将推动国家认同》，载《新京报》2005 年 4 月 3 日。

④ Kertzer, David. 1988, Ritual, Politics, and Power. Yale University Press. 转引自郭于华《仪式与社会变迁》，社会科学文献出版社 2000 年版，第 2 页。

作为一个先前的礼制国家，传统中国就是一个仪式国家，仪式与象征是中国乡土社会传统地方文化的核心内容。同时，仪式作为一个社会或族群生存状态与生存逻辑的凝聚点，其本身也随着社会的变迁处于变化之中，并且是"表现和参与社会文化变迁的重要变量"①。在关于中国仪式的研究中，武雅士（Arthur Wolf）通过民间宗教仪式分析国家与社会之间的关系，他把农民中流行的民间宗教中的三大崇拜对象——神、鬼和祖先类比物质世界中的帝国官僚、乡村中的外人、亲属，认为前者是后者的投射。孔万隆（Myron Cohen）认为，中国的文化话语的建立，既透过仪式来表现，也衍生于共同的仪式，它一方面在人们的社会生活中产生，另一方面也为国家政权所操控。② 仪式与象征也是杜赞奇的"权力的文化网络"概念中的重要内容，是乡村社会中权威合法性的象征。他说，"乡村社会中的领袖只能产生于具有共同象征性价值的组织结构之中"，"祭祀仪式使闸会组织神圣化，从而赋予它更大的权威，并得到公众的承认"③。不仅乡村社会中有各种势力竞争这种权威合法性的象征，封建国家等外来因素亦参加了这一争夺，文化网络由此沟通了村民与外界的联系，并成为封建国家政权深入乡村社会的渠道。仪式的产生与运作过程反映了包括国家政权在内的各种社会集团间的相互竞争、妥协和自我调节。

---

　　① 郭于华：《导论：仪式——社会生活及其变迁的文化人类学视角》，社会科学文献出版社 2000 年版，第 3—4 页。

　　② Myron Cohen, "Cultural Identity in China," Paper presented to the Workshop on the Construction of Chinese Cultural Identity, Institute of Culture and Communications, East-West Center, Hawaii, August, pp. 25—29, 1989. 转引自萧凤霞《传统的循环再生——小榄菊花会的文化、历史与政治经济》，载《历史人类学学刊》第 1 卷第 1 期，2003 年。

　　③ 杜赞奇著，王福明译：《文化、权力与国家》，江苏人民出版社 2003 年版，第 20 页。

国家、社会、民众互动问题的研究近年来已经成为历史学、政治学、法学等许多学科研究的热点。我国文化人类学界的研究者引入历史与变迁的维度以及权力关系和政治的视角关注民间文化与政治生活及国家权力的互动关系，许多学者从仪式与象征入手探讨社会与文化及其变迁，以走出"残留物情结"和"只见树木，不见森林"的局限。人们已形成共识：联系社会经济变迁的整体脉络，才能更清楚地显示仪式、象征符号和单个事件的意义。

仪式在民间社会层面往往是当地人日常生活中最基本的生存技术，在国家层面则是一种权力技术或权力实践的过程。过去的半个世纪中，国家仪式替代了民间仪式，通过仪式与象征的运作，国家权力与政治力量深刻而透彻地嵌入普通民众的日常生活之中。[①] 在当代乡村的现代化建设中，民族—国家的建设与民间仪式表演之间的相互利用甚为突出，许多地方的民间仪式表演被开发成为服务于经济建设的有效资源，"民间与政府之间相互利用，政府利用的是民间的文化资源以达到政府的经济目的，所谓'招商引资'，而民间则运用政府的行为达到民族—国家对地方文化的认同，至少是默认"[②]。民间巧妙地运用各种方式使传统节庆仪式为地方带来政治、经济和文化的利益。节庆仪式充分体现了民间社会与国家权力的复杂互动关系：国家既可运用暴力和自己的象征符号摧毁或替代民间仪式，也可能征用民间仪式与象征服务于经济目的或政治治理，从而留给民间仪式复兴演变的社会空间；但同时，民间也可能自觉改造那些仪式，或者是为了与国家和平相处，或者是为了把国家作为发展的资源，形成一种国

---

① 郭于华：《民间社会与仪式国家：一种权力实践的解释》，载郭于华主编《仪式与社会变迁》，社会科学文献出版社 2000 年版，第 8 页。

② 刘晓春：《仪式与象征的秩序—— 一个客家村落的历史、权力与记忆》，商务印书馆 2003 年版，第 34 页。

家与地方民族传统、政府与民众之间的新型关系。①

4. 好让孩子"把根留住"

"在现代社会，要找一个民族的历史遗产，就去找民俗；要找民俗的家门，就去找年节"②。节庆仪式是民族文化活的载体，对民族文化的传承起着举足轻重的作用。首先，仪式本身是文化传承的重要方式。利奇从知识与信息的角度分析仪式，认为世界本身是通过分类而创立的，仪式重复叙述这一分类结果，从而把它吸收的知识传之久远。没有文字的民族有各种仪式来经济地使用本民族贮存的信息，一切知识都贮存在活着的一代人所知晓的故事和仪式之中。一个仪式序列在充分实施的时候往往一再重复自身，把信息多次重复发出去。③ 从利奇的观点中可以得知，仪式就是信息的不断重复和传递，传统社会中为了使文化传承和传递下去，常常通过各种仪式达到这种目的。在《文化模式》中，本尼迪克特认为，每个人都受其所在的社区的风俗和其他文化的影响。"在他出生以后，他就受到风俗的熏染。他长大后参加了文化创造活动，那么这种文化的习惯就是他的习惯，这种文化的信仰就是他的信仰"④。人们对文化的认同是后天培养然后渐成习惯的，习惯的形成便是文化传承的实现。节日仪式通过周期性的重复能够培养人们的认同与习惯。例如我国传统的成年礼、婚礼、相见礼等，使人们在其中感受亲情、感觉责任；平时对师长、父母、老人的尊重，在潜移默化之中培养人们尊老敬长的意

---

① 高丙中：《民间的仪式与国家的在场》，载郭于华主编《仪式与社会变迁》，社会科学文献出版社 2000 年版，第 310—337 页。

② 董晓萍：《说话的文化——民俗传统与现代生活》，中华书局 2002 年版，第 233 页。

③ 转引自郭于华《民间社会与仪式国家：一种权力实践的解释》，载郭于华主编《仪式与社会变迁》，社会科学文献出版社 2000 年，第 340 页。

④ ［美］露丝·本尼迪克特著，何锡章、黄欢译：《文化模式》，华夏出版社 1987 年版，第 2 页。

识和修养。

其次，节日仪式汇聚民族文化，是文化传承的重要载体。钟敬文先生说："民间节日，作为一种文化事物，有一个颇值得注意的特点，就是它的复合性。""民间的许多节日，是包括着社会的多种活动事象在内的。从社会文化的门类说，它包括着经济、宗教、伦理、艺术、技艺等活动。它是许多文化活动的集合体，是民族文化的一种展览会。"① 民族节庆仪式活动蕴藏着丰厚的民族文化资源。如各民族的史诗、神话、传说、风俗歌调等文体类型，不仅折射着各族传统文化的原貌，而且以极富活力的方式动态地保存和传演在这些民族的节日活动中。可以说，节日是民俗观念的形象展演和艺术张扬。例如香港元朗自 1963 年起每年于农历三月十三日举行庆祝天后宝诞的会景巡游，届时各花炮会有投花炮、盆菜会或晚宴庆祝等活动，为元朗每年最大最热闹的盛事。在"元朗天后宝诞会景巡游 2004"大会网站②的首页上，打出的口号是"跟小朋友一起留个富有中国传统特色的回忆，好让孩子'把根留住'"。"把根留住"充分体现了人们对节庆仪式文化传承作用的认识。

再次，节庆仪式提供了感受民族艺术的情境和氛围。在中央电视台《电视批判》关于"南方民族的节日习俗与文化传承"的论坛上，特邀嘉宾刘亚虎说："我觉得一些民间艺术只有置身于那种情境里，才会感受到它的魅力。比如史诗那么一种缅怀祖先的氛围，哭嫁歌那么一种依依惜别的气氛，情歌那么一种热恋的情怀，没有这种情境可能是有点乏味的。"③ 巴莫曲布嫫说：

---

① 钟敬文：《节日与文化》（为萧放著《岁时——传统中国民众的实践生活》所做的序），中华书局 2002 年版。

② 大会网址：www. YL. com. hk/tinhau。

③ 《南方民族的节日习俗与文化传承》，参见《电视批判》第 28 次论坛，《电视批判》栏目专稿发布时间：2003 年 1 月 15 日。

"只有在自己的亲历中才会更深刻地理解民俗文化的气韵生动和民众智慧的博大精深。"① 这些论说充分表明了节庆仪式的情境和所制造的氛围对于体验和感受这一文化的人们能起到潜移默化的文化传承作用。

(二) 研究视角、概念工具和分析框架

1. 重视个案研究

20 世纪 90 年代中期,中国许多学者的研究从宏观研究转为更具体化的研究。在过去的 20 多年中,乡土社会重新成为中国社会科学界的关注点,个案研究受到重视。个案研究是对单个事件、人物和社会群体的详细记载,它对社会科学的发展起了重要作用,大规模调查所运用的假设及分析问题的洞察力,大都来自于先前所作的个案研究。② 微观的个案研究可以帮助研究者深入到研究对象之中去体察活的历史、活的生活和活的事件,并通过这些历史、生活和事件去考察社区人的日常生活世界是如何与宏观的社会历史变迁相联系的,从而透过"小社区"窥视"大社会"。许多社会学和人类学的研究者就是从"小地方与大社会"之间的关系出发,揭示了 20 世纪乡土中国的社会变迁。③

2. 族际交往与文化共享的视角

北京大学周星教授在许多场合谈到中国作为族际社会的问题,提出"从族际角度理解多民族的中国社会与文化"。他说,

---

① 《南方民族的节日习俗与文化传承》,参见《电视批判》第 28 次论坛,《电视批判》栏目专稿发布时间:2003 年 1 月 15 日。

② 波普诺著,李强等译:《社会学》(第 10 版),中国人民大学出版社 1999 年版,第 49 页。

③ 如费孝通先生的《江村经济》、曹锦清教授的《黄河边的中国》、于建嵘博士的《岳村政治》、吴毅博士的《村治变迁中的权威和秩序:20 世纪川东双村的表达》等。

"中国是多民族国家的社会，也就是族际社会"，"这是我从事少数民族社会及文化研究以及从事民族关系问题研究所持的基本立场"①。中国是一个民族大家庭，费孝通先生认为汉族是"中华民族多元一体"格局凝聚的核心，在许多少数民族地区，汉族深入其交通要道和商业点长期定居，形成了一个点线结合、东密西疏的网络，这个网络就是多元一体格局的骨架。②

族际文化共享是指两个或者多数民族共同拥有一种文化的现象。③ 由于自然地理环境以及自给自足的自然经济形成的区间阻隔，少数民族文化带有鲜明的地域特点，"十里不同风，百里不同俗"就是这种文化地域性的真实写照。随着社会发展、民族交往日益增多，一种民族的传统文化在与其他民族的经济和社会交往中，往往会被另一民族主动或被动吸收并被进行适当的改造，族际文化发生相互影响、相互作用，最终，一个民族的活动及其节庆成为邻近几个民族或一个地区共同欢度的节日和活动，形成族际文化共享现象。周星教授在谈到"文化共享"问题的时候说："族群性的文化研究对于揭示少数民族的文化个性是重要的，但不应该走极端，还应该承认各族文化之间的历史关系，承认大量存在族际共享的现象与事实，并给予必要的重视。"④

3. 大传统与小传统关系的审视

大传统（great tradition）与"小传统"（little tradition）概念是美国人类学家罗伯特·雷德菲尔德在 1956 年的《农

① 周星：《从族际角度理解多民族的中国社会与文化》，载沙莲香等著《社会学家的沉思：中国社会文化心理》，中国社会出版社 1998 年版，第 91 页。
② 费孝通：《中华民族的多元一体格局》，载《北京大学学报》1989 年第 4 期。
③ 高丙中：《中国文化的族际共享》，载《民族艺术》1998 年第 4 期。
④ 周星：《从族际角度理解多民族的中国社会与文化》，载沙莲香等著《社会学家的沉思：中国社会文化心理》，中国社会出版社 1998 年版，第 101—102 页。

民社会与文化》一书中首先提出的，用来说明在较复杂的文明中，存在着两个层次的文化传统。所谓大传统一般是指一个社会里上层的贵族、士绅、知识分子所代表的主流文化或者社会中的上层精英文化；而所谓的小传统是指一般社会大众，特别是乡民或俗民所代表的生活文化。[①] 这一对来自于西方的社会文化理论体系和概念对当代中国的学术发展产生了明显的影响，文学史、思想史、民俗学史等学科都以大小传统观念来重新审视中国文化，它也被社会学等学科借用来研究中国社会。学者们对这一概念的运用注意了其本土化的问题。在中国的乡村，一方面，地方性的传统文化力量还很强大；另一方面，在现代化过程中，农村不断受到国家意识形态的影响，小传统作为一种亚文化，在现代背景下与大传统进行着更广泛、更深入、更频繁的文化碰撞，但这种碰撞是多向、多层次的文化互动和吸纳。大小传统在村落社会中彼此影响，共同塑造着村落文化。中国人类学更关注动态中的大传统与小传统，而并非仅仅将这一概念用于作为社会文化分层的工具。小传统在村落社会中具有"草根性"和主导地位。在大传统渗透于村落社会的过程中，小传统并不是被动消极地接受大传统，也没有被大传统完全替代，而是对大传统作出一定的文化反应。

4. "文化网络"概念的引入

杜赞奇用"权力的文化网络"[②] 这个概念来说明为组织成员所认同的象征和规范为权力行使所提供的合法作用。受此启发，

[①] Redfield, Robert. 1941, The Folk Culture of Yucataf. Chicago: The University of Chicago Press. 1956. Peasant and Society: An Anthropology of a Revolution, Cambridge University Press.

[②] 杜赞奇著，王福明译：《文化、权力与国家》，江苏人民出版社 2003 年版，第 178 页。

又有学者提出了"社会分化的文化网络"概念。① 杜赞奇认为，文化网络由乡村社会中多种组织体系以及塑造权力运作的各种规范构成，它包括在宗族、市场等方面形成的等级组织或巢状组织类型。这些组织既有以地域为基础的有强制义务的团体（如某些庙会），又有自愿组成的联合体（如商会）。文化网络还包括非正式的人际关系网，内容十分广泛，它是权威存在和施展的基础。任何追求公共目标的个人和集团都必须在这一网络中活动，正是文化网络，而不是地理区域或其他特别的等级组织构成了乡村社会及其政治的参照坐标和活动范围。作为一种方法论运用的概念，"文化网络"是一个在宏观背景与微观社区之间起联结作用的概念。它将国家政权、绅士文化与乡民社会纳入一个共同框架，并将权力、统治等抽象概念与中国社会的文化体系联结起来，揭示地方社会中权威的产生过程及表现。② 这一概念对我们研究农村基层体育的文化功能具有启发与借鉴作用。

5. "国家—社会"分析模式的运用

"国家—社会"是西方政治社会学的核心问题之一，它关注建立在国家与社会之间的相互对应的关系结构，探讨权力的界定、分化、平衡和规范秩序的社会法则的变化。采用"国家与社会"分析框架的一个前提假设就是假定国家与社会双方具有各自自主的正当性权利，从而建立起一种相互对应的关系结构。③ 一些学者认为，传统中国的社会结构中鲜有提供这样的经验事实，因而对运用"国家—社会"架构分析中国问题的准确性提出质疑。另外，学者们对当代中国农村组织的考察大多

---

① 卢晖临：《革命前后中国乡村社会分化模式及其变迁：社区研究的发现》，载黄宗智主编《中国乡村研究》（第一辑），商务印书馆2003年版，第168页。

② 杜赞奇著，王福明译：《文化、权力与国家》，江苏人民出版社2003年版，第189页。

③ 张静：《国家与社会》，浙江人民出版社1998年版，第2页。

集中于对国家与社会关系的讨论的两种分歧意见：一种是受吉登斯"民族—国家"理论的影响，强调国家自上而下的管理形式，国家与社会高度融合，近代中国"民族—国家"的建构过程就是国家政权不断对基层社会渗透与控制的过程；另一种观点受格尔兹"地方性知识"概念的影响，强调独立于社会之外的地方性知识的作用，而这些地方性知识往往是与传统的血缘格局、地方宗族、宗教等因素联系在一起的，是乡土社会实现地方自我治理的形式。改革开放后，中国的政治—社会结构的分化、传统国家与社会关系的改变及两者的互动是形塑村庄特性的一个十分重要的变量，这就为中国乡村研究中的"国家—社会"研究框架赋予了新的生命力。"国家—社会"框架的切入角度已广泛影响社会文化人类学和社会史个案研究的选题角度。

6. 现代性、国家和村庄地方性知识三个维度的考察和理解

从现代性、国家和村庄地方性知识三个维度考察和理解所研究的社区是近年我国乡村研究给予农村基层体育文化研究的又一重要启示。现代性（modernity）是表征现代化后果的一种状态，在村庄，它既是一种具有不同于传统的物质和知识要素对村庄的渗透与改造，同时也是一种具有新的合法性的意识形态权力；国家既指它所具有的政治、行政体制与权力，也指它通过与文化意识形态的互为表里所产生的控制和影响能力。这种关于国家的理解在国家与现代性之间搭建了一种结构的关系，即国家与意识形态和现代科学技术的内在联系。地方性知识这一概念是与后现代意识共生的，强调的是对知识作一种情景化的理解和阐释。吴毅的博士论文《村治变迁中的权威与秩序：20世纪川东双村的表达》认为，20世纪双村权威与秩序形态的基本变量是现代性、国家和村庄地方性知识，而进一步决定这三种变量互动关系和结构的背景因素则是20世纪的中国革命。中国革命作为一个历史

的过程，存在着发展、鼎盛以及最终为改革所超越的变化，在此背景下，现代性、国家和村庄地方性知识三者之间的互动表现出了不同的状态，并进而塑造出不同时期村庄权威与秩序的不同形态。该研究将理论解释的基点从宏观的、外在的推向了乡村社会内部，从单一因素的解释扩展为多因素的互动，这对农村基层体育文化的研究有重要的启发。

三　研究思路

（一）概念界说

1. 仪式

仪式通常被界定为象征性、表演性、由文化传统所规定的一整套行为方式。它既包含神圣也包含凡俗的活动，这类活动经常被功能性地解释为在特定群体或文化中沟通（人与神之间、人与人之间）、过渡（社会类别的、地域的、生命周期的）、强化秩序及整合社会的方式。我国社会文化人类学家采取了较为广义的仪式概念：既可以是特殊场合情境下庄严神圣的典礼，也可以是世俗功利性的礼仪行为，亦可理解为被传统所规范的一套约定俗成的生存技术或由国家意识形态所运用的一套权力技术。①

2. 仪式性少数民族体育与仪式性民间体育

按照社会学的术语，体育可定义为"依据一定规则进行的身体的比赛活动"②。对于少数民族传统体育，国内体育界和民族、民俗学界并没有一个确切的定义。1986 年 9 月，在新疆乌

---

① 参见郭于华《仪式与社会变迁》，社会科学文献出版社 2000 年版，第 352 页。

② 戴维·波普诺著，李强等译：《社会学》（第 10 版），中国人民大学出版社 1999 年版，第 21 页。

鲁木齐举行第三届全国少数民族传统体育运动会期间，国家民委和国家体委联合举办了首届少数民族传统体育学术研讨会，会上，专家学者对"少数民族传统体育"的定义提出了四种观点：（1）少数民族传统体育是各少数民族世代相传、具有民族特色的各种体育活动的总称；（2）少数民族传统体育是在古代体育的基础上延续下来的，因此是指近代体育传入以前我国各民族就已有的体育活动；（3）凡是目前在一些民族地区仍在流传的具有民族特色的体育活动（包括自娱活动）都属于民族传统体育范畴；（4）少数民族传统体育是具有民族性、传统性、体育性的活动项目。这是目前关于少数民族传统体育的比较权威的观点。概括起来，少数民族传统体育就是指长期流传在各少数民族中、具有浓厚民族色彩和特征及强健体魄和娱乐身心作用的各种活动。① 原生态的少数民族体育实质上是一种民间文化活动。本书所指的仪式性的少数民族体育活动，是少数民族地区那些附带着一套程式化的，具有象征性、表演性、由文化传统所规定的行为方式的民间体育活动。仪式性民间体育概念与此对应，但其外延突破少数民族的限制，扩展至一般意义的民族民间体育。本书在指称不同范围的仪式性体育的时候交替使用这两个概念。

3. 存在

本研究所指称的仪式性少数民族体育的"存在"，既包括该仪式性体育活动得以存在的心理基础、社会基础，亦包括这种活动在变化社会中的生存状况以及它与社会的互动，即社会存在方式。

4. 侗乡花炮节

本研究所选择的侗乡，地处湘、桂、黔三省（区）交界地，

---

① 参见李志清《少数民族体育起源与变异探析》，载《体育科学》2004 年第 1 期。

是以侗族人口占多数的少数民族聚居区，除侗族外，还居住着汉、苗、壮、瑶等民族。虽然花炮节活动与侗族文化有更多联系，但它是当地民族共同的节日，表现文化融通和族际文化共享现象。因此，本研究称"侗乡花炮节"而不称"侗族花炮节"①，在叙述中，也常采取族际的视角而非单一的侗族视角。

（二）研究假设

在相关文献的阅读和初步田野调查的基础上，本研究形成了如下的研究假设：

基本假设一：集体性的民间体育活动存在的条件，一是人们有此娱乐需要，二是有人愿意并且有能力组织这样的活动。抢花炮这种仪式性少数民族体育的存在是在侗乡民众有此娱乐需求和原始信仰需求的基础上，由于符合侗乡传统社会组织的需要而由其积极筹办的结果。两者共同保证了其存在，缺一不可。

基本假设二：抢花炮兴衰沉浮的命运折射了国家政治的风雨历程和社会的变迁，反映出国家权力和意识形态向最偏僻的少数民族山村的渗透，也反映了民间文化与政治生活及国家权力的互动关系。

基本假设三：仪式性的民间体育活动及其节庆，是乡村文化的平台，为其他形式的民间文娱活动提供了邀集的理由和展演的机会，与其他形式的村落文化共生发展。通过扶持和引导仪式性的民间体育活动可以有效地加强农村基层的文化建设。

（三）研究视角

大处着眼，进行大范围的文化比较和框架分析、诠释单位也

---

① 许多关于少数民族体育的著作、辞典都把"抢花炮"定义为侗族的传统体育活动。但笔者研究发现，抢花炮并非起源于侗族，在侗乡参加抢花炮活动的也不限于侗族。因此，本书称"侗乡花炮节"而不称"侗族花炮节"。

往往着眼于整个中国和世界的关系是我国体育人文社会学研究的主流倾向。宏观的研究固然重要，但"学术史一再证明，最有价值的作品往往不是那些高谈宏论，而是可能一开始会被看不起的所谓'微观'的研究……小社区的典型研究对于理解一个社会内部多种因素的相互关系，从总体上把握社会发展的趋向，具有其他研究所不能取代的意义"①。研究缘起部分已叙述，近十几年我国社会科学的许多学科都采取"自下而上"的视角进行研究并取得显著的成果，本书将追随这股学术潮流，进行"自下而上"的研究。

眼光向内，过于注重体育本体的研究是目前体育界学术研究的另一个特点。本书尝试打破这一局限，不是就体育论体育，而是把抢花炮活动放在其所处的社会文化体系中加以考察，以处于文化网络中心的这种仪式性民间体育来透视社会，了解社会的变迁以及国家与社会的互动，在此基础上探讨仪式性民间体育在乡土社会的文化功能和意义，并讨论它们的生存与发展之路。积极追求体育人文社会科学研究与其他社会科学结合、从其他社会科学吸取营养是本书的学术关怀。本选题得到社会学、社会文化人类学专家的积极肯定和指点，获得 2004 年上海市哲学社会科学青年课题立项，说明本选题找到了一个与社会学、文化人类学交流的平台。

本书还注意采取族际的视角审视少数民族体育。我国少数民族体育的研究基本上是采取族别的视角进行研究，较少在族际的或一个多民族社会的框架中去理解少数民族体育的问题，也往往忽视了汉族在少数民族地区发展及与少数民族文化的关系问题。但实际上，不少少数民族体育从历史渊源上是族际交往的产物，

---

① 陈春声：《中国社会史研究必须重视田野调查》，载《历史研究》1993 年第 2 期。

突破"少数民族传统体育"这一概念的局限，采取族际的视角和历史的审视，可以把研究带入一个新的视野。完成古宜和富禄的田野调查后，看到桂北侗乡两个著名的花炮节历史上都是由商会主办，笔者的视角开始突破"少数民族传统体育"，采取族际的视角，注意客籍商人的来源及其文化背景以及当地族际关系的问题，从此豁然开朗，研究的相关资料越来越多，原来看不到与抢花炮有任何关系的当地人文地理资料也变活了，发现了它们与抢花炮活动的一丝万缕的联系。

（四）本书框架及写作说明

本书的整个框架分为导论、主体部分五章和结语。导论是笔者对于理论基础和研究方法学习与思考的成果，主体部分是记录、整理、分析三年来收集的田野资料的成果。

导论部分从民族传统体育研究不足的现状及相关学科的成功经验，提出了对少数民族体育进行"自下而上"和外向型研究的思路及族际交往的思路；论述了本研究的理论基础、概念工具和分析框架，并对研究思路和研究方法进行了论述。

本书第二章首先以侗族的仪式传统为理解抢花炮仪式作铺垫，接着，叙述了田野观察和访谈所了解的抢花炮仪式过程以及对仪式的文化解读，说明仪式化使少数民族体育实现功能的扩展，对少数民族体育仪式性功能的认识也拓展和深入了对其社会意义的认识；第三章回溯侗乡抢花炮的起源，论述抢花炮作为民族团结符号的建构，说明仪式性民间体育在族际交往中的意义和作用；第四章从侗乡抢花炮的文化基础、经济基础和社会组织基础等方面透视社会文化、民族性格以及社会的变迁；第五章是第四章的扩展，着重论述抢花炮仪式传承过程中反映的国家与社会的互动关系；第六章总体梳理抢花炮在社会变迁历程中的命运和现代背景下的变化特征及社会意义。

结语一章从抢花炮的流传折射乡土文化与社会的变迁、仪式性体育在乡土社会存在的现实意义、仪式性体育的未来等方面对全书进行总结，再从本书的研究引出民族传统体育研究方法的一些思考和讨论。

　　需要说明的是，本书以逻辑线索为主，在一个有一定理论的框架之下写作，看起来似乎是先有理论，然后填充一些实证材料，但实际上是先有调查材料，然后对调查材料进行分析解读之后形成的叙述框架，是为了叙述的方便而选择目前的写作模式。在进行田野调查之前并没有这样的既定模式，没有一个事先预设的理论框架。本书框架形成过程是：相关理论著述和研究文献的阅读→田野观察、访谈、资料收集→理论假设→田野调查→对田野资料的分析、解读，相关理论著述和研究文献的阅读→分析框架与叙述框架的形成。

（五）创新点

　　1. 首次阐述了原生态少数民族体育的仪式功能，对其社会意义的认识因而获得拓展和深入。

　　（1）从仪式的角度对乡土社会的少数民族体育进行研究，由此开拓了少数民族体育研究的新领域——少数民族体育研究突破体育本体的研究，与社会背景紧密联系起来，同时也有了"自下而上"的研究途径，使少数民族体育研究引入了权力关系和政治视角，不再局限于其小传统的描述而是关注了它们与国家政治生活及国家权力的互动关系，有了宏观的视野和理论的关怀。

　　（2）对少数民族体育有了新的认识——仪式化使少数民族体育实现功能的扩展；仪式性少数民族体育的传承全景式地展示了乡土社会面貌，可以通过它透视社会的变迁；仪式化使少数民族体育具有顽强的生命力；仪式化使少数民族体育在现代背景下获得循环与再生。

2. 纠正了对"花炮"的误读——炮圈并不等于花炮，它只是花炮的一部分，炮宪、大炮（或铁炮）和炮圈才构成完整的花炮。理解这一点更能认识到花炮负载的丰富文化内涵。少数民族运动会的抢花炮没有注意到这种文化内涵，因而在其民族团结符号利用上仍有挖掘余地。这说明，只有深入了解民族体育文化的内涵，少数民族运动会才能真正反映民族的东西而不仅仅是其形式，少数民族运动会的体育项目由此将具有更深远的意义。

四 研究方法与资料来源

（一）方法论与研究方法

"任何一门学科的方法体系都可以分为两大类，一是宏观的，即方法论，二是微观的，即方法"①。进行一项课题研究需要选定合适的方法，而且要知道这种方法本身的特点是什么，局限是什么，这种对方法的比较系统的、自觉的思考就是方法论，也就是说 方法论是对研究性质、特点以及可以采取的方法的反思。本研究属于一项质的研究。质的研究是通过研究者和被研究者之间的互动，对事物（研究对象）进行长期深入细致的体验，然后对事物的"质"有一个比较整体性的、解释性的理解。质的研究与定性研究一样都强调对意义的理解和解释，但前者更加强调研究的过程性、情境性和具体性，强调在原始资料基础上建构结论或理论。质的研究的理论基础主要是人类学、现象学、解释学、实证主义理论，具有跨学科、多学科的色彩。除了包括历史法、个案法、观察法、调查法、文

---

① 赵世瑜：《眼光向下的革命——中国现代民俗学思想史论》，北京师范大学出版社 1999 年版，第 208 页。

献资料分析法、经验总结法等定性研究方法外，还包含实证研究方法，注重在互动过程中系统收集和分析原始资料的基础上展开讨论。①

黄宗智先生提出应该基于中国形成的独特的以实践为根据的认识方法来认识中国："这套认识方法在理念上接近于布迪厄的实践理论；在调查方法上，它类似于现代人类学；而在学术研究上，则在相当程度上体现于费孝通那样的现代中国社会学、人类学研究。……它要求从实践出发，进而提高到理论概念，然后再回到实践去检验。正是这样的方法为我们指出一条走向从实践出发的社会科学和理论的道路。"② 本书力图实践这样的认识方法。

少数民族体育文化与其他文化类型一样，存在着地区性的差异。如何深入地研究少数民族在具体的时空坐标中创造、传承与享用的民族体育文化，怎样去关注少数民族与其民族体育文化之间的关系，确定基本的研究单位很重要。费孝通先生在《乡土中国　生育制度》一书中说："以全盘社会结构的格式作为研究对象，这对象并不能是概然性的，必须是具体的社区，因为联系着各个社会制度的是人们的生活，人们的生活有时空的坐落，这就是社区。每一个社区有它一套社会结构，各制度配合的方式。"③ 因之，现代社会学的一个趋势就是社区研究。吴文藻先生在 20 世纪 30 年代就提出从"社区"着眼来观察社会、了解社会。他指出，"社区"最显著的场域特征是地域性，单位可大

① 参见陈向明《质的研究方法与社会科学研究》，教育科学出版社 2000 年版，第 11 页。

② 黄宗智：《认识中国——走向从实践出发的社会科学》，载《中国社会科学》2005 年第 1 期。

③ 费孝通：《乡土中国　生育制度》，北京大学出版社 1998 年版，第 91—92 页。

可小，小之如邻里、村落、市镇，大之如都会、国家、世界，这一切统统可称为社区。^① 就大多数研究来说，中国乡土社区的基本单位是村落，村落是由血缘和地缘关系结合而成的一个相对独立的社会生活空间，是一个由各种形式的社会活动组成的群体。少数民族体育的具体时空坐落就是民族村寨。本书选择作为个案的六个花炮节除了县城的花炮节之外，都是村落的组织活动，因此，村落是本书的基本研究单位。在这种小社区的研究中通过实地深入观察而获得对社区内部各种社会关系和各种外部联系的了解，对于深化仪式性民间体育活动存在及其意义的认识有重要的意义。

乡村社区的基本研究方法是田野调查。田野研究的"田野"意指人类生产、生活的环境以及在这样的环境中生产、生活的过程和结果。台湾著名人类学家李亦园说："广义而言，所有的实地研究工作都可称为'田野研究'，包括社会调查访问、各种问卷测验的施行、考古学实地发掘、民族学调查考察都属之。"田野调查从不同的角度考察某一具体的事象，这一方法对于透彻了解少数民族体育文化是非常理想的方法。在《西太平洋的航海者》^② 的导论中，马林诺夫斯基对田野工作方法作了详细的论述。他指出，科学的田野工作方法，是指研究者在土著居民中生活，以直接的观察、详细充分验证的资料为基础，参照专业的规范来确立法则和规则，进而论证这一民族生活的实态和规律。马氏开创的人类学田野工作方法影响深远。

众所周知，任何人都不可能同时经历某一事件的全部细节，背景不同，对同一事件的体验也往往不同。如花炮节的意义以及

---

① 吴文藻：《吴文藻人类学社会学研究文集》，民族出版社 1990 年版，第 144—145 页。

② 马林诺夫斯基著，梁永佳等译：《西太平洋的航海者》，华夏出版社 2002 年版。

对花炮节的情感，民间组织者、乡镇领导和普通村民是有差别的。因此，对同一问题笔者常常去找不同的人询问，进行多视点的观察，寻求多声部的故事建构。

田野调查提倡参与观察，参与观察的最高境界是成为当地人生活共同的分担者和分享者。无论从时间还是程度上，笔者都远未能达到那种参与观察的境界，但笔者在桂北侗乡与村民建立了十分友好的关系，他们在笔者面前畅所欲言。笔者在调查感想中写道："一位老人协会主要成员的妻子说：'李老师你好福气啊，老头们什么都跟你说。我们这里以前也有人来作调查的，外国人中国人都有，问到什么我们都是说不知道，不想去烦。你不同，你不嫌弃，又谈得来。'老人们的确让我很感动，不仅对我无话不谈，还在漆黑的夜里（山寨晚上没有路灯）陪我爬坡串户进行访谈，寒冷的雪夜送我回住地，领我爬到高坡看地形，甚至下起雨来的时候也毫不畏惧地继续攀爬，有什么活动都来通知我……我想，这主要是因为我与他们建立了相互信任的关系，我在他们面前的谦虚、谨慎和友好的态度使他们相信我不会危害他们的生活；与村民一起顶风冒雪翻山越岭游菩萨、一起烧柴烤火、喝换杯酒、吃'百家宴'、参加各种'乐捐'①，拉近了我与村民之间的距离。在当时，'同吃'是需要一定勇气的，其时正值禽流感流行，与广西毗邻的越南是比较严重的疫区，广西也有疫情发生，家人不断给我转发关于禽流感疫情的新华短信，要我小心，注意卫生。因为我们的调查区域不是疫区，我和陪我一起作调查的研究生小丽也就不管那么多了，因为如果讲究'卫生'的话，就不会有本文那些精彩的故事——那些访谈大都是在与村民烤火、吃饭、喝'农家乐'（自己熬的酒）中进行的。

---

① 侗乡人很有公益心，架桥、修路、建鼓楼、办花炮都搞募捐，因为是大家积极、乐意捐出来的，所以侗乡人叫"乐捐"。

我内心一直充满感激，感谢那里淳朴善良的人们，感谢与我一起作调查的勇敢的小丽。"

对于田野调查的时间，一般认为，理想的田野工作状态是研究者在所调查的地方至少住上两年，以特定的社区为中心，集中地、细致地调查这一社会。这是因为社会人类学者以掌握调查对象的语言为必须条件，了解调查对象生活的全部节奏至少需要一年的周期，还有，研究者成为所调查的社区中的自然的一员，让社区人习惯于研究者的调查，也至少需要半年的时间。① 也有学者认为："调查时间的长短因人而异，主要根据调查者对当地情况的熟悉程度而定。外国人调查中国人不一样，中国人调查中国人不一样。城市长大的人调查乡村与乡村长大的人调查乡村不一样。有些人对当地情况很熟悉，时间不用很长；有些是少数民族调查本民族情况，也不需要很长时间。……调查时间的长短，主要看所收集资料和对当地社会和文化了解的程度而定。"② 2003年11月，2004年1月、2月、4月、5月、9月，笔者六次下三江进行调查，除 2004 年 1 月下旬至 2 月底这一次的时间比较长之外，其余每次都不超过半个月，由于客观条件的限制，笔者难以做到长年呆在村寨，解决的办法是将文献工作、参与观察和深度访谈结合运用，通过文献工作和深度访谈弥补田野调查时间不足的缺陷。由于笔者与调查对象没有语言交流障碍，加上生活的阅历和对调查地区宏观社会历史背景的熟悉而容易与调查对象沟通，能够较快深入调查对象的生活世界之中，敏感地发现值得探索和跟踪研究的事物以及值得深入访谈的对象，这也在一定程度上弥补

---

① 中根千枝著，庞国庆译：《田野工作的意义》，载《思想战线》2001 年第 1 期。

② 何星亮：《关于如何进行田野调查的若干问题》，"三农中国"网站（http：//www. snzg. net/）2004 年 11 月 9 日，原发表于"田野调查与 21 世纪的人类学和民族学"学术研讨会。

了田野调查时间不足的缺陷。另外，笔者对每个田野调查点都去过三次左右，这种间断的调查，在间断期间可以进行一些反思和文献查阅，使下一次的调查更深入和更有针对性。连当地的老人都说："一次来了解的东西不可能全面，有些东西我们自己也要慢慢回忆，以后多来。"在少数民族社区，体育节庆往往以对日常社会生活秩序的瞬间打破，重新张扬、传承或再生产社会秩序，在这些节庆活动中，社会关系也往往得到彰显或表达。日常生活和"事件"（节庆）的结合才构成少数民族社会生活的全貌，如果对少数民族村寨民众的日常生活缺乏了解，仅仅在节庆活动中进行观察是无法体会和认识少数民族为何对体育节庆如此狂热的，也不可能正确解读民众在"事件"中的各种行为，对该体育活动的价值判断就可能产生偏差。本研究的田野调查包括了各花炮节举办地花炮节时段的调查（节前一周、节期、节后一周）、重大事件和节日的调查（由田野调查点联系人提供信息）和日常时段（1—2周）的调查。由于与村民建立了友好关系，离开侗乡之后，笔者还常常进行电话访谈，随时补充、了解一些情况。

（二）资料来源及其分析解释

除了田野观察的材料之外，本书资料的一个重要来源是田野调查获得的口述史资料。桂北侗乡属于偏僻的少数民族地区，调查的几个乡都没有乡志，有关抢花炮活动的内容，县志上只有极为简单的记述，对于该项研究，除了参与观察之外，一个很重要的方法就是口述史的方法。这种人类学的研究方法，在美国社会学普遍采用的影响下，得到进一步普及，现在被许多学科所采用，不仅用于没有文字、没有正式历史记载的社会，也运用于研究现代社会，费孝通先生的《江村经济——中国农民的生活》就大量地采用了口述史的方式进行研究。研究者运用这种方法，通过民俗来了解民情，从中发现它们与文字历史的差别。通过口述史的方法研究少数民族体育，可以弥补田野调查时间不足的缺陷，可以通过了解到的生活故事，从有血有肉的现实生活中探知少数民族体育的价值与意义。在桂北侗乡抢花炮的田野调查中，笔者从村民讲述的花炮的"灵验"故事领悟到抢花炮这种仪式性的少数民族体育与侗乡民众的原始信仰的关系，同时，村民讲述的抢花炮活动的几度停顿与恢复期间的生活故事使本书对这种仪式性民间体育的历时性变迁"过程"的研究增添了"丰满"和"质感"。

访谈形式包括提纲式访谈、非结构式的自由交谈和深度访谈。本研究的访谈对象包括侗族和壮族文化研究专家、少数民族运动会抢花炮项目专家、田野调查点抢花炮活动的民间组织者、乡政府有关人员、各族村寨的村干部、随机选择的参加和不参加活动的普通村民、前来赶会期的各族乡民。有时候是对个人的访谈，有时候是对焦点团体的访谈。在桂北侗乡的调查中，笔者总共采集了 300 多小时的访谈录音，并把这些录音一字一句记录下来，① 经过录音校对得到的原始访谈资料约有 60 万字，这是一项非常费时、费力的工作。对于往往呈片段性和破碎性的口述资料的提炼和整理也同样是相当费时而又辛苦的工作，要从大量的材料中挖掘、整理出论文的理论逻辑，避免单纯的材料堆积则是更为困难的工作。正如吴毅博士所说的，口述资料是被调查对象生活历程的记录，不同的经历、地位会使不同口述者形成不同的记忆亮点，有时口述者还会有意无意地遮蔽一些东西，因而口述资料不是还原的历史本身，在使用的时候，要把不同的报告人的访谈记录作对照，并对文献资料与口述资料进行印证。吴毅博士的话也非常恰当地表达了笔者在研究过程中的状态和感受："调

① 录音记录过程中，我的亲友、同事和学生给予我极大的帮助，衷心地感谢他们！他们的名字见本书的"致谢"。

研中不时冒出来的一些原创性的理论灵感极大地鼓舞和激励着我，这也成为研究能够最终完成的一个重要原因。"①

对于调查资料与事实真相的关系，一些学者认为，在是否更接近事实真相的意义上争论口述资料和本地人记述的学术价值是没有意义的，研究者的责任不在于指出传说中的"事实"的真伪，而是要通过对百姓的历史记忆的解读，了解这些记忆所反映的现实的社会关系是如何在很长的历史过程中积淀和形成的，将农村置于地域社会的脉络之中，对更深刻地理解农村的故事与国家历史的关系，具有方法论上的重要意义。② 对于传说的态度也一样，一些专家认为，传说也是一种历史记忆，应该关心的问题不是确认它们与历史之间的区别而是它反映出来的社会舆论、造成这种社会舆论的历史动因，以及后人对此的历史记忆。③ 本书也是采取这样的态度对待调查所获的材料。例如，在几个花炮节举办地的村民都有认为自己的花炮是最早的议论，笔者无意考究这几处花炮节何为最早，也无意辨明这些议论是否属于历史事实，而是看到议论本身说明目前侗乡人对抢花炮有了品牌意识，并且对抢花炮品牌的潜在商业价值也有了相当的认识。

本研究由于是在少数民族山寨进行调查，因此不适于自填问卷的调查，笔者准备了一份结构式访问使用的问卷，主要由同去调查的研究生小丽去做，我们都感到这种访谈记录"枯燥而且重复"，"很难触及到社会生活的深层及其变化过程，难于综合

---

① 吴毅：《村治变迁中的权威和秩序》，中国社会科学出版社 2002 年版，第 26 页。

② 陈春声：《乡村的故事与国家的历史——以樟林为例兼论传统乡村社会研究的方法问题》，载《中国农村研究》第 2 辑，商务印书馆 2003 年版，第 31 页。

③ 赵世瑜：《传说·历史·历史记忆——从 20 世纪的新史学到后现代史学》，载《中国社会科学》2003 年第 2 期。

性多层次地把握问题，使研究流于表面化"①。因此，结构式访谈在本书只是辅助性的，大量的访谈材料来自无结构式访谈和半结构式的深度访谈。在山寨调查的时候，笔者每天准备一个粗线条的问题大纲和访问要点，在访问过程中随时产生问题并提出问题，问题本身和提问的方式、顺序，被访问者的回答方式，谈话的外部环境等都是不统一的（参见各章有关访谈的附件）。笔者常常与被调查者围绕访问主题就有关的问题、事件、现象，从古到今，从原因到结果，从动机到行为，从个人到他人以及重大的社会问题等进行广泛深入的交谈与讨论，每晚回到住地就整理思路，确定第二天的访问主题和所提的问题。这种深度访谈使笔者能对感兴趣的问题作全面深入的了解，访问过程就是调查问题的过程，也往往是评价、解释资料的过程。在这种交谈与讨论中，被访问者提供的许多想法和事情往往是笔者不曾料想到的，这给笔者很大的启发，由此获得研究的新思路和提出新的研究问题。例如，下去调查之后方才知道抢花炮活动是以老人协会为组织基础的，老人协会有古老的寨老制的渊源；抢花炮有信仰的内涵；以抢花炮为中心形成节日，带动其他形式的文化活动开展；抢花炮活动与粤闽商人的活动有关等等，从而形成了前文所述的本书的假设。因此，笔者在桂北侗乡的田野观察和访问调查中，每天都有发现的惊喜，这种喜悦使在山寨调查生活条件的艰苦、每天奔波劳累造成的不适都得以抵消。

"如何利用个案调查的访谈资料，面临着很大的困惑和窘境，这也是所谓'质'的研究的困惑和窘境"②。李培林先生认为，出于科学化的努力而统一访谈提纲、限制访谈的话题，会使

---

① 关于访问法参见袁方主编的《社会学研究方法教程》，北京大学出版社 2003 年版，第 271 页。

② 李培林：《透视"城中村"——我研究"村落终结"的方法》，载《思想战线》2004 年第 1 期。

访谈的记录枯燥而重复，其结果往往不仅未使访谈资料获得科学化的形式，而且还丢失了真实鲜活的实质，因而结构式访谈往往并非个案调查的最佳方式。但是，访谈资料具有话语/本位、符号/意义、能指/所指的两重性，它本身是一种隐喻，意义的揭示需要解释的过程，而研究者的解释，根据研究者的不同而有差异，研究者和被研究者的关系不是主体和客体的关系，而是主体间性的关系，访谈资料的意义根据主体间性会发生变化，访谈资料的话语的意义对访谈的"情景"有很大的依赖，"情景"无法再造和重复，因而访谈资料的解释成为不可重复的"艺术工作"。然而，本书可以展示我们认识大千世界的一个侧面，同时，这种仪式性体育整合社区的活动在南方农村（不仅仅是少数民族社区）是普遍存在的，它们也正在随着社会的变迁经历着社会文化的变迁，本书也可以从村落社区的角度丰富社会变迁和社会文化变迁的实证材料。

（三）参考文献与研究对象的说明

李培林先生有一段谈参考文献的文字，非常精辟地指出了参考文献的功能：

> 我看书有个习惯，先看目录、前言、导论和参考文献。有些学者不太重视参考文献，认为是可有可无的东西，甚至认为做参考文献劳力费神，而且毫无用处，完全是陈腐学究的把戏，以至于有的参考文献完全是东拼西凑，是为了摆摆样子，装装门面。
>
> 我之所以喜欢看那些枯燥无味的参考文献，是因为在我看来，参考文献有很多的功能，它是考察作者的功底、走近作者心灵的窗口。第一，参考文献大体上可以划定作者的知识范围，让人知道作者是在一种什么样的知识框架、知识背

景里讨论问题。第二，参考文献能告诉人们，作者是在哪一条知识积累的脉络上，什么是作者的学术偏好和学术品位，作者的那些研究成果，都有哪些思想来源，因为任何研究成果，都是知识积累的结果，前无古人、后无来者的东西，几乎是不存在的。第三，参考文献的作用，还有些像产品成分的说明书，读者可以根据著作成分的说明，去验证一下该著作是不是假冒伪劣产品，是不是抄袭或平庸之作。第四，参考文献作为一种学术规范，它具有节约做学问成本的作用，别人对你的书感兴趣，你的参考文献就成为进入该研究领域的一条捷径，省去了在浩瀚文献中搜索精品的力气，一个非常好的参考文献，那简直就是一个专门研究领域的必读书目。第五，过去中国的文人做学问的路子，从经典解读到文献求证，依赖的本钱都是文献的丰富，学者家中的孤本、善本，就像银行家的钱袋子，那是学问比拼的本钱。现在虽然很难仅仅依靠文献取胜，但对文献的掌握和熟悉，仍像雕刻家对刻刀和材料的熟悉，是手艺活的基础。第六，参考文献就是广告牌，是作者向他的同行显示其知识实力的途径，是作者研究的专业性的证明书。第七，参考文献是英雄榜，是学术著作名牌产品的陈列室，流行作品的价值需要发行量来说明，精品著作的价值则需要引证率来佐证。①

李培林的著作《村落的终结——羊城村的故事》所附的参考文献就是上述参考文献功能的样板，笔者就是受该书参考文献的指引进入村落研究的学术世界里，看到许多优秀的学术著作，受到许多启发，开拓了思路。田野调查工作不能忽略文献阅读，

---

① 李培林：《村落的终结——羊城村的故事》，商务印书馆 2004 年版，第399—400 页。

文献的阅读常常能够帮助我们在田野调查中找到感觉。例如，董晓萍关于圣福传递的论述启发了笔者对花炮节仪式的理解；邓启耀关于"卖土特产"的叙述启发了笔者对侗乡花炮节强化民族特色的理解。许多文献给笔者以启发、给本书的论述提供理论支持，正如一位朋友曾勉励笔者说，做论文的时候要"信息集成、组合创新"，参考文献的搜索和阅读，是研究工作的重要步骤。本书的参考文献包括民族理论、仪式与象征、少数民族文化、当代中国农村和农民问题研究等主题，分为整体性参考或借鉴的文献、征引的相关研究文献及本书的引证资料（包括县志、地方文化研究资料、民族风情资料、民间资料）。

本书选择桂北侗乡的抢花炮及六个花炮节举办地作为研究的主题及个案社区有以下几方面的理由：

（1）抢花炮是当地最为热闹、备受村民喜爱的民间体育盛会，人们通过抢花炮显示力量，表现勇敢顽强、机智灵活与集体配合，为村寨争名誉、为自己"抢"来"好运"。

（2）抢花炮是当地唯一的跨村寨的公共仪式，有完整的仪式形式、丰富的文化内涵，它与侗乡社会生活紧密相连，其变迁和生存境况折射了社会的变迁。

（3）六个花炮节包括了该地区影响最大的四个花炮节、当地最早的但随着地区经济文化中心的转移而辉煌不再的花炮节以及作为政府确定的重点旅游开发区由政府资助恢复的花炮节。因此，它们所反映出来的该仪式性少数民族体育活动的存在和意义在理论和实践的层面都有研究的价值。

六个花炮节中除了两个花炮节的节期同为农历三月三，对其中一个点的调查只好于节后进行之外，其他的花炮节节期都各不相同，笔者得以实际参加花炮节的各项活动，在亲身参与、体验和观察中获得生动和丰富的研究材料。由于集资困难，近年来侗乡许多花炮节都改为几年办一次了，本调查的六个花炮节就有五个是间隔三四年举办的，但都恰好在本书调查的期限内举办（2003年下半年至2004年上半年），这是笔者深感庆幸的事情。

当地侗人讲侗话、苗人讲苗语，但无论男女老少都会讲桂柳话（桂林、柳州方言），这使桂林人身份的笔者与调查对象没有语言交流障碍。另外，由于笔者丰富的生活阅历和对该地区宏观社会历史背景的熟悉①，容易与调查对象沟通，能够较快地深入到研究对象的生活世界之中，这对于在客观上无法足时地从事田野调查的状况下的研究意义很大。"不嫌弃，又谈得来"，既是村民对笔者的褒奖，也是研究得以顺利进入的主要原因。同时，人的感官和思维都有一种适应性，过分频繁或长时间的刺激会"习而不察"，对习惯的东西常常不再进行理性的追问甚至处于下意识状态，因此，不少学者认为过分熟悉会妨碍研究者的理论透视。笔者由于不是当地人，不会因为太熟悉的缘故而犯"习而不察"的毛病，这大概是调查中常常获得令人兴奋的发现、调查对象也感到在笔者的追问之下了解了以前从来没有意识到的一些东西的缘故吧。

五　桂北侗乡简介

三江侗族自治县位于广西北部，地处湘、黔、桂三省（区）交界，东连桂林市龙胜县，西接贵州省从江、黎平县，北贯湖南通道县，南通融安、融水县（图1-6）。全县人口34.71万，境内居住侗、壮、苗、瑶等少数民族28.78万人，其中侗族占总人口的56.76%。三江县属丘陵山区，山地面积占77.2%，2004年人均收入不足2000元，属于贫困地区。"境内山岭连绵，河道

---

① 笔者是广西人，知晓广西历史大事，又因为当过插队知青，对乡村生活有一定的体验。

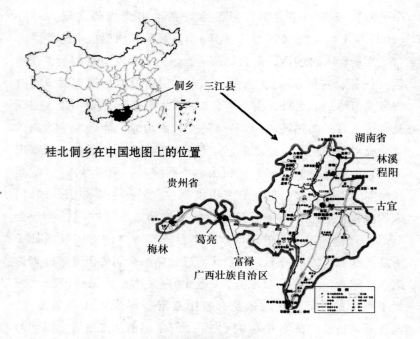

侗乡 三江县

湖南省

林溪

程阳

贵州省

古宜

梅林

葛亮

富禄

广西壮族自治区

桂北侗乡在中国地图上的位置

图 1-6　调查点位置示意图

（三江县地图中六个圆点为本研究的六个田野调查点）

纵横，民国时期县内交通运输以木帆船为主，故浔江、溶江、林江、苗江等江河沿岸的古宜、富禄、林溪等 10 多个集镇商业比较繁盛，定期圩市仅有与黔、湘相连的独洞、梅林形成"[1]。三江是广西唯一的侗族县，民族风情多姿多彩，传统文化源远流长，人文景观独具一格，有民居吊脚楼、风雨桥、鼓楼等名胜风景。因靠近桂林，已经成为桂林旅游圈中侗族风情的代表景区。近年来，三江县已将旅游业作为支柱产业来发展。[2]

抢花炮是三江侗族自治县特有的大型民俗活动，全县每年

---

①　参见《三江侗族自治县志》，中央民族大学出版社 1992 年版，第 393 页。

②　资料来源：新华网广西频道。

有一半的乡镇在不同的时间举行这一活动。几个历史最长、最有影响的花炮节都是在曾经繁荣一时的商埠，与五省商人尤其是广东商人的活动有关。在调查中，无论从事文化研究的专家还是花炮节的民间组织者都告诉笔者，当地最有名的花炮节是富禄、古宜、林溪、梅林等地的花炮节。从地理上看，上述几个花炮节举办地处于县境大河运输和小河运输的重要口岸，古时是当地商业繁盛之处。本研究田野调查的六个花炮节举办地是古宜、林溪、浔阳、富禄、葛亮、梅林。六个花炮节包括了该地区影响最大的四个花炮节、当地最早的但随着地区经济文化中心的转移而辉煌不再的花炮节以及作为政府确定的重点旅游开发区由政府资助恢复的花炮节，因此，它们所反映出来的节日文化变迁具有代表意义。

1. 古宜

古宜镇位于三江县城浔江河畔，全镇总面积 28.34 平方公里，是三江县政府所在地，三江县的政治、经济、文化中心。全镇交通便利，村村通公路，柏油路直通柳州、桂林和湖南省通道县，321 国道已通到贵州从江县；20 吨位货船可运至融安、柳州；枝柳铁路三江站离古宜镇 13 公里。

县城古宜镇的"三月三"花炮节每四年举办一次，有抢花炮的"奥运会"之美誉，全县各乡镇均组队参与，规模宏大。花炮节从农历三月初一开始历时三天左右，除抢花炮外，还有侗族大歌、侗戏、舞龙舞狮、六甲歌、彩调等民族风情表演，另有斗牛、斗鸟活动和奇石、花卉、土特产、民族工艺、民族服饰等展览。因此，每次活动均吸引了四面八方的群众。2004 年，古宜镇"三月三"花炮节增加了妇女炮，按惯例，每炮设奖品红猪一头、肥羊一只、美酒一坛，获胜者得到奖品后下次需要还礼，即下次花炮节要拿同样的奖品来奖给其他获胜者。而新设的妇女炮不需要还礼。古宜的二圣庙和二圣侯王是其花炮所属的庙宇和祭祀的神灵。

2. 富禄

都柳江流域是侗族抢花炮流行的主要区域。都柳江属于珠江水系，从贵州发源，流经黔东南在广西地界与三江县城古宜下游的浔江河水汇合于老堡口流入融安、柳州，再到梧州入西江流入广东。自古以来，由于云贵高原山势险峻、羊肠小道崎岖不平，三江境内及黔东南一带大部分民众生活所需物质均靠这条黄金水道运输完成，此地域盛产的木材、大米、药材及土特产等大宗物资也是经它运往融安、柳江及沿海地区。① 过去，沿江中转货物码头林立，商贾云集。

富禄镇是溶江河畔的一个小镇，距县城约 64 公里，地处黔桂两省（区）四县九乡镇交界处，居住着苗、侗、汉、壮、瑶、仫佬等六个民族。富禄曾经是著名的木材集散地，每年杉木交易额甚大。因溶江连通黔东南，在以水运为主的时代，富禄又是粤货进入黎平、榕江、从江诸县的重要通道，许多货物均在此集散，曾经是溶江河最富的商业码头和溶江流域的第一大镇，明末清初即有福建汀州、广东梅县的客家人到富禄的葛亮村经商，这就使桂北侗乡的抢花炮与广东抢花炮有了地缘的联系和文化上的联系。

在公路运输取代水运成为运输主体的当今时代，这个以往依赖航运的小镇已经失去了往昔的繁华。这里农历三月初三的传统花炮节远近闻名，在近年旅游业蓬勃发展的背景下，花炮节使衰落的小镇有了一些复兴的希望。如今的花炮节已不单单是传统意义上的花炮节，它已成为乡村与外界进行经济文化交流的重要时空和名扬中外的旅游品牌。

---

① 1984 年三江至富禄公路开通、1998 年富梅公路开通之后，形成了水陆并行的交通模式。

54

3. 林溪

林溪乡是三江侗族自治县北部的一个高寒贫困山区，人均有粮458斤，年人均收入1410元（2004年）。这里距县城31公里，地处湘桂边界，东部和北部与湖南省通道县毗邻。历史上林溪街曾经是三江最活跃的农贸市场，人称三江的"小武汉"，是三省区（广西、贵州、湖南）边贸集市之咽喉要地。抗战时期，东南沿海地区沦陷，一些商人迁入林溪，林溪街发展到百多家店铺，每天停泊在林溪码头的小木船有几十只。当时，国民党成立武装押运粤盐船靠的长洪大队，在林溪起岸，雇人肩挑越过青龙界到平坦，再用船转运到会同的洪江等地，每年经林溪运到湖南的食盐达七八百万担之多。由湖南运到广西的大米也先挑到林溪集中，然后再用木船运到古宜、长安等地。这里一年四季几乎天天都是圩日，生意相当兴隆，直到20世纪60年代中期实行定期赶圩。农历十月二十六是林溪一年一度的花炮节，届时前来看热闹的男女老少穿着各式民族盛装挤满林溪、亮寨、皇朝寨和岩寨，林溪街各家店铺顾客盈门。新中国成立后，林溪花炮节伴随国家政治运动几起几落，改革开放以后，重新恢复的花炮节又随着市场经济的发展经历盛衰轮回，目前是四年举办一次。

4. 程阳八寨

程阳八寨位于柳州市三江县城东北部，八个自然村寨依山水走势相互连接，中国木建筑的艺术珍品——侗族风雨桥的代表作程阳永济风雨桥即坐落于此，这里较大规模的村寨建筑和原居民生活延续着数百年的历史文脉。20世纪80年代后期，随着背包客的到来，该地区开始自发地形成开发旅游的概念，政府逐步有意识地加以管理和少量投入，成为中国侗族地区开发最早的一个旅游景区，目前年游客量在十几万人次左右。2003年，三江县划归大柳州市，使这个地处偏僻的少数民族地区与外界的市场经济发生了更多的联系。程阳八寨拥有的著名的程阳风雨桥景点和丰富的侗族文化旅游资源正在为政府的旅游开发计划所利用，民族文化包括抢花炮也由此得到弘扬。2004 年，新成立的程阳桥旅游指挥部资助程阳八寨恢复了停办四年的抢花炮，正月初七的抢花炮成为春节黄金周旅游宣传的重要卖点。

5. 梅林

梅林乡位于广西三江侗族自治县西端，西、南、北三面与贵州省从江县毗邻，东面与本县富禄乡接壤，距三江县城 99 公里，距贵州省从江县城则仅有 12 公里。梅林乡地处都柳江两岸，地势平展，素有"三江小平原"之称。梅林面积虽小，但由于其具有独特的地理环境和优越的中亚热带季风性湿润气候，温暖湿润，雨量充沛，致使其地小而物产丰富，农业产业呈多种经营模式，盛产百合、椪柑、枇杷、李子、杨梅、香糯等农产品，同时是适应各类蔬菜生长的好地方，年产蔬菜 1000 吨，成为毗连地区（特别是贵州省从江县）的菜篮子，是名副其实的果蔬之乡。梅林乡民间文化丰富多彩，新民中寨的侗族大歌、石碑"抬官人"、梅林侗族民间文化艺术节历史悠久，文化底蕴深厚，旅游开发潜力很大。2002 年，广西壮族自治区文化厅给梅林挂牌"广西民间艺术之乡"。2004 年，通过乡党委、政府招商引资，南宁鑫茂房地产开发有限公司投资 385 万元，建设梅林乡移民安置项目——梅林侗乡商贸城。商贸城距贵州省从江县城 7.4 公里，地理位置十分优越，321 国道从新城中央穿过，南侧是溶江，依山傍水，具有得天独厚的自然景观资源。目前，项目正在积极兴建中，相信不久的将来，一座新兴而具有浓厚侗家风情的城镇将展现于世人面前。它也将成为梅林乡的政治、经济、文化活动的中心。

6. 葛亮村

葛亮村是富禄上游一公里左右，与富禄隔江相望的一个临江小村，村民中许多是过去扎排放木的排工的后代。相传三国时期诸葛亮七擒孟获，有一支部队由马岱率领到此地驻扎过。葛亮村至今仍留存着古兵营的遗址和一口饮马井，井水清澈见底，水质甘甜爽口，村民仍在饮用此井之水。陪同前往考察的老张告诉笔者，每年农历三月二十三花炮节的时候，游人都喜欢到此水井饮上一口纯净地道的矿泉水，一些前来赶会期的盛装姑娘特意到水井这里梳妆打扮一番，然后进入花炮节会场，展现自己的美丽纯洁。葛亮村是闽粤商人到此地最初的落脚之处，曾经繁荣一时，定居此地的闽粤商人在这里建有天后宫，引入的抢花炮活动在周边产生很大影响。随着经济社会的发展，乡脚①较小的葛亮村显示了发展的局限，在经历一场大火之后，商人们纷纷从葛亮村搬至今富禄附近，形成仁让街和八百街，后来又迁至今富禄发展，葛亮村便仅作为一个木材中转站，剩下几家木商和一些排工及当地的土著居民。葛亮村经济地位虽然衰落，但抢花炮这一民俗则保留了下来。每年，富禄这里有三个花炮会期：八百街农历二月二抢花炮，富禄三月三抢花炮，葛亮村三月二十三抢花炮。

---

① 在农村，商品集中的中心地叫做镇，镇上的商品所能销售到的范围叫做"乡脚"。

第　二　章

仪式中的抢花炮

一　抢花炮概述

　　抢花炮是由广西推荐进入全国少数民族传统体育运动会（简称少数民族运动会）的项目。在对改革开放以后率先恢复抢花炮的广西富禄进行考察之后，广西体委把抢花炮作为表演项目推向少数民族运动会。1982 年，在内蒙古呼和浩特举行的第二届少数民族运动会上，民间抢花炮的表演产生很大反响，尤其是广西富禄花炮会的老会首从家乡精心扎制送到大会的花炮架（炮龛）吸引了众人的目光。当时，寓意吉祥的美丽炮架受到了特别的重视，也使得广西代表团获得了难得的礼遇——在入场式上打头阵，表演项目也以抢花炮开场。当时，各省都在挖掘少数民族传统体育项目，想方设法把自己的项目列入比赛项目，由于抢花炮在这届民运会上反响很大，所以广西重点推出抢花炮，并为其制定更适于比赛的规则。1986 年，国家体委批准抢花炮列入第三届少数民族运动会的比赛项目。自第三届少数民族运动会开始，抢花炮成为正式比赛项目，从此，抢花炮纳入了全国性体育竞赛项目之列。

　　简单地说，抢花炮就是用火药把炮圈打到高空，待其下落时众人进行抢夺的一种民间体育活动。抢花炮在侗族聚居区甚为流行，从事这项活动的人们为它设计了一套仪式化的程序，赋予它丰富的文化内涵，往往以抢花炮为中心，结合其他的文体活动，形成花炮节。花炮节除了抢花炮，还唱侗戏、演彩调、吹芦笙、"多耶"、打篮球等助兴，是桂北侗族地区最热闹的节日。民国版《三江县志》记述："花炮会，六甲人，僮人皆盛行，而全县率多参加，每年头家备镜屏诸物为奖品，分头二三等，其等数无定，于集会地点演到舞狮及各种演艺助兴，届期男女咸集，其以山歌答者亦集于此。其竞赛时以冲天铁炮（即旧时之地炮）内装（应为"上置"——笔者注）小铁环者，若实弹然。燃炮后，铁炮直冲霄汉，观众闻炮声，即以铁环为目标蜂拥争取，以夺得铁环者按头二三炮依次领奖，其友好皆簇拥庆贺，欢声若雷，故常有雇请健者代为抢拾，极见热烈，得奖者于来岁会期，需备镜屏礼品到会，曰酬神，盖原起则赛神之集会也。"① 当地人相信，谁抢得花炮，谁在这一年里就能人财两旺，幸福安康。节日里，侗乡苗寨的村民们都盛装打扮赶来参加节会。

抢炮的数目各地不一，有抢三炮的，也有抢四炮、五炮甚至更多的。传统的抢花炮，不限人数队数，每炮同抢，炮落之处，人们蜂拥夺之，常形成数百人挤在一起的人团，场面壮观热烈。炮场通常选在河滩或山坡，无一定界线，满山遍野皆为活动范围。花炮掉到河里，抢炮者会跑进冰冷刺骨的河里摸抢；花炮落在大树上，抢炮者会爬到树上争夺。抢炮的时间也无限制，只要还在争抢就持续下去，常常从河滩抢到河里再从河里抢到河滩，有时一个炮竟抢一个多小时无法确定归属。抢花炮者必须具有强健的体魄、顽强的意志和敏捷的反应能力，同时需要机智灵活和良好的集体配合才能夺魁。一旦持炮者跑进庙里（或跑进划定的区域）高举花炮示众，旁人便不得再抢，验证无误后持炮者

---

① 参见《三江县志》（民国35年版），第58页。

便为花炮新主，顿时，芦笙、唢呐声、鞭炮声响成一片，同伴会用剩余的最后一点力气将幸运者抛起庆祝胜利，最后，人们簇拥着他们的英雄，扛着得胜的炮龛、红猪等奖品凯旋。传说，抢到炮圈，整个村寨就能五谷丰登，六畜兴旺，村寨平安，因而荣誉往往是村寨的，得炮的村寨将举寨庆贺。来年，该村寨将组织一个还炮队伍盛装游行，把炮龛（镜屏或炮架）和红猪还到炮会，开始新一轮的角逐。

花炮节是侗族地区最为热闹的传统节日。每年农历二月二、三月三，贵州黎平、从江县的侗族选手都会沿都柳江南下，到毗邻的广西梅林、富禄参加抢花炮活动。每年融水和湖南通道的苗、侗同胞也都到富禄抢花炮、赶会期。

花炮一般有祭祀的庙，但供奉的神灵各地不一，葛亮花炮供奉天后（妈祖）、关公和诸葛亮；富禄花炮供奉三王爷；古宜花炮供奉二圣侯王；林溪花炮供奉飞山公，等等。各地举行抢花炮活动的日子也往往不同。本书调查显示，侗乡的抢花炮是一种仪式性的体育活动。旧时的花炮节实际上是一种庙会活动，在桂北侗乡的所见所闻使我们确信它是当地影响力最大、影响范围最广的一项民间活动。为了理解这种影响力，本书对其适宜的文化环境、仪式本身的文化结构以及该活动对乡民的文化意义进行了调查与分析。

二　侗乡的仪式传统
——抢花炮仪式的本土文化环境

文化是一个生态系统，要了解一种文化事象的存在与意义不能脱离它的本土文化环境。在人类文明产生以后，仪式就成为人们生活中的重要内容，人们以此联系和组织起来。侗乡地处偏僻的山区，该地区的村落是自组织根基很深的社区，在此基础上开展的各种仪式活动维系着人们之间的联系，也提供人们表达信仰的途径，这种文化氛围是开展抢花炮活动的适宜环境。笔者在侗乡的调查中耳闻目睹了许多当地人生活中的重要仪式活动，也从对老人的个别访谈和焦点团体的访谈中了解到许多有意义的故事。

（一）祭"萨岁"：祈福

祭祀的意义一般表示孝思、报恩和祈福。桂北侗乡的村民祭祀其信奉的最高神"萨岁"也是基于这样的心理，尤其是祈福心理。

侗语称祖母为"萨"，也将古代的女神称为萨神。在侗族人民祭祀的神灵中，萨神是最高、最大的神灵。侗族学者张泽忠在写信向中国社会科学院著名侗族学者邓敏文先生报告"杨老师"到"高圣牙安"①的悲痛消息的时候，从内心发出祈祷："萨啊，保佑好阳世间的侗崽，也照拂好'高圣牙安'的先贤们啊！祝福所有侗家人！"② 这一声祈祷充分体现了"萨"在侗人心目中至高无上的地位。过去林溪河一带，每年举行春秋二祭。春祭在临近插秧时节择日举行，祈求保佑禾苗获得丰收。这天，寨老、款首聚集社坛，先到坛主的秧田四角拔几株秧来，连同"三牲"祭祀，祭毕将几株秧插下田，然后众人方可插秧。秋祭亦择吉日举行，祈求保佑地方安宁、人丁兴旺。届时各寨准备"三牲"及粑粑，米酒等，人人盛装集队到社坛合祭。③ 这种活动在林溪现在比较少见了，但溶江河边的梅林各村寨现在每年还定期举行集体祭萨活动，村寨出现紧急情况或举行重大活动也都集体祭萨并请她帮助，每当新芦笙做好也要先到萨坛吹。每个寨子都建有一个萨坛，如墓状，一块椭圆形突起的石头当做墓碑，坛中央是

---

① 侗人对于人过世称"去高圣牙安"。"高圣牙安"即神灵、鬼魂栖息地。

② 见《侗人快讯》第 93 期，2002 年 3 月 10 日。

③ 陈衣等编著：《八桂侗乡风物》，广西民族出版社 1992 年版，第 203 页。

一棵四季常青的黄洋木，周围用石块砌起围墙。笔者参加了勒成寨的一次祭萨活动，对寨老的访谈又使笔者了解到许多关于祭萨的细节（参见附件2-1）。大家先是在萨堂煮肉、熬粥、聊天，共食之前，寨头到萨岁面前祭拜（参见图2-1），然后，芦笙头到萨坛上领着众人吹祭祀的芦笙曲，接着，管理萨岁的寨老到萨坛上领着众人唱《萨岁歌》、《风调雨顺歌》等"哆耶"，他唱一句，手拉手围着萨坛转的众人跟着重复一句并合唱"耶啰耶"的尾调（参见图2-2）。哆耶调子朗朗上口，极好听，又配合着愉快的集体身体活动，是一项男女老少都乐意参加的活动。

图2-1　萨坛的祭拜

从勒转寨 L 老人处了解到[1]，他们房族现在有几十家，没有纯粹宗族的祭祀，现在的祭萨都是以自然村为单位的集体祭祀活动。调查表明，这种地缘共同体的活动是从血缘共同体的族祭演

---

[1]　L 老人：67 岁，侗族。访谈时间：2004 年 2 月 22 日（录音编号：040222M67M）。

图 2-2　在萨坛哆耶

变而来的。梅林村现有 800 多户，90% 是侗族，苗族有 60 多户，集中在 4、6 生产队。苗族以前是帮人种田，做临时工的，没有自己的土地，新中国成立后分了土地给他们，现在有田，有宅基地。苗寨自己没有寨老，没有祭祖的祠堂和树。问他们为什么没有自己的社坛，他们说："我们苗族都是来自各个地方的。"也就是说，他们没有形成宗族，是"原子化"的村民。如同游离状态的元素是不稳定的，在有晶核的情况下总是趋向结晶一样，这里的苗族也有认同与凝聚的需要，他们愿意跟勒转，参与勒转的祭萨岁活动。勒转寨老说：

　　　祭祖活动很重要，年年要搞，不搞就散了。好像走亲戚，年年要走的，越走越亲，不走不亲，不搞就散了。每年初八都是你一点米我一点米，你几块钱我几块钱，大家凑到一起吃，表示本寨的人要团结点。现在有苗族参加。苗族本来不和我们侗民在一起祭拜的，后来他们在我们这里住久了，几十年了，两三代人了，他们也希望加入我们，我们同意了。勒转鼓楼本来是纯粹侗族的，苗族要求敬他，那里一让做什么义务工，他们就要求参加。修鼓楼要木头他们自己就扛木头来，没有通知他们也来。我们这寨子一共有五个族，以侗族为主，汉族、苗族、瑶族和壮族。以前还有布依族，水族，现在就是这五个民族了。他们要求参加的，我们就邀他们。祭祖时，苗族要求参加，我们就让他们来参加，在鼓楼那里，拿钱拿米来，来祭祖以后就什么活动都可以参加了，不来祭祖什么活动都不参加的。

苗族加入勒转的祭祖，血缘扩展为地缘的共同体，祭祀"萨岁"也就是祭祀他们的保护神。按照涂尔干的说法，部落所共有的最高神的概念所表达的是部落统一体的情感，通过祭祀祖先神，可以加强部族内部的团结，加深个体之间的关系，使彼此更加亲密。在祭祀节日里，"人们的思想全部集中在了共同信仰和共同传统之上，集中在了对伟大祖先的追忆之中，集中在了集体理想之上，简言之，他们完全倾注于社会的事物。甚至可以说，这些大规模宗教仪典所要满足的物质利益，也都与公共秩序发生了关系，因而也都是社会性的。因而在每个人仪式的视野中所见到的都是社会，社会支配和引导着一切行为，这等于说社会比其凡俗时期要更为有力、更加主动，也更趋真实。所以，也就是在这个时刻，人们感觉到有某种外在于他们的东西再次获得了新生，有某种力量又被赋予了生机，某种生命又被重新唤醒了"[1]。仪式把个人结合到有秩序的生活当中，也一次次地强化着集体记忆，把人们凝聚起来。从祭祀"萨岁"的活动我们看

---

[1] 涂尔干著，渠东、汲喆译：《宗教生活的基本形式》，上海人民出版社1999年版，第457页。

到了民族文化的凝聚力和对社区稳定的维系作用。

【附件 2－1】关于祭萨的访谈

勒成寨的寨老谈社坛的建造：

这棵树叫"千年矮"，它是常青树，不落叶的，又叫"万年青"，选这棵树是为了让子孙后代发达平安。埋在底下的有铁制三脚架、东南西北高山的好石头①，还有三派长的盖屋茅草、东南西北的好土和白石头。放这些东西的时候老人家还要念点秘诀的，就是为了子孙后代发达之类的彩话。破"四旧"的时候这里拿来当仓库。寨上这个社坛，是婆的。那边是"萨丙"，也是婆，本寨有两个守寨婆。杀个猪摆在萨堂外面的婆那里念口诀，猪不拿进来拜的。社堂这个门（萨岁门）不轻易开的，搞祭拜活动才开。②

勒转寨的寨老谈祭萨：

那苑树是开天辟地的婆，是管寨婆，是千年常青的，每年去祭祀那苑树就是去祭祀这个婆。祭萨活动正月初八搞，各家各户出 3—5 块钱，另外每个寨子还有公积金，如我们勒转去年还有2000 元，大家再各出一碗米，凑在一起，买猪来杀，在那里杀了用草烧，烧好了就把全猪放到萨岁那里祭，大家在寨老带领下手拉手唱哆耶，内容有赞美萨岁的、祈求风调雨顺的、保佑全寨男女老少平平安安的。然后是根据当时的政治形势编一些宣传内容，个人也根据自己的需要编自己所祈求的耶词，像以前的人希

---

① 这是搭火塘烧饭用的材料。
② 访谈时间：2004 年 2 月 23 日。

望人丁兴旺，现在搞计划生育，不要多子了，年轻人希望自己发财之类。祭祀之后，每家分一份肉，猪下水煮粥大家一起吃。[①]

（二）开"萨岁门"：禳灾

萨坛院子的门叫"萨岁门"，萨坛是非常神圣的地方，"萨岁门"是不轻易开的。在梅林，除了每年正月初八的集体祭祀开"萨岁门"，每当发生火警，各寨也要去开"萨岁门"，由寨子里最老的婆婆拿个簸箕簸米，祈祷产生一股风把火吹到河边空地去，让那火不要波及旁边。此外还要烧香烧纸。烧香烧纸祈祷的时候说："风啊吹过河，莫进寨。"村民说，"萨岁门"朝东方，风由里面吹到河边。寨上有什么难，就去拜拜，拜的时候说："婆啊，把风吹过河边啊，免得损失我们啊！"这样，风就自然吹过河，不进寨了。老人做这些事的时候年轻人去灭火。

禳灾是围绕预防或消除自然灾害的目的，对某种超自然力量的祈求或控制的观念和行动体系。虽然除了一些偶然的巧合，许多禳灾活动没有直接的效果，但它们为其所联系的活动披上神圣的外衣，使人们不敢疏忽怠慢，因此是一种"有用的组织力量"，更重要的是，对于那种结果没有把握、成败不能预测的事情，"它声称人的力量能战胜自然，使人们胸怀目标勇往直前，深信通过自己的努力能获得成功"[②] 而使人们获得信心。侗寨发生火警时候的祈祷"萨岁"就是这样一种给自己信心的行动，而且是老人做祈祷，年轻人去灭火，表现出各尽所能，各司其职，信仰同时务实的态度。

---

① 访谈时间：2004 年 2 月 24 日。
② ［英］雷蒙德·弗思（Raymond Firth）著，费孝通译：《人文类型》（*Human Types: An Social Anthropology*），商务印书馆 1991 年版，第 129 页。

（三）走响、踩台：除煞

台湾学者李丰楙认为："'煞'是仪式中被隐喻的邪物造型一再被扑击的表演，为宗教、巫术中的新造字，在前道教时期即已出现，但后来被道教吸收赋予宗教法术意义，也继续流传于民间或巫祝道之门。"[1] "走响"是梅林地区的攮鬼活动，林溪称"安龙谢土"。关于走响的具体过程，梅林老人说，走响不敢乱做，是遭受火灾或遇到什么灾难的时候做的。举行仪式活动的时候，由一个人扮鬼，穿得破破烂烂，身上系着草，小孩子拿一小箩筐棉花籽扔他、攮他走，并喊："走响啦，走响啦!"如此转过每个寨子每个巷道，然后大家到河边，杀个猪，在河边煮着吃，吃完、洗干净才回家。一般是选40岁以上无儿女的男人扮鬼，每家凑个三五元、十来元买个猪，剩下几块钱给那个扮鬼的人。笔者问扮鬼的人是不是愿意做，老人说："愿意的，那是为寨里作贡献，做好事的。" "到了河边就脱掉烂衣服，洗干净，参加吃肉，吃完、洗干净就回家了，鬼气就送完了。"可以说，走响是一种沿门逐疫的乡人傩。

新建戏台，为了以后的演出吉利祥和要先进行踩台（亦称"破台"）。笔者在侗乡亲历一次踩台，当时是邻省湖南的一个农民演出团来演。新建的戏台幕墙上贴着毛泽东和周恩来两位伟人的像。初次在侗乡看戏，让笔者感兴趣的不是台上的演出而是台下的观众，村民在看戏，笔者在看看戏的村民。戏台两侧各摆着一张桌子，一边是接受和记录村民捐款的，另一边是卖鞭炮和糖果的。村民捐款相当踊跃，也不断有人购买鞭炮和糖果。令我们惊讶的是，这些鞭炮、糖果是用于扔向正在表演的舞台的! 在狂轰滥炸之中，演员一丝不苟、很职业地表演着，我们不由感叹这种

---

① 李丰楙:《煞与出煞：一个宇宙秩序的破坏与重建》，载《民俗系列讲座》，（台北）"央图"台湾分馆编，1993 年版。

演出要"一不怕苦,二不怕死"。台下的观众好像并不在乎台上演的是什么——在这样的鞭炮声中根本听不清演员在唱啥,只是想"搞热闹"。节目之后,当地村民上台演唱称颂新戏台和感谢表演团的"哆耶",最后,全体演员上台围着团长,团长手举当晚的大红乐捐榜——念出姓名,每念一个名字,众人就高呼"高升"。团长对笔者说,对于踩台,本来有一套程序,要设香案、烧香祭台的,现在因为台上有伟人像就不便烧香了。两位伟人代替了"天官"、"灵官",成为新台的保护神。当地人对踩台的这种态度反映出他们对于信仰活动在乎的是其"精神",对其形式是灵活、顺变的。抢花炮能够很好地整合到他们的传统文化当中与这种灵活务实的民族精神不无关系。同时,艰苦而单调生活中的山民需要"搞热闹",抢花炮的原始竞技性质和提供的广泛参与机会最大限度地满足了村民的这种心理需求,因而极受欢迎。

(四)新寨桥:凝聚人心的公益活动

2004年1月笔者在林溪参加了一个建桥活动,这是由花炮筹委们发起和联络的大型民间公益活动。该桥是横跨林溪河,连接林溪街道和一个小寨子新寨的小桥,乡政府提供水泥,其余所需的人力、物力都是由花炮筹委会组织各村寨一起乐捐的,人们准备在新寨桥的水泥桥面上建成侗族传统的风雨桥的桥廊。2004年1月19日举行新寨桥的竖中梁仪式,各村寨都参与乐捐钱物,准备礼物,组成浩浩荡荡的队伍,由村寨老人协会负责人(也是花炮筹委会成员)带领,到新寨帮忙、祝贺和联欢。在合华村大田屯,从中午开始,人们便络绎不绝地到鼓楼捐款捐物,热闹非凡,笔者参加了大田屯和新寨屯的乐捐并记录了大田屯的乐捐结果:全寨在寨人数468人全部参加乐捐,共捐款1138.3元,糯米28担,酸鱼一担,被面10余床。下午,各寨群众在寨老带领下列队吹着芦笙、挑着盛满礼物的担子去新寨(参见附录2:

新寨桥庆典期间村民乐捐活动组图），新寨的寨老则在桥头搭建的松门前迎候，道贺的村民被分别请入新寨村民家中聊天聚餐，桥上则安排"斗萨"仪式（由"地理先生"主持的祭仪）。新寨桥的活动涉及范围正是参加主办抢花炮的四村街，从中我们看到了民间花炮组织在社区整合方面的重要作用（参见附录2：新寨桥庆典期间村民乐捐活动组图；附录3：林溪调查日记——新寨桥上梁、竖中梁等）。

（五）认苗父：化解民族争端的喜剧

在侗乡的田野调查中，笔者了解到，许多地方苗族原是居于水边的，侗族进入之后，苗族退居高坡，有些地方苗、侗由此结怨，世代不婚。但是在Z寨，笔者听到一个颇为有趣的村寨历史故事，这里的侗、苗先人以"认苗父"这样的喜剧方式处理了地盘的争端，由此，侗、苗化干戈于父子结拜。这个传奇故事反映了此地侗人灵活务实的民族个性。C寨的一位寨老说："以前苗族在勒转这里住的，后来到高坡去住了，Z寨人每年都去那边扫沟，打扫卫生，还喊那边的人做'甫'（侗语'父'）。以前，Z寨有一个社坛，有一个石头，像人头，到高坡去住的Q寨苗人每年都来祭。解放初，勒转的党支书还带头去Q寨扫沟，他们有去那里打扫卫生才健康、才会人丁兴旺的意思，好奇怪的。"笔者针对此事做了访谈，好几位Z寨老人对笔者谈了拜苗父的故事。[①] 他们的确是叫Q寨（在贵州境内）苗人为"甫"。他们说："Q寨人不管大小，男的我们都叫'爸'，女的都叫'妈'。为什么呢？我们这里以前是Q寨苗族住的，我们的祖公住在对河，那时这一片都是原始森林，阴森森的，老虎很多，不

---

① 对 LYF、LZM、LZW 等老人的访谈。访谈时间：2004 年 2 月 22—25 日（录音编号：040222M65M，040225M73M，040225M72M）。

敢随便进来的，因此不知道对面有人住。我们的人过来找牛，看见这个地方好，就在这边养牛，后来与他们吵架，大家都说这个地方是自己的。河对面有个大石洞，我们的人就说，你们讲是你们的，我们讲是我们的，那我们打个赌，我们去喊那个大石头，哪个喊得应就是哪个的，苗人同意了。大家到抢花炮那河滩朝对岸喊，Z 寨人对苗人说：'你们先在这里的，你们先喊。'他们喊了三声都没有听见回应。Z 寨人喊：'我们住得吗?' '得!' '苗住得吗?' '不得!'这是怎么回事呢? 原来，Z 寨人事先让人去石洞里躲着，对他说，听见是侗话喊的就应，如果是苗话喊就别应。这样，我们就搬来这里，把苗人撵到高坡去了。苗人讲：'我们让这个地方给你们，你们给我们什么呢?'我们说：'我们喊你们做爸、喊你们做妈行不行?'于是，他们到高坡之后，我们认苗族为我们的爸妈，每年初二至初八之间，全寨的后生和妹仔要择日去给他们扫地，刮阳沟，说是孩子要孝敬父母。他们杀鸡、杀鸭，拿酒出来叫我们吃，讲'侗仔上来了'! 这样一代传一代，年年去帮他们刮阳沟。解放初还去过的，'四清'以后说这是封建迷信活动就改掉了，但现在我们还喊他们'甫进岗'，就是说我们是他们的仔。"Z 寨老人还说，到 Q 寨拜"父"后做什么就得吃（做得去），去拜"父亲"后身体就健康，没有孩子的，拜"父亲"之后就有孩子了。至今，Z 寨仍然保留着一块苗族原住民的地盘。以前 Q 寨人每年下来去该地盘抬官人，他们的老人对年轻人说："这里原来是我们的，Z 寨人做儿子继承下来了。"这个故事表面看来 Q 寨人很傻，实际上这是十分明智的行为。因为在当时，侗、苗力量悬殊，不同意最后的结果也是不得不走，这是很多地方的事实。在那种情况下的退出，两族结怨，而且是苗族永远地退出……现在的情况，通过双方的仪式活动，苗族仍然留着自己的根在此地，苗、侗两族的后代都知道 Q 寨苗人是这里的先民，侗族得到实惠，苗族得到名分，务实的双方化干戈为父子，成就了一段民族团结的佳话。

（六）炸弹钟：灵物崇拜的遗风

鼓楼是侗寨的标志。一般的鼓楼下部呈方形，瓦檐呈多角形，飞檐重阁，形似宝塔，高耸寨中。鼓楼一般一姓一座，较大的寨子有三四座以上，楼的尖顶处，筑有宝葫芦或千年鹤，象征寨子吉祥平安。楼檐角突出翘起，给人以玲珑雅致、如飞似跃之感。楼心中间用石头砌有大火塘，设有长条木凳，供歇息使用。夏天，人门来到鼓楼纳凉聊天；冬天，大家围坐在火塘边讲故事。每到节日，男女老幼欢聚在鼓楼前（叫鼓楼坪）"踩歌堂"或看侗戏。一般的鼓楼都悬一面大鼓（参见图 2 - 3），凡遇大事都要敲响大鼓，以便聚众商讨或紧急应对。有的地方发生火灾、匪盗，也击鼓呼救，一寨击鼓，别寨应声照例击鼓，如此一寨传一寨，信息很快传到深山远寨，鼓声所及人们闻声而至。

图 2 - 3　鼓楼梁上悬挂的鼓

Z寨鼓楼（参见图2-4）是M村最老的鼓楼，梁上记载着光绪十九年（1893）建，光绪二十九年（1903）修。在这个古老的鼓楼梁上，悬着一个十分特别的"鼓"——一个乌黑的炸弹壳（参见图2-5），这颗炸弹长120厘米，中周围113

图2-4　Z寨鼓楼

图2-5　梁上悬挂的炸弹钟

厘米，头口径5厘米，尾口径10厘米。遇有火灾等紧急事件时敲击它来召集寨民。炸弹是"二战"时日本扔下的未爆炸弹，当时被疏散经过此地的国民党挖出并烧掉里面的火药，先是挂在当地的观音阁，当时的寨老罗咸星为之做《弹物记》刻于弹体上。1958年大炼钢铁，此物送到县政府，但最终没有拿去炼钢铁，被挂到县政府大门口的一株大树上当做干部上下班的时间钟。1980年，在村民的要求下，转送回M村后挂于Z寨古楼内。中元甲申年即1944年，11月的桂柳战役，日军攻桂林城，M村炸弹正好对应这一历史事件。然而，炸弹壳在这里被作为警钟悬在鼓楼中央是作为火灾的警钟，人们的观念中并没有多少引申的警钟的含义。当时的寨老罗咸星在《弹物记》中说："承宥大慈母和梅林境内福神显圣庇护，方脱离此种大□□之巨灾……"代表了当地多数人的基本心态，这就是把炸弹视为大慈母在梅林境内福神显圣庇护的灵物。"文化大革命"后，炸弹钟从县里讨回并安放在M村老大Z寨的鼓楼而不是安放在弹着地的寨子，还有，笔者进鼓楼时村民叫笔者看炸弹钟时候的神秘态度均说明此炸弹钟在村民心目中具有灵物的地位。把它视为灵物，同时开发它的实用价值，拿它作为警钟，并且自豪地说这钟"比任何钟鼓都响"，又说明这里的人是务实的。信仰同时务实，是此地村民的心理写照，抢花炮在此地如此受欢迎，与抢花炮能够满足村民这种"信仰同时务实"的心理需求不无关系。

按照涂尔干的观点，社会真实源自社会，是社会组织产生仪式。仪式带有集体讯息，因此可重新肯定团体生活的集体真实。愈是共同存在的集体，愈需要定期重新肯定集体真实，因此，仪式也愈多。不管是小团体、正式组织或是国家社会，集体的共同性愈高，也就有愈多的仪式来重新肯定集体情感。那些不同利益聚集而成、共同性较少的团体仪式也较少，一旦团体的共同性增高时，仪式也会随之增多。[①] 桂北侗乡的情况仿佛是这一观点的脚注。在这个联结较为紧密的共同体中，有众多的集体仪式活动，人们几乎把各项集体活动和物件都建构成表达其信仰的仪式活动或仪式性的物品，包括勒转的认苗父、炸弹钟。人们在仪式中分享快乐、互助合作、共渡难关。侗乡民众的生活习俗与日常娱乐处处体现着仪式的象征意义与原始宗教、伦理信念。

在乡民的意识里，越是庄重肃穆而带有神秘色彩的仪式，越能激发起民众对该活动的"事业"感和服从心理。民间寨老组织几乎把各项集体活动仪式化，并且与信仰文化相结合，使活动成为人们的自觉行动，同时把它们建构成公益性活动，使活动成为人人都有义务参加的活动。通过这些仪式活动形成集体记忆、凝聚族群、强化权威，这就是抢花炮的本土文化环境，也是抢花炮活动深厚的乡土基础。在这片沃土上，抢花炮活动也被建构成表达信仰和凝聚集体的仪式性活动，该活动由于符合人们的需要而得到最广泛的支持。正是在群众热爱的基础上，民间组织能够克服种种困难，使该活动生生不息、传承至今。

【附件2-2】罗正明、罗正文[②]抄录的《弹物记》
罗正明抄录的《弹物记》：

此宝于中元甲申年［1944年］古历十月二十日正午十一时八点，从天空降落梅林西北角塘边，入土深一丈八尺余，不生爆炸。承荷大慈母梅林及境内福神显圣庇□□此，方脱离此种大□□之巨灾，到乙酉年［1945年］四月，蒙广西□□□□团，

---

① R. Wuthnow 等著，王宜燕、戴育贤译：《文化与社会变迁》，清华大学新媒体研究中心 www.tsinghua.edu.cn，2001 年 10 月 8 日。

② 罗正明 60 岁，梅林中学退休校长；罗正文 69 岁，原梅林粮管所所长，两位老人现在都是 Z 寨的寨老。

教导队将此物挖□泥，全收。只存此壳……半本会同仁，……，此物永承万代，垂后人作为古迹之观瞻。……字上林，代书极辉。中华民国卅四年暑月中元（1945 年 6 月）置。（罗正明的说明：1. 凡"□□"和"……"为被敲打字面，已平直，不可见字。2. "西北角"实为"西南角"才是其位置。3. 上字皆为繁体字，简化字是本人抄时写的。）

罗正文 1997 年 3 月 15 日上鼓楼台抄录的《弹物记》：

中元甲申年［1944 年］古历十月二十日正午十一时八点，从天空降落梅林禹北角塘边，入土深一丈八尺余，不生爆炸。……中华民国廿四年暑月中元置。（罗正文的说明：原文为当时的寨老罗咸星剖文。）

三 抢花炮的仪式过程

（一）仪式过程概述

侗乡抢花炮完整的仪式过程包括还炮、游炮、抢炮、接炮、养炮等程序，各地的抢花炮仪式不完全相同，一些地方的仪式有所简化。

还炮：花炮节前夕，一般是抢花炮的前一天，上届抢得花炮的人家或家族、村寨，将一个新制作的花炮以及相应的礼品送到花炮会，作为本届抢炮之用。

游炮：即抬花炮游村的仪式。有抬花炮镜屏、抬红猪和果品、老人长衫队、芦笙队及少年火枪队、女子银花队等群众队伍，沿途锣鼓喧天、鞭炮不断。绕村游行之后，将花炮镜屏安放于庙中（现在是到炮场）。

抢炮：抢花炮活动的高潮（参见图 2 – 6）。多数地区参加抢炮的限于男子，偶有女扮男装参加抢炮的。近年，一些地方逐渐设立女子炮，开展女子抢花炮活动。抢炮有单人各自为战的，也有组队参战的，近年都为组队抢炮了。各地所放花炮数并不统一，有放三炮的，也有放五炮、六炮的，但每炮都有吉祥的寓意，如有的地方六个花炮分别为"丁"、"贵"、"财"、"福"、"禄"、"寿"；有的地方三个花炮分别为"发财炮"、"如意炮"、"添丁炮"。抢到炮圈的人需甩开众人的围追堵截和抢夺，把炮圈送到寺庙神台（现为特定的报炮区或报炮台），方为夺得花炮。

图2-6　各调查点抢花炮的场面

送炮与接炮：有的地方是由花炮组委会敲锣打鼓、吹着唢呐送炮主一程；有的是上届的炮主在抢花炮的第二天组织热闹的送炮队伍将花炮镜屏送至新获得该花炮的寨子，并在鼓楼前举行一个交接仪式。得炮者或接炮者将花炮置于家堂或祠堂供奉并宴请宾客。

养炮：得炮人家将炮接回后，多放于堂屋与自家神龛并置，每天燃香供奉或在农历初一、十五燃香烧纸供奉。

（二）田野调查点的抢花炮仪式

1. 林溪抢花炮

寨子里的乐捐——内涵丰富的游炮——飞山宫遗址的芦笙与烧香敬神——炮场的通告——力与巧结合的抢炮——摆百家宴

林溪的抢花炮是在农历十月二十六，这里的抢花炮是以村寨为单位参加抢炮的。每届抢花炮之前，上届花炮得主要准备一个新的花炮的镜屏，用红绸打扮起来，并要抬红猪、组织一个热闹的游花炮的队伍穿街走寨游行，因此，需要还炮的村寨要集资捐款办理这些事情。村民对这种捐款是十分踊跃的，还炮是全寨的事，因此家家都有出钱出力的义务；花炮是吉祥物，为花炮捐款是一种功德行为，因此每户往往是按人丁捐。由于这种捐款是自愿和乐意的，人们把它叫做"乐捐"。游炮队伍以三响铁炮开路（参见图2-7），由村里一位有福的长者怀里斜抱大炮领头，接着是花炮的镜屏和红猪、果品贡品和陪炮的老人长袍队伍、银饰盛装的小姑娘队伍（参见图2-8）及青衣白裤神采奕奕的青少年粉枪（鸟枪）队伍（参见图2-9）。过去这是人们赛装的机会，也是青年男女挑选意中人的机会。游炮要经过几个庙的旧址，在那几处已不见小庙踪影的地方要停下来吹几曲特别的芦笙，烧几把香祭拜一下。各炮集中到炮场之后，本届抢花炮执事（过去是头炮寨子的寨老，现在是花炮筹委会的主任）宣布抢花炮的规则，过去还有款首讲款①，老板宣布请戏等。之后，开始抢花炮。花炮共放五枚，

---

① 款是侗族传统的社会组织，款约是侗族民间的习惯法，讲款是指对款民朗读和讲解款约。

随着轰隆的炮响，藤制的炮圈借助火药的冲力飞向天空，围观的人群爆发出一阵欢呼，炮圈从空中掉落时，人们扑向前去奋勇争抢。拼抢中，人流时而涌向西边，时而涌向东边，炮圈掉进河里，小伙子们也会争先恐后跳进水里争夺。由于抢炮的人太多，想要得之不仅需要有抢夺的技巧和力气，抢到之后还要有巧妙的配合、声东击西的手段和把握机会突出重围到达报炮区的能力。抢得花炮是全村的荣耀，因此会到鼓楼坪摆百家宴①，举寨庆贺。

图 2-7　铁炮开路

2. 程阳抢花炮

　　游菩萨——抢炮前的准备——山坡上五条彩色的游"龙"——田地中的祭拜——第六炮的立与废——送炮：送去祝福，送去欢乐

---

　　① 村里遇到什么大喜事或是来了共同的客人或是在春节"月也"（村与村集体做客）的时候，在寨老的安排下，家家户户都从自家端出饭菜酒水，有侗族特色的酸鱼、酸肉、酸菜、重阳酒等等，在鼓楼前摆起宴席。此宴席在三江的侗家叫百家宴。

图 2-8　盛装少女

图 2-9　少年粉枪队

　　2004 年，程阳恢复正月初七的抢花炮，抢花炮前，程阳大寨老人为集资恢复的普济桥上的菩萨举行游菩萨活动，分两天游完程阳八寨。笔者和助手小丽参加了游最边远的吉昌寨和平甫寨。当天雨雪交加，但老人们干劲十足，我们跟着翻山越岭走了一整天，不敢说累，因为同行的有 70 多岁的老人，他们穿着不便行动、几乎拖地的长袍走着都没有说累。老人说，出来了，说

79

明自己还健康；参加游菩萨，让菩萨保佑身体健康。① 程阳与林溪一样是以村寨为单位抢炮和还炮的，因此，抢花炮之前要还炮的寨子也有林溪那样的村寨中的乐捐，另外，由于这里抢花炮的第二天有一个送炮仪式——由上届花炮的炮主把花炮送到该炮新主的寨子，因此，抢花炮之前，寨老往往召集大家议论如何抢炮和集中力量去抢哪一炮，因为送炮活动有村寨结交的意义。程阳的游炮是各花炮独立进行的，因此在游炮的时候可以看到坡上有五条彩色的游"龙"——五个花炮的游炮队伍。与林溪一样，花炮过去的庙也基本上被拆掉了，但人们在游炮过程中仍然记得祭拜现实中已不存在的庙。马安寨还两个炮，他们抬了两头红猪，在一段田地里两头红猪的头朝向不同方向，众人朝两个方向作揖祭拜。笔者问指挥游炮的寨老这是何意，寨老说：那是朝向以前的两个庙，田地位置比较宽②，方便祭拜。程阳八寨的花炮现在是五个，五个花炮分属五个庙，每个庙的旧址都要祭拜（参见图 2 - 10）。八寨曾经有过第六花炮，78 岁的老人 WZF 说，那是他的父辈时期出现虫灾、旱灾，村上老人讨论决定建个雷王庙保佑村寨，由众人捐款设立的。后来广东人抢去此炮没有还来，民国时期改良风俗庙又被废，遂剩下五个炮。抢花炮之后有送炮仪式，上届花炮得主的村寨组织热闹的还炮队伍把花炮镜屏送到本届花炮得主的村寨，往往同时送去一台文艺节目，给新获花炮的村寨送去祝福，送去欢乐（参见图 2 - 11）。

3. 梅林抢花炮

"打平伙"：花炮会员的祭拜仪式——取消还炮——欢天喜

---

① 老人游菩萨表现出来的精神说明原始信仰在此地仍有强大的力量，这也是支撑老人们办花炮的动力之一。

② 这里是山区，出门便爬坡，难得有很大的一片平地。

图2-10 游炮中的祭拜组图

图2-11 送炮组图

地的盛会——消失20多年的芦笙重新响起——抢炮前的润炮——络绎不绝的道贺

　　梅林的抢花炮是农历二月二。这里有两个花炮会，一个是由寨上人组成的三民会，一个是街上人组成的街道会。以前是两个会同在二月二放花炮，因为三民会历史更长一些，因此，历来是三民放完之后再到街道放。近年来由于经费难以筹措，两会同放改为两会轮流放，再改为五年两头放（每隔三年放一次）。每年二月二抢花炮的前一天，花炮会员分别在自己花炮的小庙回龙祠和花炮亭集中杀猪祭拜，煮粥吃，叫做"打平伙"。由于梅林这里是个人还炮，还炮的经济压力使得人们不大愿意要花炮了。近年，花炮会取消了还炮，炮屏（炮龛）和奖品都由花炮组委会筹资解决。花炮节上，人们把压在箱底的新衣和银饰都穿戴出来，青年们对唱山歌互诉衷情。中老年人喝酒、听戏、斗鸟、下棋，自得其乐。这里的芦笙已经 20 多年没有吹响了，2004 年花炮会资助各寨成立芦笙队，现在几乎每个孩子都学会了吹芦笙，花炮节的侗家山寨，处处是芦笙，处处是歌声，处处是欢乐（参见图 2 - 12）。花炮象征吉祥，当然，花炮得主也有可能会碰上意想不到的灾祸，对此，民间有自己的智慧予以化解。梅林花炮的第一炮有过几次炮主遇到"不吉利"的事，人们说这炮煞气大，一般的人搪不住，所以开始放炮的时候，要先放三响铁炮，然后放挂在旗杆上的长长的小炮，用它来让第一炮缓一缓，叫润炮。得炮的人家，会有络绎不绝的亲友乡邻前去道贺，这是亲友欢聚的机会，也是扩大社会交往的机会。

4. 古宜抢花炮

二圣侯王前的祭拜——取消物质还炮——花篮引炮——逐渐规范的抢花炮——增加女子花炮——吸引 10 万双眼球的流动广告长廊

古宜的抢花炮（参见图 2 - 13、2 - 14、2 - 15）是在农历三月三。花炮的庙是二圣侯王庙。改革开放以后，古宜花炮组委会以花炮纪念馆的名义恢复了二圣庙，现在每到三月三花炮节的时候才开门供人烧香礼拜。2004 年花炮节，笔者看到许多妇女前去烧香，询问她们烧香求的是什么，人们把笔者当成了功德记录员，纷纷过来陈述自己的意愿。当天上午记录的都是"求发财"、"求平安"、"求健康"、"样样好"。与梅林一样，古宜也

图 2 – 12　2004 年梅林花炮节组图

是个人还炮，这同样成为花炮得主的一大负担，曾经有过还炮者把红猪的一腔肉挖出吃掉再撑好抬到花炮组委会来还的事例。近年来，组委会取消了物质还炮，红猪、肥羊、酒都不用还了，只要还炮架。放花炮的时候，有几个引炮员手拿花篮，把炮圈引入炮场，以铁炮为动力将其打到高空。由于这里是县城，有县体育局的支持，抢花炮在逐渐规范，抢炮规则亦在逐渐完善。① 近年增加了女子抢花炮，女子抢花炮的吸引力甚至超过了男子抢花炮（参见图 2 – 15）。由于是县城，此地的抢花炮对商家的吸引力较大，2004 年的花炮游行队伍中有地方文艺的展示，有为政府进行的政策宣传，更有大量的广告宣传，数公里长的游行队伍成了吸引 10 万双眼球的流动广告长廊。

① 李志清、龚重于：《当代乡土生活中的抢花炮》，载《体育科学》2005 年第 12 期。

图 2 - 13　运动员入场

图 2 - 14　庆祝夺魁

5. 富禄抢花炮

　　充满自豪的历史——对"抢花炮之乡"的执著——盛名之
下的负担——民间与政府的共同呵护

图 2 - 15 女子花炮队员庆祝夺魁

富禄三月三抢花炮有着自豪的历史——改革开放以后，他们率先恢复抢花炮，引起外界很大反响，周围大山的苗民和毗邻地区的各族乡民形成的每年三月三盛装前来赶会期的习惯（参见图 2 - 16）使这里的三月三充满浓郁的民族风情而远近闻名，新闻的报道使抢花炮获得了"东方橄榄球"的美誉。1982 年在呼和浩特举办全国少数民族传统体育运动会的时候，广西指派富禄当时的花炮会首老王带领广西队到内蒙古参加抢花炮表演。1986 年第三届、1991 年第四届全国少数民族传统体育运动会又邀请富禄的花炮会首老张参加抢花炮项目的裁判组。富禄人认为富禄抢花炮为抢花炮进入少数民族运动会作出了最大的贡献。尽管由于种种原因自治区并没有给他们挂牌"抢花炮之乡"，但他们一直以"抢花炮之乡"自居，说："如果我富禄不是'抢花炮之乡'，1982 年怎么会让我富禄的人带队表演？1986 年、1991 年怎么会两度邀请我们的人参加全国民运会抢花炮的裁判组？"2004 年 12 月，广州举办全国抢花炮邀请赛，又邀请富禄去作民

图 2 - 16　花炮节上的苗女组图

间抢花炮表演,他们自豪地穿着印有"抢花炮之乡"的衣服堂
而皇之地走进全国抢花炮邀请赛会场,向世人宣告自己来自
"抢花炮之乡"。新中国成立以后,富禄的花炮就没有了固定的
经济来源,每次会期都到县政府各部门和事业单位以及富禄的同
乡中集资。富禄人对举办抢花炮有一种使命感,在三江其他地方
的抢花炮都因经费问题改为数年一届的时候,他们克服困难年复
一年地举办着,但每次的集资还是最令主办者头疼的事情,他们
说年年去"赖"钱别人也烦他们,谁都不愿意去做这"讨"钱
的工作了。因此,老张等花炮会首希望乡政府接手,但乡政府也
不愿意背上这个包袱。乡政府力所能及地给予支持,富禄的同乡
也慷慨解囊,共同维持着这个品牌的生命。他们意识到只有把这
个品牌做好做大才有出路,近年来他们以乡庆为契机大做三月三
的文章,收到了良好的效果。

6. 葛亮抢花炮

还到庙里的花炮——船家爱抢的花炮——坚守传统谋得生存

葛亮抢花炮是在农历三月二十三。这个闽粤商人最初落脚的村庄随着社会的变迁早已经失去了往日的经济地位，它没有本钱向富禄那样外出集资办炮，因而没有富禄花炮那样档次不断提高的奖品和奖金的刺激，依靠还炮的定制使每年的抢花炮获得经济保障。由于葛亮的花炮还有庙，人们相信它的灵验，参加抢炮的人还是很多的，尤其是船家人喜欢去抢，也常有广东人到这里花钱请人帮抢。葛亮人认识到，他们的花炮只有坚守传统才能生存，所以，村民集资恢复了关帝庙和孔明庙（仅是两间树皮盖顶的小屋而已），每年的三个花炮分别还到天后宫、关帝庙和孔明庙里。拼抢葛亮的花炮就是争夺这些神灵的护佑。

四 抢花炮仪式的文化解读

（一）花炮信仰

民间仪式性体育活动的主题往往与信仰目的有紧密的关联，敬神是为了表达愿望，向神祇祈福，希望获得生命和生活的安全，获得幸福的保障，因此，活动成为人与神、现实与理想交流的机会，成为理想实现的桥梁。

1. 花炮是信仰的载体

对于什么是"花炮"，目前普遍存在理解上的谬误。如目前几种通用版本的民族体育教材对花炮的定义[①]、全国少数民

[①] 参见徐玉良等主编《民族体育、传统保健》，广西师范大学出版社 2003 年版，第 44 页；白晋湘等主编《民族传统体育教程》，中南工业大学出版社 2000 年版，第 169 页；胡小明等主编《民族体育》，广西师范大学出版社 2000 年版，第 246 页；黄益苏等编著《中国传统体育》，中南工业大学出版社 2000 年版，第 307 页。

族传统体育运动会的抢花炮项目介绍和有关抢花炮的文章都把抢炮者争抢的炮圈看做花炮。为了表达花炮中的"花"字，常常特别说炮圈"用红绿丝线缠绕"，并设计"花炮"投入花篮之中。其实，把炮圈当做花炮是一种误解。众人所争抢的炮圈（也叫炮头、炮蕊）并不花哨，有的是杯口大小的藤编圆圈（参见图2-17），绑着防伪布条；有的是竹篾编制的圆圈（参见图2-18），有的是直径6—8公分的钢环，上面敲有防伪的号码，外缠红色绸布（参见图2-19）。作为得炮者奖品的炮龛（参见图2-20），或是一个用红绸打扮的镜屏，或是一个精心扎制的炮架，上面缀满五彩缤纷的花朵、立柱雕龙画凤，这是作为象征物的花炮，人们非常重视它的扎制，总要想方设法把它扎得鲜艳夺目。得炮者将把这"花炮"抬回去烧香供奉，来年会期再送还一个花炮给炮会。炮龛、炮和炮圈才构成完整的花炮，炮龛是花炮的主体，炮和炮头是它的组成部分。炮龛以及还炮是抢花炮的精髓所在，抢花炮丰富的文化内涵正是依附于此。

图2-17　藤制炮圈

在侗乡，抢得花炮，便是为本寨抢得神灵护佑，预示村寨将会五谷丰登，六畜兴旺，风调雨顺。因此，得炮之后寨里会摆百家宴庆贺。1946年古宜镇抢花炮，花炮落在一户人家的

图 2-18　3 个竹制炮圈

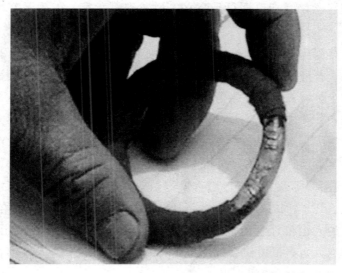

图 2-19　钢制炮圈

图 2 - 20　梅林花炮炮龛

房顶上，抢炮者只顾得抢炮，把房顶踩个稀巴烂，但房主不仅不埋怨索赔，却反而很是高兴，说花炮落我家，就预示有大福降临。[①]

林溪抢花炮之前，寨里想要花炮的人家会向寨老报名，抢炮前夜，寨老召集村民进行计划部署和动员。村民说："我们决定要哪个炮就真正是要那个炮，不是抢热闹。"寨里的抢炮队抢得花炮之后花炮就由接炮的人照料。2003 年花炮节，笔者在大田的访谈中，老人说他们寨子有七八户报名要花炮，可惜没能抢到。笔者问："如果只抢得一个，但有七户报名，给谁呢?"老人回答："那就看情况，因为要炮是要菩萨保佑，如果哪家缺哪样太迫切了，或者遇到什么困难，需要消灾消祸，就先让给他，寨上的人也很理解的。"笔者又问："但是每个人都有理由的，你们老人协会根据什么来决定给谁呢?"老人说："大家都在一

① 参见管学庭、梁柱平《民族传统体育——侗族抢花炮初探》，载《广西体育史料》1984 年第 2 期。

个寨上，哪个特别需要点大家都看得出的，特别需要的就排在前面。"①

花炮的集资也反映了村民对花炮的信仰。还炮集资的时候，每户都出一份钱，各户往往按人头乐捐，婴儿的母亲也会为孩子捐一份，每个人都期望得到保佑。对梅林得炮者的访谈也可以看到这种信仰心理（参见附件2-3，附件2-5）。

上述现象充分说明，民间花炮是信仰的载体。侗乡人把花炮与自己的信仰相结合，形成了各地祭祀不同神灵的抢花炮。在侗族地区的历史上，抢花炮主要承载的愿望是添丁。人们接花炮的目的主要是为了生孩子或者为了生男孩。随着社会的变迁，人们的需要发生了变化，人们寄托在花炮上的愿望也发生了变化（详见第六章）。

【附件2-3】对梅林得炮者罗进章的访谈（根据部分录音整理）

（时间：2004年；访问者：李志清；被访者：勒勇寨罗进章，男，36岁；地点：罗家）

问：进章，那三你组了四个队去抢花炮，为什么要组四个队呢？

答：因为抢炮人多，要组四个队才够。

问：组织抢炮你都花了哪些钱？

答：报名40元；买烟50—60元；酒100元；买了六个鸭大概100元，炮仗是188元。朋友拿来祝贺的炮仗大概要花个100—200元。

问：不算现在招待来道贺的宾客，这就是全部的支出了？

答：是的。

---

① 根据2003年11月21日对大田寨老的访谈整理（录音编号：03021120LX3a）。

问：昨天你们去抢炮的时候做了什么准备？

答：大家商量怎么送我们的人上炮台，比如说：我们的人拿到炮后，大家要维护我们的人，拉开别的人等。

问：这么多人一起抢，你们是怎么相互配合呢？

答：当我们的队员抢到炮以后，我们的队员就把自己的队友围起来，你如果看不见，你就不知道是哪个人手里拿着炮啊；同时也要靠做些假动作，运用一些技巧。

问：为什么组织这个队？

答：为了娱乐，大家喜欢，期望风调雨顺、生意兴隆。按照以前的风俗和传统说法，如果你是刚结婚的得炮可以生男孩，做生意就会做得好。

问：这几年你做些什么生意？

答：跑船，跑融安。

问：你有几条船？

答：我们五兄弟，每人一条船，大家轮流跑。

问：那你跑船的利润怎么样？

答：还可以，8 月份有两万。

问：这几年的变化怎么样？

答：都差不多。

问：你是什么时候开始跑船的？

答：我是 1990 年跑船的，1991 年结婚。

问：有几个小孩？

答：两个，两个男孩。

问：跑船前你做什么？

答：那个时候我搞种植，种果树。积累了一点儿资金就买了一艘船。

问：一般载什么货？

答：百货、酒类。

问：你们是怎么收费的？

答：从融安到桂林：人的票价是 20 块一人，货物是 120 块一吨。

问：这条水路安全吗？

答：安全。

问：发生过什么危险事情吗？

答：没有。

问：你准备崶得的这头牛拿去卖吗？

答：不卖的，兄弟们辛苦，得来的就自己吃，有剩了再打算。

问：你们这里的年轻人都喜欢抢花炮吗？

答：都喜欢。

问：为什么大家都喜欢呢？

答：因为这是一个民族传统啊，不是谁都可以抢得到的，要组织到好的队伍，大家要同心协力。我已经抢到三个二炮了（1989 年、2000 年和今年）。

问：你最主要的目标就是放在抢二炮上？

答：那是当然，就是要抢二炮。一开始就讲好了把主要的力量放在抢二炮上面。

问：为什么一定要抢二炮？是因为二炮曾经给你带来好运？

答：是的。

问：你得了二炮后，有什么好的事情发生？

答：第一次得了二炮后，那一年的生产很顺利，事事都顺利，买了 VCD、电冰箱、彩电，还起了房子。

问：这些都是抢了第一个二炮之后买的？

答：是的。

问：就是从那时开始每届都去抢二炮？

答：是的。

问：抢到了第二个二炮后，又有了什么好事情？

答：生了男孩。

问：你是希望花炮几年抢一次还是年年抢？

答：都喜欢，抢花炮一次也就花几百块钱，还承受得起，没有什么关系，主要是大家借这个机会能够聚在一起，见见面、聊聊天，大家高兴。

问：你们家是喜欢二炮，那你们除了自己抢外，还有没有帮别人抢过？

答：抢过啊，帮别人抢过头炮、三炮。

问：今天摆20桌，你这个碗筷、桌子是从那里弄来的？

答：我们自己家有碗筷，桌子就去别的人家租。

问：你们这里家家户户都搞种养吗？

答：有啊，一般自己吃的在这边，大部分的田地在河的那一边。（大概有70%—80%的田地在那边，那是种来送从江的）（谈话被前来祝贺的鞭炮声打断）

2. 花炮很神圣

花炮在侗乡有着神圣的地位。其神圣性首先表现在花炮都有祭祀的庙和所代表的神灵（参见表2-1）。此外，游炮的时候不能挡路，否则弄坏摊主的东西是不负责任的。抢炮的时候，踩坏菜地也是不赔的。2003年林溪花炮节抢炮的时候，河滩一片原本绿油油的青菜被踩得稀烂，第二天笔者去那里，看见一位60多岁的老太太在被昨天抢花炮踩得一塌糊涂的河滩菜地挖地补种（参见图2-21、2-22）。笔者走上前去与老太太交谈，问老人："菜地踩成这样心痛吗？""也有一点儿可惜啊。"谈到补偿，老人开朗地笑着说，"给就要，不给就算了。"花炮筹委说："菜地踩坏点算什么？谁还在乎这点东西？花炮很神圣的，不能干涉的。抢炮之前已经与群众协调好，从未有过要筹委会赔多少斤菜

表 2 - 1 桂北侗乡部分花炮节的寺庙及所祭祀的神灵一览表

地点	抢花炮日期	寺庙名称	祭祀的神灵	寺庙现在的状况
富禄	三月三	三皇庙	夜郎国三太子	已废
葛亮	三月二十三	天后宫	妈祖	尚存
		孔明祠	孔明	重建的小木屋
		关公祠	关羽	重建的小木屋
八百街	二月二	土地庙（土坡）	土地公	土坡尚存
古宜	三月三	二圣宫	二圣侯王	重建为三月三花炮节纪念馆
梅林	二月二	迥龙祠	土地神	重建
		花炮亭（旧称福德祠）	土地神	重建
林溪	十月二十六	飞山庙	飞山公	已废
程阳	正月初七	飞山宫	飞山公	重建（尚未完工）
		飞虎宫	黑重虎	已废
		武昌宫	不详	已废
		二圣宫	二圣侯王	已废
		南岳宫	不详	已废
		雷王庙	雷王	已废

资料来源：本研究实地调查（2003 年 11 月至 2004 年 9 月）。

这种事情，以前放炮发生意外炸着耳朵都没人要赔。"我们看到林溪河已经被生活垃圾污染得相当厉害，抢花炮的时候，花炮落到河里，也有不少人走进河里去摸、去抢。花炮筹委说，抢花炮的时候，不管花炮落在哪里，都不顾一切地去抢，任何地方都不怕，不怕累、不怕危险，更不会怕脏了。林溪花炮的那种神圣性使得民间组织者在筹备和组织抢花炮活动中少了许多障碍和麻烦。在花炮的神圣地位下降的富禄，办花炮遇到的麻烦就要多些，花炮组委会常与花炮节斗牛活动被踩坏耕地的农民就赔偿多少的问题发生矛盾。

图 2-21　老人与踩坏的菜地

3. 拜神不知神

　　在中国拜神不知神的现象是相当普遍的。[①] 侗乡人对花炮的信仰正是这样的状况。林溪五个炮的游炮都要经过飞山庙、盘古庙（庙已废）和奶姥庙（神婆庙）的旧址，要吹芦笙、要拜、要放炮。村民告诉笔者，奶姥庙祭祀的是这里侗族的祖先"神婆"，盘古庙是祭祀开天地的盘古。问到飞山庙祭祀的是谁，就听到许多不同的议论："是杨家将的杨六郎"，"应该是岳飞"，"飞山宫祭拜的就是飞山公"。虽然说飞山公是杨六

　　① 萧梅：《寻找传承与变迁中的文化主题——一次纳西"祭天"仪式的叙事与引申》，载《音乐人文叙事》创刊号，1997 年。

图 2 - 22　被踩坏的菜地

郎的人占多数，但"真理并不一定在多数人手里"，笔者查阅
飞山公的资料，发现飞山公并非杨六郎而是湘西南、黔东南、
桂西北广大侗族地区普遍祀奉的唐末、五代时的杨再思，宋时
封为威远侯、号十峒首领的靖州"飞山太公"。农历六月初六
（杨的生辰）和十月二十六日（杨的忌辰），当地群众常去飞
山庙祭奠（参见附件 2 - 4 "飞山公简介"）。从程阳恢复的飞
山庙的对联是"道显南邦赫赫唐朝之良将；恩流西土威威宋代
之侯王"（2004 年 1 月 28 日实地抄录，这是根据老人抄录的
过去的庙联写的）、飞山庙是由湖南靖州的商人出资建造并且
该商号老板是抢花炮的主要赞助人这一历史①以及林溪抢花炮
于农历十月二十六举行、祭祀飞山公来看，飞山公应该是靖州
的杨再思，杨六郎显然是当地人爱看《杨家将》产生的附会。
很多人已不知道花炮所代表的神是谁，但人们知道这个仪式性
活动，相信花炮能够带来好运。民间信仰在此地"根本就是实
践的问题。……他们比较不注重'理论'、不拘泥'教义'，

---

①　根据 2004 年元宵节笔者对四位寨老的访谈整理。

是比较功利的，比较实用主义的"①。

【附件2-4】飞山公杨再思简介

据《靖州县志》载：杨再思，唐朝人，生于唐咸通十年（869），卒于五代后周显德四年（957），享年88岁，葬今城步县上官村。杨是唐末五代靖州"飞山"首长，号十峒首领，人称"飞山太公"。唐代末期，王室衰微，天下纷争，藩镇割据。其时，叙州（治所在今洪江市黔城）南部一带侗、苗、瑶各民族在潘金盛、杨再思的领导下，逐渐兴旺繁盛，形成一个以飞山（距靖州城5公里）为中心的民族集团——"飞山蛮"。后梁时期，马殷占据湖南，称楚王。潘领飞山和五开（今贵州黎平）一带，杨据叙州的下潭阳、朗溪一带，互为声援，以拒马殷。后梁开平五年（911），马殷遣吕师周征飞山，"袭斩金盛"，迫于形势，杨率领"飞山蛮"余部，附于楚，被封为诚州刺史。此举不仅挽救了处于灭亡边缘的"飞山蛮"，而且使其取得合法地位，为日后侗族发展奠定了政治基础。附楚后，杨励精图治，设立十峒，号十峒首领。即以部属族姓吴、石、龙、潘各大姓为僚属峒官，散掌州峒，抚驭峒民，招抚流遣，教之耕织、贸易，境内之民，焕然改色，具礼乐文物之盛。并以字派"再、政、通、光、昌、胜、秀"七字为等级建立封建领土制度，推动境内各民族的团结融合，从此，"飞山蛮"进入兴盛时期，其七子杨政岩在马楚政权灭亡之后，逐渐将"飞山蛮"扩展到今湘西南、黔东南、桂西北广大侗族地区（包括湖南靖州、会同、通道、洪江、怀化、溆浦、麻阳、沅陵、芷江、新晃、新化、新宁、武冈、城步、绥宁，贵州黎平、锦屏、天柱、从江、榕江、玉屏及

---

① 黄向春：《文化、历史与国家——郑振满教授访谈》，载《中国社会历史评论》第5辑，商务印书馆2007年版。

广西三江、龙胜等县市）。五代之乱，天下多遭涂炭，独诚州兵
民屯聚，商贾出入，社会安定，人民安居乐业。杨再思能团结各
州的兄弟民族，顺朝廷，因治国安邦功勋卓著，被宋元王朝先后
追封为侯王。殁后，湘、桂、黔、粤、鄂、川、滇七省凡再思影
响所及州县，感其恩德，或奉为神灵，或遵为先祖，普建飞山庙
祀之。

4. 量力而行地消费

每一拜神行为与消费的背后都有多种社会、文化、心理的因
素在共同起作用。支撑个人形式抢炮的，是对花炮的原始信仰，
随着现代性的解魅，神权意识淡化，而花炮得主为招待祝贺的乡
民的花费则不断攀升，因此，个人形式的抢花炮便开始趋向衰
落。梅林人说："1995 年开始有点不想要炮的迹象，主要是因为
花费多。今年进章各项钱物一起花了 1000 多，石老金也花了近
千，花了几百斤酒。没有经济基础的家庭扛不起的。四洞那个得
第三炮的也是跑生意的。"[1] 从炮主的消费可见，得炮不是为了
经济利益，但随着市场经济的发展，招待成本的上升使得人们望
炮兴叹，物质奖励措施解除了人们的这一困窘。近几年，富禄的
花炮每炮得主都是奖励大彩电、VCD 或一头牛。以个人组队抢
炮的古宜、梅林也是靠提高奖品等级和奖金额度且不用还炮来吸
引抢炮的人。2004 年花炮节，梅林得炮者获得一头牛的奖励。
一炮得主石老金说，从初二得炮开始直到初八，天天有人到他家
庆贺、吃饭，家里一连开了 48 桌酒席，开销一共花了 12 条烟
（200 多元），100 多千酒（100 多元），放爆竹 200 元，抢花炮报
名费 50 元，花炮会油税 188 元，那头牛卖掉一张皮得 110 元，

---

① 根据对梅林寨老 LZM 的访谈整理。访谈时间：2004 年 5 月 16 日（录音编号
040516ML5b）。

卖掉一腿肉得180多元，收到的礼金有500多元。总的说来花得少、进得多，好玩，没觉得负担重。问他：如果要还炮的话还抢不抢？他说："那就不抢了。太麻烦，负担重。"前两届梅林三民的花炮不大有人要，还炮的负担就是原因之一，石老金的话有一定的代表性。

炮主的消费表明得炮不是为了经济利益，但随市场经济的发展而提高的招待成本使人们不敢轻易接炮。尽管人们喜爱花炮，相信花炮能够带来好运，但并没有借贷要炮的。取消物质还炮，增加奖励额度之后，抢花炮的人又多起来了。人们表现在抢花炮上的消费是一种量力而行的消费。在花炮上的拜神消费之所以表现出这样的理性，大概可以从"乡民之需鬼神只是对现实生活的一种补充"① 加以理解，说明侗乡人对花炮的信仰从来没有达到迷的程度。

5. 把花炮当做亲人

花炮接回家，到下届抢花炮的时候还炮，炮主拥有花炮的期限就截止了。"烧香也就烧那一届炮，烧到送去为止，还炮之后，有着花炮意义的东西都取消了，就要把那个镜屏上面的字都抹去了，镜屏就不再是接受供奉的物品了，花炮已经送去了，不在这里了，不存在了，也就不烧香了，你烧也没有用了。得那个镜屏，好像家里添了一个人似的，对它有一种感情。到时候送出去很长时间不习惯的，就像把女儿嫁出去了，有一种很不舍的情感。好长时间都不适应，觉得好像空空的。"这是曾经接炮的村民对笔者所说的肺腑之言，表达了接炮人家对花炮的情感。第二届全国少数民族传统体育运动会在内蒙古呼和浩特召开的时候，富禄王仁生老人带队去作抢花炮表演，他说："入场式是我们打

---

① 曹锦清、张乐天、陈中亚：《当代浙北乡村的社会文化变迁》，上海远东出版社2001年版，第562页。

头，表演也是我们打头。当时杨团长对我说，王老，今天你放三个炮，如果有一个炮不响我就找你负责任。那样的话，我们整个广西的脸面就完了。那时杨团长说内蒙古没有泥巴，我从我们这里拿一团黄泥巴去舂炮。"王老把在内蒙古表演看做是三王爷到那里表演："我们这炮是三王爷，进场一定要响的。那天我一进场，安放好三个炮，我说，三王爷，你要争硬气啊，三个炮若有一个不响我就丢你在内蒙古，不带你回去了。然后，三个炮连环点过去，结果一点火，炮都冲到天上了，大家都高兴了，说我'有办法有办法'！我点那炮都出汗了，那么大一个会场，要是有一个炮哑了，好丢丑的，好险呢！还好，三王爷很争气。"侗乡的人对花炮有着很深的情感，在"四清"、"文化大革命"期间曾经有很长时间的停顿，然而一到抢花炮的日子人们就会想到它，因此改革开放之后，政治宽松、生活好起来的时候，人们就陆续恢复了抢花炮。

6. 钟爱头炮与尾炮，钟爱带来吉利的炮

林溪人抢头炮拼得最厉害的是头炮和尾炮。从表2-2可见，尾炮的奖金通常是最低的，与前面各炮的差距一般都有数倍之多，但这丝毫没有减少人们想要得之的热情。可见大家图吉利的心理是非常明显的。人们说，这是想讨个吉利，意思是"要头要尾"。"要头要尾"表达的是一种追求完美的朴素心理。

表2-2　　　　　　　　林溪花炮近三届奖金额　　　　　　单位：元

	第一炮	第二炮	第三炮	第四炮	第五炮
61届 *	300	250	250	250	250
60届	300	250	200	150	50
59届	500	400	300	200	100

　*　本届花炮节各炮得主除获得奖金外，另获7盒＋1对电池（厂家赞助的）。

也不是每个地方的抢花炮都是最爱抢头炮和尾炮。一位花炮会首说："我们这炮人家要去总蛮顺利，如果你年年放都不舍得还（因为只能拥有一年）。LJZ 就是连着得了三次二炮了，他总是要二炮，说二炮吉利。"一位抢炮队员说："二炮是神炮，没孩子的生孩子，没男孩的生男孩，生意不兴隆的抢得那炮以后就兴隆了。以前我们帮 LJZ 抢得二炮，他生意也得，老婆也得，仔也得（得了两个儿子）。"总之是哪个炮的炮主表现吉利他就总想再抢那炮，死争，别人知道这炮吉利也死争，只能是哪个有能耐哪个得了。有时候，接炮回家的人会遇上不吉之事，但侗乡人也有化解的智慧。ML 村的人说，有的炮不大顺利，别人要得以后，家里面就出事，于是就不大有人爱抢了。比如一炮煞气比较大，一般的人搏不起，所以我们开始放炮的时候，要先放三响铁炮，然后挂在旗杆上的长长的炮要先放，就是用它来代替第一炮，我们叫润炮，给它缓一缓。

（二）愿望表达

1. 求风调雨顺、国泰民安

对于以农事为主，依靠庄稼收获维持生存的农民来说，风调雨顺是决定他们收获并影响他们生活的直接因素，因此，"风调雨顺"是他们永恒的愿望，人们在各种仪式中都表达着这样的期盼。2004 年梅林花炮节第二炮得炮主罗进章在回答为什么组织抢炮队的时候说："为了娱乐，大家喜欢，期望风调雨顺、生意兴隆；按照以前的风俗和传统说法，如果你是刚结婚的，得炮可以生男孩，做生意就会做得好。"2004 年程阳抢花炮的第二天，送花炮到马安寨的大寨老人相互搭背转着圈唱哆耶的时候，不断重复的句子是"风调雨顺、老少平安"。谈到办炮的目的，花炮组织者们都离不开"风调雨顺"、"国泰民安"这些话语。程阳的花炮委员会副主任陈基光（马安寨人）和花炮会计吴景民（平寨人）说："花炮以前有飞山庙、两个南岳庙、武昌庙和雷王庙要拜的，我门的炮是祝愿新年风调雨顺、国泰平安。拜新年。"① 问游炮的线路是怎么考虑的，马安寨的陈能军说："每届都是那样，要过桥和庙，要拜的，要祈求他们保佑，目的是人人平安，风调雨顺。"② 古宜2004年花炮节的抢花炮比赛规程写道："头炮：象征民富国强、国泰民安；二炮：象征六畜兴旺、五谷丰登；三炮：象征福寿双全、四季发财。"③

"国泰民安"在侗乡并不是空洞的口号，它是村民与国家一起经历风雨之后的肺腑之言，也是对今天生活的一种肯定。"山高皇帝远"在侗乡早已成为历史，新中国成立之后，政府机构设置的周密完备和党的基层组织建设使中央政府的政策和措施在偏僻的侗乡也能够及时而有效地贯彻落实，偏僻的侗乡与全国一样经受了政治风雨的洗礼。从"大跃进"、大饥荒时候人们所经历的痛苦、"文化大革命"时期所经历的贫困（详见第五章）和改革开放所带来的巨变以及最近的减轻农民负担、取消农业税，人们深刻感受到"国泰"则"民安"，山民的命运与国家息息相关，人们是由衷地祝愿"国泰民安"。林溪新寨桥建桥仪式上，寨老（花炮筹委）们带领全寨去庆贺，江去的牌匾有"政通人和"、"国泰民安"、"风调雨顺"（参见附录2的图片）。

2. 求子、求财、求平安

中国人所说的福气包括丰收、安康、当官、发财、婚姻、生育等。添丁得子是普遍所认为的"福气"。偏僻的侗乡贫

---

① 2004年9月19日陈基光陪同笔者访问平寨吴景民（花炮会计）。

② 根据对陈能军的访谈整理。访谈时间：2004年1月29日（录音编号040129CY003）。

③ 资料来源：三江县第十一届古宜三月三花炮节组委会。

困落后，人们仍然沿袭着原始的劳动方式，能否生育更重要的是劳动力的再生产问题，因此，人们给花炮的命名有一个"添丁炮"，并且极重视抢夺"添丁炮"。据《广西歌墟资料》记载，壮族的歌圩中有一处歌圩叫花炮歌圩，这个歌圩以求子为主题，放花炮时，谁抢得花炮就是天神赐福，来年必得贵子。要花炮的人大都是没有生男育女，或是生女无男的人家。没有生孩子的家庭总要雇请一些大力士去抢花炮。如今虽然抢花炮仍然蕴涵这一古老寓意，但随着几十年来计划生育工作的有效落实，"添丁炮"逐渐失去了往日的吸引力，想要此炮的人，主要是想要男孩，不再是多子多福的心理。2003年林溪花炮节上，美俗寨老告诉笔者，他们寨子已经有三户报名领炮，都是想要男孩。① 在2003年林溪花炮节亮寨的百家宴上，老人协会成员说②："这炮灵啊。听老人说，有一家生了两胎女孩了没有男孩，就接一个炮到家里，当年就生得一个男孩了。""一般是接一个炮，请老人协会和年轻仔喝酒，杀个猪、买点菜等，最少要花五六百块钱，但他愿意。老人说这炮灵验，年轻人也相信，我们也看过几回了。"除了为生男孩接花炮，现在最普遍的要炮心理是求财、求生意顺利。例如前文所述的二炮炮主和2004年梅林三炮得主吴才珠的心理（参见附件2-5）。在梅林，笔者还听到一个发人深省的老渔翁的故事。20世纪50年代的时候，这位老渔翁想抢二炮，他到庙里烧香，说："菩萨，我想要二炮，今晚我去打鱼，明天抢得我来还愿。"那一晚，他在四洞打得98斤鱼，后来他真的抢得二炮，拿着鱼到庙里还愿。人们说，他一接那二炮就得吃，那两年蛮好的，他把

---

① 2003年11月19日在抢花炮现场对美俗寨老的访谈。

② 访谈时间：2003年11月21日（录音编号：031121MLc）。

政府帮他们起的房子①卖掉来街上另起房子（后来生意垮掉又卖掉了）。他得过二炮以后总想抢二炮，只是再没有抢到。大家说，怪呀，他没得那二炮以后就没怎么顺手了，去包鱼塘也垮，养鸭也不成功②，大儿子又离婚。他说："这炮还去了，我们的顺手、顺利也去了，运气也走了，倒霉。"1998年他又来，别人问他："你还想接炮？"他说："接，想接呢。那时儿女小，接来希望打鱼多点儿，顺手点儿，多得点儿钱养儿女，现在老了又接呢，是想我们不挨病，好死点儿，死的时候就像瞌睡，免得病痛。"人的愿望是与利益相关的，也是价值取向的反映。上述花炮愿望的变化反映了人们价值取向的变化，也折射出社会的变迁。

【附件2-5】对梅林得炮者吴才珠的访谈（根据部分录音整理）

（时间：2004-2-23；访问者：李志清；被访者：岑五寨吴才珠，男，40岁；地点：吴家）

李：你组了几个队去抢炮？

吴：第一炮报了三个队，二炮两个队，三炮两个队。

李：为什么报名抢炮？

吴：喜欢这个。这是民族风俗，热闹。喜欢花炮。我要花炮是考虑做生意，我是做猪仔生意的。我看前几年接这个炮的人搞生意都搞得蛮顺手的。

李：你现在顺不顺手呢？

---

① 船家以前在岸上没有房子，新中国成立后政府帮他们起了房子。

② 他鱼塘搞不下去和养鸭大批死亡是因为刚开始搞，技术不过关，不懂杀虫、驱虫、防病，不像别的专业户有那一套。梅林是三江最边远的乡，原来没有冰箱，而且走路到古宜要三天，车要两天，带回来的疫苗都坏了，不起作用了，疫苗没办法接种。这两年，农业技术推广服务中心条件好些了，有冰箱了，车又通了，疫苗容易要来了，可以进行各种疫苗的接种，养殖户的损失就小多了。

吴：我得这个炮来也蛮可以呢！昨天我马上租个船拿几十头猪仔到贵州从江卖，没到两个小时就搞清楚了（卖完了）。这个炮可以，这个炮是生意兴隆的。

李：在这之前你的生意怎样？

吴：勉勉强强，一年2万—3万元。

李：你抢这花炮花了多少钱？

吴：还没算出来，那个牛还没动，有客还没到，所以牛还没杀，现在是自己拿钱买肉请客。已经花了1200元。四个芦笙队来贺就杀牛请大家。

李：这些芦笙都是你请来的？

吴：我没请，是他们自己来贺的。

李：昨天什么时候去卖猪仔的？

吴：清早。7点钟上船去从江，9点多回。这一趟我纯赚800多元。

李：以前有过这么顺的生意吗？

吴：没有，从来没有！以前做得好的是赚300元—400元。

李：如果要还的，你还组队去抢吗？

吴：如果像以前一样要还的我也抢。前几年我就组队抢的，只是抢不到，人太多了。抢了几年都抢不到，今年从第一炮开始组队报名抢，终于抢到第三炮。

李：你们抢到这炮有什么技巧吗？

吴：没什么技巧。

李：但我看你是很镇定、很从容走到报炮区拿出炮来的。

吴：（指旁边的同伴）是他传给我的，他辛苦，他冲进去把炮抢来，人太多了，拿不住的，所以他转交给我。

李：你们事先商量过怎么配合吗？

吴：商量过的。就是要互相传递，让人不知道炮在哪里。人太多了，如果让人知道谁拿到炮，他是肯定顶不住的。

李：到你手上的时候已经传了几次了？

吴：2—3 次了，别人已经不知道传到谁的手上了。

3. 展示村寨的实力

林溪和程阳的抢花炮，是以村寨为单位参与抢炮，抢花炮是村寨实力的展示。首先，抢花炮的拼抢过程是村寨实力的展现。能抢得花炮，说明这寨的人厉害、能干，也说明寨子人团结、心齐，有凝聚力。其次，游炮是村屯自我展示的机会，是对村寨财富、社会地位、村寨团结和凝聚力、老人协会的权威与作用等的综合检验。组织还炮需要全寨人的团结和公益心。人们说，以前MS 寨"可能是寨里面不团结，搞不起来，所以没还炮。他们总被大家讲，大家现在还在开他们的玩笑：'你们没得能力还炮的'"。在林溪，花炮节是民间唯一的盛装游行的节日，所以大家对花炮节的游行也特别看中。因为游炮是村寨的一种展示，在游炮过程中，村寨之间有炫耀和攀比的意味。游炮的时候，女孩子都是插银花、带银项圈、银手镯的，少年头包大头巾、青衣白裤、扛粉枪组成粉枪队。在村民的访谈中，人们说："姑娘的银圈多不多、银花多不多，体现了她家的财势。哪个寨子银花多、银圈多就显示哪个寨子富裕啊！""以前的侗布是自己种棉、自己纺纱、自己织染的，衣是自己一针一线缝制的，所以能够显示自己巧不巧。穿出来人家就晓得这一家的妈妈、媳妇能不能干。"① 粉枪多少也是寨子实力的展示。大的寨子有五六十条，小点的二三十条。D 寨人很自豪地说他们寨子有 80 条。② 程阳

---

① 以上内容和所引舌语均来自 2003 年 11 月 21 日在大田寨对众寨老的访谈。

② 2001 年政府清缴民间枪支，粉枪基本上缴了，现在花炮游行的时候，寨子只能到派出所借来一些，规模已经远远不及过去。2003 年，林溪花炮节的游行只有 32 条粉枪。

花炮委员会的会计说:"在我们程阳地区,有的生活好有的生活差,家境好的,家里有姑娘,家里头有好多银子全部给她戴,戴不了的还有一个人在旁边帮她拿。意思是把家底搬出来给大家看。年初三抢花炮到处的人都来看,这时候亮出来能让更多的人看见,让更多的人晓得。我们这里穿的衣都是自己织的、缝的,谁的纱细、衣特别缝得好,别人也会议论。老人家买的长袍,清朝服装,平时没机会穿,那天游炮才能穿出来显示一下。这里得到炮的才有机会游行,才有机会显示,没得炮你再钱多都没有办法。家底多没有办法亮给别人看。游炮时后生仔也打扮得好好的参加粉枪队,给别人看到这个后生仔蛮靓的啊,穿的衣服又好啊,纺的纱又细啊。这种意义现在还有点儿,但少了。"①

抢炮和游炮体现了一个村寨的精神面貌。程阳花炮会计说:现在奥运会、民运会也是这样,拼命夺金牌为国争光,为地区争光。国家搞得大点儿,我们小地方搞得小点儿,道理是一样的。得个花炮村寨有光荣,家里也得吉利,这个抢花炮就等于是我们小地方的民运会,你有本事你去抢得来你就光荣,然后就有机会游行,有机会把家底亮出来。

(三) 圣福流动

在桂北侗乡,抢花炮活动可以说是一种圣福流动活动。通过抢炮、接炮、养炮、还炮、游炮,把"福气"传递给得炮、接炮的村寨和个人,由有福的人传递给盼望得福的人,一年一度或数年一度流动不歇。在亮寨花炮节的百家宴上,一位80岁、五世同堂的老人说:"沙宜放花炮,比来比去没有哪个比我高寿,所以在九娘庙那里八个寨都要我去给小神台写对联,写牌位,我说我的

---

① 根据对陈基光(平寨花炮会计)的访谈整理。访谈时间:2004年9月19日。

字不好，人家就要我写，因为我年纪大，五代同堂、儿孙满堂。"

1. 抢炮："抢"来福气 "抢"来机会

抢花炮活动中，人们希望通过抢花炮"抢"来的福气可从人们用"丁"、"贵"、"财"、"福"、"禄"、"寿"，"发财炮"、"如意炮"、"添丁炮"等来给花炮命名而窥知。为了抢来福气，青年人抢炮不怕辛苦，也不怕危险、不怕冷，就怕自己没得。我们看到很多人还是相信花炮能带来好运，民间信仰还在起一定的作用。对抢花炮年轻人还是相当踊跃的，既想自己去抢这个好运，也想为村寨争荣誉。

2. 得炮：获得神恩

在侗乡的调查中，刚开始了解到人们有花炮信仰的时候，笔者问是否要给花炮烧香，回答是初一、十五要烧的，有的人每天都要烧。再问："村里的人都去烧香吗？"回答："不是，是他个人烧的，村里面不烧的。""平时花炮就是主家烧香，村民不去烧的，集体烧香就是花炮节时，在主炮台烧。"笔者后来渐渐领悟，在当地人的观念中，得炮的人或接炮的人，是被神所保佑的人，应该由他们烧香，也只有他们烧香才会灵验。

3. 祀宴：共食分福

梅林的抢花炮是在农历二月二。每年的农历二月初一，三民会花炮会员集中到回龙祠，街道会会员集中到花炮亭（过去叫福德祠）打扫卫生 初二分别到回龙祠和花炮亭杀猪，拿猪头、猪尾巴祭拜神像，简单地做两个菜，煮粥，会员轮流烧香、拜神，然后在回龙祠和花炮亭外开桌吃粥，剩余的肉再分配各户带回家。① 这是一种祭祀之后集体性的共食分福，当地人叫"打平

---

① 根据 2004 年 2 月 24 日在勒成寨的寨老罗修文家对寨老罗修文和罗正明的访谈整理。

伙"。此外，抢花炮之后，本地的得炮者会摆家宴庆贺，人们到那里吹芦笙、对情歌，喝酒、欢笑，谈论抢炮的趣事，分享炮主的幸运和快乐。在以村寨为单位抢花炮的林溪，抢花炮之后，得炮的村寨会在第二天到寨中的鼓楼坪摆百家宴。花炮节的百家宴有全寨同乐、共食分福的含义。还炮的红猪扛回去搞百家宴，过去要把猪头割出来拿到飞仙庙去敬过神再煮吃，百家宴上一寨之人皆"若狂"。笔者在侗乡的调查中参与了多次村寨的百家宴和得炮者的庆功家宴，亲身感受了那种狂欢的境界。每个花炮得主为招待祝贺的乡民的花费是惊人的，但能获得礼物回报，而且还能获得家族、亲族的团聚与统合。

4. 还炮：酬谢神恩

还炮是一种酬神行为。按照抢花炮的传统，每次抢花炮，花炮的得主都会得到一定数量的物质奖励或金钱奖励，但这些奖励在来年抢花炮时是要如数或加倍奉还的。由于还炮具有酬神的含义，因此，在侗乡还炮是人们自觉履行的义务，还炮的时候，"不需要动员，大家主动去寨老那里问搞不搞乐捐，自觉地捐款捐物"①。捐的时候，不是一户笼统捐多少，而是写清楚一家老小各捐多少，意思是每个人都出了钱，每一个人都会得到保佑。除了酬神，还炮还有娱神、慰神的含义，不还怕引起神的不悦，因此，还炮的时候是要到神像面前明说的。林溪过去抢花炮的时候，还炮的村寨把炮拿到飞山宫，在飞山公前烧香，说："飞山老人，上届我们得炮，得你保佑，今天还来了，谁抢得就送给谁，你去保佑他。"②

5. 游炮：传递神恩

林溪花炮节游炮的时候，抬花炮镜屏，抬红猪、烧香，敬神，

---

① 根据 2003 年 11 月 21 日对林溪乡农林水助理杨善兆的访谈整理。
② 根据 2004 年元宵节对林溪大田寨和新寨寨老的访谈整理。

吹芦笙，敲锣打鼓放鞭炮，非常热闹。细心观察会发现，五个花炮的游炮队伍，走在花炮镜屏前面的都是一位怀里斜抱一尺来长巨大爆竹的老人，这位抱炮者是游炮队伍的领头人。笔者问林溪街游炮的人："为什么要一个老人拿炮，有什么讲究？"他们答："我们街上组织这个游炮队伍时就考虑，要一个年寿最长的老人，还要儿孙齐全，有福的人，还要讲究在社会上没有做过坏事、没有做过违法的事情的，要干净的（参见图 2-23）。如果这个村寨没有突出的有福的老人，就叫个最小的，干干净净，什么问题都没有的。"花炮组织者赵军和说："村寨还炮的时候，拿炮的人是全村最值得炫耀的，比如说哪个命好，父母都在，年纪大，家里个个都有钱，不赌博、不犯罪、不违纪违法，就要他拿炮。昨天我们街道拿炮的人五世同堂，将近 90 岁了，他儿子将近 70 岁，儿孙都有在外面当领导的，他生活好，身体又健康，就代表我们这里的人去拿炮（参见图 2-24）。今后我们就和他一样了，生活就富裕了，身体健康了，万事如意了。"侗家人崇尚知识，上县高中在村寨里也是很难得、很荣耀的事。大田寨的吴荣庚说："上一届还炮的时候我女儿十五六岁。她在县高中读书，正好那天她放假，早早地赶回来，那次我们还的炮就是由她拿的。"还炮游行有一种象征意义，拿炮的人所具有的这些"福"就是人们希望传递的福气。被选为拿炮的人，也倍感荣耀，把抱花炮游行当做一件公益事情来认真对待，老人家不怕累，愿意游炮，觉得有一种责任。

（四）社会秩序的宣示

对仪式在社会秩序方面的作用，文化人类学家有过许多论述。涂尔干指出：仪式是社会群体定期重新巩固自身的手段。[1]

---

① 涂尔干著，渠东、汲喆译：《宗教生活的基本形式》，上海人民出版社 1999 年版，第 507 页。

图 2 - 23　抱花炮的孩童

拉德克利夫·布朗认为，仪式行为是社会秩序的展演，对于社会结构的构筑有着不可或缺的作用。[①] 仪式本身是由文化秩序所塑造的，反过来又塑造产生它们的社会秩序。[②] 任何物体或对象如果没有社会的认同，都不可能具有神圣性。同样的，一旦有了社会的集体认同，任何事物都有可能具有神圣性。抢花炮的仪式活动强化了集体认同，这种仪式性活动成了村落社会生活的一种资源，村落老人协会运用这一资源交流信息并结成多层次社会联

---

① 转引自宋崔《学校升旗仪式的人种志研究——对一所中学的田野调查》，华东师范大学硕士论文，2004 年。

② 唐·汉德尔曼：《仪式——壮观场面》，载《国际社会科学杂志》（中文版）1998 年第 3 期。

图 2 – 24 抱花炮的有福老人

系，组织并调动群体的社会力量，使村落的社会秩序在一定惯习
下延续。

1. 凸显老人的地位与作用

抢花炮活动是一种社会秩序的展演，梅林二月二花炮会员
打平伙祭拜的时候，会员轮流烧香，祭拜的次序是会首先拜，
然后依次是老人、中青年、妇女。这种祭祀礼仪的设计，潜移
默化地维护着乡间老少尊卑的传统社会秩序。游炮过程表明了
村里人遵从传统，尊敬老人，在整个活动中凸显了老人的地位
和作用。林溪的抢花炮，在游炮的时候，不仅要让一个有福的
老人拿炮，还要有穿长衫、清朝打扮的老人陪炮。在亮寨百家
宴上，一位 80 岁老人说："一定要听老人的话。让老人陪炮，
这是上一辈传下来的，我们又要传下去。昭示后人，表示这个

113

村寨听老人的话。"一位50多岁的村民说:"讲老实话,没有老人陪炮,你这炮就游不出去,不敢出寨。""如果出去会怎样?"笔者问。"人家会说你们这个村寨对老人不好,看不起老人家。过去我们办炮,要让寨里年纪最大的来抱炮。"人们认为,老人辛辛苦苦一辈子,花炮见证了人生的酸甜苦辣。对他们来说,虽然做一套长袍马褂"以前是蛮困难的,但每个家庭怎么想办法都要买一套"。"家里的媳妇、儿子都要想办法把老人打扮出来参加游炮。不然觉得丢脸——别人家的老人能出来,你家的老人为什么出不来呢"?"让老人游炮,表示我们寨子非常尊重老人家,愿意听老人的话"。没有老人陪炮,游炮队伍就不敢出寨门,所以,每村每寨都有老人陪炮,自古以来就是如此。80岁老人说:花炮怎样搞,我们老的才懂得那些事情,要把这些事情告诉年轻人知道,让年轻人接班,一辈传一辈。50岁的花炮筹委说:放这花炮一定要请老人来商量、研究。他们商量好了,作出决定了,才由我们这帮中年人去做。完全丢给他们不行。"花炮节游行,给老人很高的地位。老人和小孩参加也是宣传传统的一种方式"①。

从游炮选择有福之人、潜移默化地把传统信仰传递下去、往年轻人头脑里灌输"尊老"的观念、筹办花炮过程中老人发挥重要作用等方面我们看到侗乡抢花炮的仪式过程有展示社会观念、建构社会权威、强化社会秩序等社会功能。

2. 彰显民主与公平竞争的道德观念

林溪抢花炮活动的团总,以前是由头炮寨子担当,到放花炮的年头,由头炮寨子召集各寨商议安排抢花炮的有关事宜。现在是由各寨寨老组成花炮筹委会,由民主选举的筹委会主任、副主

---

① 根据2003年11月20日对赵军和访谈整理。

114

任和常务理事召集和安排。2003 年林溪花炮节之后，林溪花炮筹委会在开会总结本届工作、汇报各项收支情况之后，民主选举了下届筹委会常务理事。笔者看到，整个过程既民主又有序，花炮筹委们先是聚在一起自由聊天，交流花炮节的各种见闻、趣事，对一些群众反映的问题进行自由讨论、畅所欲言；然后，本届花炮筹委会主任总结本届工作，筹委会财务负责人汇报收支和节余情况；最后，由本届筹委会主任主持，以不记名投票、现场抽出三人唱票、现场计票的形式选举产生了下一届的筹委会常务理事。

除了民主选举筹委会常务理事、经费收支张榜公布完全透明并接受监督之外，在抢花炮过程中，笔者也处处看到，这项体育活动在培养着村民的民主观念和遵守裁判的习惯：在林溪抢花炮活动现场，筹委会宣布，发生争执，凡有意见的花炮队，派代表到主席台谈判，不准打架；抢花炮之前，五个花炮争抢的炮圈由花炮筹委会理事放在主席台的桌上，每放一个花炮，由点炮老人从主席台拿到炮场中央点炮。一青年到主席台上建议，炮圈拿去放时，从主席台拿到之后就应一直高举示意，让众人监督，不应放在口袋里，到放炮地点才从口袋里拿出来；花炮筹委会在现场设有场内裁判、终点裁判，还有验明炮圈真伪的验炮组，有意见可以提出来，但一切都要服从裁决。

侗乡的抢花炮在体育活动中培养着民众通过正常渠道提出意见、民主协商以及遵守裁决的习惯，把民众的反应导入一种有序的状态。作为游戏规则制度化的活动，体育可以提高一个民族的道德水平。体育运动的竞争具有公平性，它的进行与裁判是最公开的和最直接的。没有规则就没有体育竞赛，活动规则总是与活动本身一起产生、一起发展、一起完善的。侗乡抢花炮的规则正在活动过程中逐步完善，每一届抢花炮，人们都会对规则提出一些意见和建议，每一届都要对规则进行一些修改和补充，这个过程也是一个培养民主与法规观念的过程。参与是一种体验，按照现代教育学理念，体验是最好的学习方法之一。经常参与公平竞争的活动，不仅可以提高人与人之间公平竞争的道德观念，还能培养人们以诚相待的道德感。由此可见，抢花炮仪式活动是侗族村寨传统道德规范和传统价值获得展示的重要载体，具有社会文化整合功能，它维持和传递着侗族传统文化和文化传统，也具有现代民主与法规的启蒙作用。

五　小结与讨论
仪式化——少数民族体育实现功能的扩展

仪式是人们表达信仰、传递社会价值观念的工具。桂北侗乡有仪式活动的传统，人们通过仪式祈福、禳灾和除煞，把各项集体活动都建构成表达其信仰的仪式活动，一些物品也常常被视为仪式性的物品，例如勒转的认苗父、炸弹钟。人们在仪式中分享快乐、互助合作、共渡难关。仪式是社会或者群体保存记忆的一种方式，也是社会中的个人在社会或群体中寻找自我、确证自我的方式，是联系个人和社会、群体的纽带。[①] 集体的共同性愈高，也就有愈多的仪式来重新肯定集体情感。[②] 民间寨老组织几乎把各项集体活动仪式化，并且与信仰文化相结合，使之成为人们的自觉行动，同时把它们建构成公益性活动，使之成为人人都有义务参加的活动。通过这些仪式活动形成集体记忆、凝聚族群、强化权威。这就是抢花炮的本土文化环境，也是抢花炮活动深厚的乡土基础。在此基础上，抢花炮活动也被建构成表达信仰

---

① 参见保罗·康纳顿著，纳日碧力戈译《社会如何记忆》，上海人民出版社2000年版。

② R. Wuthnow 等著，王宜燕、戴育贤译：《文化与社会变迁》，清华大学新媒体研究中心 www. tsinghua. edu. cn，2001 年 10 月 8 日。

和凝聚集体的仪式性活动，花炮把人们联系起来，在欢愉中释放压抑的情绪。该活动由于符合人们的需要而得到最广泛的支持，正是在群众热爱的基础上，民间组织能够克服种种困难，使该活动生生不息，传承至今。

对于什么是"花炮"，目前普遍存在理解上的谬误。即把抢炮者争抢的炮圈（炮头）称做花炮。实际上，在民间抢花炮中，人们通过抢炮圈（炮头）争夺花炮，炮龛是一种象征物，炮龛以及还炮是抢花炮的精髓所在，抢花炮丰富的文化内涵正是依附于此。侗乡人把花炮与自己的信仰相结合，形成了各地祭祀不同神灵的抢花炮。在侗族地区的历史上，抢花炮承载的愿望是风调雨顺、国泰民安，同时也是为了求子、求财、求平安。由于计划生育政策，人们不再期望多子多福，"添丁炮"成了"生男炮"。除了为生男孩接花炮，现在最普遍的要炮心理是求财、求生意顺利和求平安。不同于一般的宗教仪式活动，抢花炮是在以世俗的娱乐、社交、商贸为目的活动中加入本土信仰文化的成分，因而它的影响更加深入和广泛。尽管随着科学知识的普及和人类改造现实能力的增强，鬼神观念逐渐淡化，但生活中总有无法应付的困难，人们需要超自然力量的帮助以获得精神支持。信仰、观念在保持抢花炮活动的影响力方面仍然具有一定的作用。

侗乡抢花炮完整的仪式过程包括还炮、游炮、抢炮、接炮、养炮等程序，各地的抢花炮仪式不完全相同，一些地方的仪式有所简化。抢花炮活动可以说是一种圣福流动活动——抢炮："抢"来福气，"抢"来机会；得炮：获得神恩；祀宴：共食分福；还炮：酬谢神恩；游炮：传递神恩。通过抢炮、接炮、还炮、游炮，把"福气"传递给得炮、接炮的村寨和个人，由有福的人传递给盼望得福的人，一年一度或数年一度，流动不歇。

花炮节在桂北侗乡是一个渗透到村落社会每一个方面、每一个层次的节日。人们通过抢花炮体会一种原始的肉体快乐和美感，并且把它升华到信仰的层面，通过抢花炮表达对生活的美好愿望。在抢花炮的年份，花炮组织者节前半年就向外发通告，此后，民间组织者开始四处集资，联络乡友；村寨里开始准备制作芦笙、训练吹芦笙的青少年，业余文艺队开始排演节目；家庭里，母亲为孩子织染新布，制作新衣，纳鞋绣花。花炮节来临的时候，需要还炮的村寨，老人协会组织乐捐，全寨男女老少都会参加，各寨都要商量抢炮的事情，确定全力拼抢哪一炮，抢炮的青年则商量抢花炮的战略战术。抢花炮的那一天，村落男女老少都穿新衣打扮起来，出来观花炮游行，看抢花炮盛况。花炮节期间，许多多年不往来的亲戚相互走动，夺得花炮以后的百家宴、庆祝家宴、亲戚朋友的祝贺是重申和强化亲情关系、社会关系的重要活动。

仪式化使抢花炮超出体育和娱乐活动层面，功能得到扩展，与抢花炮相连的组织、协调、祭祀活动和抢炮、还炮、送炮仪式是一种社区整合的体现，通过这些活动，也使村落得到整合。在乡土社会，仪式中的象征性往往成为民间秩序的一种结构，民间秩序在仪式中潜移默化地固定下来。仪式具有一定的强制性，因此，仪式有助于参与；仪式的重复有助于习惯的养成；共同的仪式参与有助于集体记忆的形成。人们从心理和行为上更容易接受仪式所代表的文化，在仪式中，一种文化的价值能够自然地被接受和传承。桂北侗乡的抢花炮是当地最热闹的节日。通过节日的习俗，民族文化精神得到普及、延续和发展，民族团结得以促进。抢花炮活动的组织过程，加强了村寨的团结与合作，人们通过这种原始竞技活动，期盼获得神灵护佑，展示村寨的实力，实现跨地域、跨社会集团的交流和联合。

仪式化使体育功能及其影响范围极大地扩展。人类最大的体育盛会——奥运会最突出的特征之一就是有一套独特而完整的仪式，这是它最具特色和魅力的部分。奥林匹克仪式对媒体和大众具有强大的吸引力，仪式化使体育由个人或小群体的活动变成社会化的活动，使锦标主义、爱国主义发挥到了极致，强力地吸引观众、聚集人气。奥运会无与伦比的人气使得奥运会的商业运作成为可能。仪式化与符号化也使全民健身具有广泛的影响力和商业价值，吸引了越来越多的企业投资和赞助全民健身活动。① 桂北侗乡抢花炮的实践也证明，仪式化使少数民族体育实现功能的扩展。

　　① 李志清、张挥：《奥林匹克仪式与上海市全民健身的实践》，载《体育科研》2006 年第 1 期。

第 三 章

族际交往中的抢花炮

一 溯源：广东抢花炮

目前，主流媒体的宣传、体育辞典和许多民族传统体育的教材都认为抢花炮是侗族和壮族的传统体育活动。全国少数民族传统体育运动会官方网站在抢花炮项目介绍中明确定义"抢花炮是壮族、侗族的传统体育项目"；《体育大辞典》[①] 称"抢花炮"是"侗族传统体育活动"；《民族传统体育概论》[②] 称"抢花炮是侗族民间一项独特的传统体育活动，在广西、贵州、湖南等少数民族地区也比较盛行"。由于媒体的宣传，在许多人的观念中，抢花炮是侗族的传统活动，花炮节现在几乎成了侗族的文化符号和文化招牌。然而，本研究在对抢花炮资料进行广泛检索、对其主要流传地区进行历史考察和田野调查之后则发现，抢花炮并非纯粹的少数民族体育活动，在这个项目上反映着汉族和少数民族之间的友好交往与文化融通。

目前，对于桂、黔、湘毗邻侗族聚居区抢花炮活动的渊源有

---

① 陈安槐、陈荫生主编：《体育大辞典》，上海辞书出版社 2000 年版，第827—828 页。

② 曾于久、刘星亮：《民族传统体育概论》，人民体育出版社 2000 年版，第144 页。

120

不同的说法，有的认为是本土起源的，有的认为是旧时商人为了"引人下山、活跃经济"的创意①，但无论是书刊文字还是当地的长老，对于"抢花炮活动与旧时商人有关"这一观点是基本认同的。

（一）侗族地区方志的记载

桂、黔、湘毗邻侗族聚居区是民间抢花炮广为流行的地区，以桂北侗乡的抢花炮历史最长、影响最大。

《通道县志》记载："抢花炮"活动源于广西。初时，商贾为招揽生意而举办一年一度的花炮节。②

《黎平县志》记载：传说源于广东，商民们为了招揽生意，组织开展抢花炮活动。清代县内双江街也开展这一活动，1956年终止。龙额、地坪、肇兴一代的侗、苗等各族人民也每年于农历三月三日，前往广西三江富禄镇参加这项别具风格的传统活动。③

《从江县志》记载：历来每年农历二月二梅林花炮会、三月三富禄花炮会，县境沿河一带乡村青年都自由组队去参与抢花炮。④

《广西通志·体育志》记载："抢花炮流行在侗、壮、仫佬、汉等民族中，以每年三月三在三江侗族自治县富禄镇和古宜镇举行的最为热烈。""抢花炮起源于广东。明嘉靖年间由商人带到黔湘桂毗邻的侗族聚居区。"⑤

---

① 管学廷、梁柱平：《民族传统体育——侗族抢花炮初探》，载《广西体育史料》1984 年第 2 期。

② 《通道县志》，民族出版社 1995 年版，第 803 页。

③ 《黎平县志》，巴蜀书社 1989 年版，第 637 页。

④ 《从江县志》，贵州人民出版社 1999 年版，第 684 页。

⑤ 《广西通志·体育志》，广西人民出版社 1989 年版，第 78 页。

葛亮村的抢花炮是富禄地区历史最长的抢花炮。葛亮花炮的庙是天后宫，此天后娘娘不是本土神，当地人说，天后宫和抢花炮是同时产生的。三江侗族的主要娱乐方式如踩歌堂、吹芦笙、哆耶等在当地的民间传说和历史故事中都有反映，但抢花炮没有本民族的历史传说，林溪花炮节的来历传说却是印证着花炮的外来传入（参见附件3-1）。此外，把本书第二章所述的侗乡抢花炮与下文的广东抢花炮进行比较，可以看到两者有着许多相似之处。

【附件3-1】林溪花炮的传说①

林溪的花炮节不是三月三，是十月二十六。放的炮不是三环，是五环，这是有来历的哩。

林溪最先和外界不通，后来水陆都通了，广东的盐可以从这里到洞庭湖，洞庭湖的米可以从这里到广东。慢慢的，这里就成了交通要道。后来，广东、广西、贵州、湖南、江西的客商都到这里来做生意，最早来开铺子的是"安昌隆"（铺号），生意非常兴隆。但是后来就闹纠纷了，三江人砸了安昌隆的铺子，"流官"也出面干涉，民族之间也打架。

后来，各寨长老，各族头人、客商代表就开会，决定成立"五省会馆"，五省团结，苗瑶侗汉壮五族共和，会堂就设在现在乡政府后面的山坡上，是在十月二十六日正式成立的，好漂亮哩。

从那以后，林溪就安定繁荣了。为了继承传统，五省馆的长老头人决定，以抢花炮的形式纪念十月二十六日，每次放花炮五枚，代表五省五族。推选五位长者做炮手，五枚炮同时点放，团

---

① 转引自张泽忠主编《努志潭——三江村寨传说》，广西民族出版社2002年版。原载《三江侗族自治县民间故事资料集》，讲述者：吴永繁；搜集者：王强。

结一致，共同上膏，后来改为按顺序放。每寨26人组成一个抢炮队，谁先抢得就是头炮，其余按次序排列，放炮仪式上，头人还要讲款，还有抢炮条规：长者花炮怀中斜，六十寿者穿袍褂，姑娘头上插银花，青年白裤捆长帕，火炮肩上扛，鸣炮放火花，两广耍狮，江西舞龙，贵州吹芦笙，湖南抬红（猪），用这个来表示六畜兴旺、人寿年丰。

（二）广东、香港抢花炮的记载

受"源于广东，由商人引入"观点的引导，笔者检索广东、香港的民俗资料，发现广东、香港许多地方古今流行抢花炮活动，而且这些"天后诞"、"北帝诞"、"洪圣诞"、"侯王诞"、"关帝诞"、"生菜会"抢花炮活动与笔者实地调查所认识的抢花炮和《广西通志·体育志》所记载的侗族抢花炮有着惊人的相似。

1. 香港的抢花炮

《香江速递》① 描绘了香港大庙的天后诞抢花炮活动，称"花炮"是广东传统活动，抢到花炮，是吉祥兴旺的象征。过去，每逢大庙天后诞抢花炮的日子，香港各武馆会派出高手应战，争夺花炮。最尊贵的花炮是"头炮"，但不管抢回来的花炮是否头炮，总要有一餐慰劳众兄弟。为了做好事前的部署，每镇每乡的武馆各自虑立花炮会，选出办事的人才处理大小事宜。该书还记载了水头村正月十五庆祝洪圣诞时的抢花炮。

东涌乡是香港大屿山北岸一个历史悠久的村落，该地侯王诞亦有抢花炮活动："筹备侯王诞的时候各村都要组织花炮会。早期的花炮由火药制成，类似炮，可以向高处发射。抢花炮是神诞

---

① 涛淘：《香江速递——寻找香江旧故事》，普及文化丛书（香港），1999年版。

的主要活动之一，抢得花炮的各村代表可以按花炮的编号迎接一尊小型的侯王像回村供奉一年，到下一年的诞期就把神像送回，称为还炮，各村又再抢炮，重新分配神像。基于安全理由，政府立令禁止发射火炮，村民遂改用竞投的形式。"①

香港新界上水金钱村一年之中最热闹隆重的日子是农历正月的福德大王神诞（土地诞）。福德神诞每年均有抢炮活动，抢炮地点设在金钱村的松园空地上。村中父老主持燃点为数共九个的炮头后，村民及附近亲友互相争夺。村民说，自从政府立令禁止抢花炮活动后，金钱村是少数被默许保留此传统的村落。② 炮声一响，村民就会抢夺射出的炮蕊，首先抢得花蕊举手者便成为该年花炮的拥有者，并可得到相当可观的炮金利是和其他礼品，但炮金和礼品第二年是要加倍送还的。人们认为抢得花炮就能获得花炮带来的吉利。金钱村是一单姓村落，除少数租住者外，村内大部分均为侯姓居民。侯氏是最先入住新界并立围村的姓氏，由番禺迁过来，已有近 300 年历史。③ 从各种民俗资料和香港这些地区与广东的渊源来看，香港的抢花炮是源自广东。

2. 广东的抢花炮

有史料记载，广东一些地方的抢花炮早在明朝时期便已成为传统。据《佛山忠义乡志》载："灵应祠身会诞，乡人赴祠肃拜，各坊结彩、演剧，曰重三会。鼓吹数十部，喧腾十余里。"每年三月初三为北帝诞，从明朝景泰三年（1452）起，每逢此日，佛山祖庙门前摆花山、放大爆竹，"举镇数十万人竞为醒会"，演戏酬神，抢花炮等，十分热闹。

---

① 林万仪：《东涌侯王诞》，香港城市大学中国文化中心资料，2002 年。
② 香港政府于 1966 年禁止公众收藏有火药，亦因此间接取缔了抢花炮活动。
③ 谭思敏：《一九九八年香港上水金钱村福德大王宝诞考察报告》，载《华南研究资料中心通讯》1998 年第 12 期。

抢花炮是1949年前西江流域民间喜爱的竞技活动，多半结合各种庙会一并举行，佛冈水头镇、石角、新会区司市镇、佛山沙头村等都有土地诞、"洪圣诞"等抢花炮；广州郊区花县狮岭地区欢庆盘古王诞的活动有抢花炮；珠海前山镇南沙湾"牛仔王诞"诞会期间有抢花炮活动；此外，东莞一些地方旧时正月十五也有在祠堂门口"抢炮头"的活动，抢到炮头预示吉祥如意。这些习俗许多在1949年以后废止了。①

西江是桂北侗乡水运交通的下游河流。《广府民俗》记载，西江流域各地的花炮会，正月初八开始，结合各地神诞祭祖、宗庙祈福时进行抢花炮，时间不一，有正月初八白衣观音诞、正月十五元宵节、二月初二土地诞、三月初三北帝诞等。花炮燃放各地不一，有放三响的，有放六响的，每响均有名堂，如财丁炮、福禄炮。炮会由各村（或祠堂）捐资组合，春节过后，便挑选身强力壮、有一定武功的青年男子为炮手，加以训练，届时参加抢炮活动。放花炮那天，人们穿红戴绿，青年人抬着炮屏（炮龛）、烟花、礼品巡游，伴随着舞狮舞龙吹打行进，将花炮送到庙堂。主事者把炮圈用红布缠好，套在炮架的铁钒上。先是万响鞭炮齐鸣，然后点燃大炮铣把炮圈打至几十米的高空，抢炮由此开始。夺得炮圈者须力排群雄，以最快的速度跑到神庙前参拜方为取胜。胜者抬着奖品游行，高高兴兴地回到本村。抢回的炮圈供奉在祠堂或本村最漂亮的房子里，每逢农历初一、十五上香拜祖，求子求财，寄托各种心愿。没抢到炮圈的民众，也在地上拾点炮纸（红纸碎），带回家去撒在牛栏、猪圈或鸡舍中，祈求六畜兴旺，五谷丰登。第二年，上年抢得炮圈的村寨，由德高望重的长者主祭"谢炮"仪式，四名强壮的青年男子抬着新炮，敲锣打鼓，舞狮舞龙，送到庙堂主事者手中，供当年炮会使用。如

---

① 资料来源：广东文化网《广府民俗》（http：//www.gdwh.com.cn）。

此循环往复，习以为俗，直至20世纪50年代初期方才废弃。

关帝（即关羽，民间称为关公、关帝）是广东民间普遍信仰的一位大神，在桂北侗乡的程阳与林溪也是人们信奉和抢花炮祭祀的神。番禺一带的一些关帝庙在关帝诞会期间民间有抢花炮活动。[1] 番禺是桂北侗乡、黔东南联通广东的黄金水道都柳江抵粤的端口，在以水运为主的时期，番禺与桂北和黔东南有密切的商贸往来。综合各方面的信息，可以认为，桂北侗乡的抢花炮源于广东，由商人传入。

二 落户侗乡：成为族际共享的体育娱乐

（一）在商业繁荣中诞生

都柳江流域是侗族抢花炮流行的主要区域。都柳江属于珠江水系，从贵州发源，流经黔东南，在广西地界与三江县城古宜下流的浔江河水汇合于老堡口，流入融安、柳州，再到梧州入西江流入广东。由于云贵高原山势险峻，羊肠小道崎岖不平，三江境内及黔东南一带大部分民众生活所需物质靠这条黄金水道运输完成，此地域盛产的木材、大米、药材及土特产等大宗物资也是经它运往融安、柳州及沿海地区。清朝乾隆年间，许多福建汀州永定、广东梅县的客家人已云集这条黄金水道上的葛亮村经商、定居，这就使桂北侗乡的抢花炮与广东抢花炮有了地缘的联系和文化上的联系。

我们在调查中了解到，桂北侗乡几个历史最长、最有影响的花炮节都是在繁荣的商埠，与五省商人尤其是广东商人的活动有关。当地最有名的花炮节是富禄、古宜、林溪、梅林花炮节。从地理上看，上述几个花炮节举办地处于县境大河运输和小河运输

---

① 资料来源：广东文化网《广府民俗》（http：//www.gdwh.com.cn）。

的重要口岸，古时是当地商业繁盛之处。

1. 富禄抢花炮

溶江岸边的富禄，曾经是著名的木材集散地，每年杉木交易甚大，也是旧时枑土商往来之道。因溶江连通黔东南，在以水运为主的时代，富禄又是粤货进入黎平、榕江、从江诸县的重要通道，许多货物均在此集散，曾经是溶江河最富的商业码头和溶江流域第一大镇。当时在富禄经商的多为客家人。

2004年5月中旬，笔者到富禄参加了葛亮的三月二十三花炮节，考察了富禄、葛亮的地形和文物古迹，与富禄民国时期至今的四代花炮会首（参见图3－1、3－2）进行了多次座谈和单独访谈，还对乡政府有关人员，苗族、侗族村寨的村干，前来赶会期的外地生意人以及从融水前来赶会期的苗女进行了访谈。

图3－1　富禄三老在访谈中

如今，很多外人只知道富禄三月三抢花炮，实际上，富禄这块弹丸之地保存下来的有农历二月二、三月三、三月二十三这三

图 3-2 手拿内蒙古表演奖的王仁生老人

个花炮节，三个花炮节中当地人公认葛亮村的三月二十三抢花炮是最早的。葛亮村的花炮有三个，分别供奉天后宫、关帝庙和孔明庙。村里最高大的建筑是建于清朝嘉庆年间的天后宫，虽然已经破败不堪，但从尚存的庙宇仍可以看出当年的气派（参见图3-3）。

广东、福建等地到富禄的商人最初落脚在葛亮村。该村依山面河，是当时的交通要道，因而成为湘、黔、桂交界地区木材和土特产品的集散地，明朝嘉靖年间，闽、粤、桂、黔、湘的商人就来此做生意。当时，葛亮村以木材生意为主。木排一路顺流放到梧州再抵广东。广东的盐巴则逆流而上运抵富禄葛亮村，再中转运往贵州。在交通不发达的时代，商业运输耗费时日、风险很大。在此条件下做生意的商民自然想到祈福保佑。此外，移民到少数民族聚居区的这些客籍商人，情感上也需要有所依托和联络。随着闽粤商人的不断增多和其商贸活动的兴盛繁荣、经济能

128

图 3-3　天后宫内的戏台，下方是天后宫大门

力的增强，在清代海洋移民社会普遍出现会馆①的历史背景下，
嘉庆年间，闽粤商人从广东请来工匠，在葛亮村集资建造了相当
宏伟的闽粤会馆，此闽粤会馆即为天后宫，祀奉天后娘娘（在
当时，移民会馆中大部分都附设神庙，或有些会馆就设在神庙
中②）。之后又建造了关帝庙和孔明庙，于每年农历三月二十三
举行抢花炮。三月二十三是传说的妈祖生日，各地妈祖庙在这个
日子都有天后诞祭祀活动。如前所述，广东许多地方在天后诞举
行抢花炮活动，因此，笔者认为，葛亮三月二十三的抢花炮与广
东的抢花炮有着历史渊源，三月二十三抢花炮应该是广东天后诞
习俗的移植。

　　随着商业的发展，"乡脚"较小的葛亮村逐渐显示出发展
的局限，一些商家后续迁至对岸的仁让街（今富禄镇的前身）

---

　　①　王荣国：《民清时代的海神信仰与经济社会》，厦门大学博士学位论文，
2001 年，第 156 页。

　　②　同上文，第 157 页。

发展。仁让街花炮的庙是三王庙，也是五省会馆，所祭祀的三王爷是夜郎国三太子。富禄第二代花炮会首、74岁的王仁生老人（参见图3-2）说，商人们从五湖四海来到这里做生意，到这里定居，需要地方神灵的保佑，于是决定建个三王庙。据老人们回忆，富禄三王庙不独祀奉三王爷，还并祀着"北方真武玄天大帝"。农历三月三是广东人信奉的真武大帝（即北帝玄武）的诞日，二月二则是土地诞，前述广东不少地方北帝诞和土地诞有抢花炮活动，由此笔者认为，正是两个诞日使得仁让街和八佰街两个新的抢花炮师出有名，又正好符合商家现实的利益，在葛亮抢花炮（农历三月二十三）之前举行抢花炮获得人气和商业先机，因而被其选择。从广东抢花炮的历史、当时闽粤与富禄之间的单向移民分析，富禄的抢花炮应该源自广东。抢花炮活动在富禄的发起，是民间信仰需要和商业活动需要双重因素作用的结果。

2. 梅林抢花炮

位于富禄上游的梅林有农历二月二传统抢花炮活动。与葛亮、富禄不同，梅林没有大批闽粤商人形成的移民社区，抢花炮活动是由当地人发起和组织的。那里有两个传统的花炮会，一个是寨上人成立的三民会，一个是街上人成立的街道会；三民会花炮的庙是迴龙祠，街道会花炮的庙过去叫福德祠，现在叫花炮亭。两庙祭祀的都是土地神。过去，每逢农历二月二，两会都放花炮，因为三民会的历史早于街道会，所以先是三民会放，然后轮到街道会放。三民会88岁的会首松江公说：梅林的花炮是从道光十几年开始放的。

梅林距葛亮仅30里水程，清代康熙、乾隆年代葛亮繁荣的时候，就有梅林人到葛亮扎排、放排谋生，今天葛亮的一些村民就是那些排工的后代。另外，《从江县志》记载："历来每年农历二月二梅林花炮会、三月三富禄花炮会，县境沿河一带乡村青

图 3 - 4　接受访谈的松江公

年都自由组队去参与抢花炮。"① 地处从江和富禄之间的梅林，
每年也都有人前往富禄观看抢花炮和购买土特产。可以设想，梅
林的抢花炮与广东抢花炮有间接的渊源。

3. 古宜抢花炮

古宜位于浔江西岸，向为县内精华之地，商业繁盛为全县之
冠。民国二十一年（1932）迁县治于此。此地为一重要的交通
枢纽，下通长安、柳州、梧州，直达广东，上连县境林溪和八江
两条重要的小河运输线。由于特殊的地理位置，古宜受到商人的
青睐，清康熙、乾隆年间已有大批商人云集此地。大商为广东
人、次商为湖南和江西人。② 建县治前就已建有粤东、江西、湖
南、通道等同乡会馆。

1958 年以前，行驶在浔江、溶江、融江三条江上的大小船
只都是靠人撑（竹篙）、人拉（拉缆）行驶的。由于滩多、水

①　参见《从江县志》，贵州人民出版社 1999 年版，第 684 页。
②　《三江县志》（民国 35 年），三江县志办公室 2002 年翻印，第 262 页。

急，逆水行船十分艰辛。滩少的一天行船 20 多公里，滩多的一天只能行船十几公里。《三江县交通志》中记述了船帮运输的艰辛。① 除了运输道上的艰难想要神灵保佑之外，身处古宜的外来商人还面临与当地人友好相处、获得安全保障的问题。该地有反抗压迫和欺辱的传统，《柳州府志》记载，明隆庆五年（1571），各族人民联合起义杀死滥征民财民力的知县马希武。在此地经商发财的商人不能不考虑加强与当地人的友好关系。

民国 35 年《三江县志》、1992 年版《三江侗族自治县志》和三江县民族事务委员会编的《三江侗族自治县民族志》都记载着"二圣侯王"是三江"六甲人"所信奉的地方神，"六甲人"的家中神龛普遍写有"江口得道二圣侯王之神位"。农历三月三，古宜一带沿河上下几十个村寨的"六甲人"杀猪宰羊并放花炮隆重祭祀。古宜一带最早开展抢花炮的应是"六甲人"。"六甲人"为祖籍福建的汉人，宋大观元年（1107）金兀术侵扰时由福建汀州府逃难到广东嘉应州（梅县），然后到达柳州，再由柳州到融水，由融水至怀远，先住老堡，又逐步沿河上至古宜一带。另一传说是黄巢起义爆发以后，12 大姓由福建汀州上杭县逃难到嘉应州，定居一个时期；再经柳州至融水，又居留一段时间，后来才沿河上到古宜。② 从他们的迁徙路线和他们的抢花炮与广东抢花炮内容与结构的相似可以设想，他们的抢花炮有着广东的渊源。后来，古宜的商人利用这一民俗满足其精神和物质需要，为地方创造娱乐机会、融洽与当地人的关系而出资建造庙宇、开展范围更大的抢花炮活动也是合乎逻辑的。

---

① 《三江县交通志》（待出版，手稿）。
② 三江县民族事务委员会编：《三江侗族自治县民族志》，广西人民出版社1989 年版，第 85 页。

4. 林溪和程阳抢花炮

林溪地处湘桂交界，北接湖南通道侗族自治县，自古以来为湘桂古商道上商贾云集之地。1933 年版《广西各县概况》记载，林溪为与湖南通商枢纽，每年由湖南运入白米 30 万斤，运出白盐 600 万斤。[①] 传统的四村街（林溪街和周边的村寨）花炮会组织的抢花炮活动有着悠久的历史，自清道光年间以来，已举办 61 届，跨越 183 年。农历十月二十六是传统抢花炮的日子，据说抢得花炮，会给自己和村寨带来好运，来年福禄寿喜，人丁兴旺，万事吉昌。因此，人人奋力拼抢，挤得浑身疼痛、跳到冰冷的河水里也在所不辞。

对于花炮的来源，担任三届花炮筹委会常委的 W 说："花炮节是从哪里来的，我们已经搞不清楚了，反正是从清朝末年就开始了，已有 200 多年的历史了。"一位 80 多岁的老人说，我们这里以前有个五省馆（广东、广西、湖南、江西、贵州），还有个潇湘会。由他们买来红猪等作为奖品发起抢花炮，第二年，红猪、花炮由得炮的村寨自己筹办。[②]《努志潭——三江村寨传说》记述，林溪的抢花炮是在五省商人与当地人闹纠纷后，各寨长老、各族头人、客商代表开会共议五省团结、苗瑶侗汉壮五族共和，决定成立"五省会馆"，以抢花炮的形式纪念这一联合。[③] 林溪花炮的庙是飞山庙（庙在"破四旧"的时候已废），祭祀飞山公。据说飞山公对境内各民族的团结立有功劳，选择飞山公诞日放花炮符合五省商人和地方寨老寻求民

① 《广西各县概况》第 4 册，1933 年版，第 24 页。转引自《三江县交通志》（手稿）。

② 根据 2004 年 2 月 9 日晚对皇朝寨吴杭恩老人的访谈整理。地点：老人家中（录音编号：040209L06）。

③ 张泽忠主编：《努志潭——三江村寨传说》，广西民族出版社 2002 年版，第 145 页。

族团结和神灵护佑的本意。

在与林溪同处一乡的程阳八寨，谈到程阳抢花炮的由来，担任花炮会计多年的老人说是从道光年间开始。① 程阳地少人多，那时候林溪河的商贸运输已较为繁荣，程阳有不少人靠撑船放排为生。一位老人在访谈中说："清朝时期，一个程阳人撑船到柳州，碰巧人家抢花炮，就参加进去，抢得一个花炮拿回程阳八寨，第二年，还了一个自己新做的花炮回去，原先抢得的花炮就留在程阳八寨。老人觉得这种活动热闹，就加了四个，增加热闹的场面，八寨自己搞起抢花炮，慢慢地成为一种习俗延续下来。"②

5. 广西其他地方的抢花炮

除了桂北侗乡，广西还有一些地方有抢花炮习俗。光绪年间编纂的《贵县志》在《节会》里面有"抢炮头"（即抢花炮）的记载。研究壮族社会文化史的日本学者塚田诚之说，根据早先的记载，从广东过来的汉族居民19世纪末就在广西的东部贵县举行过祭拜土地神的抢花炮活动。在广西一些壮族地区也流行这样的抢花炮。塚田诚之记录了2003年他在中越边境新兴街参加的一次二月二抢花炮活动。在调查中，举办这些活动的人们说他们本是汉族，他们的祖先是从广东过来的，这个活动是源自汉族的，供奉的观音菩萨和关帝等神灵也是汉族的，祭拜的日期、目的以及方法也都是从汉族那里传过来的。③ 一则《靖西县二月二花炮节史话》说抢花炮源于当地的粤籍商人为女儿"抢花炮定

---

① 2004年9月19日，马安寨老陈基光陪同笔者访问平寨吴景民（花炮会计）（录音编号：040919CY03）。

② 根据笔者对程阳一位80岁老人的访谈资料整理。访谈时间：2004年2月28日（录音编号：040228CY02）。

③ 塚田诚之：《チワン（壮）族の春を告げる祭り — 抢花炮（シン．バウアー）》，国立民族学博物馆（大阪）。

亲"，也印证着新兴街抢花炮来源于广东的说法。① 在靖西县还有4—5个地方举行这样的民俗活动。现在，这里的抢花炮活动已经被确定为广西壮族的民族传统活动，每次花炮节，媒体都会隆重报道。《广西通志·民俗志》记载，清代、民国间，抢花炮盛行于灵山、桂林、贵县、南宁、邕宁、马山、大新、田阳、百色、来宾、象州、柳江、柳州、罗城、三江、融水等10多个县和地区。其抢花炮以娱神为主要内容，多在神诞的日子举行，活动地点也多在庙前。② 这些抢花炮的举办地都非侗族聚居区而是当地的商业中心，活动大多与商人有关。

（二）具备族际交往的先天优势

上述资料和分析表明，抢花炮源自广东民俗的说法是比较可信的。这种从广东传入少数民族地区的民俗体育活动，在桂北侗乡成为各民族乡民共同喜爱的传统民俗体育活动传承了近200年，加强了也见证了汉族和少数民族之间的友好交往和友好合作。

1. 族际友好交往的先天因素

抢花炮在桂北侗族地区成为族际友好交往和族际共享的文化现象有着自然和社会历史的原因。首先，传入者——进入侗乡谋生和发展的旧时商人，鉴于彼时彼地的客观条件，主观上就是为了加强与当地乡民的友好交往，同时也为了自己的信仰需要和活跃商业的需要而发起并组织这项活动。

从地理上看，桂北侗乡地处桂、黔、湘三省交界地区，交通闭塞，山高皇帝远，为少数民族聚居区。历史上，当地的少数民族与汉族及官府是有矛盾的。据《柳州府志》载，明隆庆五年（1571），任怀远知县的马希武滥征民财民力，在今老堡构筑城

---

① 《右江日报》2004年7月30日。
② 《广西通志·民俗志》，广西人民出版社1992年版，第338—339页。

堡,"督率过严,瑶人毙杖下,不堪命",激起了各族人民的愤慨,遂举行联合起义,次年(1572)农历八月初三,浔、榕两岸各族群众以大量竹排、木排顺江放流,造成浮桥,义军千余人戈矛林立,号角震天,浩浩荡荡,涉江攻城,杀死知县马希武及其随从官员五人。马希武的头颅被抛入江中,随波漂到一荒洲上,该荒洲后来被称为马头洲。万历四年(1576),明统治者正议在板江筑城,各族人民再次联合反抗,杀把总李材于坡头,摧毁板江堡。至万历十七年(1589),迁县治于县南端的丹洲后(此处融江航道南北贯通,发生事变易于退逃),知县苏朝阳才与地方人士筹划于丹洲筑城。由于"惧覆前车",此后三四百年,封建王朝一直不敢深入三江腹地建县设衙。① 就是日本侵略中国时期,日本军队也是止步于丹洲,不敢进一步深入。该地有反抗压迫和欺辱的传统,民族凝聚力强,县官都相当忌惮,在此地经商发财的商人不可能通过官商勾结、依靠官府有效地给他们保驾护航,因此不能不考虑加强与当地人的关系,保证其在侗乡的生存与发展。二圣侯王是古宜地区九角八寨的民众十分信奉的地方神,所以,敬奉二圣侯王、举行庙会能够获得九角八寨寨老的支持与合作。花炮会老会首说:"这个节日是代表老百姓愿望的节日。解放前花炮节的主任、头子啊,都是有钱有势的,这个组织能呼风唤雨的,一直管到寨子里头,寨子里面参加花炮会的人一般都是能讲得起话的人。"②

另外,由于某些奸商在贸易上欺负少数民族,也形成了当地少数民族与汉人的矛盾,移居该地的商人从安全和商业的角度考虑也需要一种加强民族友好交往的活动。富禄镇的老人说,富禄

---

① 此部分内容参考:民国35年《三江县志》、《三江侗族自治县志·大事记》(中央民族大学出版社1992年版)、《三江侗族自治县民族志》(广西人民出版社1989年版);《努志潭——三江村寨传说》(张泽中主编,广西民族出版社2002年版)。

② 根据本研究访谈资料整理(录音编号:040918GY01)。

周围大山里的苗人与外界少有接触，因而文化素质低（这里指的是一般的科学文化素质。当然，苗人有苗人的文化，但在族际交往的时候，他们的文化不能使他们占优），在与商人进行交易的时候，常被一些奸商吃空子（占便宜）。老人给笔者讲述了一些奸商欺负少数民族的事例（参见附件3-2）。开展庙会活动可以缓和民族矛盾，可以加强与少数民族的友好交往，可以增加商机，也可以满足商民的信仰需求，抢花炮由此应运而生，从广东移植过来。前文所述林溪花炮由来的传说也表明那里抢花炮的缘起有着民族团结的本意。

【附件3-2】旧时商人吃苗民空子的故事[①]

因为苗人文化素质低，不认得秤，我们的人就吃他们的空子，2斤的东西讲1斤。那些人老实，吃亏也就算了。以前当地有一个收购茶油的奸商，一个贵州仔挑茶油来卖，茶油过秤时他另外换一个秤砣来称这个茶油。一担起码40斤的茶油，他用一个小秤坨来称，说："你看啊，20斤"，接着就不管别人同不同意，把40斤的油全部倒进他的油缸里。那个农民含着眼泪讲："没有啊，怎么才20斤油？我挑来的担子蛮重的呀，在家里我爸用那个老秤来称也有40斤的呀。"那奸商就这样子欺负少数民族的。还有强买强卖的情况。农民拿来的东西呢，别人本来要3毛钱1斤的，只给别人1毛5，人家说："那我不卖给你了，你给的价钱太低，我拿去外头卖。"他软硬兼施不给别人拿回去，结果总是老实的农民妥协："怕你啦，算了。"改革开放木材生意红火那时候，一些文化素质比较低的苗族、侗族，对这个木头的尾径啊、头径啊、排径啊，根本不懂得算，由你讲几多就是几

① 根据本研究访谈资料整理。访谈对象一：男，62岁，汉族，粤商后裔；访谈对象二：男，35岁，汉族，乡干部（录音编号：040512F01）。

多，又老老实实，忍气吞声的。商人也有讲道德良心的，大多数是讲道德良心的，但奸商总有。就像八国联军那时候欺负中国一样的，汉人到这个地方来，一些人也有采取巧取豪夺手段那种味道。所以，苗族也是没办法，在忍无可忍的情况下进行暴动，要把汉人赶走，被说成是"发苗疯"。

其次，当地的乡民有着物资交换的需求。每当农历三月三，富禄的河沙坝就成了露天的物资交流场地。沙滩上摆满了来自桂、黔两省四县邻近各乡村农民自产自销的各种农副产品、农作物种子，各种农具、家具、苗绣、苗锦、手工艺品。商人也在此摆满了轻工业产品，包括衣、布、鞋帽、渔具等。富禄全镇户户经商，三月三来临的时候，这里的居民就像面临一场战争，家家忙碌着做准备。三月三那些天，男女老少齐上阵，笔者房东7岁的女儿也帮着家里卖东西，80多岁的老头、老太也都出来卖东西。以前富禄繁荣的时候，一个花炮节的销售收入往往可以吃半年，花炮节成为促进民族交往和民族友好的机会。两边大山上的苗民和两省四县沿河一带的各族乡民，每当三月三都要来购物、卖东西、看热闹、结交朋友，已经形成根深蒂固的习惯，就是"大跃进"期间抓革命促生产，在路口设卡试图阻止人们下到富禄来也是徒劳。许多老人给笔者描述了当时的情形（参见附件3-3）。当地人过"三月三"这种无法阻挡的惯性，充分说明当地各族群众对这一活动有着强烈的需求，这一活动是深入人心的。

【附件3-3】富禄山里人参加三月三的惯性[①]

每年的三月三，不管放不放花炮，总有人来，来物资交流，满河沙坝的，从来没停过。卖犁耙呀、扁担呀、蓑衣什么的。"大

---

① 根据本研究访谈资料整理（录音编号：040513F7b）。

跃进"时期,每个人都要劳动生产,要鼓足干劲、力争上游,多快好省地建设社会主义。人民公社的人这样和我们算账:"今天来几万人,如果去搞生产将产生多少成果?你们搞这个,浪费几多的劳动力?"就这样不给搞。1962年还派民兵在公路拦住来参加三月三的人,不准到街上,若要到街上,每人去挑三担大粪或者挖两分田才给过去。开始,一些老实的人真的去挖一会儿再进来,到后来人多了,群众就说:"你们要我们挖,那你们自己也要挖!你们不挖,我们也不挖!"你要人挖田,你有几个锄头给人挖?而且,那么多的人,你看得过来吗?这样,阻挡不住的群众就涌到街上来了。从1964年到"文化大革命"一直花炮停放,但花炮节所形成的三月三群众自发的物质交流活动则一直没有停止过。

2. 与本土文化天然的亲和力

抢花炮传入侗乡后,由于能够与侗人的信仰相结合,又能够弥补侗乡缺乏庙会活动,没有大型的娱神娱人活动的空缺,因而被侗乡人接纳和传承。

首先,花炮被视为吉祥之物,谁得花炮谁就获得了该年的如意吉祥。花炮有一套意义体系,如佛冈水头村的花炮分别为丁、财、贵、福、禄、寿;西江流域花炮会有"财了炮"、"福禄炮";富禄的三尊花炮为"发财炮"、"如意炮"、"添丁炮",得炮的人家每逢农历初一、十五上香祭拜,求子求财,寄托各种心愿。当地流传着许多得到花炮的人家生了男孩、生意做得顺手、赚了钱等灵验故事。"有点儿什么吉利的事情人们就把它和那个花炮连在一起,就是讲这个花炮很灵啊,然后就一传十,十传百,人们对花炮的这种迷信色彩就更加浓了"①。虽说富禄抢花

---

① 根据本研究访谈资料整理(录音编号:040512F3b)。

炮是由商会发起、组织的，但那里的"各族人民已把三月三花炮节看成自己的节日，把花炮看成吉祥物，因此，抢要富禄三月三花炮的人多，组织的抢炮队也多"①。侗族的祖先神是"萨岁"，具有至高无上的地位，除了萨岁外，在侗族的祖先神中还有"四萨花林"，即花林四祖婆，她专为人间送"男花"、"女花"。"花"象征人种，为主管生育之女神，②花炮的名称和吉祥寓意与此对应，因而很容易被人接纳，"深入民心，世代相传"。

其次，进入侗乡定居的商人的信仰和侗乡少数民族的信仰都属于多神信仰，相互不具排他性。多一个神灵多一分平安是当地各族民众普遍的想法，多一个神灵似乎多加了一份保险，更有可能获得财福及平安。这是当初闽粤商人引入妈祖信仰开展抢花炮活动能够很快为当地民众所接纳的思想基础。

花炮都有祭祀的庙和祭祀的神，但没有统一的神和庙，根据各地的信仰祭祀不同的神灵。因而，笔者认为，花炮是某种意义上的信仰载体。例如，花炮在不同地区代表对妈祖、关帝、飞山公等的信仰，获得花炮的人是被这些神所特别惠顾的人。由于花炮的这种信仰载体的身份及人们加在它身上的美好愿望和诉求，再由于花炮与拥有者的这种特殊关系，它比所祀奉的神灵更可亲近，不仅是某种形式的信仰载体，而且成为情感的附着物，这使得花炮深入人心，为不同族群、不同信仰的人所接纳，满足不同群体的需要，抢花炮活动因而能够广泛地移植，影响所及都得以落地生根，世代传承。这与西方宗教在侗族地区不成功的传播形成鲜明的对照。1911年就有外国传教士进入侗族地区设立教堂，进行传教活动。这些传教士"有的以医病送药等小恩小惠笼络

---

① 马贤：《民族传统节日》，《富禄乡志》材料（《富禄乡志》尚处于收集整理资料阶段，未编写完成）。

② 冼光位主编：《侗族通览》，广西人民出版社1995年版，第79页。

群众"，有的"点汽灯、拉手风琴吸引好奇的观众前去听其宣讲教义"，但结果是信教者仍寥寥无几。据富禄老人回忆，1923年，美国牧师丁惠民（该牧师的中国名）携妻到富禄传教，在富禄镇中心最高处建有"福音堂"，在大码头另设宣讲堂一处，每周日做礼拜。以图片、糖果等吸引小朋友和中年人去听他们宣讲基督教教义。圣诞节、复活节都举办大型活动隆重庆祝。每周听众很多，但行洗礼入教者仅三户另加两人而已。①

再次，侗乡原来没有庙会，引入抢花炮之后才有了这种类似庙会的活动。② 它既使侗乡人有了争取神灵护佑的机会、酬谢神恩的机会，也使他们有了娱乐狂欢的机会。较之娱神，娱人的作用是更主要的。长年在闭塞的大山里过着艰苦的生活，侗乡人有着强烈的娱乐的需求，也有着强烈的与外界交流、沟通的愿望。外面世界商品经济的发展，又使侗乡民间精英们看到乡村也有进行商业贸易和文化交流的必要，迫切要求打破民族界限和自给自足的小社区的限制，扩大联系和加强合作。梅林的老炮首对笔者说："我们以前没什么娱乐，就是吹点芦笙、哆耶，没什么吸引外界的东西。于是搞一个抢花炮，吸引外面的人来。"起初笔者并不十分理解山民会和街道会老炮首都一再强调的"没有什么娱乐"的含义，因为笔者在调查中已了解到当地的侗族有丰富多彩的传统文娱活动，应该不是"没有什么娱乐"的，联系到广泛"吸引外面的人来"就明白了。抢花炮是最能聚集人气的活动，能够把四乡八寨的人都吸引过来，爱鸟的人可以观鸟、斗鸟，中老年人可以走亲戚，青年男女谈情说爱，小孩子看热闹、

---

① 资料来源：《富禄乡志》材料（手稿）。

② 之所以说"类似庙会的活动"，是因为侗乡抢花炮虽然有庙，但这些庙都是乡野小庙，没有庙堂人员，在多数地区的抢花炮活动中，庙并不是主角，准确地说它们只是花炮的背景，整个仪式是围绕花炮而进行的。

放枪、放鞭炮，大家各取所需，都能获得满足。①

抢花炮没有烦琐的规则，不需要经过事先学习才能操作的技术，而且不限人数，100人可以抢，300人、400人也可以一起抢，这使得它在乡间能够得到人们最大限度的参与，青壮年招之即来，来之能战，往往形成数百人一起抢炮的壮观场面。此外，抢花炮可以成为增强村寨凝聚力的活动。侗族村落中的所有文化活动几乎都是群体性的活动，侗族传统的民间组织寨老组织（现在是老人协会）对于这种能够加强村落联系、增强村寨凝聚力，又能强化他们自身权威的活动有着特别的感情，引入之后便作为一种传统和寨老组织的义务传承下去。

（三）文化交流：广东、香港已丢失的文化基因在侗乡展现活力

在自然变迁过程中，曾经有许多物种灭绝，保持生物的多样性已经被公认是人类持续生存的必要条件，各国政府都在鼓励人们抢救和保护那些濒临灭绝的生物。在人类历史发展过程中，也有许多文化基因丢失了、文化灭绝了。文化政策、新的社会观念兴起、自然生态环境的变化都会导致文化的灭绝。

文化多样性是人类文明进步的动力已开始成为人们的共识。联合国教科文组织的《世界文化多样性宣言》指出，文化多样性是人类的共同资产——文化的多元形式跨越时空，对于人类的重要性有如生物多样性之于自然；文化多样性是发展的要素——文化多样性不只是经济发展的根基，更是人们取得知识、感情以及精神满足感的一种途径；文化多样性是创造力的源泉，文化的创新根源于传统，文化的茂盛来自于与其他文化的接触。文化资产必须加以保存、改进以及传递，以便促进文

---

① 根据本研究访谈资料整理（录音编号：031122L2c）。

化多样性的创新。① 文化的交流有利于文化基因的保存。如同某些物种随着环境的变迁，在原产地消失了、灭绝了，但却在引入地生存和繁衍，其基因因物种的迁徙而在新的家园得以保存，随着社会文化的变迁，一些文化现象在其原生地消失了，在传播地仍然生生不息地传承。

在广东，现在民间已看不到抢花炮这种民族民间体育活动了，② 香港地区的抢花炮如今是抽签式和竞投式的。香港的民俗研究指出，现在金钱村乡村流行的抽炮仪式，其实是由数十年前的抢炮仪式演变而来的。以前的抢炮参与者往往数百人，竞争十分激烈。自 1965 年开始禁止抢炮，而且无法买炮，便改成抽签方式。改为抽炮以后明显不如以往热闹，许多人很怀念以前热闹的抢炮。③

如前所述，广东的抢花炮随着商业移民带进侗乡并在侗乡生根、开花、繁衍，世代相传，至今仍然有着顽强的生命力，每年都有不少广东、香港人到富禄看抢花炮，老人重温旧梦，年轻人满足对原生态的抢花炮的好奇心和欣赏此地浓郁民族风情的审美需求。

侗乡的抢花炮是一种从移民文化衍生的侗民族文化。移民是人类社会的一个普遍现象。调节人口和食物供给之间脆弱的平衡、游牧民与农民之间的冲突以及寻求贸易等促使个人和群体迁移。曹树基先生的研究认为："清代前期是闽西、粤东客家大举

---

① 《世界文化多样性宣言》，联合国教科文组织 2001 年 11 月 2 日第二十次全体会议根据第 IV 委员会任报告通过的决议。http://www.cass.net.cn/chinese（中国社会科学院少数民族文学研究所）。

② 《抢花炮》，http://www.sina.com.cn，2003 年 9 月 7 日《广州日报》大洋网。

③ 谭思敏：《一九九八年香港上水金钱村福德大王宝诞考察报告》，载《华南研究资料中心通讯》1998 年第 12 期。

外迁的重要时期。"① 桂北侗乡的客家人也是在这一时期由闽、粤进入侗乡，这些寻求贸易而移民到侗乡的汉人，在客居地获得发展的同时也把家乡的文化例如抢花炮带到了侗乡，促进了此地的族际文化交流、文化融通和文化的族际共享。

花炮的传入和发展与民族性格有关。首先，侗乡人对传统文化念念不忘，但也宽容而顺应变化。谈到现在游炮是否还烧香敬神的时候，花炮筹委几乎一致地说："因为庙没有了，换了主家了，你开门去烧香别人不喜欢的，所以只能是意思意思，说明我们敬过神了，拜过了。""现在飞山庙也没有办法恢复了，别人起房子去了，一起占完了。""破四旧"的时候抢花炮被迫停止，改革开放政策宽松以后，侗乡人恢复起自己的传统。抢花炮进入民运会后，他们又抓住这一机会进行宣传。其次，侗族是具有文化自信的民族，对外来文化有一种开放的心态，也有着改造和消化的能力，在对外来文明吸收与消化的同时保持自身文化的固有魅力。侗乡人按本民族的文化传统、审美情趣和地方礼俗来构建抢花炮的传统，使抢花炮节庆活动深深地嵌入了当地的民风民俗，他们包容与吸收，将外来的优秀文化基因整合到自己文化的传承体系之中，使本民族的文化逐渐丰富多彩，充满活力（参见本书第二章）。

据考察，三江县已有 12 个花炮节，其中有些是近年才开办的，目前还有一些乡正酝酿举办抢花炮活动，花炮节成为当地最热闹的民间狂欢节。程阳和梅林的打工青年专门等到在农历正月初七、二月初二的花炮节过后才出去打工，林溪也有很多人专门定在农历十月二十六举办花炮节的时候回家探亲并参加抢花炮活动。从近年来侗乡抢花炮的重新升温来看，主要有三方面的原因：首先，是祈福与除煞两大主题的需要。虽然现代性导致了一

---

① 曹树基：《清代前期浙江山区的客家移民》，载《客家学研究》第 4 辑。

定程度的"祛魅"，但"生活中总有个人无法应付的困难，人们需要超自然力量的帮助"①。所以，希望通过拜祭诸神以获得精神支持的愿望仍然会伴随人们的生活，在相当贫穷落后的少数民族山村更是如此。其次，由于侗族社区传统的富有凝聚力的特点，人们对村寨名誉十分看中，抢花炮就是为村寨争夺名誉、争夺好运；再次，近年来，侗乡正在开展旅游和小城镇建设，抢花炮被吸收进少数民族运动会并被作为侗族传统体育和"东方橄榄球"的大力宣传使人们看到抢花炮对推动本地经济的商业价值，于是，侗乡抢花炮的民间组织者在办炮过程中逐渐地从"内演"的角度增加"外演"的考虑，抢花炮活动由此从自然体现出来的民族特色转变为组织者主观上和行为上强化民族特色，而且似乎已形成一种趋势。改革开放必然带来外来文化的冲击，在民族文化有所式微的情况下，办花炮客观上增强了民族自信，强化了民族认同，使民族文化获得了新的发展契机。

文化具有交流的特性。萨林斯曾经引用林顿对美国普通男人日常习惯的生动描述说明各种文化通常在渊源上是外来的，而在模式上则是地方的，被视为本土的文化，在很大程度上是本土化的结果。季羡林先生说："文化交流是推动人类社会前进的主要动力之一。""文化不论大小一旦出现就必然向外流布。我认为，这可以算是文化的一个特点，全体人类都蒙受了这个特点之利。如果没有文化交流，我们简直无法想象，今天的中国，今天的世界，文化会是一个什么样子，人民生活水平会是一个什么样子。"② 文化交流使抢花炮成为桂北侗族地区各民族共享的体育娱乐，使该地区有了跨地区的狂欢盛会，形成跨地区的物资流、信息流，满足了闭塞的山里人的需要。广东、香港已丢失的文化

---

① 陈连山：《春节民俗的意味》，载《百科知识》2005年第2期。
② 季羡林：《东学西渐丛书·总序》，河北人民出版社1999年版。

基因仍然在侗乡展现活力，这是文化交流和族际文化共享的重要贡献。

三　民族团结的符号建构

符号是负载和传递信息的基元，表现为有意义的代码及代码系统。符号学的奠基人瑞士学者索绪尔指出，每一符号分为"能指"（即这个符号"是"什么）和"所指"（即大众所认同的这个符号所代表的映像）两方面，两者的关系如同硬币的两面。后来的符号学家丹尼尔·堪德勒和罗兰·巴特等指出，两者在关联上具有主观性，符号的所指往往与意识形态和权利结构相关联，因此，所指可以是不变的，而能指却会随着社会文化的变迁而发生改变。

人类学家本尼迪克特·安德森指出，国家、社群、民族等都是通过具体象征物（如旗帜、民族服装、仪式）等而想象出来的。[①] 为了凝聚民族团结的力量，需要建构民族团结的符号。富禄和古宜抢花炮的传统组织者并非侗族，花炮节活动中体现的民族特色是由参与会期的各族民众自然表现出来的，以前没有多少人关注它是否姓"侗"的问题。但是，随着国家形成举办少数民族传统体育运动会的定制，抢花炮活动被接受为少数民族运动会的比赛项目，这项在侗乡被民间传承的活动成为官方宣传的民族团结的符号；又由于旅游业的兴起，在以民族风情为旅游卖点的侗乡，政府和民间为了地方的发展，合力打造了抢花炮的侗族特色。抢花炮这一文化符号的"所指"随着社会文化的变迁发生着一些变化，被贴上民族标签，建构成民族团结的符号。

---

① 　本尼迪克特·安德森：《想象的共同体》，上海人民出版社 2002 年版。

（一）广东民谷——侗族抢花炮

1. 发挥民族团结作用

抢花炮落户侗乡后，在侗乡起着明显的促进民族团结的作用。前文已述，林溪五尊花炮就是纪念五省馆成立、达成民族团结而创立的，每届抢花炮，人们都会议论当时的五省馆，谈论"五族团结"，抢花炮起着不断强化民族团结意识的作用。

县城古宜最能体现民族团结的大型民间活动就是花炮节。首先，花炮节的组委会是由古宜和周围九阁八寨的代表共同组成的。组委会的老人说："花炮节的时候，九阁八寨三四十个村寨都参加进来了，有一些来表演，有一些来抢炮，有的来服务，每个村寨都有人来参加的，有的人送水、煮开水或者是挑凉水，中午送馒头、包子。我们的工作人员不下 300 人。""在准备会上，各村寨报上吹芦笙、跳舞等各种节目，组委会认可之后，到那一天队伍拉来，组委会给伙食费、安排住宿。"每一届花炮节都有近 10 支这样的文艺队参与表演。例如 2004 年花炮节有 9 支群众文艺队表演了十几台节目（参见表 3-1）。此外，往往还会有不请自来的文艺队。2004 年的花炮节，笔者就遇到一个从湖南通道来的侗族芦笙队。对于这样不期而至的客人，组委会总是热情接待。"四面八方的人都到一起来，侗族、苗族、瑶族、壮族、汉族的人都在一起抢炮，篝火晚会上一起跳舞、唱歌、吹芦笙。"组委会的老炮首在介绍了这些情况后不无自豪地说："你说还有什么好的形式来体现民族团结？这就是民族团结的好具体的象征嘛！"让我们感受到这种"好具体的象征"的还有许多故事，其中"帮老巳抢炮"（参见附件 3-4）尤其让我们印象深刻。这些故事说明民俗体育活动是打破封闭、促进民族交往的有效途径。我们看到，给参加活动者发抢花炮活动的纪念品也成为加强民族团结的具体行动。每一次会期，除了演出队及参加游行的各民族人员，还有来自上村下寨的大量的各族的志愿人员，组委会在活动结束后都会给每位志愿者发毛巾之类的纪念品，小小的礼品传递了一种温情，它使人感到温暖和被尊重，同时，它也是一种参与的符号，可以带给参与者一种自豪和荣耀。

【附件 3-4】老炮首谈帮老巴抢炮①

我曾经组过一个队帮苗人抢炮。我想那个炮要分开来点，为什么呢？我是想把这个炮放到两边山那里去，放得远一点儿，来年就会更加来人多了，这个面就更加广了，如果一个乡、寨得了两三炮去，明年就不热闹了。花炮不是哪个抢到哪个要吗？我就组织了一个队来帮来自苗山的人抢。他们的性子很烈，但却是很怕事的，我已经跟他们那个队长讲清楚了："我这个队以你的名义抢，我们这个队抢到的炮传给你的队员。"这样，他们都不敢进抢炮场去，后来进去了，他的人也还是不敢进到那个人堆里面去抢，在旁边看，就到这个程度。他那里是很原始的地方，喊做"老巴"，是走几十里路上坡的，他们拿鸡毛来缝衣服裤子。我就想，这个二炮落到他那个地方，到来年的话，他们一个村子来多多的人，也体现这个民族团结和他们的精神面貌，大家互相交流。我派人去请，他们来了一个队，吹芦笙、扛鸟枪啊，很威武的。但到真正抢炮的时候，他们就不敢进去。你想不到那些人闭塞到什么程度，那女的连乡镇都没有到过的，从小到大都生活在山里面。男的因为挑点柴火换钱买点盐巴到过乡里。这是 1985 年的事情。他们看起来是很烈性的，黑黑壮壮的，但却是很怕事的，我们这些汉人来了，他都要站到一边去的。他得了炮，你抢过来他都会放给你的，不像别人打死都要抢的。

---

① 根据对古宜花炮老会首老黄（男，64 岁，汉族，从改革开放恢复抢花炮到 2003 年一直担任古宜花炮组委会主任）的访谈整理。访谈时间：2004 年 9 月 18 日（录音编号：040918G02）。

148

表 3 – 1　　　　　　　古宜三月三花炮节文艺晚会安排表

时间（每晚 8 时）	文艺队	地点
初一	大寨文艺队、竹寨文艺队	花炮纪念馆舞台
初二	古宜镇文艺队、夕阳红文艺队	民族广场
初二	下林江文艺队	福利院舞台
初二	文村文艺队、寨准文艺一队	物资局舞台
初二	竹寨文艺队、大寨文艺队	河东桥头舞台
初二	小光文艺队、寨准文艺二队	花炮纪念馆舞台
初三	文村文艺队、寨准文艺一队	福利院舞台
初三	竹寨文艺队、大寨文艺队	物资局舞台
初三	下林江文艺队	河东桥头舞台
初三	寨准文艺二队、小光文艺队	花炮纪念馆舞台

资料来源：古宜三月三第 11 届花炮节组委会（2004 年 4 月 16 日）

　　富禄的花炮星是由富禄街商会主办，但历来都是寻求侗寨支
持也能够获得侗寨的支持和合作的，三月三所需的大量的安全保
卫人员都是出自侗寨。以抢花炮促进民族团结一直是富禄花炮组
织者的宗旨。富禄 80 多岁的花炮会首温老说："解放后，为了
破除迷信，我们把第一炮改为'团结炮'，第二炮改为'幸福
炮'，第三炮改为'正义炮'。"① 74 岁的花炮会首说："我们搞
三月三就是要达到民族团结。那天亲戚互相走动，因近清明了，
人们又可以来扫墓，青年男女到那天约到这里玩玩儿。从初一到
初四、初五 2—3 个晚上通宵狂欢。……"② 富禄周围是大苗山，
那些坡上三里一卡、五里一寨，打扮习惯各不相同，头发有的正
正地盘在头顶，有的向左斜盘在头顶，有的向右斜盘在头顶。每
到三月三，从东西南北的七条道路源源不断地走来盛装的人流，
"远远看去，七条道路走来的人群像七条彩带在飘动，当人群集

---

① 根据本研究访炎资料整理（录音编号：040511F2b）。
② 根据本研究访炎资料整理（录音编号：040512F4c）。

结到场地后，整个抢炮场地周围以至溶江河富禄江段两岸人山人海，成了彩色的世界。这些盛装的人流不是谁安排的，是人们自己穿出来的"①。周边三省数县的各族群众都有参加富禄抢花炮的习惯，② 三月三成为各族群众一年一度的狂欢盛会及物资交流的黄金时节。

天后宫是葛亮花炮的庙，如今尚存的天后宫大门上方的"闽粤会馆"仍清晰完好。2004 年 5 月 11 日花炮节的时候，当地人贴出新联，把原先的"闽粤黔湘桂一家，汉满蒙回藏五族"的门联改成"闽粤湘桂黔一家，汉壮苗瑶侗五族"（参见图 3 - 5），因更贴近当地的现实，弘扬民族团结的意义更容易为当地人理解而得到大家的拥护。这是抢花炮强化民族团结意识的又一个很好的实例。

笔者最初只知道富禄的抢花炮，作抢花炮研究才知道，各地都有抢花炮，仅三江的花炮节就不下 10 个。花炮在该地区得到各民族的喜爱和认同，成为最有效的促进民族交往的活动。前文已述，梅林有两个传统的花炮会，一个是寨上人（基本上是侗族）成立的三民会，一个是街上人（用街道会会首的话是"来自五湖四海的"，原先主要是汉族）成立的街道会。过去每逢农历二月二两会都放花炮，因为三民会的历史早于街道会，所以先是三民会放，然后轮到街道会放。梅林的人可以去抢三民会放的花炮，三民会的人也可以抢由梅林放的花炮。老炮首说，两会的花炮"同时中断，又同时恢复搞起来。两边商量恢复的。那时到县里赖钱（集资），得的钱两边分，同时放了三年，因为钱不

---

① 马贤：《民族传统节日》（《富禄乡志》手稿）。
② 《黎平县志》、《从江县志》、《融水县志》均有记载，参见前文侗族地区方志的记载。

图 3-5　葛亮天后宫门口花炮节新写的对联

够开支，两边的会首就座谈、商量研究，决定轮流放。现在经费很难筹措，开销又很大，所以决定五年两头放（每隔三年放一次），两边轮流放。""两会同时放炮的时候，是联合游行的。活动罢了才分摊，解放前的游行也是联合的。"① 两个花炮会不仅没有形成分裂的局面，而且增强了街道和寨上的团结，因为大家联合起来搞花炮，三民会办炮街道会帮忙，街道会办炮三民会帮忙。梅林是一个以侗族占绝大多数的乡，其中的一些苗民是以前到侗寨帮工的苗民的后代，这里的侗苗关系是处得比较好的，侗寨的花炮苗民历来都参加抢。笔者参加的 2004 年花炮节中，梅林苗族的石老金得炮后，一连八个晚上，各侗寨的芦笙队轮流到他家道贺，芦笙队的侗家小伙还与来道贺的融水苗女（得炮者

---

①　根据本研究访谈资料整理（录音编号：040515M1b）。

图 3 – 6　梅林街道会两位老会首带笔者看地形

的苗家亲戚）对歌，大家亲密无间，充分享受着节日的欢乐。

　　花炮节，抢花炮在搭台，商贸活动在唱戏。同时，民族之间的交往也在活动中得到促进。这个地区所有民族的乡民都参与到这个活动当中，有的参与集资、组织等等，有的前往看热闹、买东西。这是人们交往的节日。得炮的人家，远近的亲友都去祝贺，有些几年不走的亲戚，因为这一重大活动而走访，加强了彼此之间的联系。花炮筹委会成员说："抢花炮活动能吸引外省外乡的亲友来参加，增加了亲友走访的机会，扩大了交流，就不会闭塞。抢花炮活动对青年和老年人的社会交往，对经商等都有好处。"

　　2. G 地抢花炮贴上侗族标签

　　G 地的抢花炮现在是以侗族抢花炮和侗民族传统文化为宣传特色的。从笔者对 G 地花炮老会首的访谈可以了解到 G 地抢花炮是如何贴上"侗族传统体育活动"的标签的（参见附件 3 – 5），2004 年 G 地花炮节期间笔者在花炮纪念馆对组委会其他老人的访谈印证了老炮首的话——G 地抢花炮的侗族标签是后来贴上的，笔者也看到花炮组委会专门借了一些侗衣，那些并非侗族的组委会成员在花炮节上出头露面的时候都穿上侗族的服装。三江是侗族自治县，县里的对外宣传尤其是旅游宣传要打民族牌，各方面离不开政府支持的花炮节的民间组织者领会政府意图，同时也看到以民族文化品牌进行宣传能更有效地扩大其国内外的影响，遂逐渐给 G 地花炮节贴上了侗族传统体育活动的标签，花炮节被精心包装成侗族传统花炮节。

【附件 3－5】关于 G 地抢花炮贴上侗族标签的访谈①

问：是从什么时候开始这里的抢花炮被称为侗族传统体育活动的？

答：这种讲法是从解放后的新社会才有的。从时间来讲，大概是我们这里成为侗族自治县以后才有的。

问：我看见你们会首、炮委等也穿这种侗族的民族服装，他们是侗族吗？

答：都是汉族的人。既然这个花炮节是三江侗族自治县的活动，是代表侗族文化，那你就不应该是汉族着装，所以就喊人找几件这种衣服来给会首穿。主要是为了体现这个是侗族的活动。

问：那你们这种做法是从哪一年开始的？

答：也就是从前两年才开始穿起民族服装的，以前我们点炮的人都是穿着汉人的衣服的（出示几张以前花炮节的照片，照片中花炮组织者都着汉人服装）。后来就在头上扎一个包头。

问：这个包头不也是一个民族标签吗？

答：就讲开始改变一点点嘛，到最后才从头到尾都穿的。

问："改变一点点"是什么时候开始的？

———————————

① 根据笔者对 G 地老炮首 H 的访谈整理（录音编号：040918G02）。

答：刚开始恢复的时候还没有。侗族的花炮节这种讲法是随着时代的改变而有的。

侗乡名声最响的花炮节是富禄三月三，2004 年 11 月，广州全国抢花炮邀请赛邀请富禄组队去作民族传统抢花炮表演，他们的抢花炮队伍身着侗族服装走进开幕式会场，强化着"侗族抢花炮"的符号。对族群认同符号的建构有助于族群认同的维持，同时也是少数民族与主流社会对话的手段。少数民族往往自觉地对自己的文化进行选择性的挖掘、加工、重新解读和再造，以实现与主流社会的沟通。梅林罗校长说他们本地有许多节目，大多是祈祷风调雨顺、五谷丰登的，也有的是除祟驱瘟的，他们现在正在慢慢把这些活动恢复起来。除了作为民族团结符号的节目被挖掘之外，在"外演"的考量下，被"恢复"的传统节目首先是那些具有观赏价值的节目。

3. 全国少数民族传统体育运动会上演"侗族抢花炮"

促使抢花炮亮相全国少数民族传统体育运动会的主要是富禄抢花炮。具有抢花炮历史传统的富禄在改革开放后率先恢复抢花炮的时候引起了不小的震动，在桂、黔、湘三省毗邻地区各族群众中产生了很大反响，引起了新闻界的注意，由此获得了"东方橄榄球"的称誉，也引起了政府有关部门的注意。

1982 年，国家恢复举办全国少数民族传统体育运动会（1953年曾经在天津举办过一次），促使各省挖掘民族传统体育项目。获得少数民族运动会推荐项目是各省积极争取的荣誉。对于民间开展的有比赛形式、有发奖仪式的民族竞技娱乐活动，凡适于作为比赛项目的，各省都进行整理和推广。一个项目进入少数民族运动会的第一步就是作为表演项目在少数民族运动会上亮相。1982年，抢花炮参加全国第二届少数民族传统体育运动会表演；1986年，作为广西推荐的项目，抢花炮在第三届全国少数民族传统体育运动会上成为比赛项目。进入全国少数民族传统体育运动会的运动项目成为民族符号，就如那首著名的歌所唱的："56个民族56朵花，56个兄弟姐妹是一家，56种语言汇成一句话：爱我中华！"各民族的项目聚会在民运会象征着民族大团结。

进入少数民族运动会的每一个项目都有所代表的少数民族。实际上，抢花炮这个项目并不是侗族所独有的，汉、壮、苗、仫佬等民族都有开展该活动的传统。把抢花炮定为侗族项目有历史的原因，这就是改革开放之初富禄和古宜恢复抢花炮而获得的名声。当时，派去表演的是三江的代表，三江是侗族自治县，加上当时有关人士还没有了解到其他民族开展抢花炮活动的资料，因此，作为侗族的项目推出。于是，抢花炮成了侗族的标签。提起抢花炮，人们便想到侗族。后来，了解到壮族等也有抢花炮的传统，在广西壮族自治区首府南宁举办的第四届少数民族运动会上，抢花炮的项目介绍便由"侗族传统体育活动"改为"抢花炮是壮族、侗族群众喜爱的传统体育项目，历史悠久……"①

（二）成为全国少数民族传统体育运动会比赛项目

国家恢复举办少数民族传统体育运动会的时候，比赛项目很少，大部分是表演项目，广西拿到全国去表演展示的是抢花炮。当时，原国家体委认为有橄榄球项目和这个相似，应该把抢花炮作为比赛项目推出去。要把这个项目推广出去没有规则是不行的，于是，广西组织力量为抢花炮制定规则，对抢花炮进行了适应比赛的改革：规定了比赛时间和场地范围以及参赛队人数，还增设了一个炮台区，同时不受炮数限制，在规定的时间内以抢到

① 资料来源：第七届全国少数民族传统体育运动会官方网站（在第四届少数民族体育运动会上已经如此改动了）。

的花炮数的多少分胜负（关于抢花炮规则的产生过程详见附件3-6）。1982年起，广西按新的规则进行了两次表演和比赛，实践效果良好。1986年，原国家体委批准将抢花炮列入第三届全国少数民族传统体育运动会比赛项目。进入少数民族运动会的抢花炮进行了脱胎换骨的改造，是一项再创造的相当现代的具有很强竞争性、对抗性和娱乐性的体育活动。为了增强观赏性，从第六届少数民族运动会起，"花炮"由原来直径5厘米的铁制圆环改成直径14厘米、色彩鲜艳的橡胶圆饼。成为少数民族运动会比赛项目之后，抢花炮在全国的影响迅速扩大。1987年10月25—30日，在广西崇左县举办了首届抢花炮单项全国竞赛（"九省区、市抢花炮邀请赛"）。抢花炮受到许多省（市）的重视，除了广西，北京、湖南、云南、甘肃等十余省都办了训练基地，训练参赛选手。

全国少数民族传统体育运动会是加强民族团结的盛会，每一次少数民族运动会的举办都是国家认同和加强民族团结的实践。成为少数民族体育运动会的比赛项目之后的抢花炮已经超越乡土社会的民间信仰、娱乐、商贸促进以及毗邻地区民族团结的功能，成为强化国家认同和国家民族团结的符号。2004年12月由国家民委和国家体育总局联合主办的花炮邀请赛在广州天河体育中心举行，有北京、宁夏、云南、湖北、湖南、广西、贵州、广东、广州九支代表队参加，参赛的200多名运动员和教练员来自回、壮、满、侗、维吾尔等15个少数民族。富禄应邀组队前去作民间抢花炮表演。全国各地、各族好汉同场竞技，邀请赛上燃起民族团结的篝火。

少数民族运动会的抢花炮没有了民间抢花炮的信仰成分，没有了其中附载的组织文化，甚至没有了民间抢花炮的外形，它是传统文化要素"缺位"的抢花炮，是充满现代特征的抢花炮，民间的抢花炮才是传统的抢花炮。传统与现代之间虽然有相当大的距离，但双方相互借鉴与利用。民间的抢花炮为这一民族团结符号提供了创作原型，少数民族运动会则为民间抢花炮作了最有效的宣传，民间抢花炮借用少数民族运动会的名声扩大自身的影响力。富禄花炮老会首说，抢花炮变成少数民族运动会比赛项目以后影响就大了，到处都搞抢花炮，全面开花，大家都争花炮之乡，都追溯历史，争抢老祖宗文化。梅林花炮会称他们的花炮已有 200 多年的历史，① 县委宣传部领导对富禄说："去年梅林二月二就想抢你们这个'三月三'的品牌，我们县里不同意，富禄三月三历史悠久，知名度高，这个品牌应当给富禄，按照一乡一品原则，梅林'二月二'花炮节只能改挂'二月二'民歌艺术节，不能打花炮节。"而林溪人则说他们的花炮"是最正宗的，书上有记载的"②。这一有着"东方橄榄球"之称的民间体育活动，让侗乡许多地区"抢"来众多游客。

【附件 3 - 6】少数民族运动会抢花炮规则的出台及修改过程
——少数民族运动会抢花炮项目专家 Z 先生访谈③

L：Z 先生，我知道您是参与制定全国少数民族运动会抢花炮竞赛规则的专家，请您谈谈抢花炮规则制定的有关情况好吗？

Z：1985 年我着手写比赛规则。这个规则呢，如果像民间那样，所有的队伍都进去抢的话，不好看，没什么观赏性，于是就考虑分开来抢，有攻有守，比赛时分两个队，你攻我守，这样就比较具有观赏性。另外，我们规定时间为 15 分钟，上下半场，在规定的时间内，谁进的花炮多谁就取胜。这样商量了之后，主

---

① 2004 年梅林花炮组委会宣传资料。

② 指《努志潭——三江村寨的传说》中关于林溪花炮的来源，见本章侗族地区方志记载部分。

③ 访问时间：2004 年 9 月 25 日，地点：广西壮族自治区体委（南宁）。

要是我们群体处，我和谭商量了之后就先定下来一些规则，然后着手写。这些是我先参考了一些足球、篮球、手球这几项运动的规则来写的。

L：这些规则从最开始到现在有了哪些主要的变化？修订过没有？修订过几次？

Z：修订过。最早的时候用的花炮是小的，直径只有 5 公分。这个开始是在 1986 年，在新疆，当时我做裁判长，其他就是中央民族大学的，其他省的，如，新疆、云南、贵州的，都是抢花炮的裁判。比赛的照片也没有照，因为场地大，照的话也只能照到局部，照全面的话人就会很小，效果不好。开始是用小的花炮，还有花篮、罚炮，罚炮就等于罚球。基本上，1986 年在新疆是这么做的。攻进之后，把花炮放在花篮里面。罚炮呢，如运动员严重犯规的话就要罚炮，犯规者站在发炮区外，一个运动员在发炮区把炮丢到花篮里面去，丢中就算得一分，不中就不得分，像篮球罚篮一样。这个规则一直沿用到第三届少数民族运动会，其间也有一些小的改动，但不是很大。这届是在新疆，第四届在广西也是这样比赛的。1991 年在广西举行少数民族运动会，当时我是做竞赛处的处长。1990 年，国家民委和国家体委在河北承德地区举办全国少数民族体育项目的培训班，主要是讨论这个规则，怎么样去修改这个规则。当时就有些省提出来这个花炮太小了，无论在谁手上观众几乎都看不到，建议将花炮改大，有人就提出这个意见。所有项目在那里办了三次培训班，我作为 1991 年少数民族运动会筹备处的负责人，有三个裁判培训班，所以我要了解重要规则，怎么修改等等。当时有人提出有几处要修改，但是还不是很多，有一两个省的代表提出意见，大部分省还没有同意他们所提出的意见。对于我来说，我们广西推出的这个项目，还是坚持自己的意见不愿意修改。因为，花炮虽小，但它的隐蔽性很好。

到了谁的手上，大家都往炮台上冲，不知拦哪一个是好，冲到门前，拦住对方后才发现不是持炮者；有时候，第三个、第四个进去，防守方还不知道进攻方手上拿着花炮，这样也有它另外的观赏性。所以，当时我不同意将花炮改大。国家民委和体委也认为，这个项目刚推出，若对它作大的改动的话不是很好，对这个项目的开展也会有影响，所以保留了我们广西的意见，只是在文字上作了一些小的修改。1991年在广西南宁举行少数民族运动会时还是用小的炮。两届，1986年在新疆第一次用这个规则，1991年也是用这个规则，基本上还都在用。1986年去新疆时，花炮还是充火药的，所以专门从三江带了一个会点炮的人，在会上只有他会充火药、会点炮。1991年在广西举行少数民族运动会时就有所改进了，点炮时在下面支个铁板，差不多是四方形的，铁板上面焊接了一个圆筒，里面有个洞，就把平常的那种大的鞭炮放进去，将引子从洞里拉出来，上面放个纸皮（纸片）之后再放上花炮。因为花炮中间有缝隙，所以放张纸片，然后点燃鞭炮，利用鞭炮爆炸时的气体冲力将花炮冲到天上。这样经过改进就好多了，原来用铁炮充火药的那种方式很费劲，不方便，有时这个还没有充完就要点炮了，这样在时间上就很紧张，改进后就好得多。1995年，第五届少数民族运动会在云南昆明举行，这时还是用小的炮。广西派了两个队，拿了第一、第二名。第六届少数民族运动会总会场在北京，副会场在拉萨。抢花炮在北京，在北京之前又在讨论这个规则，很多省也提出要改这个花炮。当时，讨论规则也是我去的，我看到这样一种情况，有些省的代表提出，如果再用这么小的花炮就不想参加了，因为若只靠技巧的话很难赢广西（广西在前几届都拿第一），所以他们就提出这个意见。听到一些省的意见后，我们经过考虑，为了使这个项目能够继续作为竞赛项目，最好还是接纳这个意见。因为，一个比赛项目，如果参加的人少的话就会被取消。① 要知道，如果取消的话，广西就没有推荐项目了，而且推出一个项目是很不容易的。我们想继续推广、保留这个项目，所以就在会上对此意见表示同意。经过商讨，就将花炮改大了，改大了15公分，现在所使用的花炮是改大了的，是塑胶做的。在北京找了厂家专门制作发炮器，发射器置于中线的边上，往场里面发。有些发炮器做得还可以，有些做得不好，就发到外面去了，有些没发到地方，要重新再发。当时用机器发炮还不成熟，但还用。北京请专门的厂家去研制发炮器，并要求每个省都要买。我们认为那个发炮器不是很好就没有买，训练时我们还是采用手抛式。

L：最早开始的时候，在少数民族运动会上使用的花炮是什么质地的呢？

Z：是用钢筋做的，里面有个十字，焊接在里面，外面用红绸布缠上，缠很多层，十字中间有空隙，手指不能穿过去的，否则抢的话会折到手指。考虑到这个，就把花炮做得小些，都用红布把它们缠绕起来。这样，在抢花炮的过程中，花炮即便是砸到头或手上也不会那么痛，因为外面缠了很多布，这是一种保护运动员的措施；另外，红色也是一种吉祥的颜色，代表吉祥。这个项目是喜庆的，所以都用红绸布。如，在三江比赛，那些运动员们腰上都绑着红色的绸带（也表示喜庆吉祥）。

L：我听说在新疆这个项目比赛时伤到过运动员，有这事吗？

Z：是的。因为这个项目需要跳起来抢，有时候打得比较高，要知道，花炮有时候冲得高，有时候冲得低一些，加上速度

---

① 全国少数民族传统体育运动会竞赛规程规定，参赛不足三个队（人）的竞赛项目自行取消比赛，可作为表演项目参赛。参见《第三届民运会竞赛项目总规程》。

快，下来的时候，运动员们一抢，就容易出现情况。

L：是不是自新疆那次事故之后就改变花炮的质地，不用钢筋了？

Z：还是用的，在南宁比赛时还是用钢筋制作的花炮，只是把外面的布缠得更厚一些了，之前是薄一些的。在广西比赛也有用薄一些的。

L：有没有变得小一些？薄一些小一些的话，就会轻一些，这样砸伤的几率就会小一些。

Z：没有。因为这个花炮是有规定的，重量是多少，直径是多少等等。

L：那么自新疆砸伤人之后，有没有将花炮的重量减轻一些呢？

Z：没有。只是用钢筋焊花炮的时候，钢筋细了一些，这样就多缠些布，重量还是一样的。也就是说，钢筋变细了，布缠得多了，重量还是不变的，那么这样砸伤的几率就会小一些。一直到在北京举行的那届少数民族运动会才采用塑胶做的花炮。

四　小结与讨论

仪式性民间体育——族际交往的桥梁和族际共享的文化

中国是一个民族大家庭，费孝通先生认为，汉族是"中华民族多元一体"格局凝聚的核心，在许多少数民族地区，汉族深入其交通要道和商业点长期定居，形成了一个点线结合、东密西疏的网络，这个网络就是多元一体格局的骨架。[1] 进入少数民族地区定居的汉族，在少数民族地区形成族际文化共享方面发挥了重要作用。侗乡的抢花炮是一个很好的实例。在桂北侗乡，汉

---

① 费孝通：《中华民族的多元一体格局》，载《北京大学学报》1989年第4期。

161

族商人进入少数民族地区经商、定居，在这些地区引入抢花炮的庙会活动，促进了该地区各民族的交往，广西的许多壮族地区也有这样的情况。因此可以说，这是一种有相当代表性的情况。

族际文化共享是指两个或者多数民族共同拥有一种文化现象。① 由于自然地理环境以及自给自足的自然经济形成的区间阻隔，少数民族文化带有鲜明的地域特点，"十里不同风，百里不同俗"就是这种文化地域性的真实写照。随着社会发展、民族交往日益增多，一种民族的传统文化在与其他民族的经济和社会交往中，往往会被另一民族主动或被动吸收并被进行适当的改造，族际文化发生相互影响、相互作用，最终，一个民族的活动及其节庆成为邻近几个民族或一个地区共同欢度的节日和活动，形成族际文化共享现象。桂北侗乡的溶江河、林溪河、浔江河有许多独特的原生民族民间文化，又由于商贸活动和移民，形成很多外来移民文化，其中一些移民文化在桂北侗乡这一特殊的文化社区里被当地少数民族吸收和改造，成为本土化的文化，抢花炮就是其中十分典型和成功的一例。

共享是文化的本质属性，也是文化的生命力之所在。民俗学家刘魁立先生说："我们的领土被别人掠夺走了，我们能答应吗？不能答应。我们的石油被别人开采享用了，我们还能享用吗？不能。在物质的享用方面是很难共享的，但文化可以，而且并不因为共享了文化，文化就变得贫弱了，相反，文化共享能促进文化的再生，更加发挥文化的功能，使文化变得更丰富，影响力变得更强。"② 除此之外，由于文化的交流和共享，使得文化基因在社会变迁中获得存活的可能。例如，广东已经基本消失的

---

① 高丙中：《中国文化的族际共享》，载《民族艺术》1998 年第 4 期。
② 《新京报》时事访谈员曹保印、陈宝成北京报道：《专家称对传统节日的文化认同将推动国家认同》，参见《新京报》2005 年 4 月 3 日。

文化基因——抢花炮在桂北侗乡仍然展现很强的活力，每年都有不少广东人到富禄观看抢花炮甚至花钱请人代抢花炮，表达对失落的文化的怀念。

在桂北侗乡生活的侗、苗、瑶、汉等民族，自然环境相似，生产、生活方式趋向融合，文化的相互渗透和涵化极易发生，抢花炮的流传是一个很好的例证。对于这种能够满足人们信仰需要与娱乐狂欢需要的仪式性体育活动，有些地区（如富禄）的少数民族对抢花炮是被动地接受，有些地区（如梅林）是主动地引进，至今，三江已形成 10 余个花炮节。各地举办抢花炮的时候，毗邻地区的各族群众都踊跃参加，抢花炮成为各民族交往的纽带和桥梁。共享的文化缓和了民族矛盾。希腊学者罗依说："种族身份的不同持有者总会有意无意地倾向于保护、维持和加强其自身的共识和一致。因此，他们在指称'他者'种族的文化差异时，会以他们自己的种族形象为参照。在他们看来，自己的形象总是正面的。"① 但如果不同族群的人拥有某种共同的文化，"建基于共通文化要素之上的'同情'关系就会产生，并且会以一种特殊的方式得到推广"，族群之间容易产生信任感，心理上也容易表现趋同、宽容和理解。抢花炮的族际共享，促进了各民族的交往和相互了解，增进了感情，减少了民族隔阂，是形成共同地缘感和社区意识的重要途径，也是民族团结的重要纽带和桥梁。族际共享的文化对一个多民族聚居的区域形成地域性族际社会是有重要作用的。抢花炮进入全国少数民族传统体育运动会，一种区域族际共享的文化被推广和接受为全国范围的族际共享的文化，其意义非常深远，它使一种地域的体育文化成为国家建构的符号和国家民族团结的符号，每一次少数民族运动会的举

---

① 转引自石乔《文化：奥林匹克的核心价值》，载《中国文化报》2004 年 9 月 7 日。

办都是国家认同的实践。

文化共享是族际社会里最常见的文化现象与社会事实。但长期以来，我们的少数民族体育研究和少数民族体育运动会的有关宣传过于强调族别性，对每一少数民族体育项目都要定义它的族别，以至于在抢花炮项目上还有过姓"侗"还是姓"壮"的争论和政府行为，引起乡民的一些不满。周星教授在谈到文化共享问题的时候说："族群性的文化研究对于揭示少数民族的文化个性是重要的，但不应该走极端，还应该承认各族文化之间的历史关联，承认大量存在族际共享的现象与事实，并给予必要的重视。"① 承认抢花炮的族际传播和族际共享并不会贬低抢花炮的文化价值，相反，对与之有关的文化现象能够获得更全面的理解和解释，更能体现它在民族团结方面的价值。

---

① 周星：《从族际角度理解多民族的中国社会与文化》，载沙莲香等著《社会学家的沉思：中国社会文化心理》，中国社会出版社 1998 年版，第 101—102 页。

第 四 章

民间传承中的抢花炮

当今，社会生活和社会文化处在一个巨大的变革时期，传统生活和传统文化面临全方位的冲击，一些文化现象在消亡，一些文化现象发生变异，许多少数民族传统文化呈现再生和再造现象。研究这些现象背后的文化、历史与政治经济，能够对保护和利用少数民族文化资源，使少数民族文化朝着健康、向上的方向发展有所贡献。

本章考察的思路是，抢花炮在桂北侗乡的传承体现了当地民众的需要和民间精英的需要，同时又与当地的社会经济条件相关联，在这种仪式性体育活动的传承过程中体现着民族的信仰文化，折射出当地的文化特征和社会文化的变迁。本章的写作目标不在详尽描述抢花炮的传承过程本身而在于怎么样来认识它的传承，着重于理解人们为什么传承这项活动，是什么驱使人们的行动，通过抢花炮这一仪式性乡土体育活动透视社会、文化及民族性格，探讨这种活动背后代表着的民俗力量以及仪式性体育活动在传承和再生产地方性知识中所体现的价值。

一 社会心理基础①

（一）信仰同时务实——信而不迷的精神状态

"人类是精神性的动物。自有人类以来，便有崇拜神祇的活动"②。在远古时代，人类生产力水平低下，科学知识贫乏，人们不能理解和驾驭自然力量及社会力量时，在惶惑、恐惧、幻想之中自然地使用"万物有灵论"的原始思维，认为自然界许多有生命和无生命的事物都存在着跟人一样的活动和思想、欲望，③他们创造了神灵并把希望和力量寄寓于神灵。信仰和崇拜需要物化的形式，许多少数民族体育活动最初就是作为一种求神拜祖的祭祀仪式和活动而创造的。人们举行各种仪式，以求神灵欢娱、降福祛恶，由此得到精神安慰或受到鼓舞。

桂北侗族社区存在着许多民间信仰。侗族信仰多神，崇拜自然物，古树、巨石、水井、桥梁均属崇拜对象。创立村寨的始祖母"萨岁"是他们的至高神灵，祭祀土地神在桂北侗族地区也十分普遍（参见图 4－1、4－2）。

在穆斯林的传说里，有一个《信仰真主，同时拴住你的骆驼》的故事：一个人与先知穆罕默德一起旅行，当他们在一个地方停下过夜时，同行者问："我应该拴住骆驼，还是应该信赖真主？"穆罕默德回答："信赖真主，同时拴住你的骆驼。"这一

---

① 个体社会心理现象指受他人和群体制约的个人的思想、感情和行为，如人际知觉、人际吸引、社会促进和社会抑制、顺从等。群体社会心理现象指群体本身特有的心理特征，如群体凝聚力、社会心理气氛、群体决策等。参见《中国大百科全书·心理学卷》，中国大百科全书出版社1991 年版。

② 凯伦·阿姆斯特朗著，蔡昌雄译：《神的历史》，海南出版社2001 年版，第4 页。

③ 钟敬文：《论娱乐》，载《浙江学刊》1999 年第 5 期。

图 4-1 桥头的土地神龛（程阳）

图 4-2 村口的土地神龛（林溪）

回答把信仰和务实精妙地结合起来，充分体现了穆斯林的生存智慧：在务实中信仰，在信仰中务实。① 与"信仰真主，同时拴住骆驼"的穆斯林一样，侗乡人也具有"在务实中信仰，在信仰中务实"的生存智慧。

体现侗乡人信仰同时务实的事例有许多。例如第二章叙述的"火警时开萨岁门"，遇到火警，老人到萨坛举行仪式，年轻人则去灭火。侗乡民众有很强的集体互助精神，平时，每天有老人值班"喊寨"防火；人们遇到问题首先想到的是利用人力和集体互助去解决，当通过自己和亲友的努力都无法解决的时候，他们会想到求助于他们的"萨神"，但在求助于神灵的时候，也没有放弃现实的努力，这里的求神，是在寻求一种精神力量。

Z寨的炸弹钟是又一个极好的"信仰同时务实"的例证。弹壳上的《弹物记》中说"承荷大慈母梅林及境内福神显圣庇□□此，方脱离此种大□□之巨灾……"，代表了人们的心态，这就是把炸弹视为萨神在梅林境内显圣庇护的灵物。"文化大革命"后人们从县里讨回炸弹钟后安放在M村老大Z寨的鼓楼而不是安放在弹着地的寨子就说明了此炸弹在村民心目中的地位，但同时，人们又开发它的实用价值，拿它作为警钟，并且自豪地说这钟非常洪亮，"比任何钟鼓都响"，充分说明这里的人是务实的。

"认苗父"的故事也是一个信仰同时务实的例子。在这个故事中，Z寨人利用迷信来为自己的目的服务，制造"我们留下来是神的旨意"的表象。但后来，他们又相信，每年去拜"爸"、"妈"就"有得吃"，没有"仔"的去拜"爸"、"妈"就会有"仔"。

---

① 纳麒：《传统与现代的整合：云南回族历史文化·发展论纲》，云南大学出版社2001年版，第89—90页。

F 老人是 M 寨青年花炮会的高参，他身上表现的信仰与务实的统一可以说代表了当地人的思想和行为。笔者两次到 M 寨都是住在老人家里，老人谈到寨上的回龙祠与花炮的渊源的时候说："过去花炮是在回龙河一带的。回龙祠有二百八十几年了，花炮二百六十几年了。开始的花炮由回龙祠搞起，旧社会花炮是由庙里出来的，没有仔的，接了炮就有仔了，做生意的接了炮那一年生意做得特别兴隆，所以我们过去年年都搞。那时的炮要还的，拿炮田去种也要还的，到现在我们不想做那些了，搞计划生育了，不要那么多孩子。""回龙祠这个庙有个婆在这里，公在贵州。下面的河边原来有个龙，后来那个龙上贵州了，我们就建回龙祠回龙，让我们 M 寨这条河这个寨这个地旺起来，免得漏出去。过去说很灵，有心去求，有求必应。初一十五总有人去求神，贵州那边总来，有求必应，80% 是合的（灵的）。"老人是当地夕阳红剧团（民间自娱自乐的老人剧团）的头儿，2004 年的花炮节游行他们搞了一个很轰动的"抬官人"节目。他说："我们的'抬官人'节目抬的婆姥 68 岁，有 6 个女儿 1 个儿子，个个都搞得去，生活好。她是我们夕阳红演出团成员，很热心参加这个活动，她也想通过这个活动为她这个家扬名。她讲'我走不动，你们抬我啵'，我们讲'她有福气，好嘛'。我们就搞了这个活动。这个婆姥很能干也很舍得，那服装、凤冠都是她学着电视里面武则天的样子去买东西来自己做的。"老人说："现在各个地方搞大工程为什么要奠基呢？我的看法，土地的龙脉很讲究的，不能乱动的，怕出事故。我们以前讲打倒迷信，结果男男女女去搞水库的时候水库一崩就压倒人；后来我们在对河的山上开田造地也伤人。所以搞大工程要讲点儿迷信。奠基的时候为什么要领导人去铲第一铲土？因为领导人煞气大点儿呀，我们讲一个人运气来了大过一切，他的煞气盖过一切的。迷信迷信，要讲究点儿，不迷就行了。"老人养了 8 个孩子。都是 20 世纪

50—60 年代出生的。老人说："我养那么多孩子，以前好困难的。困难时期我有我的本事，我的 8 个仔女我一个都没让他们饿死。我勤劳点儿，那时候有罪一点儿，搞了点儿地下工厂、私人副业，总挨戴帽子、总挨讲有罪，但不搞这些我就养不了我的孩子，我两个劳动力养 10 个人，连夜晚都搞劳动抢工分也不够的。那时候我是生产队长，白天带着大家搞生产，晚上我搞点儿木工活去卖。因为那时孩子多，工分少，超支，没有钱。超支等于欠款，欠款等于挪用，挪用等于贪污，拿我去斗，斗过以后还让我做领导。我说我不怕别人斗，我留得青山在，不怕没柴烧，现在我就'有柴烧'了。"老人的一个儿子是当地首富之一，开了一个旅社，建了鱼塘，有几十亩果园，往来于贵州和广东搞木材生意，哥哥姐姐都靠他帮衬。老人的这些行为都是"不靠神仙皇帝"的实干行为，但他说"没有仔的，接了炮就有仔了，做生意的接了炮那一年生意做得特别兴隆，所以我们过去年年都搞"；"有求必应，80% 是合的（灵的）"；"土地的龙脉很讲究的，不能乱动的，怕出事故"；"一个人运气来了大过一切，他的煞气盖过一切的"，这些话又是一个信神者的思想表述。老人的话语和行为说明，他信神，同时他又是实干的。"迷信迷信，要讲究点儿，不迷就行了"就是老人对自己信而不迷的最好总结。

这些情况都说明，人们的观念中仍然有"神"，但并未达到神权统治的程度，人们没有把全部希望都寄托于信仰活动而放弃现实的努力而造成个人或家庭的悲剧，更不会利用别人的迷信谋自己的利益。信仰同时务实，是此地村民的心理写照，抢花炮在此地如此受欢迎，与抢花炮能够满足村民这种"信仰同时务实"的心理需求不无关系。第二章的叙述与分析说明，花炮是一种信仰载体，它代表了人们最期望获得的好运，但这好运你不去"抢"是没有的，去"抢"的人都有得到的机会。因此，人们热爱它。外地抢花炮的人要在本地找个担保人，以保证来年的还炮，这也是一种信仰同时务实的表现。

（二）人人享有同等的权利与义务——原始民主的思想观念

侗族有着浓郁的原始民主自治的理念，曾长期保留着古老的带有原始文明的民主社会形态，并在一定程度上保持着形式上与今天的村民自治极为类似的原始民主自治制度，被称为"没有国王的王国"①。

侗族传统社会以地缘为纽带的社会组织称为"款"。它是侗族社会的核心组织。其形式有一些原始氏族公社和部落联盟的特征。小款一般由一个村寨或一个大寨加上若干邻近的小寨组成，数个小款组合而成中款，如此一级级扩展形成大款。款组织是村寨和村寨之间有民间自治和民间自卫功能的地缘性联盟组织，通常由款首召集本款所属各户户主定期或不定期地聚会，议定有关生产、生活及社会风俗、道德等事项。经集体议定的规则，称之为"款约"。款约涉及内容广泛，有生产活动、风俗习惯、道德准则、信仰禁忌等等。

侗族的"侗款制"是原始民主自治制度程度较高、历史上保留得比较完整、延续时间比较久远的原始民主制度。款约的制定、修改和执行都通过民主协商；款首是办事公道、熟悉款约、经验丰富、在村寨中德高望重的人，由群众选举产生，他们管理本区域的一切事物，但没有特权也无报酬——借用笔者调查过程中老人的话就是"报酬就是把村寨管理好"。款约中有这样的规约："山有山规，寨有寨约，不管谁人，不听规约，大户让他产光，小户让他产落。"在他们的传统文化和款约中没有中原封建制度"刑不上大夫，礼不下庶人"、把人区分三

---

① 邓敏文、吴浩：《没有国王的王国——侗款研究》，中国社会科学出版社1995年版。

六九等的封建等级观念。新中国成立后，侗族纳入到国家政治体系之中，侗款组织的社会功能大大萎缩以至逐渐消失，但长久以来在民族心理中形成的款文化依然朴素地影响着今天的侗族社会。①

人人享有同等的权利与义务这种原始民主的思想观念渗透在侗民族社会生活的各个方面，在娱乐活动中也表现为创造人人都有参与机会、人人都有参与资格、人人都有参与能力的活动。在桂北侗乡，花炮节活动是全民性的，这种体育活动的规则原始而简单，抢花炮过程中的技巧也是人们生活当中的身体技能，无须进行特殊的训练和学习就能直接参与其中。抢花炮也不作人员限制，大家都有机会参与。花炮会期是一年一度的群众性的娱乐节日，不分地区，不分民族，到了会期那天，本乡各寨、各团体、各行业都可参加抢炮，外乡外县甚至外省也可以参加抢炮，但有一个惯例，就是抢得了花炮之后，到第二年的会期必须来还炮，如果不还就取消抢炮的资格。规则中突出还炮的义务，是为了保证活动的延续。人人享有平等的抢炮机会和权利，这是表现在抢花炮活动中的原始民主观念，是与他们社会生活中的原始民主的道德信念和秩序相一致的。

现代体育竞技只有极少数人才能加入到竞技行列之中，大多数人只能做旁观者加油助威，而乡土生活中的传统体育活动则是一种全民性的聚会与狂欢，每个人只要愿意，都可以展示自己的风采和技能，尤其是仪式性的集体性体育活动，既是表达信仰的途径，又关乎集体的荣誉，因此能激发村民最大的参与热情，具有广泛的号召力与影响力，成为族群建构与族群凝聚的形式，也

---

① 有关侗款内容，参见邓敏文、吴浩《没有国王的王国——侗款研究》，中国社会科学出版社 1995 年版；冼光位主编《侗族通览》，广西人民出版社 1995 年版，第 85—106 页。

能够提高其成员的自信心和竞争意识，增强社区的活力。

（三）常与非常的转换——乡民的生活节律

> 子贡观于腊，孔子曰："赐也乐乎？"对曰："一国之人
> 皆若狂，赐未知其乐也！"子曰：百日之蜡，一日之泽，非
> 尔所知也。张而不弛，文武弗能也；弛而不张，文武弗为
> 也。一张一弛，文武之道也。①

这是春秋时期子贡参加了一次腊祭庆典之后与孔子的一段对
话。孔子在这里运用射箭的道理把日常生活与非日常生活的社会
本质形象地表述为"张"与"弛"。"张，谓张弦。弛，谓落弦。
孔子以弓喻民：弓张而不落弦，泽绝其弓力，喻民久劳而不息，
则亦损民之力，纵令文武之治，亦不能使人之所以也。弓久落弦
而不张设，则失其往来之礼，喻民久休息而不劳苦，则民有骄逸
之志，民若如此，文武不能为治也。弓一张一弛，喻民劳逸相
参，调之以道，化之以礼，则文武治民之道也。"② 张—弛理论
也揭示了工作与休闲、日常生活与非日常生活的本质，启发我们
从节庆中的若狂特质体会"非常态"生活与"常态"生活的关
联。人类普遍存在消遣、玩乐、倒换原有的生活经验的需要，正
是这一需要，促使人们创造竞技游戏和体育娱乐。节日庆典为人
们提供了从日常例行的生活中解脱出来的机会，同时，节日仪式
中的各项活动会令人产生非同一般的感受，使人们原有的日复一
日的生活得以焕然一新，进入一种异于平常的生活状态。

仪式性体育活动使人们从身体到心理得到宣泄和放松，对于

---

① 《礼记·杂记》。
② 孙希旦：《礼记集解》（下），中华书局1989年版，第1115页。

保持人们的身心健康非常重要。涂尔干说，仪式活动使人们体验到两个世界：一个是他们每天"无精打采地生活着的世界"，另一个是使他们"像触了电一样直到疯狂程度时才能够进入的世界"，前者是世俗的世界，后者是神圣的世界。[①] 花炮节是桂北侗乡一年中最热闹、最疯狂的日子，到处可以听到芦笙、哆耶，看到的都是穿着新衣服的侗家人，姑娘压在箱底的银饰都戴出来了……街道难得挂起了广告横幅，整个村落充满了欢腾的喜气和活力，青年们专门等到会期结束再出去打工。对于偏僻侗乡的民众来说，在花炮节这样的狂欢节庆当中，他们平时"无精打采"的生活得到彻底的改变，这对他们是一种精神的调节。笔者曾经在花炮节和节日过后两个时段到各田野调查点，亲身体验过乡村的常态与非常态。节日期间山村热闹、喧嚣，人们狂欢亢奋，身穿新衣的村民、花枝招展的姑娘和英姿勃勃的少年形成的景象与日常村寨的安静、灰暗、乏味形成极大的反差，只有两种时段都在山村生活过的人才能够真正理解人们为什么对这一节庆倾注那么大的热情。长年生活在贫困、闭塞山区的村民有着强烈的娱乐需求，欢悦的体育节庆活动成为他们满足生存、享受生活和发展生产的基本需要。人们通过体育活动调节心理情感，使自己的心理更加丰富和充实。许多人谈到抢花炮都说是为了"搞热闹"，梅林2004年抢花炮的头炮得主石老金组了五个队去抢花炮，抢花炮前夜他们在一起商量的时候，大家都说"一定要抢一个炮，给寨子安排点儿喜事"。在程阳花炮节的时候，笔者问一个12岁的程阳小孩："为什么喜欢花炮节？"他很干脆地回答："人多热闹。"平寨一位退休的小学教师说："这毕竟是一年现在是几年一次的盛大活动，不管是大人还是小孩都是比较热心的。从历

---

① 参见涂尔干《宗教生活的基本形式》的有关论述。上海人民出版社1999年版，第289页。

史上来说，山区的农民一年到头辛苦地劳动没有什么娱乐，大家在一起搞集体性的娱乐活动很少。每年举行这个花炮节是很隆重的。像青年妇女呀，都是特别郑重的，头上插银花，穿上传统服装。""平时，街上也好，寨上也好，没有什么事的话，大家很少来往，过节家家都有事办，通过这种搞活动的形式加强彼此间的交流。"古宜花炮组委会主任老黄对笔者谈起的"农民的职业病"更深刻地表达了农民的娱乐需求。他说："古宜花炮节期间的七八台戏都是乡下的群众义务演出的，组委会只是给点儿夜宵，只管饭，演完两三天，他们回去的时候，我们就给集体一个红包，比如100块，来人多的就给200块，组委会帮他们安排住教室，他们是很乐意的，他们认为我们做得已经很够了，他们还想来的，发自内心的。他们说：'你们让我们来，只要给我们安排吃的、住的就可以了。'他这种需要是相当强烈的，你想他一年到头面朝黄土背朝天，天亮出门，黑了才进屋，那是很枯燥的。能有一个机会给他们唱唱、跳跳，穿点儿新的衣服出去就很满足了。能有这样一个大型的活动给他们，他们高兴啊，把所有的心愿都一起表达出来了。你们体会不到，他们太枯燥了，可以说这就是他们的'职业病'。在寨子里，哪个老人家拉土琵琶、唱琵琶歌啊都坐满人的，你想一下子嘛，这一是很休闲，二是有机会和大家讲讲笑笑，那样人的精神面貌和你一个人在家里面是大大不同的。"[①] 2004年古宜三月三的前一天，我们看到山里来的姑娘盛装列队在县城走过，她们脸上的喜悦和体态表现出来的自豪让我们想起老黄的话——有机会穿着新衣服出来亮一亮他们是很高兴的。这些长年累月日出而作、日落而息，在清贫、枯燥和单调中生活的人们，借由一年一度或数年一度的花炮节，共同营造一种不同往日的欢乐情境，在节日中体验一种与平日的生活

---

① 根据本研究访谈资料整理（录音编号：040918G36b）。

有着巨大反差的狂欢生活，释放长期沉闷压抑的情绪。通过狂欢的节庆弥补现实中的精神缺憾，达到心理上的平衡是人类一种普遍的心理需求和行为。

（四）相对封闭的社区与自由恋爱的传统——浪漫的择偶

情爱，更确切地说，性欲是民间狂欢节永恒的主题，尤其是在那些相对封闭的社区更是如此。[①] 在桂北侗乡，人们通过抢花炮体会一种原始的肉体快乐和美感，获得信仰的满足，同时，青年男女也把它作为交友的黄金时节。

这里的青年有自由恋爱的传统。青年谈恋爱有很多浪漫的方式，最流行的是"行歌坐月"（也叫"行歌坐夜"）。在少女进入婚恋年龄时，每逢月明之夜，有意追求的小伙子就会唱着"走寨歌"、"敲门歌"前来，有心的姑娘开门让中意的小伙子走进"月堂"（闺房），小伙子接着唱"对凳歌"和"讨茶歌"，姑娘让座、敬茶并以歌对之，唱得情投意合就会相约再度"行歌坐月"。节日期间，各个村寨的姑娘都打扮起来，湖南、贵州都会有很多年轻姑娘和后生仔来，年轻人来看热闹，也是来选意中人。花炮节给他们提供了一个展示自己、结识异性的机会，这是青年男女最广泛地进行社交的机会。2004年葛亮花炮节的时候，笔者住的旅社就住进了三个结伴前来会友的女孩子，她们是前来与前一年花炮节结识的青年见面对歌的。许多青年就是在这种"行歌坐月"的社交活动中加深了解，最后组成美满幸福的家庭。村民说，抢花炮期间"行歌坐夜"是最高潮的。"四清"和"文化大革命""破四旧"的时候，"行歌坐夜"有所收敛，但压制得很厉害的时候也没有完全断。现在不反对反而很少了，

---

① 参见黄泽《西南民族节日文化》，云南教育出版社1995年版，第317—340页。

因为大量的青年出去打工，坐夜习惯还是存在，只是年轻人很少唱情歌了，因为很多年轻人不会唱。

在林溪，农历八月十五侗寨要吹芦笙，小伙子在芦笙堂里穿起漂亮的衣裳吹芦笙，姑娘们打扮得漂漂亮亮提着竹筒做的油灯在周围照，这也是一个找对象的现场。芦笙是不停地转着吹的，一些人见到漂亮的女孩子就停住不转了，看见芦笙在哪里停下来，就知哪里有漂亮的姑娘了。① 这几年，由于青年基本上都外出打工，人们的交往方式也日益多样，支撑八月十五吹芦笙的那种谈恋爱的内涵和原始的动力已经所剩无几。马安寨芦笙队长说："自从出去广东打工以后，出来照灯的很少了，打工之前很多的，人太多，围着大场都走不了。现在照灯要给钱才去。"过去，程阳八寨是一个相对封闭的社区，它的婚配90%以上是八寨内或者附近的。"以前说呢，你嫁得太远了，不中用。讨了太远的也不中用。现在不同了，现在婚姻自由了，你嫁到哪里都可以，你到哪里带老婆回来也可以"②。现在青年大多去广东打工，在外头相识、谈恋爱结婚的也多起来。大寨寨老说，开放以后，我们基本上靠打工得钱，很多人出去打工了。打工前，90%的姑娘都嫁在八寨的，现在可能80%的人还在八寨吧，20%嫁出去了。讨老婆的情况也差不多。③ 现在，花炮节在青年男女之间传递信息的功能已经逐渐弱化，因为人们的生活方式逐渐开放，男女交往的方式增多，表现在择偶方面的功利性的功能逐渐让位于心理补偿性和娱乐性功能，这是民间艺术在新的社会历史条件下功能转变的共同特征，侗乡抢花炮也不例外。

---

① 根据对大田几位寨老的访谈整理，访谈时间：2004年2月3日。
② 根据在林溪调查时对房东陈定华的访谈整理，访谈时间：2004年2月4日。
③ 根据本研究访谈整理，地点：程阳大寨吴志繁老人的家中；时间：2004年9月20日。

（五）山里人消费得起的精神文化——本土化的娱乐与狂欢

一篇文章说："一位居住在闭塞山村里的农民，会满意于、陶醉于'三亩土地一头牛，老婆孩子热炕头'的生活，因为温饱解决了，性的问题解决了，传宗接代的也有了，亦复何求?!但一个人长期生活在这种环境中，从肉体到精神都会退化和萎缩，必不可免地导致平庸化和侏儒化。当我们看到运动员在大海里冲浪，在高山上滑雪，在激流险滩中漂流，进行马拉松长跑，在海峡间横渡，玩儿命式赛车，作惊险刺激的蹦极之时，我们就会深切地体会到：人生原来还可以活得如此丰富多彩，如此灿烂辉煌，如此震撼人心。并且，正是在这种充满活力的生活中，在这种大胆的尝试和探索中，我们才会获得对人生的新的感悟，发现先前从未有过的快乐。"① 这段文字优美而充满激情，可惜对山里农民的认识是错的。作者不了解山村农民的生活状况，也不理解他们的情感，对于仍然生活在贫困中的山村农民，现代体育对他们来说是可望而不可即的奢侈品，他们选择适合自己的体育和娱乐方式，以节庆狂欢的形式享受着与他们的自然和社会环境相协调的体育文化，那是一种非常质朴的体育。

桂北侗乡属于贫困山区，年人均收入不足 2000 元，人们外出打工之前更低。但是，一方水土养一方人，一方水土孕育一方文化。人们在生活中创造了许多自娱自乐的活动调节贫苦的生活。侗乡人爱斗牛。斗牛有规矩，比赛要拿两个牛角来比，牛角一样大的或者相差不大的才能来对打，不能让一头细细牛角的牛与一头大大牛角的牛对打，因为牛角细的专门挑眼睛，牛角大的专门挑下巴。所以，要通过比角挑出两头相当的牛才开打。2004年梅林花炮节的斗牛中，没打多久，一头较大的牛就夺路而逃

---

① 陈波：《体育的人文内涵——也论体育何为》，载《中华读书报》2000 年 11月 29 日。

了。那是宽牛角的牛，胜的牛是角窄的，它专门挑眼睛，那头大的牛因为被挑着眼睛而逃跑。梅林中学的老校长对我们说，外地来一个斗牛队至少有20个男的、20个女的，女的全部要盛装打扮，男的是准备拉牛的，打得难解难分的时候，就要用棕绳套住牛后腿把牛拉开。侗乡的斗牛就是这样，开始是牛相斗，继之上演一出人与牛的拔河表演。因为不拉开，牛就会相斗而死。在贫困的侗乡，牛是人们重要的生产资料，人们在经济上承受不起以牛的生命为代价的斗牛，自古以来形成了这种牛相斗、人拉牛的体育娱乐。

　　在桂北侗乡许多地区有抢花炮活动。据笔者的调查，三江县大大小小的抢花炮有10处，现在不断有些原本没有抢花炮活动的地方在学着办。因为该活动很适合这个贫困的地区，它聚集人气又可以促进商贸活动。以前有还炮的形式，得炮人得到的奖励来年要还回来，这样主办者不需要很多的钱就可以不断地办下去。抢花炮是一项充满悬念的竞技活动，又是一项简单、原始的竞技体育活动，没有复杂的规则，亦无复杂的技术，只要有勇气、有力气，遵守还炮以及不打人、不掐人等简单的规定就可报名参加。在几百人挤成数个人团拼抢半个小时甚至一两个小时的时候，常常是一个出人意料的人到达报炮区，举起炮圈示众，获得本轮的花炮。民间抢花炮的规则是按照有利于大家去抢、吸引大家去看的原则制定的。在程阳，抢花炮有规定的范围，出线就不能再抢了，但如果是大家在激烈拼抢中出线，就允许继续抢下去，直到持炮者跑出人群三五步才叫停。一位抢炮青年说："我们抢这个花炮的目的就是要看抢的，如果出线就不抢了，哪个得了就给哪个也就没有什么意思了。我们就是要体现我们的威力，为我们这个寨子出点儿力。抢那个炮是很需要勇气的，很多人去看就是要看抢的力量和游戏。"有时候，抢花炮会出现出人意料的幽默插曲。2004年程阳花炮节，平坦寨的一个大个子青年费尽九牛二虎之力抢得花炮，他过了界线甩脱人群，裁判在那里判他获得。本来第三炮已经归他了，他们寨子的抢炮者兴奋地把他抛起来，他的炮圈放在口袋里，被抛掉下来他却浑然不知，到报炮台领奖时拿不出炮圈当然不能领奖，眼见捡到炮圈的另一寨子的人领去奖品，成为大家的笑谈。谈起这事村民说："按道理判给你了，别人是不会去抢你的了。但是你自己掉了，没有炮圈，非常可惜。最后还是认那个拿炮圈去的，这是规定。"人们喜欢抢炮的热闹，抢炮的趣事还会成为人们闲聊的话题，给人们枯燥的生活增添些许乐趣。在娱乐之中，也培养人们遵守规则的习惯。

图 4-3　被同伴抛起来的夺魁者

　　林溪抢花炮的规则中突出的一项是必须还炮，不还花炮就取消抢炮的资格。只要你遵守还炮的规则，哪里来的人都可以参加抢炮。湖南的、贵州的、广东的都可以来，通知还炮的时候就要组织一个热闹的游炮队伍，抬上还炮的东西来还。以前桂林地区师范的学生来抢过一个花炮，来年抢花炮的时候他们如约到来，请当地的亮寨村民帮他们组织了一个还炮队伍。2003 年花炮节的时候当地村民还谈起那次抢炮。村民说："不还就取消你去。

以前我们这里 S 寨得一个炮去，没有还炮又来抢，我们就不允许他抢。"还炮的规定，以及全寨人集体还炮，在当时是使活动延续下去的经济保障。以取消抢炮的资格作为对不还花炮的惩罚，说明了当地人对抢花炮的热爱。

"狂欢"是人类的普遍现象，人类需要狂欢，因为需要情绪的宣泄以及宣泄以后的心灵的宁静，对于生活在单调或过于紧张压抑中的人来说尤其如此。狂欢节为民众提供了一个情感宣泄的渠道，一个颠覆传统、放纵自身的机会。抢花炮是侗乡人自己的狂欢节。侗族村落里人们平时有着谦让的习惯，但在抢花炮的时候，却可以不顾一切地奋力拼抢。巴赫金认为，狂欢节的核心是民间文化，是由平民大众自发自愿，人人参与，人人是导演、演员和观众的喜剧盛宴。侗乡的抢花炮正是这样的喜剧盛宴。

二 经济基础

（一）新中国成立前：多样性的经济来源

在以村寨为单位抢花炮的地区（如林溪和程阳），抢花炮活动的经费有两种——花炮节组织者（筹委会）的活动经费和还炮村寨的活动经费。还炮村寨的经费是在本村内部乐捐，由于抢炮和还炮都被视为全寨的事情，获得花炮是全寨的荣誉，所以，还炮也是全寨的事情，家家户户都有出钱出力的义务。由于花炮代表吉祥，还依附着村民的信仰，因此还炮乐捐的时候通常人们会按人丁捐款，连婴儿的母亲也会帮他捐一份。花炮节组织者（筹委会）的活动经费则是多种多样的。新中国成立前，梅林花炮会在农历十二月由会里的 2—3 个老人在赶场（赶圩）的日子到圩场上为放花炮乐捐收钱。那时候是子午赶场，上百个货摊，每摊收两角钱。他们把得来的一部分钱拿去买田给别人种，搞会期的时候就有打平伙的米了。此外，回龙祠上香的人捐的油、捐的钱、帮人解签的钱也用于放花炮。富禄靠的是货厘捐（参见附件4-1）。因为富禄以前是繁荣的商埠，货物都是靠船运的，起运的货和到达的货商会都有登记，按进出货物收厘捐，拿部分货厘捐来办花炮。八百街没有货厘捐，是由花炮会员捐一定的钱买偿田收地租，另有部分基金拿来放高利贷，收回来的钱拿来补花炮的开销。古宜抢花炮在新中国成立前有庙产，那是一些商人捐钱买的田，供人租种收租金，用这些钱来搞活动，到时候还组织乐捐，各个商号、门面，做大生意的给100块、1000块不等，做小生意的也多少出点儿，自愿捐款。总之，新中国成立前花炮的经济来源是因地制宜、多渠道、多样性的，所需经费来自于乡土社会自身，在地方民间组织的有效组织和管理下，人们依靠自身的力量举办着一年一度的狂欢盛会，满足自己娱乐、休闲、信仰、交往以及商贸等方面的需要。

（二）新中国成立初至改革开放以前：经济来源变得单一

抗战时期，林溪由于成为粤盐入湘的唯一通道而繁荣一时。随着抗战的胜利，商业的繁荣开始下降，大的商号更是纷纷撤走。新中国成立后，林溪的花炮仍然沿袭村寨还炮的传统，还炮的时候，全寨乐捐，筹备还炮供品，组织还炮游行。筹委会的经费靠当地的乐捐和政府的有限支持，大部分的工作都是人们义务而做的，没有了广发商号的赞助，老板和寨老请戏的情况也没有了，但仍有村民自娱自乐的侗戏、哆耶、芦笙，青年人的行歌坐夜、情歌对唱以及周边村寨互助性的演出。新中国成立后，梅林那种圩场收税、开赌的情况都被禁止了，经过土改，偿田也不复存在。松江公说："解放后政府不给自己到圩场收钱了，我们都是搞农业的，没有几个钱，主要靠去政府赖得点儿钱（集资）来搞。以前花费没这么大，抢得炮的人第二年会拿来还。"① 梅林花炮节的文艺活动与林溪一样，是村民自娱自乐的文艺活动和村寨互助性的演出，来的演出队，分散到各农户家吃住，用不着付费的。富禄的花炮节自古以来就以经贸活动为特色，就是"大跃进"时期，要挑大粪、挖地才能进富禄街的严厉控制措施也没能阻止两边大山的苗民和侗民下来过三月三。那时候，由于来自商会的经费的断绝，花炮节没有了请戏等需要花钱的娱乐活动，但出售箩筐、渔网、板凳、桌子等民间商贸活动还是热闹如常的；河滩上，五颜六色、盛装打扮的青年男女对歌等社交活动也是盛况依旧的。古宜花炮老会首说："我们什么资产都没有，只有靠老百姓自愿集资了。有一个瞎子拉板车，他是做苦工的，他都捐了两三块钱。农村来卖菜的也丢一块钱，资金就是这样一点点积累起来，很多单位支持我们，每次赞助我们两三百块，我们说能够多给点儿就多给点儿，少点儿也行，有心意就行了，凑起一万啊、两万啊、三万啊，我们就可以搞活动了。"

搞市场经济以前，人们无偿地出钱出力办花炮活动，民间花炮组织并没有感到经济上的压力，主要的经济来源还是村寨内部，人们以朴素的方式延续着抢花炮的传统。

【附件 4 - 1】富禄花炮经济状况资料——赖氏的叙述②

我富禄民族传统的"三月三"花炮节日，始于前清嘉庆年间，迄今已有 100 余年的历史。旧社会花炮节日的经费，是从各商业店铺的进货之中抽出 5%—8% 的货例捐中筹集。所筹的资金用于放花炮、请戏唱、扎龙灯、舞狮子和奖励当年货例捐多的前 30 名商号银牌，以及节日所需的各项费用，因此，经费年年

---

① 访谈时间：2004 年 5 月 17 日，地点：松江公家里（录音编号：040517M01）。

② 赖氏：富禄花炮老会首。资料来源：富禄花炮会首张新忠提供的赖氏手书复印件。

都不要向各阶层、各单位摊派捐款。解放后，各商业店铺经过合营，从此经济来源断绝，筹集无门，在此情况下，曾有几年一度停办，但湘黔桂三省（区）的边区各族人民，因习惯这一传统的民族节日集会，届时不管有无集会，自发地仍持传统浓妆艳服，携儿带女，带着各自的生产资料、农副产品，成千上万人流熙熙攘攘赶到这里参加节日盛会，进行物资交流。地方父老群众目睹如此盛况，如是经过各方面伸手求援募助，十余年来深得各级政府、企事业部门、各界人士的支持，这一节日盛会得到恢复，也得到中央人民政府纳入群众体育运动项目的承认。但经费无着，每年只得厚着脸皮派人到区、地、市县向各级政府、企事业部门、当地人民群众伸手求援，所得捐助，除应付出差人员车船吃住费之外，已浪费去了一部分，每年如此，深感人力、财力的浪费，用而不当，但年年（以下残缺）。

（三）改革开放以后：广开来源渠道

搞市场经济后，办花炮的成本提高。一位乡干部说："现在什么都市场化了、经济化了，什么活动都要讲代价了，筹办花炮节要花很多钱的，所以现在他们要组织很多人找社会各界、企业、单位、个人去寻找支持、赞助，去那些有本地人在那里工作特别是当领导的单位要点儿钱。"富禄花炮会首说："民间主办者必须具有在社会上集资的能力、社交能力，要有关系。因为这钱别人可给你可不给你的，你面子大多给点儿，面子小少给点儿，没面子不给你。不给你又不违法，给你少了也不犯错误，给你多了他也不见得十分光彩，所以是随他意的，看你与他的关系怎样。"[1] "乡友中，凡在国家部门的拥有

---

① 根据对曾经主持过花炮筹委会工作的 WQ 的访谈整理（录音编号：040511FL03）。

实权的在职领导及民营企业老板首先解囊捐出资金，多渠道想方设法寻求外资并对我们集资人员的吃住接待费负责，还通过关系向上级领导进行感化工作。"① 抢花炮活动的资金基本上是依靠到县级单位募捐，在这种募捐中，人们利用的是传统的老乡关系和熟人关系。由于血缘和地缘的关系，一个实现了向上流动的农村人仍然与原来所在的乡村存在着千丝万缕的联系，他们进城之后，由于工作、生活及个人兴趣等各种渠道形成了新的社会关系，在家乡的公益活动需要他们帮助的时候，他们会利用自己的权力和社会关系帮助乡亲。这些已向上流动的人主要是出于成就感、荣誉感和责任感而帮助自己的乡亲，看重的是以此获得的社会资本。不管怎样，从农村出去的"人才"对于贫困的家乡是一笔可以利用的财富。

调查之初，笔者有着与许多外人一样的疑问：为什么这里的民间组织者主要向政府和事业单位集资？应该可以向企业集资，为企业打品牌呀！通过逐渐深入的调查了解到，侗族地区企业不发达，GDP 和人均 GDP 远低于全国平均水平（参见表 4－1）。不仅如此，贫困乡村很低的消费水平（参见表4－1），使得外面的企业对这项活动的赞助不是很感兴趣。2002 年，三江县农民人均纯收入是1368 元②，当年全国农村居民人均纯收入是2476 元；三江县城镇人均可支配收入是4928 元，而当年全国城镇居民人均可支配收入是7703 元。可见桂北侗乡大部分人的生活仍是相当贫困的，太低的消费水平无法吸引商家。梅林老会首出示一份记录对笔者说，1998 年他们曾经向60 家企业发去求援信，其中不乏常在中央电视台广告中露面

① 2005 年富禄花炮会首老张的来信。
② 三江县的统计数据来自 2002 年度三江县农村小康住户调查综合表和由2002 年度三江县城镇小康住户调查综合表（2004 年 9 月在三江调查时三江县统计局提供）。

的本省著名企业，但无一回复。尽管工作十分艰难，但侗乡民间组织者已看到商家合作是必然的趋势，因此正在朝这方面努力并且初见成效。人们已经意识到，走与商家结合的路，搞宣传、做广告、拉赞助，这路子以后可能走得更远。富禄和古宜商业赞助方面获得的成功使人们认识到，影响和规模的扩大是联系商家的本钱，因此，他们在想方设法扩大影响，包括开拓电视、报纸、网络等各种渠道的宣传。

由于主要是向政府和事业单位集资，财神是政府，是事业单位，所以，民间就要迎合政府的需求。谋求商业赞助使民间组织者看到一线曙光，这是他们十分期待的事情，这种合作的关系能够使他们保持尊严，不像到政府和事业单位集资那样是一种乞讨的角色。随着旅游的兴起，该地区现在已经向旅游业发展，为适应旅游暨谋求商业赞助的需要，侗乡的抢花炮活动由原先那种内演（向自己人展示）的形式逐渐向外演（对外展示）发展了。

表4-1 1981—2004年三江县有关经济指标及其与全国的比较

年份	全部工业总产值(当年价)（万元）	GDP（当年价）（万元）	人均GDP（元）	全国GDP（亿元）	全国人均GDP（元）	农村居民人均纯收入（元）	全国农村居民人均纯收入（元）	城镇居民人均可支配收入（元）	全国城镇居民人均可支配收入（元）
1981	1873	5770	210	4862	489	81	223		
1982	2007	6093	217	5295	525	191	270		
1983	2395	6360	223	5935	580	209	310		
1984	2392	8803	305	7171	692	272	355		
1985	2943	8409	287	8964	853	286	398		739
1986	3024	10576	354	10202	956	299	424		900

续表

年份	全部工业总产值(当年价)(万元)	GDP(当年价)(万元)	人均GDP(元)	全国GDP(亿元)	全国人均GDP(元)	农村居民人均纯收入(元)	全国农村居民人均纯收入(元)	城镇居民人均可支配收入(元)	全国城镇居民人均可支配收入(元)
1987	4160	13810	456	11963	1104	349	463		1002
1988	3025	16139	526	14928	1355	391	545		1181
1989	3658	16530	529	16909	1512	436	602		1376
1990	4786	17072	538	18548	1634	406	686		1510
1991	4696	20277	633	21618	1879	552	709		1701
1992	7783	26541	821	26638	2287	583	784		2027
1993	16683	29956	917	34634	2939	773	922		2577
1994	18349	38963	1180	46760	3923	889	1221		3496
1995	29631	50854	1529	58478	4854	1092	1578		4283
1996	25730	51811	552	67885	5576	1204	1926		4839
1997	27643	54560	628	74463	6054	1408	2090		5160
1998	23258	54609	1619	78345	6308	1456	2162		5425
1999				82068	6551		2210		5854
2000				89468	7086		2253		6280
2001		6.8亿		97315	7651		2366		6860
2002		5.6亿		105172	8214	1310	2476		7703
2003				117252	9073		2622	4928	8472
2004		75089		136515	10502		2936		9422

资料来源：三江县数据由三江县统计局提供，全国数据来自国家统计局官方网站历年国民经济和社会发展统计公报。

(四) 当前的困境

1. 举办花炮节的开销增大

在低消费和贫困艰苦的环境中，人们依靠相互的帮助解决生活中的困难，渡过天灾人祸，共同提供和享受娱乐。改革开放前和改革开放初期，桂北侗乡乡民的生活具有一定程度的原始共产主义的性质，人们参加各种集体活动不计报酬，所需物品也是无偿奉献。转入市场经济以后，村民的商品意识开始觉醒，许多活动要讲一定的报酬，用富禄老张的话来说就是"现在的人都变精（聪明）了，做什么事都要考虑经济利益"。老人还说："以前花炮的筹备工作都是人们义务出来做的，现在组织表演队伍要钱，搭炮台要钱，出来做工要给误工费。以前是不负责嘉宾接待的，现在要接待嘉宾，这也是一笔不小的开支。"除了办炮需要资金、要集资，因而每年举办感到困难之外，每年举办花炮节的话村民也感到不堪重负，因为节期各家各户几乎都有十几位亲戚朋友来，招待费用太高。① 近年，梅林三民会的会员在逐渐减少，因为得炮以后，一帮一帮的人去祝贺，都要招待的，得炮没多少奖金，酒钱则要花掉 1000 多元，招架不住，就没多少人愿意接炮了。1999 年五尊炮，有两尊是外面接，三尊是会里接。二月二会员"打平伙"，因为炮没人接，有些人觉得搞这炮没意思了，懒得去吃了，80 多家有 40 家不参加，等于自动退出了。

2. 当地经济下滑集资困难

古宜的抢花炮 1989 年改为四年一届，老会首说，因为当时开始搞经济体制改革，有些单位垮了，单位穷了，有好多工资发不出来，当然就没有多余的钱给你搞活动。因为工资发不下来，家里生活困难了，连带的，老百姓捐款也少了，这样集资也困难了。富禄以前是溶江河第一重镇，溶江河一带流传的《十塘溶江河村寨地志》中说："富禄重镇多商贾，拥尽人间福禄德。"② 没有公路的时候，船运货物到这里集散，人都聚集在这里。黎

---

① 根据对亮寨杨仁军（男，40 岁，侗族）的访谈整理。地点：杨的家中。
② 本研究实地调查收集的资料。

平、锦屏、从江、榕江、箭河都在这里设中转站，运来的货物都要起岸囤积在这里，再慢慢调往各处。富禄这里的人挑担子，就业问题就解决了，所以以前很好找活路。新中国成立后车通了，但这里的 321 国道原来是断头公路，富禄到梅林没有公路，制约了贵州的经济发展。1991 年富梅公路通车后，贵州的货物源源不断地经广西到沿海，这是贵州通往沿海地区的主要通路。富禄老张说："开这条公路对贵州最有利了，我们开公路的时候我就知道我们是为贵州人做事情。当然从全国的角度讲是有利的，但对富禄是不利的，富禄变成死角了，现在是越来越搞不下去了。"

调查中我们了解到，林溪、富禄、梅林的花炮节基本上都有类似的情况，即随着公路的开通，往日的繁荣不再。交通便利、客运发展是人流不再滞留或滞留时间缩短的主要原因。许多人在访谈中描述了公路修通以前数天的热闹和通车后变成一天的热闹。他们说："都说要致富，先修路，可我们这里是修了路，断了'路'。"笔者认为，这是发展过程中的一个必然阶段，随着活动规格的提高，外面来的人会越来越多，当地的基础设施建设如果能跟上的话，就会有一轮新的旅游高峰。以前的人气旺是人们别无选择，没法回去，所以条件稍微改善之后人们就回家过夜了。新一轮的高峰就不一样了，那是人们理性地选择留在这里而不是别无选择。和当地人交谈的时候，他们一些人也同意笔者的观点。除了交通的影响之外，改革开放以来，农村集市贸易发展很快，人们不再过分依赖花炮会期进行物资交换和购买需要的物品，这使花炮节的商业活动受到极大的影响，热闹程度降低。

由于当地经济状况较差，每次举办抢花炮活动都要出去赖钱（集资）。外出集资"化缘"对于这些淳朴善良的村民来说是一件十分痛苦的事情，常常要放下自己的自尊四处求援。林溪花炮筹委 W 说："我管这方面的事情好多年，最清楚了，我跑过县

189

里、地区去向老乡们集资，深感集资相当困难。有的单位有钱，它赞助你百把两百块，有的单位一分钱不给你，你都不知道怎么出门（没有脸面）。弄得搞这花炮就是要拿这块脸去丢丑。""花炮是民间的事，政府能帮多少是多少，我们只能自己量力而行。比如说如果有资金，今天全乡十几个芦笙队都要来表演，可以很热闹的，可惜没有资金呀! 来的人都要吃饭吧? 不说大鱼大肉和喝酒，就是普通的也要两块钱一碗。村寨来 300 人，就要五六百，我们没法开支的，所以只要了两个芦笙队。"富禄年年办花炮，年年去集资，到单位集资集得别人都烦了，现在是找厂商和外面的商家来这里投资，帮他们打广告。原来集资来的一分一厘都用于办花炮，后来呢，大家都不愿去集资，拿脸皮去磨，于是就变为谁有办法找到钱就由谁来主办，谁拉来资金就四六分成，后来有人找到 Z 化肥厂投资，3 万元拿一部分办花炮，一部分分了，这样又有人有意见，说是以地方名义去集来资金不该归个人，但是给少了就没有人去。

以上种种现象说明目前抢花炮活动正陷入困境。

（五）解决问题各有思路

1. 林溪：试图争回公共土地所有权；向商家集资发展

前文已述，林溪花炮筹委会已经意识到与商家合作的前途，正在朝这个方向努力。除此之外，民间花炮筹委会还在与政府交涉，试图争回公共土地所有权，为花炮谋得一份固定资产（参见附件 4 - 2）。这几年，花炮筹委会一直在与政府交涉，希望通过解决公产房的问题彻底解决放花炮的经费问题，但一直没能解决。深层次的原因可能包括当地政府对民间组织的发展心存疑虑，因为在这件事上上级政府没有明确的态度，几十年的运动经历使基层官员宁愿选择稳妥的方式。

在桂北侗乡调查的所见所闻，从政府到民间都承认这个组织有很长的历史，又不像一些非法组织是与政府对抗的，有很多事情政府还是要靠它们的。讲民族团结，要靠寨老作宣传。很多人说此地一二十年没有发生过什么大案件，治安很好就是那帮寨老的功劳，社会安定团结和寨老的有效管理是有关系的。显然，政府应该对基层民间力量加强扶持的力度。

这两年，中央出台了很多关于保护民族文化、加强基层文化建设的文件，政府鼓励村民丰富业余活动、保持和发展优秀民族文化。如何让民族文化生存和发展是目前应该引起政府和社会关注的事情。有些东西失传了、濒临灭绝了，国家花很大的本钱去挖掘和抢救，而对生存着的一些民族文化则相对忽略。从这件事上我们看到，政府不仅要大力宣传保护民族文化，更要有实际的支持行动，而且这种支持应该着眼于长效行动。民间文化活动不仅需要输血式的支持，更需要造血式的支持。赞助几千元只能解决一次的问题，下一次又没有了，就好像给一个饥饿的人一条鱼，只能解决这一顿的问题，允许他钓鱼，往后他就有了生存的能力。给予适当的政策，有助于解决民族文化的生存危机问题。

【附件4－2】关于公产房的访谈

关于花炮组织公产房的来历，WJH 老人说：

我们来到林溪定居以后，要知道我们是从哪里来的，我们是从贵州来的，所以就从贵州接那个奶来，这个神就是喊作"萨"，接了那个老奶奶的神位来，有一套侗族的衣服、一双鞋、一副包腿巾、头巾、一把伞。本地出五亩地给料理"萨"的人。我们游炮为什么一定要经过它呢？因为我们林溪的几个花炮主要的头头的祖先神是这个老奶。那五亩地上面的部分有鱼塘，有菜园，上面的田地就给料理老奶的吴承德，由他自种自收了。下面的两亩多用来起房子做面铺，当时是谁起两间房子，就拿一间充

191

公出租，租金给花炮会，花炮组织一共有 10 间面铺房子，大概 300—400 平方米。丁丑年涨大水，10 间房子都被推走了，那时我 3 岁，至今 70 年了。那些田地解放初还是吴承德自种自收的，直到高级社（1957 年）才进社了，以后田地都归生产队了。下面这块地基也没归谁，一直是公共的，成立高级社以后，高级社在那里搞过木工厂，成为社里的，成立人民公社以后先是大队的木工厂，后来成为公社的木工厂。1983 年被大水冲了之后改造成了圩场。①

2004 年 2 月 4 日在 DT 寨对老人访谈的时候，老人说：

合作化以后，上面那田归公了，1962 年下半年四固定，公共的田就划给岩寨，就没有公田了。下面圩亭的地，几个寨子都有份，没有划分给哪一个寨子。我们谈到，应该向工商所争得点收益。那个地盘本来是路冲、华夏、和善、大田、亮寨、皇朝、新寨、平地棉、岩寨共有的公共财产，十月二十六（花炮节）敬那几个庙的费用都从那里出，等于是公共庙产。林溪街都是外面的人进来的，所以没有份的。（WRZ）

我们并不争那五亩田全部的产权，我们就是按照四固定没有划定的部分，争下面圩场那一块。原来的公田四固定给岩寨的部分，现在三万几卖给工商所了，底下这里没有卖，还没有办理正式手续签订合同卖给工商所。我们现在就是争圩场这块地的产权，实际上也是为花炮争一项固定的经济来源。如果这个问题解决了，花炮的经济问题就解决了。（WYJ）

新旧交接班那天的总结会我去了，谈到经费问题，我们可怜

---

① 根据对 WJH、WRZ、WYJ、WSJ 等几位老人的访谈整理。访谈时间：2004 年 2 月 5 日。

老一届的领导一家一户去跑，我就提个建议，我们能不能在本地弄点儿固定的经济基础，大家就提到圩场与工商所的关系，因为这里我们有点儿底子，如果从这里能够打开局面的话，我们就不要到外面赖钱了，隔三年办一次，三年也积得蛮多钱了，筹委们都蛮赞同，要与工商所打交道。我们对工商所讲，我们不反对你们在这里搞市场，但你们应该给个地租给我们或者说提成给我们嘛。（WCF）

这个问题解决了，我们就可以自己发展，我们也不求个人的利益，都是为了整个地区、民族的利益和发展，做这件事情我们没有哪个为着个人发财。（WRZ）

当问道"想在圩场那里建一些店铺用于出租，现在是不允许还是缺资金"时，老人答：

工商所不允许，政府又不帮助解决。如果下文允许我们早就搞乐捐建起来了。群众的力量是无穷的。要木头有木头，要劳力有劳力。

问到"现在是否还认可你们这个公共土地所有权"时，老人答"不认可"，但又说：

现在圩场那里，工商所也好，私人也好，都不敢轻易搞什么建设，除非国家开路。（WYJ）

政府不是在搞程阳桥旅游节，利用民族文化进一步开放吸收外资建设本地吗？我们有这么一个会期，有这么一个花炮节，商人、客人也来得多点儿嘛！程阳初七的花炮跟林溪的花炮就不同，它那里的规模小，很少人，展不开。我们这里展得开，乡政府你花点点就能扩大林溪的影响。你给政策，

大家就能很好地自己去发展，不用每一次、每一届都去问你要钱，到处去集资，去要钱。去集资就像当乞丐一样，好困难。（WCF）

花炮筹委 H 说①：

老人协会希望有一个固定的资产搞老人协会活动，有一定的收入，老人家有集中的地点，有了经济来源就好办事。老人家认为，既然公共地基国家利用搞了公路，就要补偿一些地方给老人协会。地基归老人协会（也就是花炮筹委会），应向圩场收租金要提成。老人协会跟工商局协商，但未被同意。九几年的时候和政府讲，政府同意给 1 万元，老人协会不同意，说要么还地皮，要么给提成，如收 10 万就要提成 3 万或 2 万，但工商局不同意。与工商部门还比较好协商，现在由地方政府管就不便协商了。政府讲我年年拨款给你搞活动，还要什么提成，有事找我就行了。

2. 富禄：希望政府接管；试图通过花炮节重振地方声望

富禄花炮会首老张曾经给乡人大作过一个提案，建议富禄花炮节让政府接管，但被乡人大否决了。官方人员说，官办这个活动就没有生命力了，因为这个活动是自然形成的，有很长的历史、很强的生命力，民间虽然遇到困难但年年都能办下来。② 富禄曾经是著名的商业集镇，旧时商人留下的许多建筑历经沧桑之后都已不复存在，现在富禄最值得骄傲的东西就是三月三花炮节。民间和政府都想通过花炮节重振地方声望，2004 年乡庆的时候，他们大做了花炮节的文章，"目的是为了

---

① 访谈时间：2004 年 9 月 22 日；地点：H 的店铺里。
② 根据对富禄老张的访谈整理。访谈时间：2004 年 5 月 11 日。

弘扬传统文化，提高富禄'三月三'的知名度，从而引进外资，发展旅游事业，改变富禄苗乡落后面貌"①。2005年他们到县城集资的时候，对同乡会的头头们说，随着洋溪电站的建设，富禄镇大部淹没，为了不让壮观的三月三花炮节成为被遗忘的历史，为了给后人留下一份文化遗产，想好好组织今年的花炮节，打造一个高品位、具有浓厚民族特色的花炮节，为毗邻地区的民族大团结造就一个融洽的平台，利用这一契机发展旅游事业。2005年富禄花炮节从集资到活动的组织都十分成功，尤其是自治区民委主任亲临现场并登台讲话，县长、副县长、市民委、市政府领导陪同到场，给盛大的民族迎宾式增添了光彩，也让富禄三月三抢花炮看到了新的希望。

3. 古宜：期望完成花炮纪念馆工程，实现民众心愿

由于是县治所在地，古宜是全县的政治经济文化中心，政府和商家都对花炮节感兴趣，来自官方和民间的经济支持都是其他乡间村落的花炮节不可比拟的，暂不存在"揭不开锅"的问题，民间主办者不用厚着脸皮四处"化缘"。但是古宜花炮组委会有一个心愿，就是完成花炮纪念馆工程。2003年，古宜花炮的民间组委会主任正式卸任，移交给三江县古宜镇个体商业协会接管。当时组委会提出的条件，一是要恢复一年一度的三月三，二是要在两年到三年内，把二圣庙建起来。老主任带我们去看了民间自己建成的主体框架，他们已经把最困难的工程做了，后来所需经费越来越大，没有钱，就搁在那里，一搁就是七八年。几次特大洪水漫过该主体框架都没有把它冲倒。人们说，因为这是大伙真材实料、绝不偷工减料建成的，所以非常稳固结实。按照他们制作的模型将建两层，用一间小

---

① 2005年6月富禄花炮会首老张的来信。

小的房间安放神像,供人们平时去进贡、祭拜,其余建成办公室和活动室拿来搞活动,办成一个活动中心,让一年一度的花炮节可以有一个开会、办公的场地。老会首说,我们老了,六七十岁了,没有能力搞这个,所以开出这个条件办移交。现在人们还在盼着这个工程的实现。

4. 梅林:办成民间与政府共建的花炮节

梅林地处县镜西端,人们戏称是"县尾"。交通不便,去一趟县城,通车之前要几天时间,通车以后去县城办事也难得当天往返。笔者调查的时候正在修路,中午从县城乘车,到达梅林的时候天已经完全黑了。[①] 在这里,我们感到浓郁的民族艺术氛围:花炮节的时候,孩子们都穿上民族盛装,也保留着生活状态的情歌对唱(不是表演性的),孩子们都热衷于吹芦笙,唱侗族大歌。每年都有女孩子被南宁艺校选去,毕业之后在各地进行表演,收入不错。这里的女孩子都热爱民族艺术,纷纷投考或者自费(学费由学校垫付,将来从毕业实习时挣的钱里面扣)去南宁艺校学习,花炮节是她们展示自己的机会。一些学生就是在花炮节的时候被外面的表演队挑去的。由于这里也是侗族大歌的流传地,自治区文化厅为其颁发了"民族艺术之乡"的称号,民间和政府都有通过花炮节发展梅林旅游、建设休闲旅游度假区的愿望。因此,在小城镇建设的背景下,2004年一些勤劳致富的梅林青年组织新的花炮会,在乡政府的大力支持下恢复了停办三年的抢花炮,政府和民间都有共建花炮节、宣传"艺术之乡"的愿望和行动。

---

① 当时笔者和助理小丽从公路提着行李下了很高的坡到渡口已经没有了渡船,笔者在黑夜里大喊:"过河!有船吗?"之后,摇来一条小船渡我们到了河对面的梅林村。

5. 程阳与葛亮：保持传统求得生存

在几个花炮节中，程阳花炮节和葛亮花炮节是最传统、创新程度最小的花炮节。但两地的动机与行为也不相同。程阳由于拥有举世闻名的程阳风雨桥（参见图4-4），那是侗族文化的标志，也是县里旅游的招牌，是县里重点开发与宣传推荐的旅游点。抢花炮也是春节黄金周县旅游宣传的重点内容，政府似乎比村民更在乎抢花炮是否能举办，因此，程阳抢花炮可以说暂无因经费问题而断根之虞，政府的旅游规划使他们似乎成了买方市场，由于经费差不多可以算是政府部门主动奉送的，故也用不着过多考虑招待的问题，也不用作出某些刻意迎合政府的安排，因此，开销就少许多。

葛亮村是个小村，外援不多，无力集资举办古宜、富禄、梅林那样的抢花炮，村民以坚守传统而求得生存，立足自己，朴素办炮。他们集资恢复了已毁掉的孔明庙和关帝庙，尽管只是两间简陋的小屋（参见图4-5），远不及原先两庙的规格，但体现着同样的精神。村民在小庙贴着这样的对联：孔明祠的是"忠义

图4-4　程阳风雨桥

慨然冲虞宇，英雄从此震江山"；"义贯乾坤"（关帝庙）的是
"千年古树绿森林，叶茂花繁在世间"，表达对两位忠义之士的
崇敬。因为葛亮还有古庙，是靠信仰支撑的抢花炮，因此也保持
着还炮的形式，也正是由于还炮形式才延续着这种古老的活
动——有了还炮，花炮组织就不需太多的开支，不会因为经费问
题而停办活动。

图 4-5　葛亮村新建的孔明祠和关帝庙

三　组织基础

一项跨村落的民间大型集体活动能够有序地进行并且稳定地
传承，无疑与当地民间组织的存在以及民间组织的权威与号召力
有直接关系。前两章的论述说明，桂北侗族地区的抢花炮是一种
带有民间信仰成分的、有故定祭祀日期的酬神赛会活动。该活动
之所以能够在这一地区生生不息地传承，除了适合当地的生态环
境和人们的消费水平，能够满足人们的精神和物质需要，具有很
好的民众基础之外，一个重要的原因是有一套具有传承性的有效

的社群组织系统。

（一）老人协会：传统的组织资源

笔者初次进入桂北侗乡作抢花炮的田野调查的时候，第一感觉就是这里的老人地位特别高，在花炮的筹备、组织活动和抢花炮的仪式过程等方面，老人的地位特别突出（参见本书第二章）。该地区的抢花炮活动完全是由民间筹委会筹备、组织的，筹委会又是由各村的老人协会负责人组成的。花炮筹委会是一种地缘组织，或者说就是跨村寨的老人协会组织。深入一步的调查得知，这里的老人协会与笔者所认识的城里那种仅限于在老年人中开展娱乐健身活动和联谊活动的老人协会相去甚远，它是一种村寨自治组织，在村寨里做什么工作都离不开老人协会的支持。我国农村改革讨论的许多自治方案和试验，例如著名"三农"学者贺雪峰在江西洪胡渔场的试验①在这里早已自发地存在。L乡党委 C 副书记说：

> 自古以来，各民族在自身的发展中各具特色，在历史变迁的过程中，各民族内部的管理自成一统，如部落首领、寨老等。侗民族也不例外，在法制尚未健全的社会，寨内集体事务的管理，往往"寨老"的话就是法，就是权威。新中国成立后，"寨老"在侗族中的一些地区依然存在，特别是改革开放后，"寨老"这一特殊的历史"职务"在社会发展中又一次出现，只不过"寨老"这一名称已改为"老人协会"而已。②

---

① 著名"三农"学者贺雪峰在洪湖渔场倡导组建老年人协会，进行农村文化建设的实验，尝试在一个缺乏合作资源、人与人之间已经原子化的村庄里，靠外力推动建立一个可持续性的自我维护的民间组织，目的是丰富农村人的精神文化生活。

② 摘自 C 为笔者写的材料《"寨老"在社会发展中的利与弊》（2005 年 3 月）。

由于老人协会的存在，这里民风淳朴、村寨社会秩序相当不错。但是，随着社会的变迁，老人协会的地位日趋式微。在这里，抢花炮与老人协会之间有着某种互为依托的关系。

1. 渊源：古老的寨老传统

对于村寨老人协会的情况和老人协会的渊源，笔者作了许多访谈，访谈对象包括基层政府的有关负责人和各村寨的寨老，有些是个人访谈，有些是焦点团体（花炮筹委会老人）的访谈。

附件 4-3 访谈中的谈话者主要是 62 岁的 WRG，曾当过乡人大主席，现退休回到 DT 寨成为寨老之一。由于退休前任乡人大主席一职，他跑遍了全乡，对各村寨的情况都比较了解。寨里另一位寨老对他们这样的退休干部的评论是："他们的心理是，我是国家的人，不算本地的人，要我支持的时候我就支持，需要我帮助的时候我愿意帮助，常常给大家出些好点子，总的来说是很热心公益事业的。"乡干部和寨老双重身份使得他对寨老问题的看法能够处于比较中立的立场，谈话中介绍的有关情况在笔者对其他寨老和普通村民以及乡干部的访谈中得到印证（后面会陆续引用）。笔者与 WRG 谈话时，旁边许多老人表示同意和附和，并不时插话补充。从这段谈话中我们可以对侗寨老人协会有一个大概的了解。

【附件 4-3】关于寨老的访谈[①]

李志清（以下简称李）：你们这里的村寨都有老人协会吗？

WRG（以下简称 W）：每个寨子都有老人协会。

李：你们是怎样想到成立老人协会的？

W：我们这里以前就有寨老管理的习惯，现在这老人协会只

---

① 录音编号：031121L02。

不过是换一个名称罢了。以前，每个寨子都有那么一个老人组织来管理寨子，很多协会纷纷成立的时候，我们也就成立起老人协会，给这个组织定个名称。

众老：是啊。

W：我们这里寨老管理的情况始终没有消失。在我们乡范围内，老人协会起到蛮大的作用。因为有这个组织，搞什么活动都好办。政府布置什么工作下来，它可以起到协助的作用。比如我们这里防火，寨老有管理的一套，不需要政府指定你这段时间做什么，下段时间做什么，寨老们自己会考虑：嗯，这段时间我们应该做这样、那样啵，一号召、一组织，其他的人就跟着做了。有时候，政府号召的事情不如寨老号召起的作用大。

李：请举一些具体的事例。

W：就说防火吧，政府虽然是比较强调的，因为我们这个地方经常发生寨火，有时候，政府讲我们要突击做什么，要打扫卫生什么的，你政府下来讲，他不一定马上做，如果寨里面组织，"我们明天就做啵"，有蛮多人就跟着做起来。再比如公益事业，比如我们现在要建一座桥，要解决占用地基的问题，政府下来好多次都解决不了，我们寨老就出来讲："国家拨款为我们建桥，我们出点儿地基都不行？"主任下去做工作，就解决了。所以老人协会起了蛮大的作用。

李：在你看来，为什么有些事情寨老能够起作用，政府反而没有办法？

W：我也讲不清楚。它与政府管理有区别。行政管理的人，下来只是一两个钟头，或者天把就走了，但寨上的寨老，天天在这地方，你做没做，他很清楚，很晓得你的底细，所以讲话就听些。大家都在寨上，你做好做坏，很晓得底细，人是要脸面的，所以你讲做什么事就会听，如果你讲一次不听，讲两次又不听，大家就会讲，这个人不行，他就没面子。如果是政府组织，你组织你的，我不听，懒得理你。

老人二：政府是管政策的，老人协会是管寨上很具体很具体的事情的。一般村委会宣传下来的指标、任务，村里的公益事业，村民其他的事情都是由村老人协会管。

李：村委会、村支部与老人协会之间有没有过矛盾的情况？

老人二：没有，总体上还是村委会为主导，老人协会为动力。乡里面的号召、文件布置到村委会，村委会又到老人协会，老人协会管本村、本屯的社会治安、纠纷，老人协会是最基层最基层的管理组织，协助村委会管理。

李：是老人协会管理村屯的秩序？

众老：对。

老人二：寨老管理，没要一分钱，一样东西，没有任何报酬，样样都是义务工的。

李：老人为什么这样尽义务呢？

老人二：我们在这个寨子，要把我们这个寨子各方面做好，把这个小地方管理好，有个自发的习惯传下来。

W：比起以前，现在的管理还不算好。以前，一个寨上出现小偷的现象，老人一晓得就罚的，就是抄他的家，搞得他在此地生存不下去。这个手段现在趋于由法律手段取代，但传统的手段约束力很强。

李：这种权力一直持续到什么时候？

W：50年代还有，60年代初期还有点儿。以前我们队上有人偷队里的谷子，我就跟寨老去抄过他的家。那时的管理就是这样，发现你偷盗，就去搞你，约束力很强的。

李：再早一些，比如说解放前，寨老管理是怎样的？

W：解放以前听人家说也是这样的。

李：寨老有什么特权吗？

W：解放前外面派来的村长，必然有个副村长，这副村长就是寨里的寨老，当时他有点儿报酬的，村长不经常来，副村长（寨老）行使村长的权力。

李：这样的寨老是村民选出来的吗？

W：也没选。上面相信你在村里有威信、起作用，就让你当。

李：当时有哪些权力？

W：寨里的大小事情由他决定，没有群众讨论的，他开口怎样搞就怎样搞，他的权力是村长委托给他的。

李：如果不听呢？

W：不听就罚你的款，或者把你开除，不让你在寨里住。

李：以前的寨老是地主吗？

W：不是地主啵。地主没有权力的，寨老比地主权力大。寨老问他要点儿钱来寨里用，他不敢不听的。寨老讲这段时间寨里有什么事，你要出点儿啊，出多少……

老人三：寨老不是地主，寨老能管地主，我们这里地主怕寨老。

W：总体来讲，寨老他样样都做得去，有本事。

李：寨老是否很有财富？

W：不大有。他有口才，说话比较溜的，在群众当中有威信的，有带头作用的。寨老可以牺牲自己的一切，自己的活路不去做，也要主持全寨的工作。

李：由于以前接触的宣传，我想象中的寨老是很有财富的，是财主。

W：一般是中等的，不是很富的，也不是很穷的，中等水平的比较多。为什么是中等水平的呢？因为吃穿他有一点儿，要去做什么的时候，他可以丢下活路，不用去找吃的，所以是中等水平的，在寨里讲话寻力的。如果是很穷的，成天要去找吃的，他

203

也没办法顾寨上的事。

李：自古以来，当寨老的都没有去谋取自己的利益？

W：在我们这里没有。

李：解放初的情况如何呢？

W：解放初成立农民协会，寨老当农民协会主席，行使政府的职权。

李：解放初搞选举吗？

W：选举的。解放以前是不选举的，派来的村长看谁有威信、能管事，就让他当副村长，当寨老。解放初搞了选举活动，选举产生贫协主席，也就是寨老，行使政府职能，贯彻政府的政策、任务。

李：一直到何时发生变化？

W：1956年、1957年组织初级社，1958年搞高级社，"大跃进"，就不是寨老管理了。下面这几个寨子搞一个合作社，当时是比较积极上进的。社会改变了，制度变了，我们要组织起来。过去是分散的，现在要组织起来，搞大生产。这样组织起来，当时比较懂得上面政策的人，在下面宣传，自愿组织起来，到最后，不愿意的也不得不进去了。合作社有大队长、有党支书了，大队长、党支书一般都是比较年轻的。

李：在这种情况下，原来的寨老还起作用吗？

W：村里的事务还是管，但某些方面有些分开了。大队长、党支书有上面的政策下来了，由他们传达执行，寨老管治安、纠纷等，生产没权力管，政治也没权力管了。"大跃进"以后，1962年，上面浮夸风危害比较大，从中央到地方进行扭转，然后是资产固定，生产队固定田亩、山林，遗留下来的工具、农具，自己分配，自己生产，寨老的权力也没有什么分别。

乡农林水助理杨善兆说：

民间的筹委会都是寨子选拔出来的，负责任的，责任心强的，老点儿的，有经验的，配合几个中年的。他们没有报酬的，完全是尽义务的。一个寨子选出一两个，选出来的人都是寨子里有威望的人，可以说是农民爱戴的领导班子吧。①

综合对该地区各方人士的访谈和文献资料，我们知道，历史上三江各村寨都有寨老组织，寨老的产生大都是自然形成的。形成的途径是寨上一些为人正直公道、热心公益、熟悉乡规民约、能说会道的中年男子，在为人们调解争端中获得威望而成为寨老。寨老既不是世袭也不是终身制，若处事不公、袒护亲友、接受贿赂、颠倒是非，或年老无能、威信降低，大家再也不去找他理事，自然就被淘汰。寨老的职责是：对内主持成员大会，制定或重申乡规民约，处理家庭、婚姻、山林、水利纠纷及盗窃、抢劫等案件；对外代表本寨与邻寨寨老共同处理有关事宜。寨老平时务农，没有固定报酬，只是在为人调解纠纷中，由当事人供伙食，事毕，送几把糯禾或小笔钱财。寨中鼓楼是寨老们议事的场所。

2. 传统的推翻：寨老变成"牛鬼蛇神"

通过对寨老的访谈得知，"四清"时期寨老被打成牛鬼蛇神，不再发挥村寨管理作用（参见附件4-4）。

【附件4-4】关于寨老变成"牛鬼蛇神"的访谈②
李：寨老权威受到最大冲击的是哪个时期？

---

① 录音编号：03_121L35M05。
② 附件4-3访谈的继续。

众老："四清"。

吴：1964年下半年开始"四清"，到1965、1966年就开始"文化大革命"。1964年下半年这帮人（指旁边一位寨老，当时是青年，现在已成为寨老）就下去搞工作队。

李：你们去搞"四清"工作队，把寨老划为四类分子？

老人二（被指参加"四清"工作队的寨老，下同）：分子有几种，反革命分子、地主、富农、破坏分子、"右派"分子、"牛鬼蛇神"。

李：寨老是划到哪一类的？

老人二：寨老被指责搞封建迷信，是划到"牛鬼蛇神"里。

李：在此地，把他划为"牛鬼蛇神"，对他做了什么事情呢？

老人二：限制活动，没有发言权。召集四类分子开会的时候，六种人有两种人可以不参加，就是"牛鬼蛇神"和"右派"。"右派"分子有他的政治地位，是共产党分为两边，一个左、一个右。和"地、富、反、坏"不是一类人。

李："地、富、反、坏"是监督劳动，"牛鬼蛇神"和"右派"就没有监督劳动是吗？

老人二：没有，是属于限制活动。

李：就是说，在这个阶段，寨老是不能发挥作用了。

老人二：那个时候没有了。

李：有没有对寨老这些"牛鬼蛇神"进行过分的行动？

老人二：四类分子是有人斗，"牛鬼蛇神"是参加劳动，就是发言权少一点儿。

李：还受到严厉的对待吗——过分的？

老人二：在"文化大革命"那段时间也是被斗被打的。

李：是"四清"过后，到"文化大革命"才挨斗挨打的吗？

老人二：是的，"文化大革命"以后，又不挨了。

李：挨斗挨打，大概持续了多长时间？

吴：也不是天天拿来斗，有点儿牢骚、怪话的时候就拿来批斗。还有公社召开大会时，就批斗。

李：这大概是哪个年代？

吴：1966 年到 1968 年，那时经常开大会，公社召开万人大会、三级干部会议的时候，就要拿几个来斗，来开火。就像"抓革命、促生产"那口号所说的。主席说"抓革命、促生产"，这里的人理解就是拿一些人来斗就是促进生产。

李：都喊些什么口号？

吴：打倒一切坏分子！打倒一切牛鬼蛇神！抓革命、促生产！

李：斗就是抓革命吗？那时这里的村民对批斗的热情是被迫的还是真的鼓起了那种革命热情，真的斗？

吴：有帮积极分子是真的下手。

李：这样的人在村里大概占多大的比例？

吴：很少。一个村有几十个基干民兵，基干民兵里有几个骨干，那些人出头露面多，那些人就斗得狠些，其他人就不出声，随大流，喊去就去。

李：寨老在你们侗家里，既不利用他的权力来聚敛财富，他又不是地主，他没有民愤，而且总是做好事，群众对他的看法应该是蛮好的，应该对他有感情的。那么在他被斗时，是不是会有很多人同情他呢？

吴：也有不少人同情他的，但没有办法，那时是不能够开口的。那时候，在毛主席像上面弄了一个污点或讲错一句话，就讲你反毛主席、反党，这些帽子就戴上来，就要挨斗的。我那时候就懒得讲话。

李：就是说，只要有几个出头的人，就可以斗起来了，别人是不敢说话的。

吴：不敢讲的。如果你讲斗他不合理，别人就会讲，斗他不合理就拿你来斗嘛。所以怕开口，不像现在，现在什么话都敢讲了。1969 年以后武斗结束，这种情况就结束了，不斗了。但那时是生产队长管理，寨老一类就成了普通人，在村里不做管理工作了。

3. 传统的重建：各寨成立老人协会

"四清"、"文化大革命"时期，寨老被打成"牛鬼蛇神"，改革开放以后，村里的一些寨老又开始管理寨子的公共事务，政府也认为寨老对这个地方的管理起了好的作用，默认了侗家寨老管理的实际状况，利用寨老这一传统组织管理资源做好村寨的工作，民间也利用这个机会把组织恢复起来。1982 年以后，村寨自发成立老人协会，这是过去的寨老制在新的环境下的一定程度的再造（参见附件 4-5），寨老重新成为村寨管理的一种力量，成为村行政管理的补充。

【附件 4-5】关于成立老人协会的访谈[①]

吴：改革开放以后，从 1982—1983 年后才有变化，村里面有些寨老管事了，那时政府也认为，寨老对这个地方的管理起了好的作用，不应该取消。

李：1982 年开始，村里老人逐渐形成一种组织，详细谈谈这个过程好吗？

吴：那时候有个文明村的评比，我们乡有个高秀村和冠洞村评上自治区的文明村。这些寨子成为文明村，寨老起了很大的作用，公益事业都是由寨老组织做的。政府计划的搞卫生、

---

① 附件 4-3、4-4 访谈的继续。

修路、建桥等工作都是很难办的，寨老起了很好的作用，因此政府有意识地培养寨老。1997 年九九重阳节，当时的乡党委书记连夜给本乡的 54 个寨子写"福如东海、寿比南山"的牌匾，第二天安排干部把牌匾送到每个寨子。老人感到政府对他们重视，劲头更足了："政府对我们蛮重视啵，我们要把工作做得更好些。"你现在到各鼓楼还可看到那些牌匾。政府这样做就是说支持你的工作，重视你，下面因为上头的重视，工作也更有劲头。

李：这也表明政府默认了侗家寨老管理的实际状况，利用寨老这一传统组织管理资源做好村寨的工作。

吴：对，就是利用它来做工作，民间也利用这个机会把组织恢复起来。

老人二：讲起来，上头支持我们，我们的工作更应该做好。大家相互推动、相互促进。

李：老人协会的组织机构是怎样的？

老人二：没有机构，没有一个固定的头，只是那几个爱露脸的自然形成的，自发产生牵头人，没有权力，只有义务。

吴：就是在鼓楼那里聊天议事，谈到该做什么事情大家就一起议，大家都觉得该去做这事的时候，就说怎样做呢？某个人就会说怎么做怎么做，大家就拥他来牵这个头，慢慢地，他就自然成为老人的头子了。

李：各寨是如何互通信息、恢复老人组织的？

吴：没有互通商量，自己形成的。但有些议论促进这事形成。比如，哪个寨子的老人组织起来起了好的作用，别的寨的老人就会议论：嗨，那个寨子的老人蛮得力啵，为村寨做了这样事、那样事，我们也要做点儿。谁都不甘于落后，让人认为自己寨子糟糕。

李：也就是说，村和村之间还是有信息流通，相互起示范作

209

用，短时期又开始老人管理。

吴：因为在解放前有基础，有传统，所以形成是很自然的。

李：老人节只是一个契机。

吴：近一段时间以来，在各村老人协会里都有党员了，当某些事与国家政策、法律有冲突的情况下，他会说"这样处理不好啵"，"这样做不行啵"，提醒一下。虽然党组织没有直接出头露面，但通过这些老人协会里的党员也起到引导作用。

李：以前寨老组织里面是没有党员的，这次恢复以后里面就有党员了，和政府更亲近一些，合作更多了，是吗？

老人二：对，1982、1983年恢复以后，老人协会有些党员了。

吴：比如，以前对偷盗者采取抄家手段，家里有大猪的扛出来，有好东西的扛出来，现在老人协会里的党员就会讲这超越政策了，不行的，大家讨论，应该罚多少款，就采取罚款措施。

李：听说老人协会还是有部分权力的，村规民约都是由老人协会为主确定的。

吴：1996、1997年，政府对老人协会也比较关注了，现在的老人协会也要根据上头的精神来做，不敢偏得太多。村规民约开始由老人协会制定，政府帮助修改，因老人协会制定的有些与现在的政策法律有冲突，政府也考虑进行调整，政府有个框框，有一定的规定，避免过火的处罚。最后报到上头确定、备案。可以讲还是政府来制定的。有了老人协会和村规民约，政府的工作减少蛮多。

4. 花炮节仪式：尚老、敬老传统和老人协会地位的彰显

通过在桂北侗乡的所见所闻，笔者对侗族的尊老传统印象深刻。一位年轻的乡干部说："我们侗族的鼓楼是拿来祭祀、开会的地点和娱乐的场所，鼓楼里面如果要画画，画什么都是老人说了

算的，特别是那些有威望的。如果有威望的人出来讲什么话，年纪轻的晚辈一般是不敢顶撞的。"花炮节也体现出这样的权威，老人协会筹备、组织该活动，游炮也给老人特殊的地位，拿炮的是一位德高望重的长者，老人穿礼服陪炮，整套仪式都是围绕着一种生活秩序，就是尊重老人、尊重传统。对于此地老人地位高的原因，那位乡干部说："因为他们生活经历比较丰富，各种能力比较强，所以对他们很尊重……在这种传统的社会中，老人的经验很重要，另外，我们农村文化层次不高，不像一些比较现代化的城市，越年轻他的知识性就越强，越年轻他的知识面就越宽。在农村就不同，相对来说，三四十岁的文化层次也是很低的，五六十岁的人他积累的经验就丰富一些，他就具备这个威望。"现代化的社会，不断地运用新的技术、新的手段，相对说来，老人接受新的东西慢，新的职业很难有他的位置，年轻人能够很快地掌握技术，有知识、有文化就有好的职业和好的收入。如果收入有几倍、几十倍甚至更高，可能老人的地位会有所变化。另外，在传统社会，老人的经验非常丰富，而且他不依附于年轻人，他能自己独立地生活（林溪乡党委副书记说他们那里现在60多岁的人是主要劳动力），特别在农村，很多的食品都是自给自足的，他的收入也不低于年轻人，他的生活、生产、社会的经验对年轻人都很重要，因此，老年人的地位就比较高。如果今后老人对现代的东西都不懂，处于一种比较无知的状态，他的经验在新的生产生活方式中不大有用的情况下，老人的地位可能会有所变化。但是，随着时间的推移，很多年轻人不懂习俗的来历，那些民族、传统的东西只有老人才懂得，所以，在传统活动中，老人仍然具有权威。这种传统活动可以强化尚老、敬老的传统意识，该活动的组织也是老人协会显示权威的机会，老人们对此倾注了很高的热情。

老人协会是侗乡重要的组织资源。但现在因为寨老不能够罚款、没有处罚的权力，加之外出参加公共活动的机会少，因此，外面的社会关系少，在村寨中的权威有所下降。抢花炮活动使寨老们加强了相互的以及与外界的沟通，这是他们增加社会资本的机会，因而也强化了寨老的权威，这对于维持侗寨传统的自组织功能，维护村寨的安定团结和组织活力是十分有益的。

（二）花炮筹委会：随社会背景而变幻政治色彩

自古以来，LX 的花炮节都是由寨老们组织的。20 世纪 80 年代初，中断 20 多年的抢花炮由一个德高望重的寨老和一个村支书发起恢复。老人告诉我们："他们在社员里头是受尊重的，他们号召把这个恢复起来，政府也是支持的。政府的想法和我们是一样的，希望沉闷的山村恢复以往的活跃。这个活动是跨村寨的大型娱乐活动之一，差不多是唯一的、全体参加的传统公共仪式。那几届政府、群众好支持，一讲要搞，大家就一哄而起了。"[①] 两位老人当主任组织两届后，年纪大了，到外面开会、联系工作的机会没有了，与外面的接触少，熟悉的人就少了，去集资和与政府打交道都不方便了，于是就换了主任。经选举得票最多的就当新的主任，就是现在的老主任。他是村支书，做了一届做得很好，大家信任他，让他继续做，现在他也老了，于是又选新的。由于当地的花炮节是四年一届，所以该地花炮筹委会主任最多是当两三届。2003 年选出来的常务理事（在其中产生主任）年轻多了，反映出一种社会的变化，因为，"一般是年轻的出去打交道多，认识人多，集资方便点儿，你去大的单位集资，如果让这些老人出去，你不认识别人，别人也不认识你，你去赖钱谁给你呀，要互相相识才行"。花炮筹委 HSZ 说："领导班子首先要好，活动才能组织得好。我们现在的领导班子是老中青三结合的，70、50、30 岁的都有。老年人做参谋，实际办事是以

---

① 根据对 WJH 老人的访谈整理。时间：2004 年 2 月 8 日；地点：老人家中。

212

中年人为主，他们社会关系多，交际多。我曾带过两个队去集资，一个队两人，包括我共四人。我经常出去开会，县里面的领导我比较熟，关系也比较好，集资就方便点儿。"

从各调查点的历史来看，花炮组织过去是自然进行新老更替的，总的来说以老人为主，因为过去这一活动是一种跨村落的"内演"的活动，所利用的也基本上是村落内部的资源，当地具有寨老组织（老人协会）的传统，老人的权威、地位、人际关系以及对传统仪式的知识都是组织这项活动的资源，因此花炮组织没有多少政治色彩。随着国家经济改革的深化，举办花炮节的经济开销不断增大，贫困的山村举行这一活动就越来越依靠到政府和各事业单位集资，于是，与政府关系密切的村支书等成为筹委会的主要成员，筹委会的政治色彩开始明显。现在，随着市场经济的进一步发展，随着集资逐渐由向政府和各事业单位集资转向拉商业赞助，筹委会领导机构将会逐渐增加"经济能人"的成分，其组委会成员的年龄也会趋于年轻。目前古宜、富禄、梅林就已出现这样的状况。由此可见，花炮组织的变迁也折射了社会的变迁。

（三）青年花炮会：村落象征资本①的重新分配

民间组织者把组织抢花炮当做为大家做善事，能获得民众的尊敬和爱戴是他们最大的满足。古宜花炮会首老黄（1982 年恢复办炮开始直至 2001 年花炮节一直担任花炮委员会主任）的母亲 95 岁高龄去世的时候，自发前往悼念和参加出殡的人数达 400 多人，黄本人对此感到非常安慰和自豪。林溪的抢花炮是由村落老人协会组织的，除了花炮节，村落的架桥活动也是老人协

---

① 自布迪厄在对尼日利亚和法国的研究涉及社会声望与特殊知识时使用"象征资本"的概念之后，"象征资本"成为社会学研究中的一个运用范围很广的重要概念。

会组织投工投劳，组织乐捐，工作做得非常好，但现在基本上是年纪大的那帮人在组织，没有强有力的接班人。人们说："现在年轻人都出去打工找钱去了，没有精力顾及这种公益事业。"然而，2004 年我们看到 M 村出现了另一种状况，新成立的青年花炮会取代两个老的花炮会主办了中断多年的抢花炮活动。

2000 年 M 村受水灾之后，抢花炮就停了。2004 年，F 老人给自己儿子和几位当地富裕起来的老板出主意，建议他们把抢花炮恢复起来，为本地做点儿好事，同时也为自己的夏橙打广告。开始他们是想以赞助商的名义来搞，街道会就打鼓集中人来开会做准备，结果另一个花炮会不服气，说你们能搞我们为什么不能搞？街道会就讲"既然有矛盾了，我们就不搞了"，放弃了办炮的主意。但那个花炮会因为资金难以筹措办不起来。那些有意见的人说："你们既然愿意出钱就应该出钱由我们办，不应该把举办的权力抓过去。"① 出钱赞助的年轻人不愿意出资交给别人办，他们认为："你们办我们可以乐捐一些，但不能叫我们投资给你们办。"乡政府是倾向于让年轻人办的，因为乡政府正需要利用这个机会为其小城镇开发计划作宣传，而乡政府参与进来，不希望活动有进庙和烧香的内容。乡长说："你讲是迷信也好，宗教也好，这种概念不清楚，我们不敢冒险。""作为民族艺术来讲，一个民族艺术之乡，你想通过祭祖祭神，进庙敬贡，让神保佑，我们不能开这种玩笑。""我们的意见是请青年人搞，一个 70 岁的老人搞封建迷信你也不好说他，把活动交给年青一代，活动创新就容易接受。"② 组织抢花炮是一项十分严肃的工作，更换抢花炮的组织者也不是那么简单的事情，试图接手组织工作的 M

① 根据对 TF 老人的访谈整理。时间：2004 年 2 月 25 日。
② 摘自对 ML 乡乡长的访谈。访谈时间：2004 年 2 月 23 日；地点：乡政府办公室。

214

村年轻人虽然有乡政府的支持也没有采取简单粗暴的行动，在乡政府的支持下，他们在村公所开了五六次寨老会，动员各寨寨老，又开民兵会、妇女会、队干会来动员支持他们搞花炮。街道会原先是想承办的，会首说，如果我们承担他们就不用这么麻烦，我们有一套机构，一号召个个就可以来，没这么被动，单我们老人会就100多家，加上另外那个花炮会支持我们，加起来差不多200家，这200家的人又有子女、亲戚，裙带关系全部动员起来，不要那么多的麻烦事了，当头的就考虑怎么筹划就得了，如果落到我们这个会来搞也可以搞得蛮好的。老会首又说，我们这里本身有这个传统节日，突然间销声匿迹是蛮可惜，为主办权争吵显得我们这里不团结，另外一个就是不利于保持地方的传统，所以我们就支持了，为本地争口气。经过多次协商、会谈，达成共识后，两边都做顾问，花炮既不进三民花炮的庙也不进街道花炮的庙而放在村委会。年轻人推举村支书做青年花炮会的头，几个当头的每人出资1000元开始启动花炮节的筹备工作。

在抢花炮活动过程中，出钱做筹委会负责人、组织抢炮队都成为获得社会资本、显示自己社会地位高低的一种手段。虽然既出钱又劳神费力，而且看不到现实的经济回报，但组织者获得了他们希求的体面和名声，村庄公共人物的身份仍然是令人羡慕的。一位青年花炮会会员说："我们有钱能为社会、为寨子出力，为地方搞娱乐，说明我们有公益心，所以我们有威望。"青年花炮会的会首说他为出钱多的人都安了一个"长"，并且定做了胸牌。花炮节的时候，我们看到在指挥长和副指挥长胸前都挂着印有职务的胸牌，现在外面各种大小会议代表都挂这样的胸牌，但这些副指挥长大多是第一次挂胸牌。为了筹办花炮节，他们不仅慷慨解囊而且调动自己的社会关系集到不少资金，花炮节的时候跑前跑后、忙里忙外，那份自豪和荣耀明显地写在脸上。问起为什么出钱出力做这事，他们一律回答为了给大家搞热闹，为 M 地争荣誉，为地方做好事。

事实上，除了行善积德、得到群众好感、获得荣誉和安全之外，当地小城镇建设即将启动，主办花炮节是获取社会资本的极好机会。这些靠智慧和劳动富裕起来的青年深知这一点，通过筹办花炮节，他们为自己树立了良好的形象，得到了政府的肯定和支持，密切了与政府的关系，为自己在小城镇建设中的发展奠定了基础，他们出钱出力办花炮的行为可以说也是一种投资行为。M 乡地处县境西端，距县城 98 公里，2004 年正面临实施小城镇开发规划，新区已经开始建设，出资花炮节的几位头头当然有参与开发的愿望。笔者问一位青年花炮会首："如果给你机会你愿意去那里搞些开发吗？"回答："那肯定嘛。谁没有这愿望？""从财力来讲你有没有能力在那边搞点儿开发？""有。""你曾经报过什么开发计划和项目吗？""没有。开发是政府搞的，也有没问我们要搞什么。""将来你们还是希望参与进去是吗？""是。"笔者曾与一位既不是两个老花炮会的会员，也不是青年花炮会会员的当地老师讨论这次青年主办花炮会对这些主办者自身的意义。笔者问："这些年轻人的行为对提升他们在本地区的地位有没有意义？"他说："有，当然有意义！在老百姓观念中他们能赚钱不忘本，是为地方做好事，能得到较好的口碑。以前和现在看他们的眼光有一定的改变，过去人们认为他们有钱有势，现在不管他们的动机怎么样，总之拿一部分钱来为地方办了好事。"谈到这些人出钱出力为地方做了这件好事后，对他们自己事业的发展有什么意义的时候，他说：一方面，主办者自己得到政府的肯定和支持，也得到了地方群众的好感，他们想做点儿什么事情容易得到政府的支持。同时，因为得到群众的好感，将来他们想做的事一般也不会受到群众的阻挠和干涉，开发区搞建设或多或少会得点儿利。毕竟

216

和领导接近，如果想搞什么工程肯定会比平民百姓容易，这些利益是不言而喻的，他们也有这种资金来参与这种开发。他们做事，赚得钱是他们的本事，有能耐，同时又能把地方的民族传统弘扬起来，又有利于经济交流，产生很好的影响。人们都希望有中外记者把花炮节这个民族传统节日报道出去，促进 M 乡经济的发展，搞成旅游节什么的。所以对他们举办这次花炮节，是相当支持的。我以为这是一次双赢的结果，对大家都有利。他们为什么愿筹集一部分资金来牵头，是因为有政府的支持、有村里的支持，还有群众的支持，这样去找钱也容易了。况且他们自己出 1000 元也不算太大的数字。他们以前在外面跑木材生意，现在木材生意可以讲告一个段落了，回来搞砖厂，搞果树开发，大部分的时间都是在当地做了，在当地发展，搞好与政府和群众的关系才有利于发展，比如砖厂与小域镇的建设就是很大的利益所在。他有了这条路子，可以不断扩大他的事业，有好几年生意可以做。笔者认为，这些年轻人做了一件非常聪明的事情。他们不是损害谁的利益获得自己的利益，是在付出的过程中得到自己希望得到的回报。他们的资本积累到了一定程度以后，需要提高自己的知名度，为将来的投资作铺垫，以便将来获得更大的利益。出钱办花炮名义上是为地方争光，实际上自己得到了好的口碑，得到了将来与政府合作的基础，在集资的过程中又使自己的社交面扩大了。民族传统文化就是应该以一种双赢的结果来做它，有利于地方，有利于组织者，对当地老百姓也有好处。

一位乡干部说：我个人认为，M 村青年恢复抢花炮有很明显的功利的色彩，但是这种功利的事情目前是一种双赢的结果，也是可以引导、可以倡导的。引导得好它就为我们这个文化的传承作贡献；如果不好好引导它就是昙花一现，没有多久也就消失了。这些话是值得我们深思的。

四　小结与讨论

仪式性少数民族体育的传承——传承和再生产
地方性知识，全景展现乡土社会面貌

仪式性少数民族体育附着着当地的信仰文化，饱含着人们期盼幸福的心理，也表达着集体团结向上的精神。由于仪式性少数民族体育都是以大型节庆形式开展，因此，它受当地社会经济条件的制约，与当地民间组织的存在以及民间组织的权威与号召力有直接关系。通过仪式性少数民族体育的传承，乡土社会传承和再生产着地方性知识，乡土社会面貌得到全景式展现。抢花炮在桂北侗乡的传承体现了当地民众的需要和民间精英的需要，同时又与当地的社会经济条件相关联，在这种仪式性体育活动的传承过程中体现着民族的信仰文化，折射出当地的文化特征和社会文化的变迁。

抢花炮在桂北侗族地区的流传和受人喜爱，一个很重要的原因是抢花炮能够承载该地区民众的信仰观念，与侗族地区民众的信仰文化有机结合。侗乡人的观念中有"神"，但没有达到神权统治的程度，信仰同时务实是他们的心理写照。花炮是一种信仰载体，它代表了人们最期望获得的好运，但这好运不去"抢"是没有的，去"抢"的人都有得到的机会，这就与"信仰同时务实"的心理需求相契合。

侗族有着浓郁的原始民主自治的理念，人人享有同等的权利与义务这种原始民主的思想观念渗透在侗民族社会生活的各个方面。人人享有平等的抢炮机会和权利，这是表现在抢花炮活动中的原始民主观念，是与他们社会生活中的原始民主的道德信念和秩序相一致的。

218

在桂北侗乡，花炮节给青年提供了一个展示自己、结识异性的机会，是青年男女最广泛地进行社交的机会。但现在，花炮节在青年男女之间传递信息的功能已经逐渐弱化，因为人们的生活方式逐渐开放，男女交往的方式增多，抢花炮表现在择偶方面的功利性的功能逐渐让位于心理补偿性和娱乐性功能。

劳作和节庆狂欢使生活张弛有度，成为有意义、有活力的生活。仪式性体育活动使人们从身体到心理得到宣泄和放松，对于保持人们的身心健康非常重要。花炮节是桂北侗乡一年中最热闹、最疯狂的日子。在花炮节的狂欢中，乡民们平时"无精打采"的生活得到彻底的改变，这对他们是一种精神上的调节。精彩刺激而充满悬念的抢花炮吸引了众多村民，在许多传统活动渐渐式微之际，抢花炮作为展示体力、智慧、技巧及团队精神的运动仍然受到村民的喜爱和重视。抢花炮是侗乡人自己的狂欢节，是由平民大众自发自愿，人人参与，人人是导演、演员和观众的喜剧盛宴。

新中国成立前，侗乡抢花炮的经费来源是因地制宜、多渠道、多样性的，所需经费全部来自于乡土社会自身；新中国成立后靠老百姓自愿集资和各单位的支持。市场经济以前，大家都处于低水平的生活状态，时间价值、劳动价值都没有明显体现，人们无偿地出钱出力办花炮活动，民间花炮组织并没有感到经济上的压力。市场经济发展起来后，办花炮的成本提高，于是需要扩大集资范围。侗族地区企业不发达，同时，贫困乡村很低的消费水平使得外面的企业对这项活动的赞助不太感兴趣，因此，民间组织者主要向政府和事业单位集资。在这种募捐中，人们利用的是传统的老乡关系和熟人关系，侗乡已向上流动的这些人主要是出于成就感、荣誉感和责任感而帮助自己的乡亲，看重的是以此获得的社会资本。从农村出去的"人才"对于贫困的家乡是一笔可以利用的"财富"。近年来，侗乡民间组织者已看到商家合作是必然的趋势，因此正在朝这方面努力并且初见成效。

在市场化的今天，没有固定经济来源的抢花炮，每年举行一次成为贫困山村不小的经济负担，因此，除了富禄，很多地方的花炮节都改为三年或五年举办一次。近年来，中央政府十分注重保护民族文化，加强基层文化建设，如何让民族文化生存和发展是目前应该引起政府和社会关注的事情。保护民族文化要有实际的支持行动，而且这种支持应该着眼于长效行动。民间文化活动不仅需要输血式的支持，更需要造血式的支持。给予适当的政策，能够有助于解决民族文化的生存危机问题。

一项跨村落的民间大型集体活动能够有序地进行并且稳定地传承，与当地民间组织的存在以及民间组织的权威与号召力有直接关系。桂北侗乡抢花炮的组织基础是老人协会，这是具有传承性的有效的社群组织系统。花炮筹委会是一种地缘组织，也就是跨村寨的老人协会组织。老人协会是一种村寨自治组织，由于老人协会的存在，这里民风淳朴、村寨社会秩序相当不错，但是，随着社会的变迁，老人协会的地位日趋式微。在这里，抢花炮与老人协会之间有着某种互为依托的关系。抢花炮仪式强化着侗乡的尚老、敬老传统，抢花炮活动使寨老们加强了相互的以及与外界的沟通，是他们增加社会资本的机会，因而也强化了寨老的权威，这对于维持侗寨传统的自组织功能，维护村寨的安定团结和组织活力是十分有益的。

许多研究表明，一种民俗之所以能传承千年而不衰主要是信仰的力量。抢花炮与侗人的信仰、侗乡的敬老习俗相契合，也与侗乡的传统社会组织相依托。虚幻的精神需求与现实的交往和娱乐需求相结合，原始宗教精神与狂欢精神相结合，这就是仪式性民间体育具有顽强生命力的社会心理基础。侗乡人热心公益事业、积极乐捐，同时，由于抢花炮的狂欢、娱乐、表演等过程使侗族文化得以集中体现，因此它已成为地方宣传和发展当地旅游的重要资源。能够得到政府的有限经济支持是活动得以延续的经济基础，当地民间组织的存在以及民间组织的权威与号召力是该活动稳定传承的组织基础。

作为仪式性的民俗体育活动，抢花炮无处不体现着侗乡历史的痕迹，同时也因世俗生活的需要而演变。抢花炮既是侗乡人争取神灵护佑的机会、酬谢神恩的机会，也是他们娱乐狂欢的机会。较之娱神，娱人的作用是更主要的。随着社会的发展，娱乐狂欢的作用在进一步加强并且增加了与旅游经济的结合。抢花炮把信仰、娱乐和族群的凝聚力结合在一起，构成桂北侗族社会的一项重要文化传统。

第 五 章

国家与社会框架下的抢花炮

　　在学术研究领域，国家与社会概念的含义有四个层次：（1）疆域—民族层次的国家；（2）作为政府组织层面的国家；（3）作为政府机构公务人员行为体现的国家；（4）"想象的共同体"，即观念层次的国家。普通民众日常生活中所直接了解的国家印象主要来自于他所接触到的国家部门及其工作人员都是国家的构成部分；村"两委"的实际职能表明它们是"国家"伸到村里的"腿"，一定程度上也是国家的构成部分，其余的就是社会的领域。① 少数民族社会虽然有其特定的时空，但其各个方面都受到国家权力的影响。尤其是 20 世纪下半叶以来，国家权力的影响进一步加强，用国家—社会的框架分析少数民族社会可以避免把少数民族社会看成是封闭静止的状态，从而深刻认识少数民族社会。村落社区的仪式性民间体育抢花炮活动的历史深深打上了村落政治历史的烙印，也表现着现实中民间与国家的互动，是我们在村域层次认识国家与社会关系的极好样本。

---

　　① 郑卫东：《"国家与社会"框架下的中国乡村研究》，载《中国农村观察》2005 年第 2 期。

一 伴随国家政治的几度沉浮

在对古宜、林溪、程阳、富禄、梅林的田野调查中，据老人的回忆，从新中国成立初至今，三江各地的抢花炮大约经历了三次停办和恢复（参见表5–1）。

表5–1   花炮的几次停办与恢复

	停办时间	停办原因	恢复时间	恢复原因
第一次	1950 年		1954 年	匪乱平息
第二次	1958 年	"大跃进"	1962 年	农民分得自留地，实行作业组，生活好起来
第三次	1965 年	"四清"运动、"文化大革命"	1979、1982 年	改革开放，政治比较宽松，生活好起来

资料来源：本研究对古宜、林溪、程阳、富禄、梅林老人的访谈。

（一）新中国成立初的停办与恢复

新中国成立初，三江各地的抢花炮停办的原因是由于匪乱。1949 年 11 月，中国人民解放军攻克县城古宜，三江宣告解放。同年 12 月，中共三江县委和三江县人民政府成立。然而，1950年的"湘桂黔反共救国突击军"进行的武装暴乱使县人民政府机关被迫从古宜撤至丹洲，土匪占领县城，任命伪县长并对解放军和干部进行伏击。4 月，解放军一野及湖南、贵州军分区共六个团的兵力进驻三江重点剿匪，歼匪 4805 名。[1] 动荡的时局中，

---

① 《三江侗族自治县志》，中央民族学院出版社 1992 年版；三江县民委编：《三江侗族自治县民族志》，广西人民出版社 1989 年版。

抢花炮活动停顿下来。生活安定之后，人们又想起抢花炮。老人说，很久没有举办花炮节，我们觉得生活很单调、很枯燥、很冷清，与外界的交往也少了，不符合我们侗族的习惯。我们侗族是好歌唱好娱乐的，所以我们要把花炮恢复起来。1954 年，三江各地陆续恢复了抢花炮。

社会安定、人民安居乐业才会有心情组织和参加活动，因此，大型的民间仪式性体育活动可以说是社会环境的晴雨表。

（二）"火红的年代"中传统的断裂

匪乱平息后，经过一年的休养生息，1954 年，三江各地又陆续恢复抢花炮活动，直至 1958 年 "大跃进" 开始。

1. "大跃进" —大生产—极度疲劳

1958 年，侗乡与全国一样开始了 "大跃进"。许多老人对笔者谈起 "大跃进"、大炼钢铁、大放木头卫星、禾苗搬家及以后的困难时期。"大跃进" 时连天连夜忙生产，点火把挖田、耙田、积肥、铲草皮灰，干活儿到天亮，大会战的时候甚至全寨老老少少一起到风雨桥上住。那时候，人们没有时间没有精力办花炮、顾不上想花炮，也没有人去组织抢花炮（参见附件 5 - 1）。接下去，因为瞎指挥、浮夸、"禾苗搬家"，"饿饭了，死人了"，更不可能抢花炮了[①]（参见附件 5 - 2、5 - 3）。

【附件 5 - 1】老人谈山村的 "大跃进"

富禄三老：

1958 年 "大跃进" 时期，大放木材 "卫星"，那木排的排

---

① 出于对历史事实的尊重，对此话题，2003—2004 年笔者访问过 LX、ML、FL 各乡许多村寨的老人，所叙述的事实基本相同。

224

头在高安的涌尾，排尾在富禄这里，共30华里（15公里）。那时男男女女都拉木材。那时候搞大食堂，吃饭不要钱，木材国家也没有报酬的，无偿支援国家的。为支援国家建设，大木头都砍下了，有些砍下的大木头太大，拉不动就放在山谷底腐烂了。这是对森林破坏最大的时期。

X寨 WJH 老人说：

放木头"卫星"就是所有的木头都放到县里去，不是到山上去砍，是随便哪家，有木头都要拿出来，寨里头大队里头到各家各户去，看见木头就搬走，没有什么理由的，拿来放出去。那时林溪还能行船的，可以放几十条载重1000多斤的船。木头编成木排放到古宝。那时讲放木头"卫星"是支援国家工业建设，搞"大跃进"嘛。后来又来个大炼钢铁，吃大锅饭了，火钳也好、铁铲也好，没用了，一起拿去大炼钢铁去。

DT寨老人[①]：

WYJ：1954年开始放花炮，每年都办，然后到1958年就停了。1958年是因为"大跃进"。就是天天都忙着去搞生产，连天连夜，哪有精力搞那些？
WCF：我们进田几天几夜都没得睡的。
WYJ：那时出工率是高啦，但效率不高，活路做不完，晚上也要加班。点火把挖冚、耙田、积肥、铲草皮灰，连天连夜搞。那时寨里头有食堂，集体吃饭，送饭上山。"大跃进"那时搞双抢，本来是饿了，肚子饿的时候没得饭吃，等吃饭的时候又累

了，不想吃了，打瞌睡了就不吃了，睡个把钟头又去生产了。

WRZ：特别忙的时候，就是大会战，大会战就是上山去，不给在村里头住的啦，全寨老老少少一起去外面，到风雨桥上住啊。

WYJ：1957 年下半年开始，到 1958 年一年都是搞"大跃进"，1959 年就回自己屋里吃啦。回家了还是集体出工，也是从早做到晚。

2. 瞎指挥——留下饥荒的祸根

1958 年搞"大跃进"、大食堂，又搞浮夸、禾苗搬家。老人告诉我们，村里的"大跃进"要亩产 3 万斤，县里一位副书记到河北参观回来说人家的禾苗丢个鸡蛋进去都不掉下来，发动三江也搞禾苗搬家，把山上快抽穗的禾苗起出挤到一大块田里！禾苗挤了以后就发热，生一种黑黑的虫子，当时人们除虫的办法是一个一个去捉！因为发热，山里没有电，就用土法鼓风——拿斗笠来扇！白天黑夜地鼓风，最后还是烂掉了。[①] 当时还有另一种瞎指挥：1958 年早稻本来收成不错，正收割的时候，上面号召抢种，把割下的金黄色的谷子暂放在田基上而赶去抢种。那时集体劳动效率低，抢种时间太长，谷子在田基上发芽，浪费了一半。当时的大锅饭，吃饭不要钱，林溪的到程阳，程阳的到林溪都可以吃，几个月下来，一年的粮食就吃光了，下半年就紧张了。[②]

【附件 5-2】DT 寨老人谈"大跃进"时期的瞎指挥

（1）DT 寨老人谈瞎指挥

WCF：1958 年搞"大跃进"，大力建设国家。先是木头

---

① 根据本研究访谈资料整理（录音编号：031121DT65M）。
② 根据本研究访谈资料整理（录音编号：040205X73M）。

"大跃进"——放木头"卫星",所有的家庭你有旧木也好新木也好都放下河去,改到古宜,运到柳州。

WYJ:到 1958 年又搞钢铁"大跃进"啦,就是所有的家具,只要是铁的,铁叉、三脚架都一起运出去,搬到平辽钢铁厂大炼钢铁。

WCF:农村搞什么"大跃进"呢,我们在公路对面山上搞禾苗大搬家,把山上的禾苗全部搬到大段这里来,一起堆在一大块田里,上级号召的口号是每亩放肥料 10 万担,每亩硬要粮食 3 万斤。一亩就要 3 万斤啊!这个口号一出来,结果那一年,那禾苗……

WYJ:县里头是莫志恒副县长还是副书记到河北去参观,他讲人家的禾苗啦,丢个鸡蛋进去都不掉下来,我们能不能够搞得呢?结果发动我们三江也搞。

WRZ:也不是三江,是全广西都搞。

WCF:那些禾苗已经抽穗了,全部从山上搬下来推在一块大田里。

李:结果呢?

WCF:结果没得收,全部发虫、发霉。大田没得收,山上的也没得收,一起搬下来了呀。

WYJ:结果就挑荦行(死人)啦。

街道老人 S:三江县搞亩产 13 万斤,调三车皮的鼓风机,在那里堆成山呀,起码成千个鼓风机去鼓,哪里鼓得到!

李:拿鼓风机去鼓,你们县城可以,人家山里面哪有电去鼓呀?

WCF:用土的鼓风机——用斗笠来扇!白天黑夜地鼓风。

WYJ:没有办法呀!因为发热了,逼着去鼓。鼓了还是报销了。

（2）在 DT 寨对退休乡干部 WRG 的访谈①

（W：WRG；李：笔者，下同）

W：1958 年搞大食堂，又搞浮夸，又搞禾苗搬家，为什么呢？搞大食堂以后，就要搞大生产了。亩产有的提出一万斤，有的提出两万斤，这就是浮夸。怎么才能达到一万斤呢？那就把几十亩的禾苗快抽穗的时候起出，挤到一亩田里去，这样我一亩就产一万斤了。亩产万斤的概况就是这样的，把那几十亩的禾苗搬来堆到一起，用板子往里面推，挤到放一个鸡蛋都掉不下去的程度。禾苗挤了以后，里面一发热，生一种虫子，黑黑的，很大的，整片都生虫子了，怎么处理呢？就喊很多人去杀虫，怎么杀虫？一个一个去捉！到最后发热、烂完了，一片田都烂完了，一点儿收成都没有。

李：没有全部禾苗搬家吧？

W：那是搞示范田，一个大队搞亩把两亩，到时候可以报出亩产超万斤，想法是这样，做高产田。还留下一些，否则后来死人更多。

那时候干部一下令，要你做什么你又不能讲出意见来。比如说，谷子熟了，要收割了，喊大家去割，割了一片放在田埂那里，还没打，那个地方又紧张，你们赶紧去支援，谷子就丢在那里没人管了。谷子没打，堆在那里又发热发芽，又没收得，这种情况也是普遍出现的。这都是 1958 年的事。我们寨子那时候，有个人打谷子，还没打完，别人喊他去另一个地方支援，他就去了，打下来的谷子在谷桶里没挑回来，后来谷桶里的谷子也发芽了，于是就去查是谁。查来查去，查到那个人，就把他捆起来，

_____

① 根据本研究访谈资料整理。访谈对象：WRG，63 岁，侗族；访谈时间：2003 年 11 月 22 日。

228

与"四类分子"一起送去监管、劳动改造。那时候有很多古怪的事情，瞎指挥使得有些人冤枉地得了罪名。这个打谷子的，他本来劳动好好的，嗍他去，到后面又把这个罪名加给他，拿他到坏分子一派去管理。

（3）X寨73岁WJH老人谈瞎指挥①

W：1956年我就开始当生产队长、记分员，1957年、1958年"大跃进"，头苗冲得蛮好，正收割的时候，上面下来一个号召：抢种。把割下的黄金色的谷子放在田基上，先不管它，首先抢种。搞好明年的生活，没有哪个是打谷子先，要种先。又调劳动力去支援斗江的抢种。那时集体种，很慢，先要耙田，耙就容易，但插就很难，那个季稻秧苗二禾起码要种四五十天，或60天才起出插田，又难起又难插，秧大了，长长的，很难插，又容易倒，所以，这样抢种时间太长，谷子在田基上都发芽了。看见谷子长出新芽了，人们就反映了：唉……但没敢讲，讲了就是反对"大跃进"，所以大家不敢讲，等抢种完，才去打地里的谷子。这时谷子已经长了好长的芽了，但因为1958年早稻长得好，还得蛮多，但浪费去一半了，后来又来个吃饭不要钱，随便你到哪个地方吃。我们这里成立了公社，程阳、林溪等合成一个公社，林溪的到程阳，程阳的到林溪，都可以吃，几个月下来一年的粮食就吃光了，下半年就紧张了。②

①　根据本研究访谈资料整理。访谈时间：2004年2月5日。
②　DT寨老人也谈到大食堂放开肚皮吃饭对后来饥荒的影响："1958年开始时，大食堂吃得饱的，下半年到冬天，1959年粮食就紧张了。因为是搞大锅饭，外头来的人在你这里看到饭可以吃。我们出外面去，到程阳到平甫底下去也可以吃，随便哪个食堂都可以吃，把那囤粮浪费一部分了，加上后来收成又减了，接下去就困难了。"

1958 年抢种的效果也蛮好的，种下的二禾长得几好的，山上都种了二禾。那时候号召田头管理，大家都搬上山，我号召别人，我自己带头搬。那时要调我去钢铁厂，我两个孩子小，我就拆掉一个房子到山上搭起小棚子，让我爱人和两个小娃仔住，说：你们在这里住，管好这段田。人家派我去，我就去了，去了半年。有一天到良口遇到甫大刚，他到良口木材站看儿子，告诉我家里出了事，我就赶回来，哪知道我的老爱人已经死去 20 多天了。那时放木头"卫星"她去参加，在那里肚子痛，回来就去了。后来二禾又搞禾苗搬家，把山上那些眼见抽穗的禾苗起出来搬到半山来，因为太挤了，全部发虫，一个收成都没得。

李：听说困难时期，就是饿死人那时候，程阳那边的银啊、首饰差不多都卖光了，去湖南那边换米、换谷子。

W：银手圈、颈圈都拿出去了，还有衣服，好的都拿去换了。

李：为什么湖南那边又有米换呢？

W：湖南那边又有啵。湖南那边没像我们这边这样搞，"大跃进"那时他们又好点儿。

李：是他们没搞禾苗搬家？或者禾苗搬家没搞得这么彻底？你不搬才有收成嘛，你搬了哪还有收成呢？

W：就是啊，这里没有吃就是禾苗搬家的关系，他们没搬得那么老火（指程度上的"厉害"）。就是在我们三江县也还有这种情况，有的地方搬少点儿他还是挨过了。全部搬了就挨完了。

李：程阳那里就是搬得太彻底了，搬了以后，一点儿收成都没得，所以程阳比林溪还苦。

W：林溪也是搬得蛮老火，几好的禾苗搬到半山来，全部发虫，一点儿收成都没得。程阳比林溪更老火，林溪就是第二，山那边还好点儿。

李：程阳是示范区，后来讲有人来参观，但田里的禾苗全部

230

坏了、长虫了，于是连夜割了去，烧了去。

W：没给人家晓得。

（4）DT寨老人的访谈说明对当时的瞎指挥不可能"变通"
和"绕道"：

李：1958年搞禾苗大搬家、堆谷子，有没有嘴巴上跟实际
上不跟的？

WYJ：1958年你不跟不行，禾苗大搬家是县里下命令的，
不做也得做。结果我们下面的就是骂他们这些大队干部，群众不
会骂县长，骂的是大队干部，是他们叫我们做的，没得吃哪个不
骂娘？

WCF：他那时（指WRZ）是党支书，大家最恼火他的啦，
最亏是他们，最可怜是他们。他们是最基层，既要执行上级的命
令又要面对群众的埋怨。

WRZ：有死人、病人，群众有意见是应该的，我觉得既难
过又委屈。

WYJ：因为在这里是你们支部下命令的。

李：有没有一些变通的办法对付上面？

众老：没有。

WYJ：命令如山倒，任何人都不能抗拒。

李："文化大革命"的时候，在上山的路上设卡要人背语
录，有些人就绕道走，禾苗搬家时有没有"绕道"对付这种错
误命令的现象？

WYJ：没有，县里有人检查的。

众老：禾苗搬家的事情看得到的，公社有人蹲点，躲不了
的。你如果不做，就会批你：你为什么不做？为什么不发动群众
搞？你是什么共产党员？是没有办法躲的。

WYJ：都是中央布置做的。

WCF：不是中央啵，是地方做的。后来县委书记挨判刑了。

街道老人 S：1958 年的县委书记挨劳改，我跟他是蛮好的朋友。我们怪他，他讲：不是我，是上面布置下来的，是他们喊我们这样做的。我见你们讲到，我才插嘴，因为我在场。

3. 历史上罕见的饥荒

老人说："大食堂持续了一年半，半年好的，一年定量的。""那时候禾苗搬家糟蹋了庄稼，又因为虚报了，上级政府不知道这里缺粮，没有救济进来。我们这里习惯打油茶，二两饭吃不饱，就喝油茶，放点儿盐，这样最容易浮肿。许多人浮肿之后死去了。"1960 年、1961 年是死得最多的，为此三江成立了三个孤儿院收留死了父母的孤儿。[①] 一位老支书说："那两三年真苦啊！1960 年死人特别多，我有档案的，580 多人的村屯单是那一年就死去 89 人，每个月都有死人。村里人说我这个党支书杀害很多人，我讲死人这是事实，我有错，我不推卸责任，但不是我害死的。"[②] 困难时期，程阳那边的银手圈、银颈圈差不多都卖光了，好的衣服、布匹都拿去湖南那边换米换谷子了。[③] 在那种饥饿的年代，需要力量的抢花炮自然不可想象了。

按国家统计局公布的男、女人口数[④]，1959 年男 34890 万，女 32317 万；1960 年男 34283 万，女 31924 万。1960 年，全国男性净减 607 万，女性净减 393 万。三年困难时期的非正常死亡中，男女比例约为 5：2。这个数字印证了 LYF 老人说的"女人

① 根据本研究访谈资料整理（录音编号：040919P73M、040918MA72M、031121DT68M 等）。

② 根据本研究访谈资料整理（录音编号：031121DT68M）。

③ 根据本研究访谈资料整理（录音编号：040919P73M）。

④ 国家统计局：《中国统计年鉴》(1984)，中国统计出版社 1984 年版，第 81 页。

经得住饿，吃得苦些"（参见附件 5－3）。在富禄、程阳的调查中，人们说那两年根本看不到大肚子的妇女，女人基本上都是绝经的。只有处于"县尾"的梅林①情况稍好一点儿，但也显示那三年在明显下降。这印证了村民说的"放得松的，农民就有得吃点儿；按政策抓紧不放的，农民就死得多"。

对山寨老人的访谈（参见附件 5－2）说明，在三江这里，历史罕见的饥荒并非源于天灾而是人祸。现在很多研究表明，不少地方也和三江一样，当时的困难是人为错误造成的。在《关于建国以来党的若干历史问题的决议》中，中央已经将"三年自然灾害时期"更改为"三年困难时期"。对过去那场灾难，笔者在访谈中并没有听到当地乡民对国家和政府的怨恨和愤怒，他们认为，导致当时饥荒的一系列行为"不是中央，是地方做的"，"产量一低，就搞虚报，上级政府没晓得啦，以为你这里有粮食啊，所以粮食调不进来也不调进来"，是浮夸和虚报使国家不知道他们缺粮，没有救济粮调进来。他们认为错的不在最上头而是"地方做的"，是"县里下命令做的"，所以，"后来县委书记挨判刑了"。另外，在他们的视力所及，到处是饥饿的，没有见到贪官污吏，也没有土豪劣绅，因此没有造反的对象和诱因。对直接领着他们做那些荒唐事情造成日后饥荒的村支书，他们除了发泄一时的怨气之外恨不起来，因为那是他们朝夕柜处、常常带领他们做各种公益事情的好人，这些基层干部与大家一样苦干着、饥饿着……尤其是这些人对党和国家忠心耿耿——"那几年，国家的确也困难，抗美援朝，苏修逼债"（参见附件 5－3）。这些老一辈的基层领导在当时构成了基层群众面前的一道"防火墙"，消解了历史罕见的饥荒引致的社会动荡。

---

① 当时没有公路，只有羊肠小路，从梅林到县城开会来回要走 6 天。

在 DT 寨对老人的访谈还反映了农民拥护共产党的背景（参见附件 5 - 4）。调查显示，国家对于农民现实利益及未来利益的关注和承诺，使农民观念中的国家意识有了根本变革，人们接受了国家的权威、认同了国家的规划和目标并对国家规划及目标作出了积极的反应。大食堂开始的时候，大家对这种"共产主义"的生活非常兴奋，因为大食堂吃饭不要钱，使得放木头"卫星"、收缴家里的一切铁器大炼钢铁均得以顺利实施——"吃大锅饭了，那个火钳也好、三脚架也好，没用了，好，一起拿去大炼钢铁去"，不少农民是"高高兴兴地把家里的铁锅、铁器拿出来的"（参见附件 5 - 1）；也因为大食堂吃饭不要钱，人们对于亩产万斤、禾苗搬家的荒唐行为以进行实验的心理给予了积极的配合。可以说，这一地区历史上罕见的饥荒与大食堂有极大的关系——先是大食堂的非理性消费几个月吃掉一年的粮食，吃空了囤粮，使农民无力度荒；大食堂也使农民接受并且积极参与到那些瞎指挥的行动中，因为人们以为生活是有保证的，没有意识到这些事情的成败会威胁他们的生存，会造成吞噬那么多生命的饥荒。正如有学者认为的："在一个与外界缺乏信息交流的相对封闭的社区内，绝大多数人无法根据自身的观察和分析得出有关自身周围现实、自身处境及真实利益的明确判断。这时候，如果一个人们或多或少信赖的权力中心不断向社区输入某种思想，如果这种从同一权力中心输入的思想伴之以严厉的惩罚，及时铲除该社区内一切自发产生的与该思想不相一致的言论，社区内的人们就可能接受从上到下不断强化的思想灌输，这大概是村民普遍接受当时的宣传和实践的更为深刻的原因。"① 笔者的访谈也为曹锦清教

---

① 曹锦清、张乐天、陈中亚：《当代浙北乡村的社会文化变迁》，上海远东出版社 2001 年版，第 149 页。

授等的观点提供了支持。

【附件 5-3】调查点老人谈"三年困难时期"

老人说:"1958 年'大跃进',1959 年下半年开始困难,1960 年最困难了。""大食堂持续了一年半,半年好的,一年定量的。"

对 WRG 的访谈①:

李:困难时期的情况怎样?

W:我们寨上那段时间死人很多。有个人个子大,消耗多,要吃得多,从食堂打来的饭他又舍不得吃,给孩子吃,最后饿死了,两个孩子没人管,送去孤儿院。那段时间浮肿的人很多,因为吃得少,体力差,喝水多,我们这里习惯打油茶,放点儿盐,这样最容易浮肿。二两饭吃不饱,就喝油茶,盐又比较多,结果就浮肿,出现浮肿多了,公社怎么处理呢?就在上面(靠近街道的地方)搞个卫生院,集中到那里,拿什么搞补品呢?一天给二两黄豆作为营养补品。浮肿以后死的人也很多。

李:那段时间国家还往外调粮吗?禾苗搬家等糟蹋了粮食,国家有没有把剩余的粮食调走?

W:我们这里从过去到现在,粮食都是外调进来的,没有调出去的。

对 DT 寨老人的访谈②:

李:请大家谈谈困难时期的情况。

WYJ:那时候准谷子糟蹋了庄稼,又因为虚报了,上级政府

---

① 录音编号:031121DT68M。
② 录音编号:031121DT05。

没晓得这里没有粮食，没有救济粮进来。最苦是 1960 年啦，有史以来饿死人的年代也是 1960 年、1961 年。

WCF：那两年死的人是最多的。

李：真的饿死好多人？

WYJ：有一段时间一年 100 多。我的爸妈就是在 1960 年、1961 年两年饿病以后死的，主要是由饿引起的，没得吃呀！

李：1960、1961 哪一年死人多？

WYJ：1960 年主要是病，1961 年死人多。

WRZ：那时有好多病人啊，有两三年的苦啊。1960 年死人特别多，那时就说我，你这个党支书杀害很多人，我讲，死人这是事实，多的一周死 18 人，一个寨上死 100 多人，是我的错，但别说是我杀死的，不是我害死的，但我不推卸责任。那时每个病人又肿又瘦，为了救命，一天二两黄豆、一两五花生麸给生病的补充营养，每天给四两米（本来是二两），那帮人就出院了，好了。他们感谢我，说"多亏了你"，我说："多亏你们好了，不然又得我去承担，我也感谢你们，你们死去的话，我如何交代？"有些人二两米，二两黄豆，一两五花生麸一天还是不行，打针也不行。他们是饿死的，不是病死的。那几年，国家的确也困难，抗美援朝，苏修逼债。

李：堆谷子那年没有收成，大家吃什么？

WRZ：吃芭蕉芋。第二年又核产。

李：一核产不就暴露下面缺粮的情况了？

WCF：那不是实事求是的核产。说你讲丰收了为什么又没见？所以要核产。

WRZ：去年你报三万斤，今年你报一万五，就讲你瞒产，就是你的罪。公社打电话，大队干部到县里集中 40 多天核产。书记、队长、积极分子都去，核产的时候，芭蕉芋也算、红薯也算，能吃的都算产量，核产下来四万八。

236

WCF：你核四万八国家还给粮给你？

WRZ：那时候到山上找野菜吃，这一吃就得病了，病人多又建医院了，死人了。所以讲浮夸害死人。

李：你们这里死了多少人？

WRZ：我有档案的，8 月份当月死了 14 个人，有人抬去没人埋。就是我们三江最厉害。林溪厉害，富禄大顺也厉害，八江厉害，还成立了孤儿院。三江成立了三个孤儿院：八江、斗江，还有一个可能是富禄。

李：你们这里一个月死了 14 人，一年死了多少呢？

WRZ：80 多个。

李：占村屯人口多大的比例？

WRZ：580 多人单是那一年就死去 89 人。

WCF：那年每个月都有死人。

WRZ：共产党好，也有共产党的苦，就是那一年最苦了。

对程阳八寨老人的访谈：

WJM：我们这里的花炮，解放前如果没有打仗，年景过得去的话，几乎年年放。1957 年以后"大跃进"才停。后来粮食紧张死了好多人。两个老人死掉的有蛮多对，两老死了孩子就去孤儿院，老公死了娘再嫁，老婆死了老公再讨也有。①

CJG：我那时 13 到 15 岁，我们在食堂里面挑水洗碗什么的，对于上面的浮夸不是很清楚。讲我们这里有粮食多少斤，但我们没有粮食吃。有人种点南瓜，挖点红薯，都讲搞资本主义，但集体搞的一样都不得吃，因为都已经臭死了，结果那年就没有吃的

---

① 根据本研究访谈资料整理。访谈对象：WJM，P 寨老人协会成员，花炮老会计，73 岁，侗族。访谈时间：2004 年 9 月 19 日；地点：老人家中。

了，全国都这样，不过别的地方可能比我们这里好一点，我们这里死了好多人。确切的数字是多少我也不知道，反正死了蛮多，有的一家死两三个人，开始是浮肿，后面这病那病的，主要是没有粮食吃引起的。[1]

对梅林 LYF 老人的访谈[2]：

老：1958 年大炼钢铁，家里的铁器都搬完了，那时就用豆腐乳罐来煮粥吃，最苦了。

李：不是吃大食堂吗？

老：大食堂只搞了一年。那时搞禾苗搬家，粮食就紧张了。比如说，一亩我们农民搞得 300 斤，领导要报到千斤，别人说 2000，然后 5000，直到万斤。把数字报到中央，中央就会说，农民有大把的粮食，粮食又拉去支援别人嘛。那时每人每天只有二两米，人们在路上走路都拿拐杖，像在山上走路一样。那时病人多，我们这里搞了一个医院，死了不少人。后来刘少奇搞"三自一包四大自由"，荒田荒地给个人开来种。1962 年每人分 2—3 屯自留地、自留田，就有得吃了。打倒"三自一包四大自由"、打倒刘少奇的时候，自留田又归集体了。

李：生活又差了？

老：差点儿不多。因为 1962 年搞自留田，大家都有点儿家底了，身体又恢复点儿了，大家都挨过饿，知道集体也要搞好点儿。1959 年，1960 年，1961 年死人好多的。

---

① 根据本研究访谈资料整理。访谈对象：CJG 寨老人协会主席，72 岁，侗族。访谈时间：2004 年 9 月 18 日；地点：老人家中。

② 根据本研究访谈资料整理。访谈对象：LYF 老人，69 岁，侗族。录音编号：040223ML03。

李：一屯丑是多少？①

老：我也不知道是多少，反正种一屯田最多得100斤谷子。

李：当时病人多，还有人上山干活儿吗？

老：哪有嘞！死人都是女人去抬，男人都没有力气去抬。那时挖田，做活路多是女人，男人都拿拐杖。女的也没得吃，她们还经得住，女人经得住饿，吃得苦些。所以死人都是女人去抬，男人拿拐杖，背蓑衣。

李：为什么背蓑衣？

老：走到哪儿困了，就倒在哪儿睡呀——走不回家！当时老历年不给过，过新历年，初一也不让待在家里，要出去做活路。

李：怎么会有那么多活儿？

老：那时没得吃，身上软，没力气，出工到黑也做不了多少，大家在田埂歇着。

李：这里死人多少？

老：几十个，百把个，具体数字我不清楚。

李：占多少比例？

老：10%—20%。程阳、富禄死得多，富禄苗山死得多。放得松的，农民就有得吃点儿；按政策抓紧不放的，农民就死得多。夜晚加班加点不得回家睡，男男女女在坡上搭棚棚睡。白天不仅吃不饱，有病的，不能出工，就没有饭吃，哪儿有不饿死的！越病越没饭吃，就越死得快嘛。

李：你们这山里野菜、野东西应该很多的呀。

老：吃呀，吃得水肿呀。那时我放木排到柳州后转回家，我姐姐（富禄高安的）对我说：你去那么久，经年不到家，母亲都快死了，脸肿得不成人样。我就连夜赶回家看母亲。我从富禄走，在塘华那里看见死两个人；再走一段，

---

① 后来林溪的 WJH 老人告诉笔者，6 屯田为 1 亩。

又看到死一人；到八锣，又死两人；到平力底下，死两人，都是死在路上的。可能是去修公路，饿饭逃跑回来，那时你逃跑又不给饭的。挑着行李——一床烂被褥，一件蓑衣，一把刀（有的是柴刀，有的是镰刀），就这样死在路上了，也不知道是哪里的人。石碑死得挺多，车寨也死得多。从富禄回家64公里，回到家鸡叫了。我看见母亲和两个妹妹个个像猫一样瘦，脸黑黑的，每个人二两米，每人拿个豆腐乳罐罐①，各自煮自己的粥吃，一个不给一个吃，因为三人都饿，我母亲脸肿得很大。第二天，我马上带母亲去富禄的葛亮寨，我们站长说：你母亲得去医院医治才行，我帮你报一半的医药费，还有一半你自己出。于是我就带母亲去医院。但给她吃粮食，她已吃不下，因为吃野菜，喉咙肿，咽不下了。她说，儿啊，我虽吃不下，但能见到米也好啊。一个多月后，母亲的水肿病好了。那时真苦，我讲这些，我儿子说，那时食堂有饭，怎么不去打？我讲，政策你哪敢违抗？没办法！

李：1961年生活好起来，1962年放花炮了？

老：1962年放一回，"四清"来了又不让放了。

对X寨WJH老人的二次访谈②：

李：你们这里，1958、1959、1960、1961年出生的人有多少？

W：1960年出生的人好少啵，好像没得，1961年也没得，1959年好像也没得，就是1958年有两个。1958年生活还好，

---

① 铁锅在大锅饭和大炼钢铁的时候都上交了。
② 访谈时间：2004年2月8日；地点：老人家中。

1962 年又有了。

李：是饿死了还是根本就没有出生？

W：那时候人都瘦瘦的，哪还有什么生育！

李：连生育能力都没得了？

W：没得了。

李：我在程归那里调查也是，1959 年、1960 年、1961 年基本没有婴儿出生。冠洞只有三个，那三个的情况还是比较特殊的。你们寨子没有，旁边那些寨子呢？

W：旁边寨子也没得，反正在我们四村街都没得。

李：你说的四村街是指哪些地区？

W：岩寨、亮寨、林溪街、皇朝，原来我们是一个大队的，那时我在大队时是一起的，四村街是一个大队的。1959 年我当大队长，1960 年当书记。

【附件 5 - 4】DT 寨老人谈对共产党的感情①

我们以前没有电灯，住棚皮屋（杉木皮盖顶的房子），漏雨是难免的。地主富农，每个人是十多亩田；中等户呢，一个人是两亩田。特别困难户是几分。有点儿就没得，也要过生活，就去挑担子，有些就砍柴火，因为我们林溪以前林多。我们寨上 60% 是挑担子找活路，主要是挑平坦担子的，这边挑盐巴去，返回来帮老板挑米来，两头挑担，一天得八毛钱，以前八毛钱也蛮值钱的，值得十几斤米，那时肉也是一毛几钱一斤的。就这样挑担子过日子，全林溪也差不多是这样的。解放初，打倒土豪分田地给我们，基本是有田种了。有些人以前一点儿田一点儿山都没得的呢，村村寨寨都有这种情况。解放了以后就分得田、分得山了，以后就进合作社

---

① 根据本研究访谈资料整理（录音编号：031121DT06）。

了，从初级社到高级社直到人民公社。特别是改革开放以后，大家生活都比较好了。共产党是比较好的，但那段时间也的确有问题。有错有好，总的来讲是好的，有错就改，这是肯定的。

（三）"三自一包"：元气初步恢复，花炮随之恢复

20世纪60年代初，刘少奇、邓小平等人在主持中央经济工作期间，为了克服"大跃进"给中国经济造成的困难，提出适度放宽国家对经济工作的统治，在具体政策上，主张在农村扩大自留地，发展集市贸易、自由市场，主张工商企业自负盈亏，以及农业包产到户等政策。自留地、自由市场、自负盈亏和包产到户，简称"三自一包"。"三自一包"使农村得以休养生息，渡过了危机。随着生活状况的改善，抢花炮活动又回到了民间（参见附件5－5）。1961年富禄取消大食堂，粮食到户了，各家各户拿到购粮证，生活有所改善，次年恢复放花炮。那时候恢复放花炮，附近三省六县的各族群众都来，因为渡船太少，GL木材站站长让职工放木头搞了个两米宽的浮桥，用钢丝绳拉好，中间留个缺口，搭活动板，缺口处用一两百斤的石头把钢丝绳坠下去，给船过。三月三以后，再把这些木材拼扎成木排，直接放排到下游去。大胆地搞了一年，第二年再搞的时候，政府出来制止了，但花炮已经做好送来，组织者就采取拈阄的形式，谁拈得花炮，就让谁拿花炮回去供奉。他们说："第三年还是有人来看花炮，但我们怕了，没有谁敢牵头了。1964年就停了，直到改革开放以后。"[1]

---

① 根据本研究访谈资料整理（录音编号：040511FL02）。

【附件 5-5】对 DT 寨老人的访谈:"三自一包"与抢花炮的恢复①

李:你们说 1962 年的时候恢复了抢花炮?

WCF:1962 年恢复的。

李:为什么是在 1962 年恢复?

WCF:浮夸风饿死人以后是搞责任田,责任到户,分田到户后就越来越好了,粮食多了,有酒喝了(当地都是自己用粮食熬酒)。

WYJ:1962 年呢,那时候有点儿自留田啊,自留地啊,稍微松点点,生活过得去了。

李:那时是怎样恢复抢花炮的?

WCF:1954 年我们寨抢得第一炮进寨来,那时是由头炮做召集人的,我们就把五个炮召集来商量,说我们的花炮停了好多年了,现在生活好些了,应该热闹一下啊,今年该放炮了吧?恢复我们的花炮啊?大家都同意,就一起搞起来。

续前文 X 寨 WJH 的二次访谈:

李:你的作业组是怎么发起的,怎么又有这个胆量呢?讲讲这个过程吧。

W:因为搞食堂没得吃,到 1960 年就慢慢地给点儿粮食,个人在家里头煮了,到 1961 年就搞点儿自留地。

李:是上级允许的?

W:对,是上级下来文件,一个生产队一户给开一亩或一亩多点儿的自留田,大户的给开二亩自留田,自留地也有限制。生产队种的谷子都不大好,私人去开荒种的谷子反而好。

李:那些地本来是很差火的?

---

① 根据本研究方谈资料整理(录音编号:031121DT06)。

W：是，地本来是很差火的，他自己爱种，自己种的反而收得多。我们看到这种情况，就说，这个田啊，集体地搞的确没得收，怎么把这田分到户去搞呢？我们有这想法，所以我们这些大队干部在生产队搞分田到户以后，报上来是集体的，我们就算他们集体的，不管它。我是大队的，不敢先搞，看见别人搞，自己想搞但怕搞，我就想，怎么想个办法盖上面的眼？于是搞个作业组，只分到作业组，没敢分到个人。我们寨 40 多户，那边寨分田到户了，我们寨是搞作业组。

李：你这个寨的作业组是货真价实的，其他的多是名义上的，实际是分田到户？

W：对。搞作业组收入也还是比原先集体的高，所以真正地负责到人就会好。1961 年县里召开三级干部经营管理会，我那时候是大队长，我去参加会议，一个从自治区来的朱部长到我们林溪组主持讨论，他说："大家都过了苦日子，哪个有什么办法都可以讲，随便讲。"我这个人爱发言，我就发言，我首先讲："我讲老实话莫扣帽子啊。"他就说："可以可以，反正能把生产搞得好，你有什么想法只管说，没有罪，不扣帽子了，上面要求大家畅所欲言。"我就讲到分到私人怎么好怎么好，讲一大堆了，讲集体的"等"：一个生产队 50—60 个劳动力，先去的要等第二个，第二个要等第三个，等来等去，日头高高的了，晒得要死，天天去晒日头，实际上工作没做什么，凉的时候都在等。我讲这样不得，还是分责任到个人，就可以凉的时候去，热的时候回来，还是这样好。我那时不大怕，很坚决地讲这样好，那时很多人同意我的意见，讲这样的话，生活要改变得快些。但集中开会的时候又点名批我，说林溪××大队大队长鼓吹搞单干，从那以后我就缩手缩脚了，很少讲话。但我相信这样才搞得好。1961 年我一回到大队，在我的大队我就讲，随便你们怎样搞，反正我要宣传上面的，但是我睁一只眼闭一只眼。那时四村街又分成四个大队了，我在皇朝大队，100多户，七个生产队，我们3个队干，各自负责几个生产队，我在生产队天天上山（劳动）的。别人分田到户，我这生产队还是不敢，只敢搞个作业组，如果他们问起来我还有话讲。我自己的生产队搞四个作业组，1962年收成的时候，除开上交生产队的，我还得到1300斤谷子，生产队也增产，我个人也增产，那年我在大队分得超产、在生产队分得超产，我个人的作业组又超产，所以1962年我就有能力起房子了，熬了七坛酒。1962、1963、1964年这几年生活都蛮好的，又有购粮证，有指标到粮管所去买，但根本不用买。那时湖南又到我们这里买粮，因为他们那里征购多，他们又缺粮了，反过来到我们这里买米。那时候我们这里家家户户都是一样，谷子吃不完，都富了，家里都有猪养了，自己也种棉花，做了新衣了。1960年以前没有自留地，没有人种棉花，生产队种的没有收的，只有种，没有收成的。人民生活提高了，家家户户乐捐，就有能力放花炮了。

李：那1962年的花炮还是热闹的？

W：热闹！比现在还热闹些。

李：比现在还热闹表现在哪些方面呢？

W：一是抢花炮的人多，游炮的人也比较多。现在的人穿衣服各种各样的，那时候是一色的，大家都穿侗布的，抢花炮的穿白衣，也是一色的侗布，那时抢花炮的人多，所有的，从18—30多岁的，大部分参加抢炮。

李：这以后放了几次？

W：1964年又放一次，1965年搞"四清"，我们都被打倒了，庙也被推去了，就停了。

（四）"四清"与"文化大革命"：精神与物质双重贫困中花炮沉寂

1. "四清"运动①与村寨中文化的贫困

1965年，三江县开始"四清"运动，各地的抢花炮活动都停止了。老人说："那时候破除迷信搞得厉害，庙都推去了，村里的领头人被打倒，干部遭赔退。你搞分田到户，给个帽子'走资派'；你在队里理些事，当大队干部，给个帽子'当权派'；脾气凶些的又安个帽子，帽子很多……没有谁敢讲游行放炮。"（参见附件5-6）"那时讲破四旧，只是唱红歌、扭秧歌，没有什么民族风俗了，什么节期都没有了，情歌对唱没有了，侗戏没有了，芦笙也没有了，民间传统的项目都流失了。"（参见附件5-7）

【附件5-6】关于村寨"四清"运动的访谈②

WRG："四清"工作队有县里来的，也有其他县的，还有中央民院的。来时一进寨，第一晚召集原来的生产队干部会议，了解情况，然后让原来的生产队干部靠边站，另外组织贫下中农协会，由贫协主持工作。生产队记分员、会计都隔离，白天参加生产，晚上回来后这些人集中在一个地方，本③开会，本开会。动员的话是：你们理事这么长时间，有没有吃老百姓的？有没有多占老百姓的？有问题马上交代。有时候逼迫搞假的——本来他没有那个问题，他也说我有这个问题，这样就被说改造得好，给予"下楼"；如果没有交代什么，那就每天晚上吃过饭就要去，有时候他不来喊你，你

---

① "四清"运动是指1963年至1966年，中共中央在全国城乡开展的社会主义教育运动。"四清"运动的内容，一开始在农村中是"清工分，清账目，清仓库和清财物"，后期在城乡中表现为"清思想，清政治，清组织和清经济"。

② 根据本研究访谈资料整理（录音编号：040920D80M、031121DT76M等）。

③ 当地土话，意为"总是"，"老是"。

没到，他又训你，说你不老实。那时候我在生产队搞记分员，搞了几个月，以后我就参军去了，以后的事就不知道了。

WRZ：你搞分田到户，给个帽子"走资派"；你在队里理些事，当过大队干部，给个帽子"当权派"；脾气凶些的又安个帽子，帽子很多……

WRG 等老人：这些都是事实，我们都是过来人，没有一点儿假的。

WRG：那时候的确是出现了那些情况，但共产党也有办法把它转过来，把这些扭转之后，她也引导你向好的方向去，她有这种办法。但是，在她走的过程中出现这些问题又是真的，不应该回避。

李：是应该对这些进行回顾和反思。

WRG：反思以后才晓得，以后出现这种情况要警惕。如果不给讲，下一代不知道这些事情，以后可能会重复出现。

WCF：工作队来了以后，大小队干部一起集中，又排斥到一边，口头交代，写材料，背后发动群众揭发。第一天晚上跟群众见面，检讨，工作队就问群众："他讲得好不好，老不老实？"群众总是说"不老实，不老实"，"不好，不好"。没有什么问题也说"不好"，"不老实"。有的是事先做过工作，让他们到时候这样起哄。那时候的"四清"工作队很厉害的，很训人的。开始的时候，谁见了都很害怕，他们说这样子才能给那些人一些压力。那时候，如果哪个被隔离，工作队的权力是很大的，说一就是一，说二就二，那时候不是讲治病救人，而是讲一棍子打死的。

WYJ：我和 WCF 去参加过工作队，我们知道，工作队进这个寨子，把问题搞得越大，成绩就越大，以这个为工作标准，所以麻直（总是）压，搞假的也让你编，出现过这种情况。

WCF：工作队一来就开大小斗争会，不知多少次，我都不记得 WRZ 挨批斗多少次了。后来清理赔退，多吃多占的要赔退，有些是很正常的吃，也说是多吃多占，要赔退。

WRZ：我举一个例子。我们那个工作区，大水冲垮几年了，成了荒地，那时我想把它开出一块小小的田，可以收几把谷子。"四清"工作队来，就说是搞资本主义，扩大开荒，要赔退。本来是好事，我开出的这亩荒地生产队拿去种，对生产队还有点儿好处，收去就罢了，可是那时候不是这样讲的，群众压下来，不光收去这块田，还要你赔很多很多。你开这一块地，你今年得多少斤谷子，你种了几年，累计下来，一起要赔出来。这是扩大开荒，走资本主义，帽子一个个压下来，这是我亲自经历的事情。

李：赔了吗？

WRZ：哪个敢不赔？

WCF：凡是小队干部以上的，扩大开荒都要赔；不是干部的不用赔，凡是干部的都要赔。那时候讲他是走资派，问题多。他是党支书，被靠边，是"四不清"干部。给个"四不清"干部的帽子，工作还是要干的，命令你到来，你一定要到来，"四清"结束的时候，讲他贪污的、挪用的、多吃多占的，总共3000元。我们合华大队五个自然屯，你当个头头，你没吃？群众吃了多少苦，死掉多少人？你没有责任？就是你吃人家才没的吃！吃来吃去算3000元。

WRZ：把我全家所有的东西计算起来也值不了3000元呀。不过当时也有错误，是什么呢？就是我当时是书记，经常在外开会，各队死牛、死猪全都要上缴大队，做大队干部的得吃点儿。人家说：你当头放手给大队干部吃，要赔。我说：你讲多少？"100元。"我说好，好，加进去，那时候哪个敢顶啊！加进去，后来算来算去达到3000元。好，好，赔退，只要把我的命留住啊。当时给了个留党察看。

WCF：哪里来那么多钱去赔呢？拿你的房子来顶。于是他就住牛棚了。那是真正的牛棚啊——生产队用来上面晒禾把，下

248

面养牛的。把牛赶到别处去，给他在下面的牛栏住，在那里住了三年半。1969年下半年他回到二儿子家住，那个屋还在给上山下乡的知青住，直到1979年知青返城，房子才还给他。

WRZ：三年后，上级党委给我平反，恢复党籍。复查的结果，只有400多元，是夜宵等费用。我承认了，我没话说，这400多元我赔。在平反以后，我这样表态：我以前犯错误，现在我不犯，我除了保留党籍之外做个新人，重新做人。苦也好、累也好，都要干，修路、什么事都与群众商量，不做坏事，只做好事，不贪污、不拿钱。1959、1960年大家都经过困难时期，1961年DT寨又受火灾，现在有的人家还住树皮的棚棚，"四清"运动让我重新做人，我一定要让大田永远不受灾，我的心是这样，就看我的寿命长不长了。

WCF：最近七八年的时间，本寨的架桥、修路，哪一段路不好走，他老人家就发动几个人把那段路用石片砌好，让大家下雨也好、太阳天也好都能平稳地走过。有一段两公里的羊肠小道是不成路的，他发动大家上山义务修了一条新路。他叫别人跟他去，他挨骂娘的呢。因为修路必然要占点儿地，有时占别人一点儿菜园，要一些土，也作了解释。但有时候，地的主人不同意怎么能不骂？最受罪的就是他，后人一定会懂得他的功劳，但他现在受罪了。

当时被打成走资派、"四不清"干部、遭"四清"赔退的X寨WJH老人[1]说：

那时别人没的吃我们也没的吃，但比人家又好点儿，因

---

① 与前文同。元宵节对DT寨、X寨寨老的访谈。参加访谈人员：WYJ、WRZ、WJH、WSJ；访谈时间：2004年2月5日；地点：WSJ家。

为猪、牛是大队的，死猪死牛都是拿到大队来，我们就优先吃，在这方面好过人家。就是这点儿多吃多占，"四清"运动就挨了批。那时讲我多吃多占几千元，我可以讲一分没捞，就是吃点儿。这一条我承认。我家里还是用 50 年代用着的木盆，铁（铝）盆我都没有一个，"四清"时他们进我家看见的。要我赔退，我就把涨大水时候救济给我的被单赔退去，老祖宗传下来的几对金耳环我拿去赔退，那时金子 18 元一钱，赔几千块钱你要好多金子？我湖南亲戚给的一匹布也都拿去赔，布匹一毛几一尺，你一匹布能赔几多？赔不完就把房子赔出来。

李：你们这里搞作业组、分田到户是偷偷搞的，后来"四清"的时候就挨批斗？

WJH：是走资本主义道路的当权派，就开始斗，天天挨斗，"四清"运动的时候把我开除了党籍，一直到 1978 年又找我来平反，又恢复党籍。

WYJ："四清"工作队发动群众揭发，说他有什么问题，你们尽管讲。让大家讲。

WJH：我当书记才一年，后来当大队长，他（WRZ）当书记当得久，他还要挨得厉害。

WRZ：我那时是留党察看。共产党是比较好的，但那段时间也的确有问题。有错有好。总的来讲是好的。有错就改，这是肯定的。

WJH：现在我的想法就是这样：中央的事情，我是相信得很的，底下那工作我就不相信了。老实讲我就不相信了，哪个和我顶我就跟他顶，现在底下太那个了，不合乎中央下来的精神，搞得太乱了。①

---

① 后面谈到县里对民间修桥和花炮节的捐款被截留。

250

二访 WJH 老人①的时候，再次与老人谈起"四清"赔退的话题：

李：这就是退还给你的房子？

W：是啊，这房子交给生产队 10 多年了，生产队拿去搞仓库。那时这房子是刚刚起的，住进去才 4 个月，"四清"核查以后我就转回旧房子住。1978 年给我平反的时候退还给我，已经变旧了，柱脚都烂了。我把柱头脚都锯了去，又拿砖砌起垫在底下。

李：平反的时候恢复了党籍，除了恢复名誉、把房子还给你，还赔了点儿什么东西没有呢？钱啊什么东西，赔了没有？

W：没有赔什么。就是把房子退回来了，原来"四清"赔退的数呢，都免去了。原来那时候说是几千块，真正赔了 900 多块，也只有那么多钱了，连自己的东西算完了，只有那么多钱，全部算完了，还欠几千。

李：那时候讲要赔那么多，是怎么算出来的呢？

W：是这样子，1959、1960 两年过了苦日子，到 1961 年那时供销社发放了一批猪种到各个大队去，比较大的大队分三头，小点儿的大队分 1—2 头。我们大队 500 多户分得三头，发给哪个养呢？我们研究呢，自己几个大队干部研究，首先问我们队干："你养得没有？"个个问到，哪个养得就先给哪个养。因为发放到底下去，当时的村民还是饿的，你发给他也没能力养，他杀了吃肉了，怎么发展呢？后来我就讲我拿一头去，我养一头。那时供销社发下来的也不是高价，也不是低价，是中价。低价讲起来是九毛钱一斤的，那时候给一块七，真正的高价要到 3—5 块，我就买了一头回来，养了一年多。那时候，反正给我养就把

——————————

① 采访时间：2004 年 2 月 8 日；地点：老人家中。

它养好，自己拿去配种，让它多生点儿，每年两次，每次11—12个小猪仔，每个起码10多斤。一年得了二十几个猪仔，那时卖猪仔是一斤四块。100—200斤有800块钱，一年就800块，我养了四年时间，一算那猪要赔3000多块。其他的讲起来还没到几百块钱，主要是那猪挨赔得多。还有我那些自留田啊，开荒田啊也蛮多的。那时候主要挨了一两年的饿，我们回来后一方面搞大队领导，一方面开点儿田，我也搞得蛮多，地也开蛮多，一算起来又是几千块钱。

李：开那些荒田也错吗？

W：那是"走资"的，要退赔。

李：那当时别的村民搞吗？

W：搞啊，都搞，全部搞。甚至于比我们搞得多的都有。

李：但就是因为你是大队干部要赔退？

W：对，全部算进。

李：是怎么个算法呢？

W：那是算谷子。你今年得好多谷子，一斤谷子好多钱，这样算进来。你种了几年，一起算进来。

李：谷子多少钱一斤？

W：大概是……说到谷子多少钱一斤，我想起来当时我是"超支"户，"四清"核算的时候把我超支的数目都算的。

李：什么叫"超支"？

W：今年如果一个劳动力一天10分，每天得五毛或四毛，把你一年搞的得的2000分一起算得多少钱，把你的口粮、吃的油一起算起，看你今年劳动力得的钱够支付没有，够的就没有超支，不够的，比如少100块才够，你就超支100块，有些节余的，原来你收入2000块，你的口粮和口油只到1800块，你就节余200块。比如我全家劳动力只收入2000块，我家的口粮、口油算起来2500块，我就超支500块。我五个娃仔，就两口子劳动，每年超支 100—200 块钱。但是当时已经算我"四不清"了，我到生产队要谷子就当我去买，要拿钱去买才得口粮。但那口粮已经算进超支了。如果我去要，还要买，还要出钱去买。你讲那个谷子多少钱一斤我才醒悟过来，因为那时我去卖一担柴火才得五毛钱，一天起码要两担柴才有一块钱，一块钱称得到十三四斤谷子。我每天拿柴火去卖，卖了买谷子，天天如此。

李：别人也是这样吗？

W：别人没有，因为我是"四不清"干部。别人可以先拿，记账就行了。超支后来我已赔还去了，还要我拿钱称谷子，赔双倍了。

李：那时拿什么东西赔退？

W：讲我是"四不清"干部，以前吃的，有钱你拿钱去赔，没得的话，你家里有什么东西，他就拿来打（估算）了，你家里有银子、金啊，一两银子是三块钱，一钱金（三克是一钱）18 块，拿来赔了去。那些祖传的金首饰、银颈圈全都赔了去了，不晓得他们怎么分了。

【附件 5－7】关于"四清"、"文化大革命"中村寨文化的访谈①

富禄老人 WRS 说：

那时候八卦钟、雨帽（拜祖宗用的）、八仙桌的桌围（用金线绣上龙凤，上面绣"金玉满堂"，祭祖宗时用）等等都烧完去。在小孩子的帽子上挂银质的 18 罗汉也要挨斗，女孩挂玉观音也要挨斗，妇女插个别针也挨斗。我们这里的五省会馆的菩萨就是破"四旧"接着"文化大革命"，被红卫兵毁完了。葛亮村的几个菩萨也烧完了，那个戏台八仙过海搞得好漂亮的，打烂完

---

① 根据本研究访谈资料整理（录音编号：040920D80M、031121DT76M 等）。

去，可惜了。都讲破四旧立四新，我说我们这些田也都是旧时候来的，祖宗老子开出来的，一起毁去呀！我差一点儿挨拿去斗。

在林溪的访谈：

李："四清"运动一来花炮节就停了？

WYJ：什么活动都停了，我们底下那个古庙也推倒了。

李：什么时候推倒的？

WYJ：1965年，就是"四清"运动啊。那时没有什么民族风俗了，什么节期都没有了，情歌对唱没有了，侗戏没有了，芦笙也没有了。

WRZ：那时讲破"四旧"，只是唱红歌、扭秧歌。

李：那种早请示、晚汇报你们这里有没有？

WRZ：有。

李：农民也有吗？

WYJ：有，早上要请示。

李：怎么做的？

WRZ：集体的。每天早上都集中的，以生产队或者以寨为单位。早请示，晚汇报。

李：具体是怎么做？

WYJ：跳忠字舞，唱毛主席语录歌。晚上也是这样鞠躬。开始就唱《东方红》嘛，然后一帮人在那里跳。晚上也是这样，天天要这样搞。

WYJ：有个别没做的，那就追究你的思想，说："你是什么思想？"

李：那时候参加的群众是100%吗？

WRZ：群众呢，也不是100%去，也就是领导、队干、民兵参加，不论男女老少。

254

李：这样的情况持续了多久？

WYJ：大概三二这样子吧。我们乡里开会、大队开会就这样搞。

WRZ：那时路上有关卡，要过去的话要背语录，至少背一节嘛，背一条你就过去了，背不出来的就转回去，学了再出来。

李：一般这个关口设在村口？

WRZ：是在村口那里。

WYJ：背得最多的是"下定决心，不怕牺牲，排除万难，去争取胜利"。

李：老人也要背？

WYJ：是呀。

李：女的也要背？

WYJ：也要呀。

WRZ：不会背约说明你不参加社会，不重视学习，要背语录才过路，出工上山的时候也要背语录，晚上收工回来还要统计的，哪个人没背语录，要扣工分的呢。

李：这样做大概是从哪年到哪年？

WRZ：1966年上半年到1968年。

李：1966、1967、1968这样大概持续了三年，天天如此？

WRZ：天天如此。

李：有没有人来检查你们是不是天天如此做呢？

WCF：这个是以村屯为单位的。

李：早请示、晚汇报为什么能天天做得这么好呢？个个都是很自觉去做吗？

WCF：不做讲他不拥护、不忠于，他怕讲的啊。

李：如果不做，革委会有什么处理呢？

WCF：就讲你没拥护共产党、不忠于。

WYJ：忠于，就是忠于毛泽东、忠于共产党。

WCF：要求天天如此做，最多也就是 1966、1967 这两年，1968 年搞大辩论，就冲淡点儿了。我们是两个派的，我们这个屯就我们两个头子。他是支持伍晋南，我是支持韦国清。①

问到"文化大革命"的时候为什么没有放花炮，花炮筹委 ZJH 说：

"文化大革命"的时候是你斗我，我斗你，你杀我，我杀你，哪个敢办这个事情？谁也不敢出来说话的，因为你出头就有嫌疑了。又是小团体、宗教什么的，不敢。所以，民间传统的项目都流失了。解放后划分你是地主，你乱说话就挨批。你太富裕了，钱是从什么地方来的？也挨批。你上山去挖一些田，人家说你是乱开荒。你要去做一些小本生意就说你是投机倒把。说话要注意，要很小心的，说领导你也挨批的。

李：当时对于一些错误的做法有什么议论或者有什么变通的对抗的做法吗？

WRG：当时都没得啵。

李：不是明着顶，以一种变通的方法对抗的情况有吗？

WRG：没敢讲。"文化大革命"那时要你背一段语录背错了都挨，哪个敢讲？什么话都不敢讲。上头怎么讲我就"嗯嗯嗯"，那时就是真正的少说为佳。好怕！就像那首歌"谁要反对他谁就是我们的敌人"。哪个敢反对？敢怒不敢言。群众心里是慌、怕。今天那一家挨了，哪晓得后来又到哪一户挨？以前家庭成分高点儿的，中农啊，上中农啊，手脚稍微不干净的都慌的，就怕轮到自己。有的干部可怜群众，站在群众的利益讲句把话，他也慌，如果被别人知道了就会被认为是违反上头，就会挨处

---

① 这是"文化大革命"两派大辩论时广西两派的代表人物。

理。那时候干部每天晚上都学习，谁要出现什么问题，当时就对你一个评价，评价不好的就挨批，哪个愿意在那种场合下强出头啊？反正你讲什么我就"好好好"，处于那种情况下大家都不敢。

李：你们这里也算比较偏僻的了，上面的精神怎么那么快就传达下来了？

WRG：那时就是好快的。

李：怎么那么高效率呢？

WRG：比如讲，那时柳州军分区司令员宣布你SJ县要怎么怎么做，下达县里面，就召集几个武装部长回来马上传达这个精神，就要搞，连夜也要搞，毛主席语录也是传达不过夜。

李：一点儿没有"山高皇帝远"的感觉？

WRG：远？也是一样的！没得区别的。

2. "文化大革命"期间村寨中物质的贫困

武斗结束到"文化大革命"结束是一段比较平稳的时期，但因为生活困难，很多人饭都吃不饱，想放花炮是不可能的。"七几年生产队的时候，只能分到 100 斤谷子，又没有晒干，是不够吃的，这个时候你办花炮是不可能的"①。1962 年开始，国家分派每个生产队要完成多少头猪、多少只鸡，没完成任务上面不给杀猪。事实上，那时候，完成派购任务后基本上就没有剩余了。因为那时候不是普遍能养，能养的分量也不足。120 斤达到上缴标准，由于只能喂点儿菜，有的养两年也没超过 120 斤。食品站杀了猪，干部凭肉票每月买一斤，农民卖一头猪得四五十元钱，没有肉票不能买肉，只能买那种小小的咸鱼和腐乳。年节

---

① 根据本研究访谈资料整理（录音编号：031120LX52M）。

时，每户得分半把面条；片糖，人多的户分一片，人少的户三户分一片。生产队有鱼塘，人多的户能分一条，人少的户分半条，超支户没有。从"四清"运动前期到改革开放十几年间基本上是如此。苦日子到1983年以后才基本结束。人们说：那个时候我们就是想有党的好政策，希望政府引导我们走富裕的道路，能吃饱饭就心满意足了。我们办花炮的前提就是能吃饱饭。现在有饭吃饱了，有经济基础了，也有时间办这个事情了。（参见附件5－8）①

【附件5－8】关于"文化大革命"期间为什么没有放花炮的访谈

下面是一段与花炮筹委 ZJH 关于武斗结束以后为什么没有放花炮的对话②：

李：武斗结束但是"文化大革命"还没有结束的那段比较平稳的时期，有没有人想起办花炮节的事？

Z：有呀，也有，但是没办。

李：为什么？

Z：生活困难。像我们全家下到农村落户，饭都吃不饱，想放花炮是不可能的。你放学回到家，就这么一碗饭，有的掺一些木薯、玉米，吃不饱。你办这个怎么可能？不可能的。

七几年那时，生产队的时候。你分到100斤谷子，又没有晒干，是不够吃的，这个时候你办这个是没有用的。这个时候没有人想办民族传统这个事情，就是想有党的好政策，政府引导我们走富裕的道路，有饭吃饱我们就心满意足了。我们办这个事情的

_____

① 根据本研究访谈资料整理（录音编号：031120LX52M、031121DT76M 等）。
② ZJH：男，47岁，汉族，街道支书。访谈时间：2003 年 11 月 20 日；地点：街道办公室。

前提就是有饭吃饱，那个时候这个想法是最淳朴的。像现在人们有饭吃饱了，生活富裕了，有经济基础了，办这个事情也有时间了。比如说抢到那个炮我出 1000、2000 块钱办这一餐无所谓的，当时没有这个条件约。他要这个炮要摆百家宴的，要花 1000 多块钱，大家都到那里吃饭的，要包一个红包给他，钱是不多，几块钱是一个心意。大家凑到一块儿，看看我们得到炮了，非常好，是我们村寨的荣誉，大家都很高兴，吃吃饭、喝喝酒、聊聊天，是这个样子的。如果没有人接炮，那抢炮就没有意思了，大家就没有劲头抢，花炮就抢得不厉害，但没有经济基础不敢接的呀。

谈到以前的派购，WRG 说：

"文化大革命"有段时间是派购，1962 年开始，土地分到农户了，有一部分养的国家派给你，每个生产队要完成多少头猪，多少只鸡，最后落实了，你有能力养出多的，你就有权力杀这头猪来吃，没完成任务有猪也不能吃。事实上，那时候，完成派购任务后基本上就没有剩余了。因为那时候不是普遍能养，能养的分量也不足，那猪只得吃点儿菜，不快长。有的养两年也没超过 120 斤的。猪到 120 就达到上缴标准了，120 斤的猪，只得 40 多 50 多元钱。当时米是九分钱一斤，肉是七角钱一斤，价钱是便宜的。主要是没有卖，食品站杀了猪，干部一个月给一斤（凭勾票），农民没有肉票，有钱也不能买。那时候算起来 50 多元也买得不少东西，但没有东西可买，农民吃什么？卖一头猪得点儿钱买咸鱼，那时候咸鱼吃得很多，三角钱一斤，那种咸鱼斤两是比较低的，小小的，另外就是买腐乳，豆腐乳买得很多的。

二访 WJH 的时候，他的儿子说：

七几年还是好苦的。1971、1972 年我读小学，至少有半年没得饭吃，要加一些木薯粉。每年要种几千斤的杂粮才稳。玉米产量不高，红薯没顶得饿，只有木薯产量高，又顶得饿，虽然不好吃，也只得种它，做成木薯粉吃。

问："武斗结束以后那段比较平稳的时期，'文化大革命'那些年有人提过放花炮没有？" WJH 说："反正在那一段时间，像我这种人什么都不去出头了。"

PF 寨老人说：

生产队那时候，很多家庭都是超支的。家里劳动力好的一年下来最多也就是剩下 100 块、200 块钱，那时就说是很有钱的了。村边这条工路是 60 年代修的，以前坐车去三江是五毛钱，五毛钱那时也算很贵的，再说到三江也没有什么事情，所以也很少有人到县城去。在以前计划经济体制的生产队时代，这里还是比较贫困的，虽然公路穿过这里，也没有给这里带来什么现代的影响。

DT 老人谈当时的生活：

WRG：以前过年过节的时候，每户得分半把面条，片糖，人多的户分一片，人少的户三户分一片，由公社分到大队，大队分到生产队，生产队分到各家各户。肉是谈不上的，生产队有鱼塘，人多的户能分一条斤把两斤的鱼，人少的户分半边，超支户没有。比如你家三口人，个个能劳动就不超支；我家六口人，三口人劳动或者两口人劳动，全家人餐餐要吃饭，就变成超支户了。从"四清"运动前期到改革开放的十几年间，基本上是如此。

李：那十几年肉是很少吃的？不养猪吗？

WRG：养是养，要上缴的。上面有派购任务，一个生产队一年要上缴多少头猪，你没完成任务上面不给你杀猪。1970年以前都是如此。1970年以后可以多种多养了，多余的就可以自己处理了。

WCF：我的大女1965年生的，我养了一头猪准备给孩子妈坐月子，眼见可以吃了，要坐月子了，结果"四清"工作队一来，连毛都不见了，上缴得来几十块钱，就吃十几个鸡蛋坐月子。现在她妈讲起来又是生气又是好笑，既掉眼泪又感到好笑。

WRG：那时候吃饭问题基本可以解决。劳力多的家庭好点儿，他砍柴去卖也得点儿。应变能力强些的人好些，他这方面不行就从那方面解决。实在太老实的人，只依靠集体，就种那几屯田几块地，不会找别的窍门就很贫困，当时又没有政府扶贫，只有很少量的救济，解决不了问题。当时政府发放救济既不定时、不定人，也不固定项目。哪时有钱哪时来，有粮食、被子、棉衣等，东西都不够，只能给最贫最苦的，完全解决是不可能的。

李：苦日子从什么时候开始有所好转？

WYJ：80年代，1983年以后才基本上解决。

（五）改革开放：政治宽松，生活改善，恢复抢花炮

1. 生活好、心情好，才想抢花炮

如果生活好，人们自然会想起抢花炮，借此热闹一下，高兴一下，也想图个吉利。在林溪，历史上是每年放一次花炮，后来改为两年一次，现在是四年一次。寨老们说，如果哪年收成好，大家高兴就办一回，因为办这事是要花费钱物的。WJH老人说："这个炮原来是哪个寨得，都记得在哪里，如果生活好，人们自

然会想起这个事，恢复抢那个花炮。"D 寨的老吴①说："改革开放以后，隔三年放一回，因为年年都放需要蛮多钱，青年又要穿一套比较好的侗布新衣，要用一丈二，包头巾要一丈二，腰带要一丈二，三丈六了，要用一匹布，等于讨媳妇了，这是打扮一个排枪队员（盛装游行少年，扛火炮）的服装。"程阳花炮会计、P 寨的老吴说："我们放花炮没有固定隔几年的，年景丰收，大家高兴就放，受点儿灾害，大家不高兴又不放。有一年我们准备放，P 寨挨火灾就取消了。因为 P 寨是第二大的寨子，大家都有亲戚朋友在 P 寨的，烧掉那么大的一个寨子，大家都难过，所以就不放了。"程阳花炮委员会副主任老陈说："我们农村经济现在发达了，有点儿钱了。别说今年一个炮奖励 300 元，就是只奖励 50 元我们也要搞。我们靠近永济桥，我们经济上、思想上都好些，所以我们今年一定要头炮。寨里一些商业户竞相赞助：'你们得第一炮，我给 100 元'，'我给 200 元'，'我给 10 斤酒'等等。所以，今年我们参加抢炮的人比较多。那天我们真的得了头炮，我去领了两家的酒，领了 100 块钱，那天欢天喜地的，到圩场去买草鱼来搞鱼生，买啤酒来喝。"富禄的老人说："葛亮是三月二十三抢花炮，我们富禄这里 1979 年恢复三月三的抢花炮以后，他们还没想搞，劳动太辛苦，生活又贫困，没心情搞。80 年代分田到户，生活好过了，心情愉快以后，1982 年才恢复的。"

2. 改革开放使生活好起来

谈起改革开放，村民一致的声音是生活明显好起来了（参见附件 5 - 9）。林溪村民说，现在老人都做了长衫，巴不得（期待着）出来参加花炮游行，以前也是想，但没有好衣服，不好

① 老吴：男，70 岁，侗族。访谈时间：2004 年 9 月 19 日晚；访谈地点：老人家中。

意思出来。出来游行，表示生活好起来了。

【附件5-9】关于"改革开放使生活好起来"的访谈
花炮筹委 ZJH 说：

十一届三中全会以来，我们这里变化很大很大。农民的收入比以前好得多，各方面生活都比以前好得多。以前电话、电视都只是听说的，没见过的，现在好多的人都有了。当然，有些人还是很贫困的。贫困群体还有的，这是哪个地方都有的。没头脑、懒汉也有的。有些人你拿钱给他做生意他不会，去赌博输完的都有。什么人都有的。

问到"苦日子从什么时候开始有所好转"？DT 寨老人说：

WYJ：1983 年以后才基本上解决。1983 年把责任田分给自己种了，自己下苦功，自己劳动就得吃。以前靠生产队，你人少你就不得多。

WCF：你有能力种两亩田，在生产队，大家一起来种的话只有一亩田给你种，还有一亩田就给别人占去了。

WYJ：像我家那样，四个孩子，二个劳动力。

WCF：他四个孩子，体制改革以后，责任到户，他四个孩子的责任田他两亩来种了，别人就争不到，自己去做自己得吃了。就是这样，体制改革后慢慢好起来了。还是这样好。

李：你们觉得为什么这样改革以后才会好呢？集体那时候干的活儿不是多一些？那时候还累一些，你们不是说白天黑夜都在干？为什么分了田以后就好了？

WCF：比如说，生产队的时候，30 个人就可以种完这些田了，改革前 50 个人一起去种；本来是三天可以种完的，种了五天，这就浪费100天的工夫了。一分红就少了嘛。体制改革以后，六个人的田两个老人就可以种完了，四个人的家庭，有三个劳动力，要一个人种就可以了，两个劳动力可以去做别的，免得在这里争，效率不高。集体出工的时候，在地头抽烟、聊天，在山上睡懒觉是经常的，一天的活儿本来半天就可以做完的，但只做半天，另半天就没得记工分了，所以在山上睡到5点钟回来我也得一天的工分了。出工也不同，早上喊出工，稀稀拉拉的直到10点钟才出得，责任到个人以后，6点钟天还没亮我就出工了，中午我就可以回来休息了。

李：不下到基层不知这板经。改革开放生活好起来，饭吃得饱了，但钱还是靠打工收入的？

WCF：出去打工是一个，在这里也可以搞种养、品种调节、多种经营，发挥个人的能力也能有所收益。比如现在种果树、种茶叶、打点儿短工。

WYJ：还有造林。我家现在有20多亩杉木林，现在已经蛮大了，过几年就可以砍伐来卖了。我四个孩子，一女三男，有两个在外面当干部了，一个到广东打工去了，还有一个在上初中，现在生活就不愁了。两个当干部的是当老师的，因为他们自己还在读书（在职学习），所以给家里的少些，在广东打工的，元旦、中秋都寄了200元，过年又寄了800元回来。

M寨的芦笙队长L谈到改革开放以后产量的增加时说[1]：

现在人多了田还是那么多，有的建房还占了地，就是说人多了，地还少了，但饭反而够吃，我就感觉奇怪，就问那些老人家，老人家就说，因为以前没有科学，产量低，现在产量高了；

---

[1] L：35岁，侗族。访谈时间：2004年2月1日；访谈地点：M寨侗家旅社。

以前搞生产队，现在承包到各户了，自己搞自己的田肯定搞得好一点。以前是一帮人去搞，大家挣工分混日子，听人说有时在地头睡觉，所以产量不高。现在是把田承包到个人了，自己精耕细作，产量就高了。

3. 接续传统

富禄老人说，每年的三月三，不管放不放花炮，总有人来进行物资交流，卖耙耙呀、扁担呀、板凳呀、蓑衣什么的，摆满河沙坝的，从来没停过。以前黎平中转站、从江中转站都在这里，大苗山中转站粮管所也在这里，1961年以后生活好些的时候恢复了两年，第三年还是有人来看花炮，但他们怕了，没有谁敢牵头了，自己不敢放了。笔者问当时的组织者WRS老人："放了那两年，政府给了什么压力给你？"老人说："没有，放完就罢了。""为什么又当了呢？"W老人说："当时不知道政府的意图啊。等一下他抓你去劳改怎么办？我有个大姨妈在县城，她讲'你还敢搞？不怕拿你去劳改？'我更加怕了。怕讲我们搞封建迷信，讲我们破坏生产。所以1964年到'文化大革命'一直停放。打倒'四人帮'，没有什么不给搞的约束了，1977、1978年邓小平恢复工作，政策好了，于是又想搞了。1979年我们就恢复起来。"后来的会首S说："其实，当地政府的人对放这个花炮也是喜欢的，而且，群众这么喜欢的活动他们也不敢阻拦的，他们毕竟要依靠当地人民群众的呀。主要是县里有人来，省里有人来，他们害怕被上面说影响生产。""打倒'四人帮'以后政策宽松了，为了给地方搞点儿热闹，地方上的热心人提起这个方案，在当时政策的允许之下，大家开会研讨，搭架子，筹资金，又办起来。"抢花炮的组织者都是地方上热心公益事业的人，也是花炮爱好者。这些老会首说，如果前面的组织者年老体衰，就要有人接班连贯下去。他们把这当做一项事业，一代一代地延续。

谈到林溪花炮的恢复，DT寨老人说：1979年开始，环境又不同了，改革开放分田到户后就越来越好了，粮食多了，有酒喝了（当地都是自己用粮食熬酒）。有炮的寨子的老人走亲戚的时候，就互相商量恢复抢花炮的事情，自发地又搞起来。人们说，这个炮原来是哪个寨得，每到十月二十六，人们自然会想起这个事，如果生活好，就想放花炮了。1982年，当时是L寨的一位寨老和L村的一位支书发起的，他们在社员里头很有威望，号召把这个恢复起来，大家就积极支持搞起来了。后来这几届主要是WRZ热心组织，他一组织，政府也是支持的。那几届政府、群众好支持，一讲起搞，大家就一哄而起了。这个活动是当地跨村寨的大型娱乐活动，可以说是唯一的跨村寨的民间传统公共仪式。

县城古宜的抢花炮活动是1981年恢复的。当时的老会首H说他们那里改革开放晚一点儿，当时政策是有了，不过地方政府还不敢贯彻。1981年恢复三月三抢花炮的时候县长还到他家劝过他。当时的县长以前曾经因为复建了一个著名的鼓楼而被省里处分，革职下放去养猪，这位改革开放恢复名誉的县长对H说："我的教训你还不知道啊？你怎么敢搞起庙会来了？"民间是带着一定的心理压力恢复抢花炮的，结果花炮节影响很大，次年（1982年）的三月三花炮节，芬兰及中国香港、澳门地区等都有人前来参观，香港《文汇报》还在头版头条登过图片消息，说大陆改革开放了，人们的思想很活跃，动向很好。当时，H他们收到海外朋友寄来的报纸还不敢"宣传大了"，因为大家心里对国家的政策还没底，有些人说"要小心一些，要不然坐牢都不知道"。此后三月三的抢花炮年年办，花炮的庙——花炮纪念馆民间后来也以变通的办法集资建起来。到80年代末，开始经济体制改革，许多单位工资发不下来，职工下岗，花炮的集资变得困难，三月三抢花炮就改为四年一届了。2004年，三月三花炮节在市场经济和旅游宣传中重新获得发展机遇。几十年的经历使

H等老一辈的民间组织者深感"这个活动与整个国家、社会的政策是有很大关系的"。

二　民间仪式与国家意识形态的博弈

意识形态是一种"为世人确定意义"的信念和行动指南，是带有价值评判内涵的认识工具。广义地理解博弈是策略选择或斗智，指某个人或是组织，面对一定的环境条件，在一定的规则约束下，依靠所掌握的信息，选择一定的策略和行为并加以实施，从而取得相应收益的过程。零和博弈是双方的得失之和为零，即你得即我失；非零和博弈往往指双方在博弈中都有所增益。新中国成立后，在相当一段时间内，民间与国家在意识形态上处于支配与被支配的地位，民间信仰和传统文化受到压抑，但民间信仰利用着一切机会表达自己。民间社会与国家意识形态的博弈从主观到行为都是在追求一种非零和博弈，目的是为自己争取有限的生存而不是去抗拒国家意识形态的权威。

（一）暗喻式表达
由于抢花炮所蕴涵的原始信仰内容与长期以来国家正统的"破除迷信"的意识形态相冲突，因此，新中国成立后，民间抢花炮有关的信仰活动都是采取巧妙迂回的方式开展着，常常是表面上按照时下的意识形态进行宣传、造势，但人们观念中还是老的一套。有时候，人们也利用仪式来表达他们所崇尚的行为和对现实的某些不满。

富禄的三个花炮，以前叫"发财炮"、"如意炮"、"添丁炮"，得炮的人家每逢农历初一、十五上香祭拜，求子求财，寄托各种心愿。当地流传着许多得到花炮的人家生了男孩、生意做得顺手、赚了钱等灵验故事。"有点儿什么吉利的事情，人们就把它和那个花炮连在一起，就讲这个花炮很灵啊，然后就一传十，十传百，人们对花炮的这种迷信色彩就更加浓了"①。虽说富禄抢花炮是由商会发起、组织的，但那里的"各族人民已把三月三花炮节看成自己的节日，把花炮看成吉祥物，三月三花炮的吉祥寓意'深入民心、世代相传'，因此，抢要富禄三月三花炮的人多，组织的抢炮队也多"②。新中国成立后，为了配合国家的政治宣传，人们把三炮改为"团结炮"、"胜利炮"和"幸福炮"，但老百姓心里仍然认的是"发财炮"、"如意炮"和"添丁炮"，得炮回家，照样是烧香祈祷得子得财，"添丁炮"仍然是人们抢得最为激烈的花炮，直到计划生育实施后，"添丁炮"转化为"生男炮"，人们不再那么信奉"多子多福"了。

林溪、梅林的花炮原来也有"发财"、"添丁"等名目，为了与"迷信"脱钩，使这项民间仪式性体育活动名正言顺地开展并获得当地政府和各单位的经费支持，人们把花炮的名称改为"第一炮"、"第二炮"、"第三炮"、"第四炮"、"第五炮"，并强调其民族团结功能。与富禄一样，该地的人仍然为"得子"、"得福"这些"迷信"观念而抢炮。

富禄三老说，葛亮与富禄庙宇的建设都是与花炮有关的。商家最先的落脚地在葛亮，葛亮天后宫落成后放花炮庆贺，形成一年一度的习惯。商家搬到富禄后，也在富禄开展抢花炮，并建三王庙和金龙庙，几位老人说以前香火不断的，逢年过节他们都跟着母亲拿鸡、拿酒、拿肉，先敬三王庙再敬金龙庙。民国时期打倒迷信，庙拿来做学校了，人们把三王庙的菩萨拿到一个木房藏起来，风头过了以后就搬到五省会馆来，五省会馆是专门为了安置菩萨而建的。因为有过反迷信的经历，人们害怕再次被

---

① 根据本研究访谈资料整理（录音编号：040512F3b）。
② 马贤：《民族传统节日》，《富禄乡志》材料（手稿）。

"反"，就不以庙的形式而以会馆的形式安顿菩萨。86 岁的温老说，葛亮的天后宫也是后来改成闽粤会馆的。在葛亮天后宫，笔者看到醒目的"闽粤会馆"大字上方还有不很起眼的"天后宫"三个大字（参见图 5-1、5-2）。这就是地方精英的智慧，是一种自我保护行为。

图 5-1　葛亮"天后宫"大门

图 5-2　葛亮"天后宫"（显示闽粤会馆上方的"天后宫"）

269

GY 花炮会在 1982 年建了一个花炮纪念馆。这个花炮纪念馆实际上就是他们恢复的二圣庙。花炮老会首 H 说①，当时他们找县长、副县长谈恢复花炮和二圣庙的事，一位副县长讲："你们搞二圣庙是绝对不行的，你们想搞的话就换个名字，你们明明是个花炮节，可以搞个花炮纪念馆嘛。"这样，花炮组委会就依靠民间捐款、捐物和捐工搞起这个纪念馆（参见图 5－3）。纪念馆里的二圣塑像是九阁八寨的组委会成员在一个半夜里从很远的村子接来的。雕像所用的老木头是有一年发大水冲倒了的大树，组委会成员有意识地把两截大的木头锯下来，后来就做成二圣像。H 说："当时去接二圣像的时候我们心里真是害怕啊，怕领导知道或是喊公安局的人来在半路拦我们，那次去的人不少，有四五十人，如果和公安打起来的话，那我们这些做头子的要负责任的啊。那次去的人都是九阁八寨组委会的人，群众去的少，不敢把这个事情弄大。我们是 12 点钟才把那两个老人家（二圣）搬下来，它好重的，因为是老树。路不好走，那田坎又窄，高一脚低一脚，常常有人踩到田里去，结果三四点钟才回来。我们这里安排了接应的人，主要是看一下有什么人来阻止我们没有。那晚个个提心吊胆的，一接回来看到平安无事，就直接把那两个老人家（二圣雕像）放到馆里去了。"于是，这个花炮纪念馆内部实际上变成了一个庙堂，花炮纪念馆也就具有了二圣庙的功能，每当初一、十五开门供人烧香礼拜（参见图 5－4）。

上述情况说明，作为一种具有信仰载体含义的民间仪式性体育活动，在国家意识形态的压力下，抢花炮这一符号的所指②有

---

① H：64 岁，汉族，任花炮会首 20 余年。访谈时间：2004 年 9 月 18 日、21 日；访谈地点：H 家中（录音编号：040918G03）。

② 语言学家索绪尔最早提出了由能指（signifier）和所指（signified）构成的符号概念。能指是符号的物质形式，表现为一种声音、文字、图像等等；所指是特定的声音、文字、图像所代表的概念。

了表面的、宣传的一面和隐含的、代表乡民世代相传的观念的一面。表面的、宣传的形象是民间所利用的保护色，他们以这些冠冕堂皇的理由使自己的信仰活动得以开展。

图 5-3　花炮纪念馆门口的牌匾

图 5-4　花炮纪念馆内部的庙堂

　　村民有时候也利用仪式的暗喻表达他们所崇尚的行为和对现实的某些不满。2004 年春节刚过，笔者在 C 地参加了花炮节中的一个游菩萨活动。当时天气很冷，下着雨雪，我们跟着游菩萨的老人翻山越岭游到当地最边远的两个寨子。游完寨子，把菩萨安放在风雨桥上之后，我们问村民那几个菩萨是谁，村民说是关羽、关平、文昌等，问他们为什么选这些菩萨，村民答："因为他们是忠良。现在纪念他们。""文昌用现在的讲法是高级法官，他办事公道，百姓爱戴他。""花炮最主要的庙是飞山庙，飞山庙的菩萨就是杨延昭，即杨六郎，他是一个忠良，所以祭拜他。"姑且不论村民对菩萨的认识是否准确①，村民这样的认识，说明了人们敬仰忠良，渴望办事公道的"判官"。

（二）见机行事、斩而不奏

民间信仰有着强大的韧性，"斩而不奏"是民间信仰活动最普遍的策略。在本研究调查中，几乎各调查点都有这类情况。

GY：半夜三更接菩萨

在GY，笔者问："花炮纪念馆起好以后，把菩萨放进里面去，有人讲你们这是搞封建迷信没有？"H答："没有讲过，等于是默认了，那一晚我去找那个副县长，讲我们今晚打算把那两个老人家安放进去，让他把这个事情转告县长，因为县长那人说话不拐弯的，我说他如果在县长那里碰壁的话可以转告我啊。他说：'那你们最好不要讲给我们听，你们做就做了。'他心里已经是默认了。其实也有人知道，大领导、小领导也知道里面有菩萨，这么小的地方不可能不知道的，只是不来干涉。"

关于政府的人采取的默认态度，综合各方访谈可以归结为：首先是因为政治已经宽松了，不像"文化大革命"时期那么紧张，动不动就挨批挨斗；另一个重要原因是他们也害怕，觉得去

---

① 飞山庙中的飞山公本来是杨再思，但L乡已经没有多少人知道杨再思了，很多人都把杨六郎当成了飞山公。

惹菩萨对自己是不利的；再者，当地官员不愿与群众发生冲突。老会长说："我们去办事，他们（指官员）也不敢用那种'不行、不能做'的口气对我们讲话的，我们的说法是'因为尊重你们，你们是县里面的领导，我们才把这个事提出来，让你们知道，免得到时候你们也不好下台。如果我们老百姓要打，你们也抓不了几个的。老百姓是不怕的，他犯什么法了？这种信仰的东西，我们还可以有点儿自由的'。所以他就默认了这个事情。"因此，组委会就找个合适的时间，晚上 12 点才去接菩萨，当官的可以装作不知道。那天半夜回来的时候，老百姓敲锣打鼓、放鞭炮去接，组委会的人说，三更半夜了，放几个炮有什么了不起的？那炮又不是我们组委会买来放的，是老百姓自己去放炮去接菩萨的，我们管不了那么多的，你领导也管不了那么多的老百姓啊。

古宜花炮纪念馆农历初一、十五开门方便老百姓敬香，也接受老百姓投钱在功德箱里用于办花炮。只在初一、十五开门也是为了不让领导下不了台，大家相安无事。H 说："有高头的领导来看也是不开门的，让他们看到那个纪念馆的牌子（参见图 5 - 4）就得了，这样看就是一个纪念馆，谁知道里面有什么东西。如果你像一个真正的庙堂那样，365 天开在那里供人烧香，是有影响的啊，因为距离县政府太近，如果是在哪个山头就好一点儿了。"①

CY："斩而不奏"游菩萨

程阳花炮节在 2004 年恢复了普济桥上的菩萨，花炮委员会的人说：永济桥（程阳桥）是文物，不能擅自搞菩萨，但普济桥是属于地方管的，就没有打报告，我们地方自己集资搞，八寨

---

① 根据本研究访谈资料整理（录音编号：040918G03）。

都参加乐捐的。2004年抢花炮的前两天，菩萨游遍八寨之后被安放到普济桥上，供人祭拜、乐捐。①

M村：直接建庙不请示

1982年，M村人见县城恢复了庙，也准备恢复他们花炮的庙——回龙祠，当时群众乐捐的钱都交了，乡长说古宜搞的福禄寺有很多人参观旅游，有收益的，你们搞这个有什么用？建议他们拿这些钱造渡船。花炮会首说："不行，不给搞的话我把钱退回给群众。"第二天真的把钱退给群众，第二年他们又去乐捐，"这次就直接搞了，不去请示了"。

F镇：为恢复抢花炮大家集体签字

F镇老会首W说："1962年大家议起恢复办炮，整个F镇家家户户都拥护搞三月三，要一个人来牵头，大家要我当组委会主任。那时候形势还很紧的，我还有点儿怕，大家就说：'我们给你签字，是我们大家要搞的，如果要拿你去坐牢我们陪你一起去，看那牢有几大。'"法不责众，是人们朴素的想法。那时候迫于政治形势的压力，没有人敢牵头搞热闹，但没有这热闹又不利于商家的生意。于是，大家就推出W，签名支持他来搞。当时组委会的人拿着一张纸一家一家去让人签名。街委会的党支书对W说："W，你有几个头？你那么大胆去通知别人来放炮？"但派出所所长说："搞，搞，他讲他的，你们搞你们的。"有了派出所领导的支持，W才壮起胆子开始筹备。那时F镇属于第六公社，公社虽不支持，但也没来干涉，这里的人怕他们，所以才搞起签名，给W做个挡箭牌。公社的人其实也想看热闹，他们私下说，你们要搞就不要来问我们，问我们的话肯定是不给搞

---

① 根据本研究访谈资料整理。访谈对象：花炮会计；地点：会计家里（录音编号：040919C01）。

的。你们要做就做你们的。他们睁一只眼闭一只眼。结果一搞起来就影响很大。

F镇：与领导玩儿"捉迷藏"

1962年恢复放炮。那时贵州大苗山在F镇这里设木材转运站，那里有一部电话机，W去打电话通知外地的炮主准备还炮。打电话时，派出所所长来找他，他吓得连电话都不敢打了，却听派出所所长说："搞吧，不怕。"于是W胆子大了，继续打电话，通知炮主还炮。会期到来时，炮主果真拿炮来还，但当时在F镇的区长说："不能搞，一定不能搞。"W把三个炮圈放在衣兜里，区长带他进屋开会，开会出来，不知是谁已从W兜里把炮圈拿去炮场，1点半钟准时放炮了。听到放炮的声音，区长问W："炮圈不是在你这里吗？"W说："是啊，给你看了的，你们一直在我旁边，是谁拿去了我怎么知道？"区长只好说："罢了，罢了。"1965年搞"四清"，政府的压力太大了，不给搞了，但花炮已经做好，还炮的都来了，不得已只好采取拈阄的形式，谁拈得花炮，谁就拿花炮回去供奉。当时政府还派民兵在公路拦住来参加三月三的人，不准到街上，若要到街上，每人去挑三担大粪或者挖两分田才给过。群众就说："你们要我们挖，那你们自己也要挖！你们不挖，我们也不挖！你要人挖田，你有几个锄头给人挖？那么多的人，你看得过来吗？"这样，阻挡不了的群众就涌到街上来了。

L乡：安龙谢土，"如果汇报他就不允许的"

老人协会中有一些身份是地理先生的老人在协会中起特殊作用。访谈中，J老人谈起他们利用党的民族政策，大胆地搞起"安龙谢土"的过程（参见附件5－10）。"安龙谢土"和上述的种种事例说明，之所以能够发生这种"斩而不奏"的行为，主要是因为整个政治环境相对宽松了，当地的官员对此采取了一种默许的态度，甚至直接告诉民间组织者不要向他们请示，以此让自己脱离干系。"斩而不奏"的事件说明国家对民间信仰活动的控制，由严厉禁绝到相对控制，对不危害国家和人民利益的民间信仰活动采取不支持、不鼓励、较开明的态度了。在对"现在的形势"有所把握的情况下，民间把这些"封建特色"活动与"民族特色"联系起来，利用党的民族政策，大胆地搞起一些"可以讲是封建特色，也可以讲是民族特色的活动"，并强调"安定群众的思想情绪"的作用。几十年的"搞运动"使人们学会了见机行事，"如果国家发动政治运动我们就缩手了，不做那些事，也还是有发言权的"（参见附件5—10），这都是民间的生存策略。

【附件5—10】关于"安龙谢土"的访谈

（访谈对象：DT寨WYJ，男，63岁，侗族。访谈时间：2004年2月7日；地点：老人家中）

李：您这"地理先生"的身份对你们开展老人协会的活动有帮助吗？

W：有点儿帮助，搞公益事业的时候，大家就说，你说什么时候就什么时候了，你晓得。

李：就是说这种身份使你们的权威性更强，发动群众做事情更容易？

W：是，有威信，按现在的形势是有威信的，以后再有什么运动又不知道了。但如果国家发动政治运动我们就缩手了，不做那些事，也还是有发言权的。我们村我是支部组委，也是副书记，三个头，老人协会也是我们三个头。现在老人协会的事情没有什么限制，有些事情我们不去汇报，他也不追究我们。你如果汇报，他就不允许的。比如"安龙谢土"，敲锣打鼓，我们不讲给他们听，自己搞，他们也不管。但如果有人去讲这是迷信，他就来追究，我几个人又要去解释，现在也没有这种情况。乡书记都说，你们要搞就搞，不要在社会上造成影响就行了，"安龙谢土"是你们寨内搞的，没影响到别的地方就行了。

李：为什么要搞"安龙谢土"？

W：一般吃晚饭以后鸡不叫的，如果鸡叫，就说有鬼怪，如果连叫几晚，寨里群众就慌了，慌了就商量搞"安龙谢土"，安定群众的思想情绪。搞过以后，又真的不叫了，这是真的。因为鸡叫指不出原因，又没有办法不让它叫。这段时间少，冬季那段时间最怕了，一叫就怕。

李：怕地震？

W：怕火灾，这个地方没有地震的。有些群众又怀疑到那里又惊龙脉，动祖坟呢。不知道哪里出问题，所以就商量搞"安龙谢土"。"安龙谢土"不能让本地的师傅做，要到外面请，我们到MS村请师傅来搞，搞了一天一夜，多的有三天三夜，有一本书要唱完的。每家出一筒米，有20个老头到鼓楼那里吃斋。师傅来之后，写东西南北，地脉龙神，天地人和，写完了就开始摆台，闹锣鼓，摆二十四天干地支，24个碗都装米的，半夜两点开始发朝，敲锣打鼓，唱祭文，木鱼和锣鼓"铿锵""铿锵"地敲。还有三个人陪唱，唱几句，拜一拜，唱几句，拜一拜，这样搞到下午6点；唱一朝，休息几分钟，吃饭时休息个把钟头。唱完一朝要出去河边"送表"——烧掉、焚香。最后到晚上7点钟搞"推瘟"——拿一只鸭，用个竹编的船放下河，整寨去敲墙壁，还进家里去喊"出去喽，出去喽"。两个老的抬那只船，七八岁的小孩子到处敲，一家家进屋敲，走遍寨子以后就来到河边，把船和鸭子放下河，小孩子就用石头砸白鸭子，在外面把鸭子煮来吃了，只能在外面煮着吃。仪式就此结束。一般三年做一次，"四清"、"文化大革命"时期停了十几年。

李：抢花炮、新寨建风雨桥都是各寨集体的行动。还有什么

277

是各寨集体的活动？

W：安寨门。这些可以讲是封建特色，也可以讲是民族特色的活动。

（三）传说版本的选择性宣传

古宜的花炮祭祀的是二圣侯王。关于二圣侯王的传说有多个版本。民国版《三江县志·杂记》载："二圣侯王，亦邑之土神也，相传明永历帝车驾过此，神化红鲤护帝行舟，夜梦神来参驾，帝以其默护有功，赐封为二圣侯王，并封其二夫人曰金花夫人、银花夫人。邑人醵产立庙，香火甚盛，每于上巳芳辰，演梨园、放花炮，轰动全境。"

1992年版《三江县志》称，古宜、斗江一带"六甲人"聚居区多处设二圣庙，人们在三月初三的二圣庙会时，除抬神佛游街寨外，还放炮、演戏，放花炮，一直延续至今，演变成为民间文体盛会。江口得道二圣侯王作为地方神，成为"六甲人"的家中神龛，从明清至新中国成立初期，"六甲人"普遍在香火上写"江口得道二圣侯王之神位"。关于二圣侯王的传说，该县志记述了三种版本——

传说一：南明时有蓝氏母子三人，由四川逃荒到古宜定居，专以种菜为生。兄弟二人十分勤劳，种的青菜叶可遮屋宇。一次广东商人与他们打赌说："你的菜叶能盖过我这条船，我就连船带货送你。"结果，蓝氏兄弟赢了这条船及货物。不久，蓝氏兄弟在榕树河边摆渡玩耍，连船带人被骇浪吞没。此后，每年农历三月三，在他们落水的地方出现两条大鲤鱼。乡人认为，这是蓝氏兄弟得道成仙，化为神鱼护佑地方，遂建庙祀之。因蓝氏兄弟遇难成仙的地点在榕树渡边的竹溪口汇入浔江处，人们遂称为"江口得道二圣侯王"。

传说二：蓝氏兄弟在渡船收渡后，用船渡一孕妇过河时，遇狂风大浪，翻船遇难。

传说三：南明永历帝驻跸怀远县时，乘船经过今榕树渡口河面时，值狂风大浪，御船颠簸欲沉，忽有两条大鲤鱼跃出水面托住御船，方安稳无虞。永历帝询问地方人士，方知蓝氏兄弟的事迹及显灵保驾的缘由，因而敕封蓝氏兄弟为二圣侯王。

显然，传说一的主题是突出蓝氏兄弟的神奇和灵验。许多研究表明，中国民间的宗教崇拜表现出强烈的功利性，人们崇拜神灵，主要是为了求请神灵帮助解决民生问题，以消灾免祸、治病祛邪，企盼人丁兴旺、五谷丰登。农业祭祀中祭拜天地、社稷、山川、日月、风雨、雷电诸神，最重要的目的是求得风调雨顺，祈盼农业获得丰收。因此，神奇与灵验，是一种神灵能否被人们崇拜的第一要素，这是各种民间信仰共同的特征，也是古宜地区的人们最热衷于传播的二圣传说。从古到今这一传说的内涵不变。

在中国历史上不乏对淫祀进行扫荡的事例，三江地区也有关于毁淫祠的记载。帝王的封敕可使民间崇拜的神灵免于被归于淫祀而遭扫荡，因而二圣侯王的传说也是人们最热衷于传播的版本。封建帝王封侯之事在以打倒封建主义为旗号的民国时期失去了以前的保护功能，民国中期三江县拆毁偶像淫祠的时候，二圣庙也在废止之列，菩萨被丢到河里，庙址改为卫生院。民国版《三江县志》称："二圣庙所祀则蓝氏兄弟也，古宜庙碑载，明永历曾有封赠曰二圣侯王，略有祀功之义，然家族之祀，而移于社会，附以灵异之说，转近迷信，故当本县拆毁偶像淫祠，一并载废止之列。"

蓝氏兄弟搜孕妇过河，"在过去讲是积德，放到现在讲就是做好人好事"（花炮老会首的话），这是符合新中国成立后国家意识形态宣传口径的，因此，花炮组委会主要突出这一版本的宣传，并按当时国家意识形态的倾向进行补充和修饰，突出蓝氏兄弟的苦出身和他们"做好事"的行为（参见附件5-11）。

古宜抢花炮的传说中，先是突出红鲤鱼的传说，通过与帝王的联系来证明神明的"正统性"，以抬高土神的威望和在地域社会的影响力，后来强调蓝氏兄弟的舍己救人，顺应国家意识形态宣传的需要而获得对该神宣传的"可能性"。从传说版本的选择性宣传可以反映民间社会的活动与国家政治的关联性。由此我们可以看出，民间信仰的变迁具有强烈的世俗性和功利性，深受社会变迁的影响。

【附件5-11】组委会所宣传的二圣侯王传说[①]

相传，明代有侗族蓝氏兄弟，家境贫寒，靠砍柴为生，和母亲相依为命。一日，兄弟俩卖柴回家，途经下渡河渡口（现古宜"三月三"二圣庙庙会会址），遇见姑嫂二人焦急万分地等渡船回家，嫂子怀孕即将生产，而渡船迟迟未来，蓝氏兄弟看情况紧急，叫上姑嫂二人上到自家小船，奋力摇橹前行，不料船至江心，狂风暴雨，掀起巨浪，船被巨浪吞没，四人同时遇难。蓝氏兄弟舍己救人的义举被群众广为传颂。后明永历王巡视南疆，封蓝氏兄弟为二圣侯王并令人建庙纪念，三月初三为庙会之日，方圆几百里群众前来朝拜，这就是古宜"三月三"二圣庙的由来。

三　民间社会与国家权力的互动

（一）民间组织的合法性寻求

前文的论述表明，作为一项民间的仪式性体育活动，抢花炮与国家政治有着密切的关联，新中国成立以来的历次政治运动都

---

① 摘自古宜三月三花炮节宣传资料。

在该活动的历史上留下了印痕。由于抢花炮活动所附带的民间信仰内涵以及老人协会的民间非正式组织身份，民间组织者十分清楚其中的政治敏感性以及与官方保持沟通与合作的重要性，因此，自始至终与政府保持一种合作的态度，更主动地为政府考虑，同时也充分表述自己的活动对政府与社会的意义，以寻求政治的合法性、社会的合法性与行政的合法性。①

1. 主动与政府沟通

"做什么事都不能脱离政府"，民间对此有着清醒的认识。2004 年二月二花炮节期间，在梅林 C 寨一位寨老家里，谈到花炮组织与政府的关系时，老人的儿子（花炮会成员，42 岁，在梅林与融水之间开机船营运）说："现在是共产党领导，我们搞什么都不能脱离政府，不能脱离党。万一有什么事，需要政府支持、帮助，是不是？你脱离政府什么也搞不成。"在 L 乡，D 寨的花炮筹委说："我们搞这活动也向政府请示，现在治安由政府来帮忙，还有请领导讲话呀，有政府来讲话，我们胆子就壮大点，有靠山。万一发生什么纠纷啊，还有其他什么意外事故，都是由政府来处理的。党是领导一切的，还是要依靠党，依靠政府来办事情。"

"现在办这个事情带有一定的政治色彩"，L 乡花炮筹委 Z 对笔者这样说。② 因为他是街道的领导，所以大家让他进入筹委会负责行政，方便与政府打交道，协调各方面的事情。比如要资金呀、要保安都是他去派出所协调。他说："以前花炮节是筹委会自己办，不告诉政府的，办完就算了，现在带有一些政治色彩。""改革开放以后，人们头脑也清醒了，要当地政府支持才

---

① 关于社会团体的合法性参见高丙中《社会团体的合法性问题》，载《中国社会科学》2000 年第 2 期。

② 访谈时间：2003 年 11 月 20 日（录音编号：031120L01）。

可以办得轰轰烈烈的，各方面工作办起来才相对容易一些。这是办花炮节的前提，因为要向他们集资，要厚着脸皮问别人要钱。"Z说："筹委会要在党政领导下进行工作的，不敢乱来的。比如说宣传广告要到工商部门去登记，我们写的宣传标语要请示乡政府的，底稿都给他们看过，他们同意后我们才贴出去，我们是很慎重的，不是乱来的。""抢花炮的时候，我们让乡长讲话，尊重当地的党政领导。其实不让你乡长讲话，不让你插手也可以的。让你乡长讲话，介绍我们乡的各种优势，我们的旅游资源等等，有利于我们乡的发展。"问到为什么乐意和政府合作的时候，ZJH说："现在政府是尊重当地风俗的。如果当地政府不支持当地的风俗活动，那这个地方很恐怖的。少数民族有他们的风俗、传统，他的宗教是自由的，如果政府限制了这个宗教自由，他不怕你的。昨天你看了，这个活动不是宣传迷信的，秧歌队等宣传党的政策，侗戏宣传法律等等，各方面的内容都有。政府也是非常支持我们这个事情的，不反对的。"Z告诉我们，抢花炮的时候，县里公安局派人来维护秩序，乡党委书记、乡长对他们说，需要政府帮什么政府尽力而为，只要不影响乡里面的正常工作就派人来帮他们，协助他们做这个事情。活动需要的桌子、板凳都是向乡里借的，喇叭、话筒都是乡政府的，好多的工具都是向乡政府借的。因为政府支持他们、尊重他们，为他们做好事，所以他们感谢政府，自觉自愿拥护政府。"如果政府说不行不行，或者那是你们民间的事，我们不管，那我们也是不理睬他们的。"这里的民、政关系处理得很好，这与花炮筹委会成员的背景有重要关系。Z说："筹委会中的一些人也是在党内工作好多年的人，不是没有文化、没有素质的，有些是老村干、老支书，也有的是乡里的老干部、退休教师（参见表5-2），不是乱要人的，用的人是和当地政府保持一致的，有些人说话不注意，我们是不要的。刚才说过办这个事情带有一定的政治色彩的。"组委会的变化反映出民间与政府的关系更合作、更亲近。

表 5 – 2 林溪花炮节筹委会名单[*]

姓名	来源地	职务背景	姓名	来源地	职务背景
郑永祥	林溪街	退休职工			
宋易芳	林溪街	居民	吴居华	新寨屯	乡供销社经理，过去的大队干部
赵军和	林溪街	现任街道党支书	吴贵中	新寨屯	
黄世正	林溪街	县政协委员、个协支书	吴成仲	平地棉	
吴均华	林溪村	现任村党支书	吴学彰	岩寨	
吴善儒	林溪村	现任村委会主任	吴荣彰	大田屯	原村支书、大队支书
吴善居	林溪村	上届村党支书	吴荣庚	大田屯	原乡人大主席，退休干部
吴新保	亮寨		吴永金	大田屯	原大队贫协主席
吴明开	亮寨		吴万琼	和善屯	原村委会主任
吴杭恩	皇朝寨	过云的公社干部、党支书	吴维兵	路冲屯	
吴道芳	皇朝寨	、	石万英	冠小屯	

* 2003 年花炮节筹委第一次会议参会人员，一位乡党委副书记应邀列席会议。

在 2003 年林溪的花炮节的游炮队伍中，美俗村的队伍扛着一个"神舟五号"的模型分外显眼（参见图 5 – 5）。这是该村一位退休教师的创意，得到村民的积极支持，既增加游炮队伍的热闹，也向世人表示他们虽然在山里，但也晓得外头国家的大事。对于政府支持他们搞花炮，如果加进一些意识形态宣传的东西，寨老们表示完全能够接受。一位寨老说："民间活动应该把当前国家的政事结合在里面，这是应该的，很容易的。"他也谈到这种宣传的意义："虽然到处有电视。但是也有些人不晓得的，特别是一些老人家不晓得的。等他们看到这个模型，听到旁人议论，才晓得国家这件大事。"花炮节的游行具有很好的宣传作用，是一个很好的宣传机会，应该好好地利用。笔者在桂北侗乡参加了五个花炮节，每一个花炮节都有为政府作宣传的内容（如图 5 - 6、5 - 7 为县城古宜花炮节的纳税宣传）。在 2005 年富禄花炮节期间，花炮组委会配合政府部门做了计划生育、法制建设、森林防火、税法宣传和反映民族风情传统文化的摄影画展等大量的宣传工作。

图 5 - 5　游炮队伍中的神舟五号模型

图 5 - 6　花炮游行中的纳税宣传

图 5 - 7　花炮游行中的纳税宣传

　　2004 年 M 乡的花炮节，新组建的青年花炮会利用不进庙、不烧香、把花炮放在村部的移风易俗行为[①]获得了乡政府的全力支持。青年花炮会的头头们说："我们地方是以村委会为主管理的，所以我们叫 F 做主任，他是村委会的。""以前花炮是放在庙里的，三民会有回龙祠、街道会有福德祠，哪个会办炮，花炮就放在哪个会的庙。现在既然由新的花炮会主办，放哪个庙都不合适，我们就放在村支部、村公所吧。"以前花炮在二月二土地公的诞日放，标红（发通告）是在上年农历八月初二土地婆的诞日，主持本届花炮节的年轻人说："十月一日国庆节是好日子，我们不用土地婆的日子标红，我们用国庆节标红。"由于新的花炮会取消了烧香敬神，乡政府消除了顾虑，全力支持他们，派出人员到上级政府和各主管部门集资，还联系县政府在花炮节期间到该乡举办全县"小城镇杯"篮球邀请赛。乡长在接受访谈的时候承认，如果像以往一样烧香敬神抢花炮，乡政府的支持力度肯定不会这么大。

---

　　①　实际上，新的花炮组织者革除进庙、烧香的旧习所使用的也是迷信的工具——在承认某些花炮"不吉利"的基础上，用新的不进庙的花炮替换之，这一做法使他们以新的观念办花炮时遇到的阻力最小。

民间的活动在与政府的活动相冲突的时候，民间会为政府的活动让道。林溪花炮节现在是四年举办一次，按此定制，第 61 届花炮节原定于 2002 年举办，但 2002 年是县庆，花炮节的时间与县庆相差两天，民间只能为县庆让道，改在 2003 年。

2. 社会合法性的表述

民间组织者以事实说明政府应该支持自己。

（1）搞好民族团结

L 乡花炮筹委 H 说①，我们搞会期的宗旨是发展体育运动，增强人民体质，加强民族团结，繁荣地方经济。历来都是这样的。原来五个省的少数民族的商家在这里落户，没有花炮以前，一个村与另一个村有矛盾，成立了花炮会以后，地方老人可以起调解作用。

在 G 镇，最能体现民族团结的大型民间活动就是花炮节了。首先，花炮节的组委会是由该镇和周围九阁八寨的代表共同组成的。组委会的老人说："花炮节的时候，九阁八寨三四十个村寨都参加进来了，有一些来表演，有一些来抢炮，有的来做服务的，每个村寨都有人来参加的，有的人送水、煮开水或者是挑凉水，中午送馒头、包子。我们的工作人员不下 300 人的。""在准备会中，各村寨报上吹芦笙、跳舞等各种节目，组委会认可之后，到那一天队伍拉来，组委会给伙食费、安排住宿。""四面八方的人都到一起来，侗、苗、瑶、壮、汉的人都在一起抢炮，篝火晚会上一起跳舞、唱歌、吹芦笙。"组委会的老炮首在介绍了这些情况后不无自豪地说："你说还有什么好的形式来体现民族团结？这就是民族团结的好具体的象征嘛！"他还讲了一个让我们印象深刻的"帮老巴抢炮"的故事（参见本书第三章附件 3 - 4）。

---

① 访谈时间：2004 年 9 月 20 日。

（2）繁荣经济

搞好体育节会活跃市场，可发展地方经济。民间花炮组织者
充分利用这方面的作用证明自己的社会合法性。1986 年，古宜
花炮组委会曾经作过一个花炮节期间的存款调查来证明他们举办
花炮节的意义。老会首说："我们想我们做了那么多，到底有多
大好处？我们心里也想有个底，想作个调查来让大家知道。我们
组委会看到人山人海的，那么多人到这个城镇来，光是卖水也有
蛮多钱了，还有提前一个月来订旅社都没有了铺位。饮食业的、
旅社的，他们都有登记簿的。比如旅社，一年中有大约 100 多人
住那里，平均数就是一个月七八个人住，年年都差不多，但是会
期那一天就住了 100 个人。我们这个地方，铺一张席子，就收五
六块钱，很多老百姓的家里都住十几甚至几十个人，一人收五六
块钱，所以这个数字是不小的。饮食业呢，米粉最快，销量是惊
人的；煮那个面条呢放进去，还不等熟就捞出来了，一桶桶地倒
进那个大锅里面，没有打开，半生半熟就夹进碗里放一点儿汤给
你了，都是站在那里吃的。像这种情况收入怎么可能不增加呢？
这是人人都看得见的。我们到几个农行、中行、工行了解，调查
的结果是，那三天的银行存款相当于平时 3—5 个月的存款额。
我们选择银行调查，一个是县里一些领导不太乐意支持我们做，
去求他们，一万也好，几万也好，原先许诺的，到最后就不给你
了。我们的想法是我们做这个事情，并非是为我们两个人好，或
者是我们三个人好，是对整个县城、社会有好处的。这个调查没
有写成文字的报告，只是在总结会上，我代表组委会进行总结的
时候讲到这个内容。这个总结会有县长、书记在场的，各个部门
的领导都有。但是这个汇报也是水过鸭背，他根本不听你的，我
们只是给他们一个概念，通过我们这个活动，我们做出了什么成
绩来。那个书记、人大代表下来就讲：'你辛苦了。'我就讲：
'不辛苦，只要你们支持一点，那我就高兴得三天三夜不睡觉

了。'他们很欠缺这一种意识的。其实并不是没有钱，这个钱只是不拨过来。哪个地方的财政没有个三五万块钱？"老会首说他们的调查对政府没有效果，"只是安慰我们自己，觉得我们做的这个事情很有意义，我们不是在这里乱搞的，我们做的事情是对社会、对个人都有好处的"。

（3）密切官民关系

L乡花炮筹委H说，筹办花炮节感受最深的是政府和群众关系密切了。他说："改革开放以前，我们搞活动政府是不来过问的。改革开放后，政府经常过问有关活动的食宿等方面的事，干部和群众的关系更密切了。群众有什么问题，可以通过花炮节向政府反映；政府要开展什么工作，可以通过寨老去执行。""通过活动，群众认识领导，领导得以了解群众。我们民办的活动尊重领导，向他们通报情况，拉近与领导的关系，领导以后做什么事也方便了。现在政府办事，讲好办也好办，讲不好办也不好办。你政府支持我，以后你要做什么事我也配合你，你不支持我，那以后政府下达的事我可以做也可以不做。就像朋友一样，你尊重我，我就尊重你。开展这个活动，政府也满意，群众也满意，民政双方都满意，对今后的工作都好开展这是最现实的。比如沼气工程，这是一个比较大的工程，虽然政府补贴给大家做，但也有不愿意做的。现在政府和群众关系搞得好，政府号召，基层帮你宣传，事情就好办得多。现在我们三江各项工作为什么能走在前，就与这有关。通过这个活动，政府与群众相互沟通得很好，配合得好，结果办事也快。还有社会治安等方面，群众的思想觉悟提高之后，自己约束自己，乡长、书记不可能每个角落都走到，还是要靠地方组织、地方群众自己约束自己。村有村规，家有家法，谁做什么坏事，地方上可以处罚他，样样靠官方包办是不可能的。群众思想觉悟提高以后，政府工作也好办。我们这里自我记事以来就没发生过什么大案件。这与'寨老'起的作

288

用有关。政府工作到家了，群众觉悟高了，政府工作也好做了。"在侗乡的调查使笔者深深感受到，寨老在协调各种关系、管理村寨中起了很大的作用。花炮节的作用是，强化了寨老的地位，更有效地发挥了他们的作用。H说："我们恢复了会期之后，起了很大的作用，有多方面的好处，方便了各方之间的协调。我们这活动来干会的，都是当地的群众骨干，万一哪些村寨之间发生什么事，我们可以通过这帮人来协调，这比政府协调效果还好。因为这些寨老在地方有威望，可以说服群众，通过地方寨老协调比政府更管用，寨老的作用是不可替代的，他们与群众的关系更为密切，政府也许可以通过法律约束人，但地方老人以感情方式解决问题，群众更信服。"寨老组织是属于非政府组织，组织里的人要发挥作用，总要有一种活动体现其权威，强化他们在民众中的社会地位，会期的主办（花炮节）也是强化他们社会地位的方式和机会。

3. 行政合法性的利用

高丙中在《社会团体的合法性问题》一文中说：

> 行政合法性是一种形式合法性，其基础是官僚体制的程序和惯例，其获得形式是多种多样的，大致有机构文书、领导人的同意、机构的符号（如名称、标志）和仪式（如授予的锦旗）等。社团的行政合法性在于某一级单位领导以某种方式把自己的行政合法性让渡或传递过来。他们的承认往往自然延伸为参与。他们参与的方式是很灵活的，可以是实际的，也可以是符号的，如名誉会长。①

---

① 高丙中：《社会团体的合法性问题》，载《中国社会科学》2000年第2期。

古宜花炮老会首说他们搞抢花炮活动在政府方面曾经遇到很多阻力，政府并不是害怕他们这个民间的组织过度发展而控制不了，因为花炮组织者基本上都是党员、干部，村寨里也一般是村支书之类的来做这个组织的头头。政府不支持的想法是害怕出意外事情，害怕惹麻烦。"县长和书记在这里任职三五年就走了，他不想出现麻烦"，"如果他只是想保住乌纱帽的话，你搞不搞和我没有什么关系，我的工资照拿，我的书记照做，但如果打架死人的话麻烦就来了"①。花炮组织并不是一个具有法律合法性的民间组织，抢花炮活动又是要向各政府部门和行政、事业单位集资的，因此民间花炮组织总要"通过各种关系进行上层领导的感化工作"②，在活动中也会充分利用各种表达行政合法性的机会。

（1）利用上级领导的支持

改革开放后恢复抢花炮以来，县城古宜的活动都是靠县政府给予人力、物力和政策支持的。花炮老会首说："那时候，我需要人，有县里面的人盖章，就可以抽调某某这一段时间到三月三组委会报到的。"所以，历来他们都争取把许多政府部门作为他们的主办或协办单位。2004年花炮节挂了镇政府和镇商会做主办单位，挂了县委宣传部、统战部、文化局和体育局、公安局、检察院、人民法院、广播电视局等20多个协办单位，有一个以县委副书记为首的长长的由政府官员组成的顾问名单，因此，方方面面的工作都比较好开展。

笔者初次进入侗乡的时候，正好与花炮筹委会的一位老人同行，他非常自豪地说："我今天是去县里发请帖，邀请有关领导来。后天早上9点摆桌子接待，县委、县政府、县人大、县政协

---

① 录音编号：040918G04。
② 2005年FL花炮组委会负责人给笔者信中所言。

四大班子都有人来，全部发请帖了。"县里四大班子接受邀请来人参加就是对他们最大的支持。林溪亮寨的花炮筹委说："抢花炮对我们农村加强物资交流、人际交往很有好处。我们这里是三省交界，放炮增加了交流的机会。放炮那天，柳州市委、三江县委的领导都在我家吃民族餐。南宁的、柳州的、泰国的记者来这里也在我们那里吃。我两个媳妇穿上侗衣、带上银花给大家打油茶。"自豪和荣耀溢于言表。

民间花炮组委会还想方设法争取上级官方的支持并利用这种支持。在古宜炮纪念馆，我们看到"广州军区司令员在主席台就座"、"县委书记、县长、镇长在指挥台就座"的照片，最显眼的是一封用"中华人民共和国文化部"信笺写给组委会的祝贺信，这是当时的文化部部长收到组委会的请柬后写的回信。花炮老会首还特别向笔者提到他们得过"吴邦国副总理发的'发展民族体育运动优秀奖'"，"还有民委的、自治区的、中央的很多奖"。

上级官方的支持是民间向政府部门和事业单位集资的金字招牌，既为自己壮了胆也获得了实际的效果，因为下级领导及时跟进上级领导的行为是一种普遍现象。F乡2005年花炮节的组织者Z告诉笔者："今年最大的收获是自治区民委主任亲临现场观光，并登台讲话。"① 自治区民委主任是有史以来莅临花炮节的"最大的一个对口官方人士"，"由于他的到来，县长、副县长、市民委、市政府不得不陪同到现场，给盛大的民族迎宾式增添了光彩"。更为重要的是，自治区民委主任"当时还拍板拨给经费5000元。市里、县里也同时拨给大笔经费，这对于今后活动的组织打开了一条通道"。

（2）利用"特殊身份"和"光荣历史"

· ①　2005年FL花炮筹备委员会负责人ZXZ提供的材料（下同）。

富禄花炮有非常自豪的"光荣历史":1982年,在内蒙古呼和浩特举行第二届全国少数民族传统体育运动会的时候,富禄花炮会的老会长王仁生和三江的抢花炮队伍到大会进行表演;在第三届和第四届少数民族运动会上,富禄当时的花炮会首张新忠被聘为抢花炮裁判(参见图5-8、5-9)。这些"特殊身份"和"光荣历史"是富禄花炮组织进行自我宣传和寻求支持的重要筹码。2005年花炮节之后,老张说:"去年我们富禄乡庆是10月10日,在乡庆期间,我大做了三月三抢花炮的文章后,得到了自治区民委、市委的好评。因此,在2004年广州举办的全国抢花炮邀请赛邀请花炮发源地广西组派一民族传统花炮节抢炮队伍去表演时,自治区民委把这个任务分派给作为'抢花炮'之乡的富禄组队去。""我们的原始抢炮表演深得广州市人民政府的好评。"富禄花炮会去了23人,由县民族局局长和乡党委书记带队,抢炮运动员20人,花炮会首老张的身份既是寨老,又是点炮员和裁判员。具有"光荣历史"的富禄2005年获得了自治区民委主任的支持。当年的花炮节破天荒从各级党政机关获得4万多元的集资款。他们充分挖掘和强化民族特色、利用新闻媒体的宣传举办了一次非常成功而热闹的花炮节,使近几年有所衰退的抢花炮活动呈现新的复兴之势。

(二) 花炮节,官办还是民办?

　　改革开放之后,少数民族文化作为公开表演的、成为旅游品牌与旅游消费内容的表演和娱乐节目,或者在"文化搭台、经济唱戏"中作为地方文化特色的重要成分展示、为经济建设开路搭台的文化资源受到政府的重视,许多地方的民俗节庆成了官办的活动,例如云南楚雄、峨山、禄丰等地举办的彝族火把节。然而,民间节庆官方参与的利与弊学术界有不同的议论。对于花炮节是否应该官办,笔者从民间和官方两方面进行了访谈调查。

292

图 5 - 8　特邀为第三届、第四届少数民族运动会
担任裁判的老张手捧纪念品

图 5 - 9　参加第二届少数民族运动会的王老手捧运动会的纪念品

1. 民间的声音

（1）政府不会接管，因为害怕惹麻烦、负责任。政府对民
间花炮的参与程度有限，民间组织者认为政府主要是害怕惹麻

烦、怕负责任。GY 花炮老主任说:"这个是民间活动,打起架来、杀死人了,他不负责任,所以他不理你。""他就讲多一事不如少一事,因为搞这个事情还是有一点儿危险的。开始县委领导好支持的,还到抢花炮会场讲话,到后来就淡化了。因为那时候闹了一个虹桥,四川虹桥塌了,死了很多人,他讲:'你不怕死我怕死的啊,要负责任的啊。'我们开筹备会的时候,县领导不让我们在老地方抢花炮,就讲人人站在桥头看,如果这个桥塌了,那么第二个'虹桥事件'就出来了。我就讲这个我们可以处理的,把我的想法讲了出来:'我派人来管理,只给走不给停留,车子也是同样的,桥头、桥尾、桥中间都布满保安人员,不给人停在桥上看。只要有人在那里管理就不会有人挤的,除非你没有人在那里管理。'他讲:'那你写个军令状来。'我讲:'我不写这个,因为这个活动是大众的事,如果我们的工作做到家了的话,这个事情是不会出的。'"①

(2)一旦政府来办会有很多困难,一点一滴都要花钱,不然就办不了。LX 花炮筹委 ZJH 说:"我们愿意政府插手。愿意配合政府做,政府插手我们就舒服一点儿,资金就也可以靠政府,但是政府不可能插手的。政府之所以不插手是因为一旦政府来办会有很多困难,一点一滴都要花钱,不然就办不了。"民间自己办炮,筹委都没有报酬的,群众是有钱出钱有力出力。政府就做不到。"我们这一届办这个花炮节我们花了 15000 元,但是他们办可能要 50000 元,50000 元也不一定办下来。""因为每一件事情大家可能都会向他们讨价还价,我们就不花一分钱。人们还会自己掏腰包来做,烟也没有一根,从早晨忙到晚上回到自己家里去吃饭,一样报酬都没有,完全是义务的。如果是政府来办,样样都要花钱的,政府也不敢这样办。所以政府任由民间自

---

① 对 GY 花炮老会首 H 的访谈(录音编号:040918G04)。

294

己去筹钱办，他们苊帮多少是多少。"在 DT 寨的访谈中，寨老们说，什么事情政府来管，都要给钱下面的人才来办事。如果寨老布置的话就不一定了，都是义务工。比如花炮节的事情，有钱出钱，有力出力。在与 D 寨寨老的访谈中，大家说："这个花炮节如果由政府来办，政府要出多少钱才能办？政府哪有那么大的能力？它没有那么大的财力。民间办呢，多走一些地方，这里赖一点儿，那里资助一点儿，凑起来，政府就少这一个事了。民间办，可以说容易办，也可以说难办。难的是，你找人资助也是挺困难的；说容易呢，是你有多少可以办多少，得钱多就办得轰轰烈烈点儿，节目安排多一点儿；钱少就简单点儿，喊几个寨子拿炮来一放就得了，也可以。所以民间来办既容易也不容易。""最好是政府大力支持，民间来办。""政府也支持的，每届给1000 元。今年政府给 2000 元算是给挺多的了。政府讲，因为我们财力小，也只能这样了。他也感觉在这里他们是父母官，孩子要办的事，不给点儿也不好说，就是这样一个情况。我们这乡对民间文体活动是挺支持的。"

（3）村民喜欢自我展示，但不愿意做被动的演员。DT 寨的村民说："政府它也没敢搞，它没得人力，由政府包办代替少数民族的民间活动也是不符合民族政策的。"他们希望政府来支持他们，但并没有把这个活动一起交给政府的想法。他们说，这个是我们民间自己的活动，交给政府就等于要服从国家的安排了，好像自己的东西就没得了，就变成了一个被别人安排的、被动的角色。民间办是服从民间的安排，所做的事是一种发自内心的需要。穿漂亮的衣服是因为自己想穿，不是被政府安排和规定的。这是一种发自内心的行为，这种主动的行为与被动的行为感觉是完全两样的。民间也要有自己的一些活动，把自己的一些感受，把自己的一些愿望表达出来。"如果样样活动由政府组织，不是我们的愿望"。"体现自己愿望的机会没有了，人活起来也觉得没意思"。政府办旅游节的时候，哪个单位想要拍录像要碟子就要捐多少钱的，群众对此就有想法，他们说，我们辛辛苦苦表演，你们拍录像卖碟子赚钱，没得补偿给我们，不乐意。但花炮节他们的活动也有不少人拍录像，第二天街上就有碟子卖了。问他们："你们这次的活动别人拍录像卖碟子你们有利益吗？"回答说："没有。""也是一样的呀。""就怪了，我们愿意。我们不愿意去做的不得拍。"花炮节的活动村民被拍录像，村民同样没有得到利益，他们非但没有抱怨，反而兴高采烈买碟子来看。联系到他们谈到寨里两位参加银花队游行又参加芦笙舞表演的老人家，头上的银花都没取下来，戴着重重的银花跳舞，大家都说"他们的银花今天最值钱了，人人都看见他们有银花了"可以理解，家家户户把老人家打扮出来又健康、又精神，自己穿得漂漂亮亮的，有银圈，有银花，表示我有这些东西，我生活过得好。这是侗乡人的自我展示心理，就是想让别人看的，这种感情与去政府的旅游节上表演不一样。所以大家都愿意拍到自己，不管哪个拍了，街上有录像碟子卖就买了。大家根本就没有考虑是谁赚钱了，本来就是要展示自己，越卖得多，被越多的人看到就越高兴。另外，传统社区的认同感，使投入活动者产生一种宗教的使命感，非报酬性的参与，既是权利也是义务。而且，侗乡花炮节这一全民性的集体表演，构成"两个世界中凡俗我与神圣我、平常我与非常我，彼此互渗交叠"，人们因此不会去计较参加活动的报酬。台湾学者李丰楙说："在现代社会里，只有信仰习俗的力量足以维持这双重世界定期交替地存在。"①

2. 旁观者的看法

笔者问一位乡政府人员，如果花炮节由政府来接管、主办，

---

① 李丰楙：《严肃与游戏：从腊祭到迎王祭的"非常"观察》，载台湾《民族学研究所集刊》第88期。

变成政府行为，村民会愿意吗？他说："可能不大愿意。大部分不愿意。"① 因为如果是政府行为的话，他们没有自主权。民间的老人协会、社会组织有自己的想法、做法，这些协会和组织需要自主权。所以，如果变成政府行为，可能大半人都不愿意。2003 年政府在程阳搞了一个旅游节，比较一下政府举办的旅游节和民间举办的花炮节可以看到，政府举办的活动上面有拨款，你要农民出力可以，但光要人出力不给钱就不大愿意，你不给钱又要指挥人做事情是不可能的。政府搞的旅游节，如果要发动捐款可能很少农民乐捐，一般只是以集体的形式，如各村各寨捐点儿。民间的花炮节大家会自觉捐，湖南、贵州那边的农民都自发地捐款捐物。因为两个活动的意义是不同的，花炮节是民族的传统活动，旅游节是政府的活动。政府办事情的时候，农民一点点事情都要报酬，但他们自己办花炮节的时候则是有钱出钱、有力出力，不讲报酬。政府的事情，你给钱就办，不给钱就不做了。民间花炮节的事情，不给钱也做，不是冲着报酬来做的。这是笔者在调查中从各方听到的声音。

民间的花炮节动力来自于村民自己，村民的主动性和创造性得到最充分的发挥，每个人可以选择一个自己的角色，有的人成为村落总体活动的指挥者，有的成为某一活动的负责人（例如 M 乡花炮节那些出钱多的人个个都得了一个"长"），有的人成为运筹帷幄的"军师"，有的人施展自己的关系网络为活动筹集资金，有的人在抢花炮现场表现神勇机智被人称赞，总之，花炮节从各个方面为人们提供了获得成就感和自我满足的机会。

3. 官方的态度

在各调查点参与访谈的有关乡政府领导一致的态度是民间活

① 对林溪乡农林水助理杨善兆（男，48 岁，侗族）的访谈。访谈时间：2003 年 11 月 21 日。

动不宜政府来搞。主要的理由是：

（1）官办，该活动就没有生命力。富禄花炮会首老张关于让政府接管花炮节的提案被人大否决了。[1] 不是群众不同意，是政府官员不同意。官方说官办虽然有经济基础，但是它没有生命力。因为这个抢花炮是自然形成的，有很长的历史、很强的生命力，尽管困难很大，民间不是年年都办吗？以前没有组委会，放个铁炮也一样办了。后来挖掘民族文化艺术，新闻单位来这里采访，介绍到外面去，名气才响起来。抢花炮历来是民间活动，政府主办会使其失去某种意义。

（2）"要用管理企业的方式去管理社会。"L乡乡长说，现在政府要朝高效率去做，从经济效益来看，民间的活动有传统，由民间去办这些活动可以用很低的成本，什么事情政府来管，都要给钱下面的人才来办事，如果政府来做，投入难以预算，资金是个大问题。乡里的财政很困难，L乡全年财政不过70万[2]，无法承担办花炮的成本。另外，从社会效益来看，民间办炮政府力所能及地给予支持，政府与民间各取所需，政府同样能够获得宣传地方的效果。而且L乡花炮节的会期正是政府最忙碌的时节，是公粮入库，收缴各种税收[3]的时节，没有人手做这样的事。此外，乡领导说，民间的抢花炮沿袭的是民间的规矩，而抢花炮已经进入全国少数民族传统体育运动会比赛项目，有国家的比赛规则，政府来做按民间规矩不好，不按民间规矩又不现实，显得别扭。

（3）对传统仪式中的"迷信"成分心存顾虑。2004年ML花炮节最大的改变是不进庙，不烧香。乡长LYS说："我们主张

---

[1] 根据对富禄花炮会首老张的访谈资料整理。访谈时间：2004年5月11日。

[2] 根据对L乡党委副书记CJQ的访谈资料整理。访谈时间：2004年元宵节。

[3] 2006年，中央政府已经取消所有农业税并实施许多富民政策。

不进庙，不烧香。讲实在话，你讲是迷信也好，宗教也好，这种概念不清楚。我们是党的政府，不敢冒险，干脆拿掉。至于别的地方是否保留这种东西我们不清楚。"这样的举措是为了得到上级政府、县委的支持，推出当地的民族文化品牌。如果进庙，怕县政府不支持。他说，清明节的祭祖祭神、烧香烧纸我们不管，但作为民族艺术来讲，一个民族艺术之乡，你想通过祭祖祭神、进庙进贡让神保佑，我们不能开这种玩笑。我们要知道，必须靠我们勤劳致富的双手搞好生活。现在民间花炮带头出钱的也是通过合法劳动致富挣来钱的。他们是勤劳致富，不是靠烧香拜佛来钱的。笔者问："如果花炮组织者不接受这个建议，同样还是像以前那样烧香拜佛进庙的话，那你们政府还会这么大力支持和有这样的参与程度吗？""如果他们不同意我们的观点，政府的支持力度可能差些。我们不可能不准你办，原则上准你办，但你办几多算几多。嘉宾的档次也会大大降低。这次县委副书记来了，柳州市交通局长来了，县里面各个局的都来了。"如果还像以前一样烧香拜神，政府在支持上就有顾虑，现在如此改变是皆大欢喜了，乡政府能够放心大胆地参与，民间也得到政府支持，可以做得更大更好，双方都有所获。其实，现在国家对民间的这种信仰活动已经持宽容态度了。笔者在调查中了解到，LYS乡长的话在当地的政府领导中有一定的代表性，一些人因为"概念不清楚"而对这种带有民间信仰内容的仪式性体育活动持保留态度。

（4）出于功利用之，又怕背上"包袱"。参加花炮节组委会的乡干部LJW在访谈中说：我感觉上级在支持花炮节上也有很大的功利思想在里面，也是对自己有利的才去做。ML乡就是因为有小城镇建设的因素在里面，我们FL乡今年得到支持，也是因为我们要搞乡庆了，要把这种民族文化的东西做浓一些，为我们的乡庆作宣传，给我们的乡庆打个前站，因而增加了支持力度。以前，上级都不太理这些的，就是给100块钱，算是支持了。后来给 1000 块钱，因为再给 100 块钱不像样了，然后一概不理，你们怎么做都行。今年乡里要我参加花炮节组委会，我知道我们不能做主任只能做顾问，因为一旦做主任，将来花炮节就全部丢给我们政府了，政府不可能年年都拿出这么多钱做这个。完全由政府做的话，必须要 50 万块钱才做得。因为样样拿钱来请人的话，这个成本是很高的，它就变成一笔很大的投入，乡政府是根本做不到的，那就变成一个包袱啦！我们也不想扛这个包袱。另外一个呢，好多单位因为没有什么利益也就没有很大的支持力度，只有几个单位，出于自身的需要，支持力度比较大。比如旅游开发指挥部，因为我们三江的旅游开发就是以文化旅游开发为主的，所以它的支持力度比较大，还有电信公司、移动公司，纯粹是为了自己的广告利益，这些部门要求抢花炮活动必须做广告才给予支持。县政府也不是很支持的，全县那么多村子有节日，要是各个村都花那么多钱去做，县财政也不堪重负，所以也只能有所表示而已，就讲你们能做就做，顺其自然，生就生灭就灭，就是这样了。由于乡政府把花炮节看做是民间的事情，所以也就不存在满意不满意的问题。"做得好当然是好事，他们恢复民族文化的节目这点我们是满意的，其他的我们也不去管，我们希望重新把民族文化搞得火起来，我们乡里想得到的已经得到了，为将来的乡庆打广告，我们这个目的达到了"。乡政府抱怨 FL 花炮组织依赖心理严重，从几年前开始就希望政府来办这个花炮节，希望政府全部解决费用问题，内部的矛盾要政府协调，搭炮台也希望政府做，他们只要去放那几个炮，带那几个演出队去表演，其他的事情都希望政府来做。"依赖性太大，这个东西呢就不会走得很远。"LJW 说："今年我们是尽了我们的能力帮他们，以后是否这样帮我看很难说，至少以前是很少的。"

上述各方对花炮节应该官办还是民办的议论说明，抢花炮这种仪式性民俗体育活动的生命力在民间，当地政府不可能包揽过来。对于民间活动村民出钱出力，政府要办的活动村民处处要钱的原因，可以说，一是老人协会组织的活动具有"修阴功"等内涵，大家出钱出力做的事会张榜公布、记入"功德榜"；二是具有公益活动性质、形成一定的村落社会舆论支持；三是组织者的人格魅力、感召力与号召力。群众看得见谁是为他们做事情的，谁为大家付出了。林溪花炮筹委HSZ说："我们出去集资的差旅费都有规定的。我们说，我们出去集资是去讨钱，要尽量省，我们报账有一个很过硬的制度。一天两餐饭，两份快餐，一份5元，一天伙食补助12元；住的是6元，是最低档的——参照我们这里的最低标准。你搞太多，用多了以后群众会反感，集资单位也反感。"同时，民间活动的账目都张榜公布，工作透明，直接兑现，看得见、摸得着。村民认为"政府要做的事上面都拨了钱的，让我们尽义务是把我们当阿斗"，因此政府组织的活动人们总要讲报酬、讲价钱。这是社会风气中的腐败现象影响了政府的形象，造成政府诚信危机。老人协会成员曾义愤地向笔者谈到有人克扣他们的集资款、雁过拔毛的事例。

（三）地方的发展：民间与政府的共谋

改革开放以后，在全国各地经济建设迅速发展、旅游经济迅速崛起的背景之下，侗乡的地方政府和基层民众也有着推动地方发展的强烈愿望。民间与政府都看到了抢花炮这种仪式性体育活动在促进当地经济发展方面的直接作用与间接作用，因而在活动的组织上，双方表现出良好的相互适应与合作。

充分利用本土文化资源促进少数民族地区的发展在学者、官员和普通民众中已经深入人心。著名侗族学者邓敏文先生大声呼吁对民族文化"认真保护、合理利用和积极宣传"。"黎平必须跟侗族大歌连在一起！三江必须跟程阳风雨桥连在一起！就像丽江跟东巴文化和玉龙雪山连在一起那样，才能提高我们的知名度，才能拥有我们自己独特的旅游品牌。如能将这些独特的、世界级的文化品牌连在一起，侗乡旅游就会展现自己的独特魅力，招来更多游客"①。古宜花炮老会首说："我们县里面没有什么其他的活动对内对外有很大影响的，只有这个三月三的活动。"要求增加对花炮节的支持。梅林一位教师说："我们这个地方，没有厂矿企业，没有圩日子，税收没有那么多，财政收入没有那么多。如果这个地方得到厂方资助，民族文化会得到很好的发展。因为这里靠近贵州，发展民族文化，提高知名度以后，可以利用地理优势搞个旅游区。""如果政府不注重民族特色的发展，那这个政府就是脱离群众的，要想这个地方经济腾飞，也是不可能的。明智的领导就会往这方面发展。像云南的西双版纳泼水节受到政府的高度重视，还到国外去宣传。如果来一个人赚 10 元，来 100 个人就得 1 万，1 万人就得 10 万。人来多了，菜和其他的东西就供不应求，在供不应求的情况下，物价就能上升，周围就会过来卖，就形成流通，流动人口一大，地方的民族经济就发展起来了。"② 2004 年 ML 花炮会的高参 TF 老人说："连自治区都不知道我们有花炮，更别说中央了。这些年轻人（指青年花炮会的领头人）主要想把我们这个传统花炮节的品牌推出去。我们这里有七八百亩优质夏橙，让别人知道，以后好来要。大片的树还小，明年开始结果，后年可以产出大批的。会期正好成熟，是推广的季节。"③ 政府也是想利用这一机会为当地的发展作宣传，民间与政府想到一块儿了，因此，政府对 2004 年恢复的花炮节给予了很大的支持。

---

① 资料来源：《侗人网》（www. dongpeople. com）。

② 根据对 ML 花炮老会首的儿子、一位小学教师 C 的访谈资料整理（录音编号：040514ML01）。

③ 根据对添福老人的访谈资料整理。访谈时间：2004 年 5 月 18 日（录音编号：040518ML01）。

每个地方都要为本地的宣传树立一块标志，构建一个地方的符号，偏僻的少数民族地区没有宝钢，没有海尔，但它有独特的民族风情，这种民族风情也是地方的符号。比如泼水节是西双版纳的一个符号，花炮节就是桂北侗乡的一个符号，这种文化符号的价值随着市场经济的深化，随着地区经济的发展，越发为人们所认识。因此，花炮节在经历改革开放恢复以来的盛衰之后，近年来又显现复兴的苗头。不论是村民还是地方政府官员都热情地参与到抢花炮活动之中，他们盼望的是借由文化活动带动地方的发展。在民族风情和民族文化为当地旅游主要卖点的侗乡，花炮节的民间组织者与政府在挖掘民族文化、强化民族特色上达成共识，民间组织者出于宣传地方、吸引游客的考虑，不断强化花炮节的民族特色；地方政府出于同样的考虑，近年来对花炮节的支持力度有所提高。民间主办者都有意识地对抢花炮仪式活动进行"特色"包装。例如梅林挖掘侗族大歌、抬官人节目；富禄挖掘大木拉山等民族特色节目；程阳的游炮恢复"正规"的祭拜仪式；林溪把五个炮分散游行改为统一游行以增加热闹，通过办好花炮节推出林溪，希望大家投资林溪。在梅林，人们认识到办好花炮节也是民间与政府的共同利益，"乡长、书记、政府要推出梅林，发展梅林，民间也是这种意愿。大家志同道合"。富禄的花炮在衰落几年以后，这两年以乡庆为契机有了新的复兴。为了搞好乡庆，乡政府对花炮节给予了全方位的支持，乡政府"对他们恢复民族文化的节目这点是满意的"，2004 年乡庆，政府又"为'三月三'花炮节大做文章，其目的是为了弘扬传统文化，提高富禄'三月三'的知名度，从而对于引进外资，发展旅游事业，改变富禄乡落后面貌，确实也起了作用"①。此后，富禄花炮节得到进一步的繁荣。

---

　　① 摘自 2005 年花炮节之后富禄花炮会首老张的来信。

通过花炮节宣传本乡、招商引资、开展旅游已成为民间和政府的共识。实践证明，政府和地方民间组织的协调配合，能发挥地方民间组织的威信和积极性，使政府的经济发展战略得到良好的贯彻实施。少数民族仪式性传统体育活动既可以在内部传承少数民族体育文化，又可以扩大体育的外在影响，带来经济、旅游业的全面繁荣，政府应该对此给予更多的帮助与支持，尤其是长效的支持，比如帮助 L 乡花炮会解决公产房的问题或者建立一种基金，使抢花炮活动能够滚动发展。

四　小结与讨论

"野火烧不尽，春风吹又生"——仪式性
少数民族体育的顽强生命力

国家与社会的关系是近年学术界研究的热点。孙立平先生说，我们不是将普通人的日常生活看做是一个完全自主的领域，而是看做普通人与国家相遇和互动的舞台。国家与民众的关系就在具体而现实的实践活动中。本章通过新中国成立以来桂北侗乡抢花炮的坎坷命运透视了该地区民众的社会生活与国家政治的密切关联，从中讨论民间与国家的互动。从抢花炮民间传承的论述可以看到，这种仪式性少数民族体育有着顽强的生命力，它植根于当地人的信仰观念，依托于他们传统的社会组织，在当代又获得与经济相结合的新的生命力，是一种始终与社会发展相合拍的文化形态。作为一项民间的仪式性体育活动，抢花炮与国家政治有着密切的关联，新中国成立以来的历次政治运动都在该活动的历史上留下了印痕。该活动的历史表现了现实中民间与国家的互动，是我们在村落层次认识国家与社会关系的极好样本。

宏观地看，抢花炮活动的几度沉浮是国家政治的写照。抢花炮几度沉浮的历程反映，政治在社会发展、民间文化的发展中都

起着主导作用，政治宽松，民间就会活跃起来，获得发展的机会。

微观地看，抢花炮筹办的历程反映了民间仪式与国家意识形态的博弈以及民间社会与国家权力的互动。新中国成立后，在相当一段时期内，国家与民间在意识形态上处于支配与被支配的地位，民间信仰和传统文化受到压抑，但民间信仰有着强大的韧性，利用一切机会表达自己。在桂北侗乡，民间社会与国家意识形态的博弈从主观到行为都是在追求一种非零和博弈，目的是为自己争取有限的生存而不是去抗拒国家意识形态的权威。

由于抢花炮所蕴涵的原始信仰内容与长期以来国家正统的"破除迷信"的意识形态相冲突，因此，新中国成立以后，民间抢花炮有关的信仰活动都是采取巧妙迂回的方式开展着。作为一种具有信仰载体含义的民间仪式性体育活动，在国家意识形态的压力下，抢花炮这一符号的所指有了表面的、宣传的一面和隐含的、代表乡民世代相传的观念的一面。表面的、宣传的形象是民间所利用的保护色，乡民以这些冠冕堂皇的理由并使用见机行事、斩而不奏、传说版本的选择性宣传等手段使自己的信仰活动得以开展。民间仪式与国家意识形态的博弈说明，在力量对比悬殊的时候，弱势的一方并不会完全任人摆布，它会利用一切合法的或者不太正规的手段表达自己，争取自己的权益，或者暂时隐伏度过恶劣的气候，伺机萌发、生长。传说版本的选择性宣传也反映出民间精英追求"正统性"的努力。

抢花炮所依托的民间组织是侗乡传统社会组织——寨老组织的延续，在"四清"以及"文化大革命"时期，桂北侗乡与全国各地一样，寨老组织在强大的政治运动和国家力量作用下退出了侗寨民众的生活。但它的根基还在，改革开放政治相对宽松以后，这种草根力量在侗乡陆续恢复。寨老们明白，寨老组织在当时的历史条件下是不可能生存的，他们借用政府机构设置中的

"老人协会""老龄协会"为自己命名，巧妙地置换了其中的内涵。他们自始至终与政府保持一种合作的态度，更主动地为政府考虑，同时也充分表述自己的活动对政府与社会的意义，以寻求政治的合法性、社会合法性与行政的合法性。谋求地方的发展是民间与政府的共同愿望，同时，民间与政府的利益捆绑在一起：政府为民办事，得民心；民间没有办炮的资本，最大的资金来源是向政府集资。各方面的情况反映，这一仪式性少数民族体育活动在很大程度上受国家政治气候的影响，民间运用智慧使其在社会变迁中顽强地生存下来。

关于花炮节今后应该官办还是民办的问题，在调查中，民间与官方都认为不宜官办。因为官办成本太高，政府办事样样都要花钱；而民间办炮，大家出钱出力，许多事情是人们义务去做的。从深层次的原因分析，目前这些村落的花炮节是纯粹民间组织的活动，仪式中出现的国家符号是民间自觉自愿的选择，民众是主角，他们宣泄、表达的是自己渴望表达的情感与愿望，因而是不计报酬的。但在政府组织的节日如旅游节上，民众是"棋子"，是进行表演的演员，因此，他们计较参与活动的报酬，参与活动的热情也大不一样。如果政府接手组织花炮节，花炮节就会完全变味，政府花极大的成本换来的可能是民众的指责与抱怨，民众则失去了充分自由地宣泄和表达自己情感与愿望的好途径。抢花炮活动的主办过程说明，对于民间主办仪式性的体育娱乐活动，政府采取支持和合作的态度而不是取而代之能收到事半功倍的效果。

从抢花炮在新中国成立以后近半个多世纪的风雨历程可以看到，即使是边远的少数民族山寨，国家意识形态的影响仍然是十分强大的，但小传统并不是被动消极地接受大传统，也没有被大传统完全替代，它像荒原的野草，在隆冬季节会枯萎，但一遇春风雨露就会发芽生长。"草根阶层的精神需求与信仰是一种如同水一样既柔且刚的力量，面对强权它似乎很容易被摧毁，但事实上，它真是像白居易那首名诗所写的那样——野火烧不尽，春风吹又生。它总是能找到合适的机会，倔强地重新回到它的原生地，回到我们的生活，以其本真的面目，展现自身"①。民间仪式性少数民族体育所依托的组织就是这样的草根性组织，仪式性少数民族体育就是这样的一种草根文化。

---

① 傅瑾：《草根的力量》，广西人民出版社 2001 年版。

第 六 章

现代背景下的抢花炮

本章的"现代背景"包括三方面的内涵：一是少数民族那种封闭而自给自足的传统农业社会被商业活动渗透的背景；二是现代民族国家建构的背景；三是现代化与全球化的背景。商业活动使偏僻、闭塞的少数民族山区与外界较为发达的地区建立了联系，在一定程度上打破了山区的封闭格局，加强了族际的交往，文化上的借取、融合也得以发生。

吉登斯根据一般的社会转型过程把国家形态分为三种发展序列：传统国家、绝对主义国家和民族—民主国家。传统国家形态下表现国家行政力量涵盖面的局限性，政府对社会的行政控制都被限制在城市之内，而对乡村的行政控制相对较弱。因而在传统国家下，乡村表现出"去政治化"或"无政治化"的形态，权力控制的触角或者说国家政权机构基本上不延伸至乡村社会。现代国家建构主要是体现一种现代制度建设的过程，它包括一系列组织机构的设计及其权力的运行方式，最明显地表现于对处于国家中心较远的边界和以往较少控制的基层社会进行行政控制和监管。现代国家组织机构向下延伸至乡村社区，把国家的正式权威以机构作为载体下渗到乡村社会，并塑造和维持、控制乡村社会新的政治秩序。[1]

---

[1] 安东尼·吉登斯著，胡宗泽等译：《民族—国家与暴力》，三联书店1998年版，第59页。

"现代化"是指从传统的农业社会向近现代工业化社会的转化过程。不同时期，人们对现代化的定义在不断变化。总的来说，现代化作为一个从传统社会向现代社会演变的历史发展过程，其演变是向深度和广度双方推进的。深度指由物质层次向制度层次，再向思想层次；广度则有知识、政治、经济、社会、心理五个方面。[①] 罗荣渠先生认为，广义而言，现代化作为一个世界性的历史过程，是指人类社会从工业革命以来所经历的一场剧烈变革，它以工业化为推动力，导致从传统农业社会向现代工业社会的全球性的大转变，使工业主义渗透到经济、政治、文化、思想各个领域，引起深刻的相应变化；狭义而言，现代化又不是一个自然的社会演变过程，它是落后国家采取高效率的途径（其中包括可利用的传统因素），通过有计划的经济技术改造和学习世界先进，带动广泛的社会改革，以迅速赶上先进工业国和适应现代化世界环境的发展过程。[②] 由于历史、地理的原因以及区域不平衡战略实施的影响，我国各区域进入现代化的时序和进程存在着差异，在现代化坐标系上处于不同的发展阶段。桂北侗族地区目前尚处于欠发达阶段，但现代化与全球化的影响已经随处可见。当今的中国农村已经不再是自给自足的经济，即使是偏僻的少数民族山村，其乡村和农民的生活和命运都与市场、与现代民族国家、甚至间接地与全球化相联系了。

　　广义的"全球化"是泛指人类从彼此分割的多中心的国家社会逐步走向全球性社会的历史变迁过程。狭义的全球化是特指20世纪以来，以全球意识为基础，以人类共同利益、共生发展为目标，以科技进步和经济发展为动力，在全球范围内展现的涉

---

　　① 张玉法：《中国现代化的动向》，载《现代史论集》第 1 辑，台北联经出版公司 1980 年版，转引自吴承明《中国现代化：市场与社会》（代序），三联书店2001 年版。

　　② 罗荣渠：《现代化新论》，商务印书馆 2004 年版，第 17 页。

及政治、经济、文化、社会等各个领域的人类社会整体化、多样化、依存化、关联化的客观历史进程和趋势。① 全球化刺激了本土意识的觉醒，为本土文化（包括少数民族体育文化）提供了新的生存契机和发展动力。

由于起点太低等历史和社会的原因，比起其他地方，桂北侗乡的现代化过程要缓慢得多。侗族著名学者邓敏文先生说："当今世界，电脑应该是一种很有用的东西，可是在我的家乡，在边远贫困的侗族地区以及世界上其他一些经济文化相对落后的地区，电脑对他们并没有太多的用处，他们仍然使用着传统的劳动工具，从事着传统的农业或牧业劳动。在他们的眼中，一把镰刀或一把锄头比一台电脑更加有用。由此可知，有用与无用都是相对的。"② 尽管桂北侗乡还属于低效率的农业社会，处于比较贫困（本研究调查的三个乡有两个乡属于贫困乡③）和不发达状态，各项指标远未达到英格尔斯现代化的标准，但政府的现代化努力、商品经济的发展以及20世纪90年代以来的打工潮和近年来国内民族风情旅游的发展，使现代化与全球化之风已吹拂到此处并使人们的观念和行为受到影响，这些影响在抢花炮这一大型民间活动上有充分的体现。而且，信息、通讯和互联网也使得侗乡的民族风情逐渐为外界所知，许多人通过网络相互联络，组成自助旅行团到侗乡旅游。近两年，政府和花炮节的民间组织者也利用官方和民间网站大力宣传抢花炮活动，以此为地方作旅游推销。偏僻的侗乡已不再封闭，全球化对本土文化的正面和负面的影响同时表现在桂北侗乡抢花炮这一传统文化活动当中。

---

① 文军：《传承与创新：现代性、全球化与社会学理论的变革》，华东师范大学出版社2004年版，第88页。

② 邓敏文先生在《侗语讲座》上说的话。见侗人网（http://www.dongpeople.com）。

③ 在三江县，人均年收入不足800元为贫困。

一 历史的轨迹：社会变迁中的命运

许多研究说明，乡村节庆是乡土社会农事活动节奏和经济社会繁荣的产物。花炮节也不例外。桂北侗乡历史上曾经有十几个花炮节，其举办地大多是繁荣的圩镇，如最著名的几个花炮节中，古宜、富禄、林溪是三江县历史上最繁荣的集镇，梅林是民国时期县境内仅有的两个定期圩市之一。抢花炮的兴起和流变见证了该地的社会变迁。

（一）自然经济时代抢花炮的引入和流传

中国近代市场体系的形成至少从明代中叶已经起步，到清代中叶已具有相当的规模。① 明清时期城乡市场网络体系的形成和发展，是中国近代化过程的一项重要内容。

自明代中叶（16 世纪）开始，东南沿海已出现从"农本"向"重商"转化的苗头。明朝中期到清朝中叶，为防倭寇，中国政府对海外交通和对外贸易基本采取抑制政策，一些闽粤商人只好开辟内陆贸易通道，其中一些客家人沿都柳江溯河而上，到达溶江河富禄和浔江河古宜一带，发现这里是赚钱的天堂，商人把这里盛产的木材、茶油通过水路运抵柳州、梧州和广东，再把山区稀缺的盐巴、轻工业品溯河运来，获得极高的利润。至民国时期此地贸易已很繁盛，据民国版《三江县志》记载，民国26年（1937），离江河较远的苗村侗寨，吃的鱼、肉、油、菜自给自足，穿的土布自纺、自织、自染。除食盐、棉纱等需到商业集镇购买外，零星的工业品多由走村串寨的小货郎担供应。购销双

---

① 许檀：《明清时期城乡市场网络体系的形成及意义》，载《中国社会科学》2000 期第 3 期。

方常用以物换物的形式成交。1947—1948 年间，南寨村、归美村、干冲村一筒米（0.25 公斤）能换一枚缝衣针；干冲村一筒米可换一小盒火柴；南寨村可换两小盒火柴；干冲村 1—2 筒米换购一支点植物油灯的灯草（约 20—30 根）；归美村两筒米可换一小绺绣花丝线（12 根，每根长 40—50 公分），10 筒米换一尺红布，一个鸡蛋能换一小盒火柴，一只鸭子的羽毛可换一枚缝衣针。由于商业活动利润可观，于是不断有人来此定居。以后，江西、湖南、贵州和本地商人也发展起来。另据民国《三江县志》记载："明万历年间，有蒋觉雄者因家贫而以放排为生，至柳州，因船多拥塞，泊排不便，常与船只相撞，几至酿成斗殴，于是控制道宪，蒙判柳州西门外马草坪自四德庵码头以上，专为三江浔、溶两河排商停泊之所，于界内撞伤船只概不赔偿损失。"由此可见，当时商业运输已达到一定规模。沿河一带的重要码头，商品经济得到一定的发展，农闲季节，一些人"外出搞手工业技术活动或者撑船放排等水上运输事业"。

虽然地处边远，国际市场的波澜起伏也波及侗乡。第一次世界大战结束后，受世界市场的影响，侗族地区自给自足的自然经济在某些方面已开始服从于世界市场的需要。抗日战争前夕，美、德、英、法等国扩军备战，高价向中国大量收购战备性物资，桂北侗乡的桐油在其抢购下价格飞涨。三江县的桐油售价每市担（50 公斤）达 40 余元，比原价增加了若干倍，输出额不断增加，桐油生产也一度畸形发展，许多商人和地主纷纷集资合股，圈占荒地，大量垦荒种植，经营桐油的生产与购销。① 侗族地区市场亦一度十分繁盛，三江成为粤盐运销的转运站，往来运

---

① 但是好景不长，没过几年，由于国外市场需求下降，桐油价格一落千丈。三江桐油从原来每市担 40 余元下降到 8 元，以致不敷成本，大批林农忍痛将桐树砍掉。

出桐油、茶油的大船经常有几十只，每年运出达数十万斤之多。[①]

　　商业活动使偏僻、闭塞的少数民族山区与外界较为发达的地区建立了联系，在一定程度上打破了山区的封闭格局，加强了族际的交往，文化上的借取、融合也得以发生。广东庙会上普遍开展的抢花炮活动在当时商业繁盛的集镇古宜、富禄、林溪和定期圩市梅林先后成为当地的传统文化活动。如本书第三章所述，富禄的花炮是由定后葛亮的闽粤商人成立闽粤会馆后引入的，以后，随着商业的发展和商贸地点的转移发展到八佰街和今天的富禄，应该说最初是一种会馆文化；林溪的花炮是五省会馆和当地寨老联合成立的组织发起、由湖南商号广发出资启动的；[②] 程阳的花炮是撑船到柳州的程阳人从柳州引进的。[③]

　　不管是商人带入的还是侗人主动引进的，抢花炮受到侗乡民众普遍的欢迎。该活动使当地寨老成立跨村寨的组织，抢花炮活动与侗乡人的传统信仰以及村寨人的集体荣誉感自然结合，还炮形式的设置又在当时的社会、经济条件下保证了活动的延续。花炮节使闭塞的山里人聚集到一起，是当地人一年中主要的探亲访友的时机，同时也是重要的信息交流场，起到一种沟通山里与山外、在商业和村落之间铺路架桥的作用。它既是商业发展渗入少数民族山区的结果，也在一定程度上起到促进村寨的开放、使传统与现代相连接的作用。由于当时现代科学技术和现代科学文化还未普及，人们的观念里还有许多神灵主宰的成分，因此，抢花炮也带着浓厚的"迷信"色彩——各地花炮都有祭祀的庙和祭

---

① 参见冼光立主编《侗族通览》，广西人民出版社 1995 年版，第 112 页。

② 资料来源 2004 年元宵节对林溪众寨老的访谈。

③ 据对程阳老人的访谈得知，清朝时期有程阳人划船到柳州，恰逢抢花炮，他们参加进去并抢得一个花炮。后来，人们觉得该活动既热闹又易于开展，遂引入本地。

祀的神，得炮之后要送达庙里方才算数，就是说到神灵那里报了到，才能获得神灵的保佑；得炮的人家，每天或者每逢农历初一、十五都要给花炮烧香。

总的来说，18 世纪末到 20 世纪 50 年代开展合作化以前，随着商业活动的进入，少数民族地区的封闭性被打破，抢花炮和其他汉文化进入侗乡的过程，是一个侗乡民众主体的自觉和自然的文化借取和改造过程，在引入新的文化因素的同时，传统文化并没有遭到排斥，经过改造的外来文化（例如抢花炮）很好地整合到侗乡的本土文化之中，并且形成了稳定的传承模式，因此是一种成功的文化重构。

（二）计划经济时代抢花炮的沉寂

在中国古代，历代王朝虽然曾实行过种种文化控制，颁布了种种禁令，然而，帝国的统治力量并未深入偏僻的少数民族乡村社区，少数民族乡村社区生活极少受到国家的直接干预，"山高皇帝远"是村寨生活的写照。民国时期国家的行政力量开始渗透到乡村社会，在"新生活运动"①的背景下，三江县颁布过省、县一级的改良风俗条例，其内容除"不得迎神建醮"、"不得奉祀淫祠"、"不得操巫觋地师等业"之外，甚至具体到"女子嫁后不落夫家者，处十元以上五十元以下之罚金，家长纵容者，并罚其家长"；"苗瑶侗人之衣裙，应一律改用汉服，以资节省，而一观瞻；青年男女，除作正当公开社交外，不得相约唱和山歌及约期坐夜等不良之陋习；禁止唱演小调及有碍风化之戏曲"②。然而，除了"淫祠"普遍被改建为学校之外，这些规定

---

① 即国民党于 20 世纪 30 年代推出的旨在改造社会道德与国民精神的"新生活运动"。这场"精神方面的重大战争"是由宋美龄设计，也是国民党建党以来所从事的一次最大规模的文宣工作。

② 参见民国版《三江县志》。

从未有效地实行过，人们照样穿传统民族服装，照样"行歌坐夜"，照样沿袭"不落夫家"，还编出"反改装歌"表达抵抗情绪，花炮也照抢不误，只是闹匪乱的那两年有过短暂的中断。这种情况一直持续到"大跃进"时期。

1954 年，三江全县进行土地改革。当年秋，全县开展以互助合作为中心的农林业生产运动，对资本主义工商业及手工业实行社会主义改造；1956 年春，全县掀起建立高级农业社的高潮；1958 年开展"大跃进"、大放粮食"卫星"、大放竹木"卫星"、大办钢铁、浮夸虚报，宣布实现了粮食平均亩产千斤县，为此，得到地区奖励一面四米长的大红旗，自治区奖励了两辆汽车；1959 年开展粮食核产，"反瞒产私分"，以打擂台的形式谎报产量，报多者奖励锂锅、锑桶、热水瓶等；1958 年冬，全县大办公共食堂，吃饭不交钱，过上"新生活"的村民热情地把家里的铁锅、三脚架（在火塘烧火煮饭用的）、木料无偿捐献给国家大炼钢铁；1959 年下半年吃饭开始定量、吃不饱；1960 年因饥饿引起病人较多，出现大量非正常死亡现象，各公社、大队都办卫生院，有的因死亡人数较多办起孤儿院，[①] 山村妇女普遍停经。在这样的情况下，需要时间和力气的抢花炮自然不能放了。1961 年，大伤元气的山村悄悄搞起了作业组（实际上是搞单干[②]）、自留地，人们生活又好起来，吃饱了肚子的村民忘不了抢花炮。次年（1962 年），富禄、林溪、程阳恢复放花炮；1964 年，程阳、林溪又改了一次。1963 年，富禄放花炮的工作准备就绪，还炮者也把花炮送来了，但公社领导不让放，无奈，组织者只好悄悄搞了一个抽签形式的"抢花炮"。[③]

---

① 此部分内容出自《三江县志·大事记》，中央民族学院出版社 1992 年版，第 1—25 页。

② 根据对林溪寨老的访谈。

③ 参见本书第五章有关内容。

1965 年，全县开展"四清"运动，接下去是"文化大革命"，各地抢花炮从此销声匿迹。在"四清"运动中，除自治区、地委、融安县、柳城县、武宣县派出工作团到三江外，还有中央民族学院、中南民族学院、广西民族学院及自治区、地区的一些单位派出由师生、干部组成的工作团，加上本县干部、农干共计 3000 多人参加了三江的"四清"工作队，每个生产队派驻 1—2 名工作队员。① 国家希望通过这样的手段达到对山村意识形态的控制。在"文化大革命"中，政治性的仪式取代了传统的仪式，山寨与外界一样开会、学习，社会时空呈现高度政治化的色彩，唱红歌、背语录、早请示、晚汇报也成为少数民族山村村民的日常生活内容。当时，民兵曾在人们出工上山的地方设卡让村民背语录，背不出来的要现场学一段才让过去。由于有红卫兵和串联的人送来材料，山里的人也与外面的人一样开展了大辩论，自然分成两大派，尽管他们的辩论对外界不会有丝毫的影响，但他们辩论得热火朝天。大山深处的村寨第一次与国家的政治靠得这么近。这一时期，传统的节庆被政治性的节日所替换，抢花炮等具有民间神话和原始宗教色彩的节庆被取消。

从"大跃进"开始到"四清"、"文化大革命"这一阶段抢花炮的消失，呈现的主线是：没时间→没力气→没权利，反映了国家意识形态对山村传统文化活动的控制由外而内、由松而紧的过程。第一次的停办，是由于"大跃进"、大会战，村民没有闲暇搞花炮，接下去是浮夸、禾苗搬家、瞎指挥导致的饥饿、浮肿，男人走路都需要拐棍，根本不可能抢花炮。这时期使抢花炮停办的因素是时间和体力方面的，属于客观条件导致的文化主体对传统文化活动的一次主动放弃。"四清"以后抢花炮的再一次停止，则是因为活动被定为"四旧"，属于国家意识形态对村民

---

① 参见《三江县志·大事记》，中央民族学院出版社 1992 年版，第 18 页。

的自主文化权利的剥夺。同时，由于社会经济制度的变化，村民都被纳入统一的社会生产和社会管理之中，一些不符合国家意识形态的活动没有可能开展。然而，尽管国家通过一系列"建设社会主义新农村"的措施，对山村进行了政治、经济、文化的全面改造，表面上"封建迷信"没有了，但这种消失并不是真正的连根拔掉。"斩草除根"并没有把根除净，一遇宽松的环境，它们又会再现勃勃生机。改革开放以后，人们恢复了传统的生活节奏，许多旧的习俗纷纷恢复。2003年11月和2004年1月我们在林溪和程阳的调查期间，请接受访谈的95位村民（访谈对象的基本情况参见表6－1）列举当地重要的五个节日，得到的结果有"春节"、"花炮节"、"芦笙节"、"二月二"（农历，下同）、"三月三"、"四月八"、"八月十五"、"七月十四"、"重阳节"、"端午节"、"春社"（吴姓）、"吃冬"（冬社，杨姓）、"十月十二"（石姓）等，竟没有一个新历节！那些节日已经逐渐淡出了村民的生活。

"文化大革命"的10年，是新中国少数民族文化备受打击的年代。这期间侗乡的许多传统文化由于被压制处于隐伏状态，随着改革开放，当国家对乡村意识形态的控制减弱、村民重新恢复原有的生活节奏的时候，传统的文化重新回到了村民的现实生活中。20世纪80年代初开始，桂北侗乡的抢花炮陆续得到恢复。那些曾经替换旧文化的"新文化"，由于是靠行政命令的形式进入村民生活的，不是主体自觉的选择，因而没有很好地整合到本土文化之中成为人们自觉的行为，失去了行政的依托之后，它们也就从村民的生活中淡出了。抢花炮在侗乡的引入和流传说明，只有主体自觉参与、主动取舍和改造过的外来文化才能生根，并且，与传统文化能够整合到一起的新文化才能获得顽强的生命力。

表 6 - 1 　　　　　　　林溪、程阳访谈对象基本情况

性别	人数	年龄	人数	民族	人数
男	54	44 岁以下	58	侗族	90
女	41	45—59 岁	19	汉族	5
		60 岁以上	18	其他	0
合计	95				

（三）改革开放以后抢花炮的盛衰轮回

尽管从土改、合作化、"大跃进"到"文化大革命"，农村的组织结构、风俗习惯、生产方式都被进行了全面改造，但1979 年以后的改革才真正改变了农民的生活方式，"现代化"诸要素才明显渗入到中国农村。改革开放以来，中国的现代化进入加速期，与此同时，全球化正在成为日益流行的话语。现代化的强烈冲击和与全球性相伴生的本土性中国家和社会对民族传统文化的着力弘扬是影响少数民族传统文化现状的两个社会背景。[①]在这一阶段，国家的计划体现在宏观调控方面，并不直接干预具体的经营方式和生产过程，而市场作为另一种力量对侗乡的变迁产生越来越大的影响。这一阶段的变迁是国家的现代化努力、全球的现代化趋势与村民的发展愿望三种内外因素相结合的产物，在引进现代因素的同时，也存在传统的回归，表现出多元的特点。

1981 年冬，三江全县实行以户为单位的农业联产承包制，开始农村经济改革。[②] 家庭联产承包责任制的实行促使了乡村经济由集体经营模式向家户经营模式回归，拥有土地固定的使用权和生产的自主权焕发了村民的积极性，生产效率得到提高，生活

---

① 王希恩：《当代中国民族问题解析》，民族出版社 2002 年版，第 348 页。
② 《三江县志·大事记》，中央民族学院出版社 1992 年版，第 22 页。

又恢复了传统农耕时候的节奏。农历十一月至农历二月，在桂北侗乡，禾把收完了、谷子收完了、油茶也收完了，人们有了弹性调度的闲暇时间，老人们每晚都到鼓楼聊天、烤火，也议论起恢复抢花炮等传统民间活动。1982 年起，抢花炮陆续在桂北侗乡热热闹闹地恢复起来。在村民的观念与行为方式中，这种活跃的"传统"，一是旧习惯的残留作用，二是因为传统依然是他们对付生活之所需的东西，换句话说，依然是他们生活方式的一部分。① 分田到户后，集体化的农民重新成为小农，花炮节是村寨加强互动、增强凝聚力的重要活动，也是偏僻的侗乡盛大的娱乐活动。

改革开放以来，随着现代化和全球化的发展，侗乡花炮节经历了"热闹"——"降温"——"热度回升"的过程。

1. 从"热闹"到"降温"

当国家经过改革开放走出封闭体系之后，农村传统活动普遍出现复兴的局面。改革开放前期（20 世纪 80 年代至 90 年代初），侗乡重新恢复的抢花炮活动极为热闹，富禄、林溪的花炮节都要持续四天以上。这种热闹反映的是偏僻的少数民族山村村民对娱乐的渴望和民间活动长期受到压抑后的反弹。在访谈中，富禄老张对笔者生动地描绘了富禄花炮节的盛况（参见附件 6 - 1）。

【附件 6 - 1】老张谈富禄花炮节的盛况②

到改革开放以后，政治上各方面都放宽了，大家才敢牵头起来搞三月三抢花炮，搞热闹，请桂戏来唱呀，请侗戏来唱呀，搞点儿民族歌舞呀，芦笙踩堂呀，木叶歌呀，吹笛子呀，想组织活

① 曹锦清：《黄河边的中国》，上海文艺出版社 2003 年版，第 82 页。
② 根据对 ZXZ（男，62 岁，汉族）的访谈录音整理，文字稍作删节、调整。访谈时间：2004 年 5 月 10 日。

动挖掘民间文化艺术，这个也得到政府的支持。1984年农历三月三是最火暴的了，这里人山人海，估计达到10万人。当时陆路交通不便，主要靠水路。那年机帆船发展比较快，整个三江县有570多艘机帆船，全部筹集到这边河来了。当时这里唯一的公路是三江到富禄的一段，车子也把三江那边的人拉到富禄来，那年集中在富禄的人最多了，是最高峰了，连续举办几年以后呢，八万、六万、三万、四万，人数逐年减少，特别是年轻人外出打工以后，人数明显减少了。那几年广东的、福建的、湖南的、桂林的、柳州的、南宁的艺校学生总要提前一个礼拜来这里采风的。虽然住宿条件差一点儿，外国人也来得蛮多的，德国的、英国的、法国的、日本的外宾都有来。港澳地区来得少一点儿。1987、1988年，那时富禄挂牌的旅社有31家，私人自己临时搭铺的还不算，中学啊、小学啊、机关单位也从三江县拉席子、被子来，打开教室安排住宿，因为那时你到了富禄就走不了啦。来做交易的木桶呀、板凳呀、桌子呀、犁耙呀，扁担呀、粪筐呀这些农副产品农历二月三十夜晚全部到齐了，东西都摆在河沙坝那里；人呢，也通宵达旦守候在那里。三月初一那一天呢，溶江河上游、下游的船只从早晨就开始源源不断地把人运来。下面运来的是从老堡口火车站拉来的来自柳州和全国各地的人，一早就开始了，每天来来回回好几趟，密密麻麻上来；上面贵州从江的人又一船船地下来，一起集中在富禄，初一晚上，富禄的旅社已经爆满了，街上是拥挤不堪，没有地方睡的人都到河沙坝，那是天然的大铺位。经过初一一天水上机帆船不断拉人到这里，还有三江至富禄的班车源源不断地把客人运到这里，初二又拉了一天的客人，总共拉了两天的客人，初二来讲是最高峰了。不管白天夜晚，河沙坝上人满了，街上更是挤得难以行走，当时的电还没有并网，只是我们的小型电站发电，往往在这个会期的时候全部断电，家家户户都有自己的发电机，我们自己发电，解决用电的问题。我这个旅社的发电机现在还丢在楼上呢，这几年并网以后没用了。那河沙坝上的人怎么办呢，有的点蜡烛，有的点煤油灯，有的点汽灯，星星点点好像天上的繁星。初三早上，这里到处是红男绿女了，铺满了整个河沙坝，河沙坝面你知道有几大？有近400米呢！天然的河沙坝布满了人，很少见到空隙的、能见到石头的地方，现在是稀稀拉拉了。富禄这地盘的居民是3000多人，从这里上去两边高坡，三里一寨，五里一村，每一个山坡都有一个寨子，初三那天，这附近看热闹的人才过来。二月三十到来的是卖农副产品的农民，初一到来的是远客，因为这里交通不便，60华里以远的人都要提早过来；初二呢，三江县城的开车过来，从江的开船来，所以那是人潮的最高峰了。

那时每年三月三最高峰的时候，没有住旅社而在河沙滩过夜的起码有三四万人。（张妻插话：我们家里的人没得睡的，我们屋里都让给亲戚住了。我们摆摊啊，做生意啊，通宵达旦在那里做。那时候摆纷摊呀，摆什么摊的都是通宵达旦的啊。）有一年我家来了五六十人——少数民族呀，他们一来就来一帮的，不过他们没什么高的要求，只是想来看这个热闹，没有床就打地铺睡，没有席子就用塑料布垫一垫。

初三下午3点钟花炮抢罢以后啊，哎哟，那个繁忙无法形容，一片混乱，河边呢，全部挤满了人，那天我们作为航运管理部门的人啊根本无法正常管理，我们局长强调三月三要卖船票的，但那是根本不可能的，你开几百个窗口都不够的，只能自然分流。这里麻直（简直）像赶鸭子那样，船一停下来，人流就拥上去，这条开出去那条又横过来，这条往上开，那条往下开，拥挤不堪。这里河道又窄，这条船横过去那条船又冲上来，船只碰撞和触礁经常发生。我管了几年，非常着力。那时我40多岁，身强力壮啊，我划了总共五个责任区来管理，南宁、柳州、三江的水运部门都来支援，三江公安局和贵州毗邻地区的公安部门也都派人支持。

那两年真是热闹了，融安、柳州的扒手，这些不受邀请的也来了好多。他们以为少数民族贫困落后，比较愚昧一点儿，来这里好发财。这里扒钱也的确是比较容易，群众的钱呢是放在口袋里，口袋露在外面的，随便扒就扒得到的。但你跑不脱，一个也跑不脱，因为旁边人不会视而不见的，我们这里的少数民族对扒手是特别愤恨的，抓一个打得半死。公路只有班车，走不掉的；河边排满船只，一被撵到河边就没得办法了，只有跳进水里，跳进水里也跑不掉，石头卵石雨点儿般砸过去，一下子就挨抓了。哎哟，那年高峰，扒手起码200多人，融安、融水、柳州一带的扒手全部集中了，贵州那边也有过来的，但是那年扒手都挨了、失手了。

富禄老一辈的花炮会会首说："三月三那天亲戚互相走动，因近清明了，人们又可以来扫墓，青年男女到那天约到这里玩玩儿。从初一到初四、初五两三个晚上通宵狂欢。那时候还没通公路，只有一条河水，交通不便，许多人在河边睡，因为没有旅社了。"[①] 林溪的许多村民也告诉我们，他们的花炮节以前是很热闹的。然而，2003年11月我们参加林溪花炮节的时候，看到的是只热闹了一天。花炮节后一些花炮筹委会成员和村民接受访谈的时候说："1982年刚恢复那一年是很热闹的，以后几届也是很热闹的。过去芦笙踩堂满天飞，每个寨的游炮队都有芦笙队、小姑娘的插花队（银花队）、青少年的粉枪队、街道有大秧歌小秧歌，各队有各队的特色，人山人海的，你想过这条街都过不了的。就是这两三届差火了（不行了）。特别差火是

———————————
① 根据对富禄WRS（男，75岁，汉族）的访谈资料整理。访谈时间：2004年5月13日（录音编号：040513FL03）。

这届。人多才热闹，昨天天气不好，人不够多，跟平时赶圩的人差不多，五六点钟人就走完了。""以前要热闹四天的，唱戏呀、对歌呀，有各个方面的活动，人都不睡觉的，昨天是二十六（抢花炮当天），晚上就没有人了，原来不是这样的，满街都是人的。"说起为什么过去比现在隆重、热闹，人们的解释是："最主要是交通的原因。以前来看抢花炮的大多是走路来的，来到这里就不回去了，大家一起看戏、对唱侗歌，玩儿到很晚。另外，要年轻人多才热闹，现在好多年轻人都出去打工了，年轻人少，热闹程度就不够。另一个原因就是电影、录像。那时候我们这里电影、录像很少有，平时也难得有戏看，娱乐少，现在，政策开放以后，每家都有电视机、放像机等等，放炮放完了，录像录得出来，三块五块钱买一片，可以在家里看得清清楚楚，动都不用动。现在的人都变成"懒汉"了，不像过去每天都去的，有录像，他在家放录像看得了。""现在因为有车，大家抢完炮就回去了，原来是走路来，晚上在这里住，狂欢到很晚。还有就是青年和妇女都出去打工了，所以就不那么热闹了。""现在有电影、电视呀，各种场面大家都看惯了，看腻了，觉得就是这个样子了，不稀罕了。"总结起来，导致花炮节从"热闹"到"降温"主要有以下几个方面的因素：

（1）打工潮的影响

侗乡地少人多，人均 2—3 分田，资源匮乏，村民生活相对贫困。随着国家现代化建设的发展，城市逐渐增加吸纳农村剩余劳动力，侗乡青壮年大多走上告别家乡、外出打工的道路，靠在异乡的辛勤劳动，使家乡的生活逐渐增加了"现代化"的成分，电视基本普及了。林溪乡合华村有 390 户，有人在外打工的有 300 多户；总人口 1700 人，劳动力 1100人，60 岁以上 200 多人；出去打工的有 428 人，其中 16—30岁 352 人（占劳动力的三分之一），30—50 岁 76 人。电视普及率90%，正常家庭均有了。合华村人均3分田，在家收入为950元左右，在家的收入基本上是管口粮，其余的钱基本上是靠打工挣回来的，所以，没有人能够出去打工的家庭都比较贫困，没有电视的基本上是这样的家庭。[①] 合华是位于公路边的村寨，生活条件在乡里算中等偏上的，位于高坡的高友村和高秀村外出打工的人数更多。表6-2和表6-3是富禄、梅林和林溪外出从业人员情况，近两年外出人员还在增加。青壮年的大量外出是近年花炮节热闹程度下降的主要原因之一。

表6-2　　　2003年富禄、梅林、林溪外出从业人员情况

	林溪乡	富禄乡	梅林乡
乡（镇）村劳动力资源数	18015	14262	6186
其中：劳动力年龄内（人）	16274	12251	5670
其中：外出从业人员（人）	5331	2891	1747
外出人员/劳动力年龄内（%）	32.76	23.6	30.81

资料来源：三江县统计局统计资料。

表6-3　　　　1998—2002年梅林外出从业人员情况

年份	劳动力人数	外出从业人员人数	外出人员/劳动力（%）
1998	6635	110	1.66
1999	6693	448	6.69
2001	6920	1508	21.79
2002	7139	1669	23.38

资料来源：梅林乡统计资料。

---

①　合华村村委会提供的情况。调查时间：2004年9月。

关于打工潮对农民文化的影响，庄孔韶的忧虑代表了相当一部分学者的忧虑："在全球化的经济、市场，乃至文化冲击下的农业社会，无数青年人从农村流出，削弱了农业生产的中坚，然而，更重要的是削弱了地方农民文化的根基。我们不知道未来农民的认同在何处，因为地方文化传统就包含在其中。""农业社会的发展和农民的无力的或有力的社会响应如何在全球化进程中保持地方文化的精髓，而不是移植和替代，是一个从法国人、日本人到韩国人和中国人不能不经常思考的问题。"① 打工潮对侗乡花炮节的影响印证了这种忧虑。"青年人多才热闹"，这是 2003 年、2004 年花炮节桂北侗乡许多人的感叹，是人们对节日的感觉，从深层次上可以感到民族文化传承堪忧，因为有一代一代人的继承，文化才能延续。"现在一些年轻人变成了懒汉，他不想去看热闹"，这是人们的另一个感叹。其实，青年人变成懒汉了，是与打工潮使乡村女孩大量外出，以致无法组织女子银花队，没有了大量盛装打扮的女孩子有关系的——无花不来蝶，小伙子们的青春活力不能调动起来，所以变成"懒汉"了。没有了足够多的青年人的参与，花炮节就失去了活力。对于参加抢花炮活动的目的，笔者曾问过许多到富禄赶会期的青年，得到的回答一是为了"热闹一下"，二是为了"找对象"。苗寨的寨老说，每次会期，他们寨子都会有两三个女孩嫁出去，也有两三个青年娶老婆回来。由于富禄地处三省六县交界，毗邻地区的青年仍把会期作为重要的交友时空，因此，三月三仍然可见盛装男女青年组成的彩色世界，使富禄的三月三仍然保持相当程度的热闹，但这种热闹程度也已经因打工潮而有了很大程度的下降。目前，这在全国农

---

① 庄孔韶：《中国乡村人类学的研究进程》，"人类学在中国"网站（http://www.anthropos-sinica.com）。

村是较为普遍的现象。在侗乡人无奈叹息的时候，西双版纳人已经找到应对的办法："泼水节期间，在许多西双版纳村寨见到的那些艳妆女孩有许多是因为本村立下了规矩，不管你平时外出走多远，泼水节期间都要回家与父母团聚，并且参加村上的庆祝活动和对外联谊活动，为本地的文化展示出一分力。所以，如今在平时很少能见到未婚年轻女性的傣族村寨里，一到了泼水节，便开始蜂飞蝶涌，争妍斗艳，小伙子们的青春活力也被充分地调动起来。"由于家乡旅游业得到较快的发展，傣族地区出去的打工妹（仔）在纷纷回流。[1] 桂北侗乡的打工潮还在继续，青年人外流的影响将进一步显现，当地政府近年确立了以旅游为龙头的经济发展思路，不知往后是否会形成傣族地区的情况，但无论如何，只要家乡有生存和发展的空间，总会有青年回流或留下来的。

侗乡的打工潮对当地传统文化活动的影响是显而易见的，但同时，我们从林溪、程阳、富禄、梅林的调查中也看到，大部分的打工者与家乡、与乡土仍然有着密切的联系，仍然看重自己文化的根。在程阳，参加抢花炮的青年中有不少是回家过年的打工者。从笔者对参加抢花炮的打工者的部分访谈中可看到这种乡土情感和联系（参见附录4《马安庆功百家宴访谈》）。2004年大年初八，也就是抢花炮的次日，笔者在程阳看到五辆客车来到八寨，这是去广东打工的青年们乘坐的车子，这么多青年等到抢花炮之后才出门，以及"自己参加，因为是本寨的人"的话语，反映出这些打工者仍然具有村寨归属感、荣誉感和责任感，抢花炮活动也在强化着他们的这种意识。

（2）公路建设的影响

---

① 杨民康：《贝叶礼赞——傣族南传佛教节庆仪式音乐研究》，宗教文化出版社2003年版，第374页。

调查中我们了解到,林溪、富禄、梅林的花炮节基本上都有类似的情况,即随着公路的开通,往日的繁荣不再。交通便利、客运发展是人流不再滞留或滞留时间缩短的主要原因。此外,改革开放以来 农村集市贸易发展很快,人们不再过分依赖花炮会期进行物资交换和购买需要的物品,这就使花炮节的商业活动受到极大的影响,热闹程度降低。自古以来就以商贸活动为特色的富禄花炮节虽然仍然是著名的物资交易场,但由于开车过来促销的"游击队"的冲击,当地商家的交易额也受到影响。许多人在访谈中描述了公路修通以前数天的热闹和通车后变成一天的热闹。他们说:"都说要致富,先修路,可我们这里是修了路,断了'路'。"但是,对于通了路,没了"路"的清醒认识应该是,过去的热闹和繁荣是在低水平上人们的别无选择,当客观条件改善之后,人们的选择增多的情况下,旧的东西如果不变革、不发展,在处于比较劣势的情况下被人冷落是必然的命运。公路建设和基础设施的进一步完善,必定会给侗乡带来新一轮的发展,只是对活动的组织和活动内容要求更高了。就如高速公路开通后,更方便了云南甘庄与四面八方的联系,更多的人会聚到那里过火把节、赶花街,扩大了旅游效益一样。目前侗乡的基础设施建设相对落后,一位到侗乡旅游的网友在网上说:"一路上景色都非常迷人。但说一句,321国道从三江到从江那段简直就是噩梦,不是国道的国道。要不是一路景色转移我的注意力,后果……"笔者2004年去梅林的时候,经历的是"只有在电视上看过的漫天尘土的路,五米之外就根本看不到东西了。那么大的尘土,就像好大好大的雾天,经过的车子都变成了土黄色,看不出原本的颜色了。车是没有空调的,因为挤满了客,为了保证足够的氧气,走这样的路还不能完全关上窗户。被尘土呛得受不了,没走多久,车上有人就开始咳嗽吐痰了,一口口把痰吐到脚下的塑料垫子上，被垫子吸进去……现在想起那声音我还恶心"①。以后交通状况好了，环境改善了，基础设施完善了，参加花炮节并在此地作短暂停留的人肯定会回升的。那是上了一个层次、上了一个档次的回升，不像以前宿在河滩上、睡在屋檐下，那时候人们是别无选择。条件好起来以后的回升就是人们理性的选择。生活水平提高之后，许多人喜欢享受乡间生活，看那些淳朴的民族风情，这是花炮节旅游发展的潜力所在。

（4）现代娱乐的影响

在城里的年轻人热衷洋节，传统节日受到冷落，各方人士呼吁开展"节日保卫战"的时候，偏僻、闭塞的侗乡人们依然过传统的农历节日，因为这些节日都是适应他们的农耕生活节奏的。实行家庭联产承包责任制的农民有支配自己时间的自由，不需要谁来给他们放假，农民以传统岁时节令为生活节奏，大部分民俗还完整地保留着，但是电视节目等娱乐方式的影响还是显见于花炮节的活动之中。如前所说，改革开放以前，侗乡娱乐很少、很沉闷，刚开始恢复抢花炮这个民族节日个个都很兴奋、热情很高，根本不需要到县里集资，也不需要花什么钱。随着侗乡的开放和发展，娱乐方式的多样化、文化形态的多样化，使看抢花炮不再是人们的唯一选择。但是，现代娱乐方式只是使人们认为没有必要年年办，人们并没有丢掉这项传统活动的想法（参见表6-4）。许多人说："现在有电视和其他的娱乐，花炮节没有必要年年办了，隔几年比较好，这样大家都很看重这难得的机会。""年年放也没得什么意思，隔个年把好像有味道点儿。好比天天吃肉没什么感觉，隔几天吃肉就很有味道。"希望两三年办一次的人，也主要出于使"大家都很看重这难得的机会"的考虑，几年一次，机会难得，

对打工的人回来也更有吸引力。虽说人们对花炮节及其活动的热度下降与现代娱乐方式的进入有关，但在花炮节上，我们看到更多的是人们利用现代娱乐技术手段享用传统文化。在笔者调查的村寨，由于经济发展水平还很低，除了电视和 VCD 进入家庭比例比较高之外，其他的现代娱乐形式还极少进入该地区。在我们走访的村民家里，只要是开着的电视机，80% 以上是在用 VCD 播放着当地的侗戏、琵琶歌、情歌对唱和花炮节的活动。花炮节后的第二天，街头就有实录的碟子卖了，街上卖碟子的小店卖得最多的是上述当地"土文化"的碟子（参见图 6 - 1），因此说，目前现代娱乐方式对该地区民族文化的影响是双重的，有消极的，也有积极的。就我们目前所见，似乎积极的影响多于消极的影响。原因可能是侗乡地处边远，物质条件落后，生活还比较贫困，许多现代休闲娱乐方式还没有进入该地。无论在林溪、程阳还是梅林、富禄，我们都没有看到热闹的歌舞厅、录像室或者没有或者冷冷清清，时尚娱乐对侗乡民族传统文化的影响还处于初级阶段，其中有着很大的变数，随着经济的发展和人们生活水平的提高，其积极的影响和消极的影响都会进一步增加，尤其是消极影响可能会进一步显见，这是值得注意的地方。如何加以正确引导，扩大积极影响、减小消极影响，值得研究和探讨。

表 6 - 4　　　　　关于希望几年放一次花炮的访谈结果

	每年一次	2—3 年一次	4 年一次	无所谓
人数	33	52	0	10
百分比（%）	34.73	54.74	0	10.53

（n = 95，访谈对象同表 6 - 1）

（3）市场经济的影响

民俗在传统社会是顽强的，但在新的历史环境中显现出脆弱

图 6 − 1　花炮节上卖碟子的摊位

　　小黑板上写着：富禄三月三花炮节，有侗歌碟卖，《新编朱郎与娘美》，《梁山伯与祝英台》，《洞头二月二芦笙花炮》，《白云芦笙》，《孝敬父母》，《毛红》，《西山对歌》，《应香》，《八王江南》。这些都为地方文艺内容。

　　的一面。市场经济的发展，使古老的侗乡抢花炮活动陷入资金缺乏的窘境。办炮所需的经费，以前有货厘金、抽税金、有偿田①等，后来是尽义务，在"过密化"②的经济模式下，人力价值不能充分显现，同时，在低消费和贫困艰苦的环境中，人们依靠相互的帮助解决生活中的困难、渡过天灾人祸。改革开放前和改革开放初期，桂北侗乡乡民的生活具有一定程度的原始共产主义的性质，人们参加各种集体活动不计报酬，活动所需物

---

　　①　富禄老人说，偿田就是地方人士捐钱买得几亩田来给人租去耕种，每年交租给花炮会，花炮会把收来的谷子变为钱组织这个活动。

　　②　黄宗智：《长江三角洲小农家庭与农村发展》，中华书局 1992 年版，第12、17 页；庄孔韶：《中国乡村人类学的研究进程（农民社会的认识之一）》，"人类学在中国"网站（http://www.anthropos-sinica.com）；徐浩：《农民经济的历史变迁——中英乡村社会区域发展比较》，社会科学文献出版社 2002 年版，第 68页。

资也是无偿奉献。转入市场经济以后，人们的商品意识开始觉醒，付出要讲一定的报酬，花炮节组织表演队伍要钱，搭炮台要钱，而主办者手中没有一点儿固定资产，每次都要去赖钱（集资）。由于经费问题，林溪的花炮由每年放改为四年放一次，梅林的两个花炮会原先同在每年的农历二月二放花炮，后来改为两会轮流办炮，再后来又改为五年两头放。近年来，民间组织者已经意识到要走作广告拉赞助办炮的道路，只是由于村落的花炮节规模有限，宣传也还不到位，难以吸引商家而拉得赞助（参见第四章）。

2. 温度回升

2003 年笔者确定以抢花炮为个案进行博士论文的研究之后，碰到许多幸运的事情。2003 年 11 月（农历十月二十六）林溪举办第 61 届花炮节活动，该花炮节已经间隔四年没办了，上届原是约定三年以后即 2002 年办的，因时间与县庆冲突，只好"让道"，改在 2003 年，笔者由此幸运地获得这次调查的机会。下一届将间隔三年，即 2007 年再举办，我们差点儿与林溪花炮节擦肩而过。2004 年正月初七程阳举办花炮节，这是停了四年之后的花炮节，2004 年恢复放花炮之后，准备从此每年都放。这是本调查的第二次幸运。2004 年梅林举办二月二花炮节。此前已改为五年两头放（每隔三年放一次）的花炮已经三年没放了，2004 年恢复放。这是本调查的第三次幸运。2004 年农历三月三，古宜举办第 11 届花炮节，第 10 届花炮节是 1999 年举办的，间隔四年了，我们幸运地得以参与和进行调查，这是本调查的第四次幸运。富禄的花炮在萧条了几年之后，2004 年活动内容增加，热闹情况有所回升。这也是本调查的幸运。就研究的机会来说，碰上这么多的"偶然"实在是幸运，但在笔者这些幸运的调查机会的背后，其实有着某种必然的因素，这就是由于旅游和商业促销以及全球化中本土性意识的加强，使传统文化被"挖掘"和"弘扬"。另外，也有某些特殊事件的作用。在这过程中表现的是民间与政府共同的发展愿望产生的合力。

（1）乡村旅游的兴起——争抢老祖宗，壮大旅游业

国内一次抽样调查表明，来华美国游客中主要目标是欣赏名胜古迹的占26%，而对中国人的生活方式、风土人情最感兴趣的却达56.7%。由于民俗旅游满足了游客"求新、求异、求乐、求知"的心理需求，近年来成为旅游行为和旅游开发的重要内容，无论发达国家和发展中国家，民俗旅游均已蓬勃发展。一些学者把民俗旅游开发行为概括为六种基本模式：集锦荟萃式、复古再现式、原地浓缩式、原生自然式、主题附会式、短期表现式。① 花炮节属于短期表现式的旅游文化资源，存在于特定的时间，其原始本意并非为了发展旅游业，但在节庆期间会吸引大量的旅游者，激发短暂的旅游人流。目前，桂北侗乡的旅游开发主要是原生自然式和短期表现式。近年来，在市场经济的影响下，各花炮节主办者的主办目的正越来越多地增加吸引旅游的成分。

全球化使民族文化逐渐走向世界，同时又通过市场竞争强化了民族文化建设的必要性，文化的传统资源更受重视。文化背后的利益驱动往往形成对某些文化资源"正宗"地位的争论。近几年旅游产业迅猛发展，不少地方政府认识到，原来的文化资源可以变为旅游资源，并且蕴涵着巨大的商机和利益，纷纷参与论争。于是，原本只在一些专家学者之间进行的争论，由于巨大利益的推动而开始变得激烈异常。由于意识到文化旅游资源越来越大的社会效益和经济效益，出现各地争抢老祖宗、壮大旅游业的

---

① 陈南江、吴月照：《略述民俗文化的旅游开发——兼谈客家民俗文化的内容选择》，广东旅游发展研究中心网站（http://www.tourism-research.com）。

局面。1990 年，国家邮政局发行《三国演义》邮票第二组"三顾茅庐"的时候，在河南南阳和湖北襄阳同时举行首发仪式，因为"南阳"究竟是现今河南的南阳还是湖北襄阳，长期以来两地一直争论激烈。2003 年，人民教育出版社出版的初三语文课本把"诸葛亮躬耕地"注释为"南阳，郡名，在现在襄阳一带"，使得这场争论再次浮出水面，吵得沸沸扬扬。2003 年国庆节前，《南水北调工程开工纪念》邮票首发式也在两地同时举行，原因是河南省淅川县和湖北省丹江口市对该邮票原地各执一词，互不相让。南水北调中线工程的水源地、亚洲第一大水库——丹江口水库横跨豫、鄂两省，湖北方面认为，丹江口市因水建市，"丹江口水库就是丹江口市"，该市是《南水北调工程开工纪念》邮票的最佳原地；河南方面则认为，丹江口水库是当年豫鄂两省人民共同建造而成，水库总面积 116 万亩，其中 60 万亩在河南淅川境内，并且引丹江水的水渠首闸建在淅川县的陶岔村，这个"渠首"的位置应是《南水北调工程开工纪念》邮票的最佳原地。英国作家詹姆斯·希尔顿的纪实小说《消失的地平线》轰动西方，《不列颠文学家辞典》指出，它为英语词汇创造了"世外桃源"——"香格里拉"一词。1937 年，好莱坞耗巨资将此作品搬上银幕，"香格里拉"由此名扬全球，影片主题歌《美丽的香格里拉》成了世人传唱的名曲。20 世纪 90 年代后，云南省迪庆藏族自治州对国外开放，不少外国游客游览迪庆后不由惊叹：迪庆就是詹姆斯·西尔顿笔下香格里拉的原型！后来，经过多学科专家的调研，1997 年在庆祝迪庆藏族自治州成立 40 周年之际，云南省政府在该州州府中甸召开新闻发布会，郑重宣布人们苦苦寻觅了半个多世纪的"香格里拉"就在中国云南迪庆。国内外新闻媒体先后刊登了"香格里拉就在中国云南迪庆"的消息，自此之后，到迪庆考察观光的中外游客迅速增多，"香格里拉"已经成为中甸乃至迪庆藏族自治州的代名词。2001 年，经国务院批准，中甸县改名为香格里拉县，[①]"香格里拉"已成为著名的旅游品牌。然而，当代学者王怀林著书《寻找康巴——来自香格里拉的报告》，从历史、文化、民俗等角度多方论证康巴是"我们心中的'香格里拉'"，目的是要在旅游资源的占有权上为现属四川以甘孜为主体的现代康区争取发言权，从而与现属云南迪庆藏族自治州的"香格里拉"相抗衡。[②] 争抢老祖宗、壮大旅游业的情况甚至扩大到一些过去名声并不很好的人文地名，如"夜郎自大"本是一个带有贬义的成语，古夜郎国王因一句"汉孰与我大"[③] 而几千年来遭人讥讽，然而，近年来，由于市场经济的不断发展，人们逐渐意识到夜郎文化是不可多得的宝贵资源，目前，湖南和贵州正在进行"夜郎"县名的争夺战。湖南新晃侗族自治县率先向民政部门提出了将县名改为"夜郎县"的报告。新晃县还实施了一系列更改县名的配套工程：在入境公路处树起"欢迎进入夜郎古国新晃"的牌坊，将县里最大的宾馆更名为"夜郎迎宾馆"，将本地最有特色的食品冠名为"夜郎三绝"等等，把该县改成事实上的"夜郎县"。消息披露出来后，立即引起了贵州的高度重视和关注，随即也立马组织有关部门采取了相应的应急措施，力保"夜郎"这一珍贵的文化品牌。

富禄是改革开放之后率先恢复抢花炮的地方，并以其三月三

<hr>

① 全英：《神秘和梦幻参半》，载《上海经济报》2002 年 6 月 7 日第 15 版。

② 李非：《空间观念与族群认同》，四川大学硕士论文，2002 年，第 50—51 页。

③ 关于"夜郎自大"的典故：夜郎是汉代西南部的某个民族。据《汉书·西南夷列传》，武帝元狩元年（前 122 年）令王然予、柏始昌、吕越等十余人为使，经西南夷前往探求通印度的道路。使者来到滇国打听道路，滇王问汉使："汉与我国哪一个大？"到夜郎国打听，夜郎侯也提出同样的问题。这是因为在西南邻国中他们为大，但不知相对于汉朝领土，夜郎国土地狭小，所以"夜郎自大"成为一句成语，比喻妄自尊大。

花炮节表现出来的浓郁的民族风情给人留下深刻印象，促成抢花炮在第二届少数民族体育运动会上作为表演项目，并从第三届少数民族体育运动会开始成为比赛项目。第二届少数民族运动会上，富禄花炮会的老会首王仁生老人带着从富禄扎制的一个缀满五彩缤纷花朵的炮龛（也叫炮架、炮屏、炮塔）率三江的抢花炮队伍在会上表演亮相，第三届、第四届少数民族运动会又邀请了富禄花炮会的会长做抢花炮裁判，这是富禄独享的荣耀，因此，富禄人认为富禄是当然的"抢花炮之乡"。在 2004 年 12 月应邀到广州"抢花炮全国邀请赛"上进行民间抢花炮表演的时候，他们自豪地穿上印着"抢花炮之乡"的服装亮相。此外，在调查中，我们听到 M 地的人嘲笑邻省的花炮节总是出事故，认为他们本来没有办抢花炮的传统，他们仿效 M 地办花炮，而且为了抢先机提前半个月举办花炮节，难免受到上天的"惩罚"；林溪人说林溪的花炮是最古老的，是有古书记载的，其他的地方没有的；古宜人举出县志为据，说明古宜的花炮是最早的，以后才发展到县境其他地方，但富禄、梅林、林溪都有人说是因为编县志的人要宣传县城才写成这样，其实古宜在民国二十一年（1932）才成为县治所在地，① 过去它远不如富禄和林溪繁荣。笔者在这里无意考究古宜是否为三江县境抢花炮的起源地，也无意辨明林溪花炮还是富禄花炮为最古老的历史，这些议论本身说明目前侗乡人对抢花炮有了品牌意识，并且对抢花炮品牌的潜在商业价值也有了相当的认识。在笔者调查的六个抢花炮举办地中，只有程阳人没有强调本地的抢花炮是最早的。也许是因为程阳已成为县里重点推介的旅游区，程阳抢花炮已经得到政府在

① 民国初年，古宜镇是三江县乙区（浔江区）区署所在地，1932 年，县治从丹洲迁至古宜，从此古宜成为三江县政治、经济、文化中心。（据《三江侗族自治县县志》）

各种媒体上的大力宣传，程阳人不需要通过声称自己的花炮是最古老的来提升其旅游价值。

（2）新的契机

程阳：县、乡对程阳八寨进行重点旅游开发，程阳桥景区旅游开发有限责任公司程阳桥景区管理处成立。林溪乡是三江县的一个贫困乡，基础设施薄弱，为加快林溪乡的发展，乡党委、乡政府提出"以旅游为龙头，以沼气建设为重点，以茶叶为主线"的经济发展思路，该乡的主要旅游景点就是程阳八寨。八寨共有2107户，9629人，均为侗族，人均纯收入1383元，人均有粮458斤，部分村民粮食不能自给，生活十分困难。但八寨有丰富的旅游资源，2003年上海国际风景旅游展览会上，程阳八寨被中国古村落保护与发展委员会评选为中国著名的100座古村落之一。① 八寨的民族风情浓郁，抢花炮仪式完整且很有特色。2003年9月6日，三江县程阳桥景区旅游开发有限责任公司程阳桥景区管理处在著名的程阳桥景区内挂牌成立。2004年，景区管理处出资5000元赞助程阳八寨恢复放花炮。景区管委会主任梁庆发表示，来年还会继续支持程阳八寨的抢花炮。据旅游部门统计，2004年黄金周到三江侗乡旅游的中外游客达4.2万多人次，旅游社会收入达840多万，各项相关指标都增长12%以上。这是对政府的旅游进行投资和对民间抢花炮活动进行支持的最好的强化因素。2005年农历正月初七，在景区管委会的支持下，程阳八寨又举办了一次花炮节。

富禄：乡庆筹备。由于正在筹备乡庆，花炮节又是宣传富禄的绝好的机会，因此，乡政府对2004年三月三的活动给予了多方面的合作，其中最主要的是派出专人帮助花炮节组委会到县各

---

① 新华网广西频道2003年11月17日报道：《三江致力打造世界廊桥文化中心》。

事业单位集资。由于乡政府支持力度的增大，民间组织者积极回应乡政府的意愿，对活动的内容进行了积极的挖掘和创造，丰富花炮节的活动，扩大宣传效果。2004年的花炮节不仅文艺游行的规模和内容都有增加，还挖掘了具有当地民族传统和生活情趣的"大木拉山"比赛活动；三月三前夜安排了当地少数民族与外地来的艺校学生在河滩举行篝火对歌、狂欢活动。2004年，广州举办"抢花炮全国邀请赛"，富禄应邀到会上表演民间的抢花炮，这对当地三月三抢花炮活动的宣传、组织和集资活动无疑是一块极有用的"招牌"。

梅林：小城镇建设。正启动小城镇建设的梅林，通过花炮节宣传梅林、招商引资、开展旅游成为民间和政府的共识。原先梅林有两个花炮会，一个是三民会，是由寨上人组成的；另一个是街道会，是由街道各家各户组成的。两个会同时放花炮，后来，随着市场经济的发展，办花炮的成本提高，同时集资又很困难，两会就商量轮流放炮，一个会单年放，一个会双年放，再后来又改为五年两头放（隔三年放一次）。现在，两个传统的花炮会之上年轻人又成立了一个新的花炮会，花炮不再放到庙里，也不再祭祀土地神，新的花炮组织者巧妙地利用1999年三民会三尊花炮没人接的情况和关于某个花炮得主"不吉利"的传闻，带头慷慨捐款办炮，声称用新的花炮替换原先"不吉利"的花炮，成功地建构了新的认同，并且利用不进庙、不烧香、把花炮放在村部的移风易俗行为①获得了乡政府的全力支持。梅林的小城镇建设即将启动，主办花炮节是获取社会资本的极好机会。这些靠智慧和劳动富裕起来的青年深知这一点，通过筹办花炮节，他们

---

① 实际上，新的花炮组织者革除进庙、烧香的旧习所使用的也是迷信的工具——在承认某些花炮"不吉利"的基础上，用新的不进庙的花炮替换之，这一做法使他们以新的观念办花炮时遇到的阻力最小，可谓之"以毒攻毒"。

为自己树立了良好的形象，得到了政府的肯定和支持，密切了与政府的关系，为自己在小城镇建设中的发展奠定了基础（参见第四章）。

二　当代的某些变化特征

（一）迷信色彩淡化：进一步理性化和世俗化

理性化和世俗化是现代性的核心内容之一。世界各民族几乎都曾经历巫术时代——人们习惯于借助神秘力量来达到自己的愿望，通过巫术祈祷仪式与神相通，认为只需心诚就能获得神恩。随着社会生产力的发展，人类对自然的认识不断深化，许多神秘现象得以用科学加以解释，神秘主义的精神寄托逐渐被理性主义的实际行动所取代，人们更相信能用科学的方法来改造世界、主宰命运，于是，人类逐渐解魅而进入了理性时代。世俗化表示人们关注现实生活的取向。在世俗化的过程中，凸显出大众对于生活幸福本身的强烈欲求以及文化的多元化、商品化与消费化的趋势。

迷信有时候是极为可怕的。如《访蛊手记》①记述了许多让人毛骨悚然的事例，巫蛊的迷信会使善良的人变得残忍，使聪明人变得愚昧……令人欣慰的是，从侗乡考察所了解的许多侗乡人（并不单指侗族）的原始信仰习俗，并没有发现极端"迷"的事例，人们对花炮的信仰就是一种信而不"迷"的状态。

抢花炮古称"还炮愿"，源于古时的放炮还愿酬神仪式，是一种醮会活动或庙会活动，因此许多地方也叫"赶会期"。每逢会期，花炮要放在庙里祭拜，"吃过"香火之后才开始抢，抢得花炮也要进到庙里方可算数。传说，谁抢得花炮，就会获天神赐

---

① 邓启耀：《访蛊手记》，载《华夏人文地理》1999 年第 5 期。

福，五谷丰登，六畜兴旺，因而参加者甚众，拼抢极见热烈……①从抢花炮的形式来看，神灵的惠顾和好运是通过抢而得来的，也就是说，抢花炮活动的设计本身就包含了人的能动作用，因而从根上说，对花炮的信仰不会达到迷的程度。花炮是要"抢"才能得到的，"好运"是可以"抢"来的，这就潜移默化地形成了一种积极乐观的生活态度。

2004年2月21日，在梅林抢花炮现场，二炮抢得者兴奋地对笔者谈他得炮的经验和心得：

问：那么多的人，你是怎样得到花炮并且突出重围送到禁区的？

答：我们有一帮人给我开路的。抢炮的人太多，变化太快，花炮被谁抢去根本无法确定的，大家都是凭一种感觉去抢，看见有人被抢，其他人就马上跟，所以会形成好几个拼抢中心。我冲到里面抢得花炮之后，做出很自然的样子，不让别人注意我，我挤出人堆，寻机会跟着不断移动的抢炮人群朝报炮区移动，快到炮区时，我给同伴打暗号，同伴给我开路，我得以跑进去。（他的伙伴在旁说："我们有相互保护和掩护，像打篮球一样的。事先都商量过，准备了暗号的。"）没有力气你进不去，你就拿不到炮。但光用死力气也无法得这个炮。一个人不管有几多力气，你可能赢得两三个，但赢不了10个、百个。这个二炮共有38组报名抢炮，38×10，就是380人，加上执勤组和一些混进来的人，起码有500人，你说，与人硬抗能赢吗？

笔者把他们的经验总结成四条：要能得到炮，一要有运气，

---

① 《广西通志 民俗志》，广西人民出版社1992年版，第338—339页。

炮落在离你不远处；二要有力气，能够挤得进去、抢得过来，还能挤得出来；三是有智慧，骗得了对手；四是有默契和有效的配合。大家连说："对对对，就是这样。"

抢花炮之后的第二天，一炮得主的同伴们在梅林街上帮炮主卖牛肉和牛憋（从牛胃里掏出的食团榨出的水，当地人喜欢用它来炒牛肉）。他们杀了那头作为奖品的牛，帮炮主拿一条腿来卖，换点儿酒钱、烟钱和买肥料的钱。炮主石老金抢炮的时候组了五个队，每队 10 人，共 50 人。他们这样描述当时的谋划和实施过程：

> 我们从早上就开始商量了，确定谁和谁一个组，放炮有讲究的，正正地放，炮直直上天，偏一点儿就歪着上天。我们专门安排了一个眼光"够力"的人观察炮的状况，看见炮偏向哪边就招呼我们的人集中到哪边。如果放得正中，我们五个组就分开五个方位等待炮落，花炮落向哪里，我们就跑向哪里去抢，我们的人得炮之后，五个队就分工了，得炮的队，其他的队员要掩护得炮队员，剩下的四个队向四个方向各形成一个抢炮点，把人分散，迷惑别人，让别人不知道花炮到底在哪里。如果我们拿炮的人被围困了，我们就一起挤进去，把他保护出来以后再分散抢。所以，要得到炮，一个是要有力气，能够挤得进去，手也要有力，你一得到炮别人会来掰，手都抓烂的呢。但是光有力气一个人是冲不出去的，你得到炮，别人会马上冲上来、压上来，几百人呢，你跑不出去的，想一个人得炮，除非飞天——从人堆里飞出去。所以，没有相互配合的精神是不可能得炮的，一个村寨不团结是得不到炮的。

不难想象，经历这样情境获得花炮的人们会有这种深切的体

340

会——好运不是光想就能得到的，也不是单靠祈祷可以获得的，它需要运用力量、智慧和团结协作去"抢"（竞争）才能得来。这样的活动有利于形成积极、健康的生活态度。人是需要信仰、需要有所憧憬、激励和暗示的，因为这能使人获得精神安慰和行为动力。各种花炮的"灵验"故事大多数类似于"皮革玛丽翁"效应[①]，因为信仰花炮带来好运，给人一种心理安慰和行为暗示，工作更积极而充满信心，因此成功的几率就大为增加。显然，这种"迷信"的存在有积极的意义，有利于人们健康地生活。本书第二章已从多方面论述了侗乡人也具有"在务实中信仰，在信仰中务实"的生存智慧。在程阳和林溪对村民进行访问，当问到"最希望花炮给你什么好运"（开放性问题，访谈对象见表6-1）时，得到的回答有：

带来好生意，开心。（女，65岁，侗族）

发财，人人平安。（女，50岁，侗族）

带来健康，学业有成。（女，15岁，侗族）

做事顺顺利利！（女，58岁，侗族；男，25岁，侗族）

人财两旺，生意兴隆，养的鸡鸭猪都特别好。（女，45岁，侗族）

做什么得什么，养什么得什么，养鸡鸭得鸡鸭，养猪得猪。（男，65岁，侗族）

全寨好运，全村幸福。出去做工好运。（男，34岁，侗族；男，22岁，侗族）

村寨光彩，这一年特别兴旺，养鸡鸭都很大。（男，55岁，侗族）

---

① 阿瑟·雷伯编，李伯黍等译：《心理学词典》，上海译文出版社1996年版，第684页。

给村寨带来荣誉，村寨光荣。（女，25岁，侗族；男，20岁，侗族）

除26%的人填"热闹"、9.5%的人说"没什么"、6%的人没回答之外，其余的回答都与上面类似。"养猪快大"，"打工得钱"反映人们对花炮的信仰不是一种"迷信"而是一种美好的愿望和寄托，人们希望通过劳动得到相应的回报而不是空想和消极期待。得炮的人不是认为自己无须努力就会获得馈赠而是因为相信有神助而更积极努力地工作。上文石老金把部分牛肉卖了换钱买肥料；梅林的另一位得炮者第二天就去贩猪仔，他所说"平时卖一整天的猪仔那天一个小时就卖完了"也反映了这种心态和行为。这种"信仰真主，同时拴住骆驼"式的花炮信仰不同于那种消极期待神灵降福的信仰，它激励人们行动，通过劳动创造美好的生活，使人拥有一种积极、健康的心态。

在桂北侗乡的花炮节调查中，村民在谈到抢花炮的时候用得最多的一个词是"搞热闹"。现在人们参与抢花炮的动机更多的是为了"搞热闹"而非"酬神"：程阳青年抢得头炮之后继续抢炮的时候，"一抢得就抛掉，搞热闹一点儿，意思是不要了，留一点儿给人家。再一个是下次放花炮的时候，多几个寨子游行热闹些"[1]；梅林人在2004年花炮节之后也说"下一届抢花炮要'放'一两个给从江等外地来的抢炮者，吸引更多的人到梅林花炮节来"[2]。这种为了热闹"留一点儿给人家"、"'放'一两个出去"的想法和做法充分反映了侗乡人现在更多的是把抢花炮

---

[1] 根据马安百家宴访谈整理。访谈时间：2004年1月29日。程阳八寨的花炮节是由上届得炮的寨子组织游行队伍，如果五个花炮被五个寨子分别获得，来年抢花炮就有五个游炮队伍；如果被三个寨子得到，就只有三个游炮队伍了。所以，程阳青年说得到头炮后"留一点儿给人家"，"下次抢花炮多几个寨子游行热闹"。

[2] 意思是本地人不要太用力抢，把花炮"让"给从江等地的抢炮者。

342

当做一种竞技娱乐，信仰的成分已大大减少。人们理性地意识到，如果毫无获胜的可能就会让人对竞争失去兴趣，没有了激烈的竞争、人海的拼抢，就感受不到获胜的强烈喜悦，抢花炮就变得索然无味。没有大量的抢炮者，花炮节就难以保持狂欢的气氛，难以使大家得到身心的放松和情感的宣泄。为了使活动办得热闹，人们可以放弃对花炮的拥有。台湾人类学者潘英海认为，台湾民间的主要社会活动可以"热闹"一词加以解释，"热闹"是这些活动背后的社会文化心理现象。[①] 大陆与台湾同胞在文化上是一脉相承的，"热闹"是一种共同的文化心理。同时，抢花炮上表现的追求"热闹"的族群心理，反映了抢花炮活动的进一步世俗化。

新的梅林花炮会决定花炮不进庙、不烧香、不拜神。抢花炮的第二天在第三炮得主家对前来庆贺的村民进行的调查和次日清晨在梅林街上对村民进行的调查显示，这样的抢花炮并没有遇到太多的反对。调查的72人中，56.94%的村民支持如此不烧香不拜神抢花炮，30.56%的人无所谓，只有12.5%的人持反对意见（当然不能从这一点认为梅林人的抢花炮基本上没有了信仰成分[②]）。多数人说，只要活动办得热闹，不要还炮（还炮已成为一大负担），进不进庙没关系。另外，与梅林一些青年讨论得炮会给炮主带来哪些好处时，他们谈到得了炮，大家都去祝贺，去他家吃饭喝酒，密切了彼此的关系，他需要别人帮助的时候就容易获得帮助。大多数人对花炮信仰有着清醒的认识，林溪的花炮筹委赵军和说：

---

① 潘英海：《热闹：一个中国人社会心理现象的提出》，载《本土心理学研究》1993 年第 1 期。

② 李志清、虞重干《专题研究与田野调查：深化少数民族体育研究的途径》，载《体育科研》2004 年第 4 期。

你抢了那个炮就升官、发财？就富裕了？得了那个炮自己就出钱出粮食了？话是这么说，其实不是这个样子的，那是彩话。大家都知道的，靠那个发财、起家不可能的。富裕要靠我们自己去干的，要去奋斗的。但是这么多的村寨抢炮，年轻人把炮抢来了，这就为村寨争了光，也是一个团结的象征，因为互相配合嘛，这个村子就有面子。冠洞去年得了头炮，今年又得了，别人都说，好可以呀！人多力量大呀！

上述种种情况都反映出，这里的侗族村民在一定程度上已成为理性农民。人们对于花炮的信仰，本来就是表达一种意愿，现在参与抢花炮活动除了仍然在乎它的精神安慰和激励作用之外，更着重于现实的利益，既在乎它的实际物质回报，也看到它积累社会资本所带来的间接和长远的实际利益。因此，抢花炮活动中表现的信仰不是盲目的相信，而且，随着社会的转型和发展，出于娱乐和其他实际利益考虑的成分在不断增多。

（二）现代性进一步显现：活动组织化、宣传立体化、女子亦成主角

从抢花炮的历史来看，抢花炮组织化程度的提高主要体现在三个方面：一是活动的组织机构由简单逐渐变得复杂，由不完善逐渐趋向完善；二是活动程序由简单变得复杂；三是抢花炮由个人的抢炮行为发展到个人雇一帮人抢炮的群体行为，再发展到个人组队、每队固定人数报名参加抢炮或者以村寨为单位形成团队报名抢炮的组织化行为。另外，民间花炮节组织者也仿照现代体育赛事的举办形式，在抢花炮活动的程序上增加了开幕式和文艺表演。

古宜花炮节作为县城所在地的花炮节，得到政府各方面的支

持，活动规模最大、机构也最为庞大，组委会下设的工作小组数量和人数逐年增多。改革开放恢复抢花炮以来，古宜花炮节就有了相当完善的组织机构，包括主任一名，副主任若干名，设有秘书长、副秘书长和顾问，组委会下设宣传组、竞赛组、裁判组、报炮组、保卫组、文艺组、后勤组、财务组、医疗组等 20 多个小组。民间抢花炮活动的组织化程度提高，还表现在花炮节组织领导机构的产生也有规范的程序，是一个民主化的过程。笔者列席了 2003 年林溪花炮筹委会的总结会，会上总结本届工作、同时汇报各项收支情况之后，大家用无记名的方式民主投票选举了下届筹委会常务理事。筹委会经费收支完全透明，张榜公布，接受监督。

花炮组织机构的发展变化中，一个突出的特点是增设了接待组（或外事组）和裁判组。古宜花炮委员会的裁判组织相当完善，设有仲裁委员，分竞赛组、裁判组、警戒线、场内裁判、场外裁判、报炮员、引炮与点炮员、检录与记录员等六个小组共 50 余人。裁判组织的发展和裁判人数的增加，反映了抢花炮逐渐规范化、组织化。接待组和外事组的设立则是与社会变迁相关联的变化。经历社会主义改造和人民公社之后，民间花炮组织已经没有了自己固定的经济基础，举办抢花炮活动都是靠募捐。改革开放以来，由于市场经济等因素的影响，办炮的成本提高，在贫困的少数民族地区，单靠本地乡民的乐捐难以办一个体面的花炮节，于是，开始向政府及各企事业单位集资。由于这些集资行为，就产生花炮节时候的接待需要，淳朴的村民认为"别人给了钱，就应该招待别人，这是礼貌"，另外，为了来年能够顺利集资办炮，本年度就要接待好前来看花炮的嘉宾。所以，林溪花炮筹委会秘书长吴善居说："接待工作很重要，是重中之重……"由于集资牵涉到方方面面，就需要健全的机构，把方方面面的事情处理好。林溪花炮筹委会除了设有主任、副主任、秘书长之外，还设有常务理事及宣传组、财务组、行政组、接待组、验炮组。筹委会理事黄世正说："我们要做得让群众满意、集资单位满意、政府满意，不然的化，下届就不好开展工作了。"现实工作的需要促使花炮组织机构不断完善。

抢花炮的程序是逐渐由简单到复杂的。以前的抢花炮没有开幕式，也没有统一组织的游行和文艺表演，唱戏、斗鸟等是自然形成的活动，没有纳入统一的管理，如今，这些活动都被花炮组委会（有的地方是筹委会）整合到花炮节的统一计划当中有组织地、协调地进行，丰富了花炮节活动的内容，也消除了许多安全隐患，这些变化都是民间在地方政府的支持和协助下，出于宣传地方、扩大旅游的目的所作的改变。

最初的抢花炮是个人行为，也没有报名的程序，后来为了保障还炮，要求外乡的得炮者必须在本乡本寨找一个担保人，保证下届还炮。由于人们相信获得花炮便能获得神灵的赐福添丁、升官发财（许多地方的花炮都有丁、财、贵之类的名称），一些谋求添丁发财的人奋力抢夺炮圈，有钱的人恐力弱势孤，常聘请强健之人代为抢夺，形成个人与群体混抢的局面。这种情况下的抢花炮弊端很多，而且，在数百人的抢炮场面中，个人面对团体的拼抢是几无胜算的（参见前文梅林得炮者的话），于是自然形成团体抢炮的情况。为了加强管理、保障安全，花炮筹委会开始对抢炮者进行管理，以队为单位报名登记参加抢炮，明确如出现打架、斗殴的现象由领队负主要责任。在富禄和葛亮抢花炮，常有广东人出钱请当地少数民族青年代抢，也有某个村寨的人想要炮，发动全寨的青年帮自己去抢，得炮以后请大家吃一餐。一般每队限 10 人，有的人志在必得某炮，会组好几个队（如梅林2004 年的一炮和二炮得主组了五个抢炮队，三炮得主组了三个抢炮队），因此，这种抢花炮还是比较原始的竞技，组织化程度还比较低。县城古宜的抢花炮已经由这种每人不限报名的队伍数改为每村限报一个队，相对于下面村落的抢花炮也更完善了抢花炮的规则，提高了该民间竞技运动的组织化水平。在林溪和程阳等地，个人的争夺发展为村寨的争夺，每逢花炮会期，各村寨的寨老组织起代表村寨的抢花炮队伍，以获得花炮为村寨的荣耀，那些身强力壮、精明灵活的小伙子为了村寨的荣誉而拼命争夺，抢炮场面极为热烈。得炮的村寨，来年会期亦由寨老组织乐捐置办还炮的物品，并组织隆重的还炮游行。这种以村寨为单位进行的抢花炮，依托的是寨中老人协会的组织与权威，随着社会的变迁，许多村寨中老人协会的地位在弱化，抢花炮组织者面临许多新的问题。

花炮节的信息发布大致有以下方式：（1）标红（贴通告）、发邀请函；（2）人际交往，口耳传播；（3）电话相告；（4）手机短信相告；（5）电视新闻信息发布；（6）网上信息发布。前两种是传统的信息传播方式，花炮节上的随机调查表明，在赶会期的乡民中这是最主要的花炮信息知晓途径。富禄和葛亮的花炮节年年举办，每当会期，包括贵州从江、黎平、广西融水等四周的乡邻会自动聚集过来，用不着"标红"的。其他的花炮节由于间隔数年举办，就需要"标红"诏告四方。"标红"的范围一般是本花炮节传统的辐射范围。"标红"的时间也有讲究，梅林的花炮是在农历二月初二，传统"龙抬头"的日子，也是"土地公"的诞日，因此，梅林人的"标红"选在农历八月初二，传说的"土地婆"的生日，体现了民间的一种人情味，以及把神人格化，变得可敬可亲、拉近人神之间距离的策略，这是一种乡土民间对神的态度——不取仰视而取亲近的态度。由于电视在乡间的普及，三江电视台为花炮节作的宣传报道也有一定的影响。同样，电话已经进入少数民族山村，通过电话打听消息、通报信息和确认信息也已成为比较普遍的现象。在花炮节期间对程阳、林溪村民的调查中，95位受访村民中40%的家庭拥有电话，其中 85% 的人与亲戚朋友通过电话谈过花炮节的事。虽然电脑和互联网还没有进入侗乡人的家庭，但组织者已明白互联网的宣传作用，在梅林 2004 二月二花炮节的活动方案中，宣传推介的方式就包括"利用'侗人网'、'三江旅游在线'等互联网站发布消息"，和"通过旅行社向外推荐"。桂北侗乡抢花炮活动的宣传充分体现了时代的变化，既展现了传统的"容貌"，又分明可见现代的"形象"，可以说是传统与现代交织的舞台，是立体传播的典范。它反映出当今信息受众是多层次的，他们各自生活在不同的信息辐射区域，每一种信息传播方式都是有意义的，一种方式无法取代另一种方式。立体的信息传播使花炮节的影响范围大大扩展，参加花炮节的群体由赶会期的乡民扩展到摄影旅游者、民族艺术采风者、民族风情旅游者……影响所及突破乡邻，抵达海外。

自古以来，侗乡的抢花炮都是男人的竞技。老人说，抢花炮这项运动，在拼抢过程中拉拉扯扯的，有时候衣服会被拉破、裤子也会被拉下来，所以不适合妇女参加。在三江县远离县城的村落的花炮节中，妇女的角色基本上仍然是做接待和以银花队和芦笙舞成员的身份参加游炮，但是，近年来，县城妇女在花炮节中的参与程度不断提高。以往都是由男人抬着游行的花炮炮龛（也称炮台、炮架、炮屏），在 2004 年花炮节上则是由妇女抬着游行（参见图 6-2）。改革开放以后，古宜设立过两次妇女炮，参加者十分踊跃。2004 年花炮节，第一、第二和第三炮是男人抢的炮，报名抢炮一般是 6—7 个队，第五炮是"女儿炮"，是专为女子抢的炮，报名的有 21 个队，有两个队迟到没能参加，真正参与抢的是 19 个队，也就是说，有 190 人参加抢炮，其热闹程度远远超过男子抢花炮（参见图 6-3、6-4）。花炮节的主持人问一女运动员："你为什么要来参加这次抢花炮活动呢？"女运动员答："从前，我们侗族姑娘，从小只是围着锅台转，现在，我们也要学习男人，离开小圈子，走向大世界。"这番对话虽说是编撰人设计的台词，但从现场观察来看，是反映了妇女的精神面貌的。主持人在台词中说："……同时今年与往届不同的是，由宝华商场赠送'澳柯玛杯'给本会的巾帼女健将，也称'女儿炮'，此炮只送不还。"在访谈中，梅林等地的花炮筹委也表示将考虑设立女子花炮，他们主要是从增加抢花炮的热闹程度作这种考虑的，因为女子花炮抢起来更吸引人，正如新闻报道所说是"为这一古老的传统活动又增加了亮点"。古宜宝华商场赠送"澳柯玛杯"给女子抢炮也是出于商业宣传的目的。不论组织者主要是出于什么目的设立女子炮，在过去无法想象的女子抢花炮，现在能够成为商人瞄准的商机，反映了人们对妇女观念的改变和妇女自身思想的解放。但是，不用还炮的设计，看似对女子抢炮的厚待，实际上说明女子抢花炮仍然是一项"个案"，没有进入固定的程序，下届是否再有女子抢花炮是不确定的。女子在抢花炮上的"解放"仍然是不彻底的，目前的女子抢花炮仅仅是一种功利手段。

图6-2　抬着炮屏的女子

图6-3 女子抢花炮的人气

图6-4 姑娘们抬起自己的英雄

(三)"外演"趋势扩大：民族特色有意识地强化

旅游业的发展是全球化的产物，也是使偏僻闭塞的地区开放与发展的一股强大力量。旅游业的发展使现代化的浪潮渗透到世界的各个角落，包括最边远、最不发达的地区，因为越是原始闭塞的地区越具有旅游者感兴趣的原始文化，因而越有旅游开发的价值。既然是开发，那么，作为旅游资源的原始文化必然经历着改造。

滇中双柏县彝族的"老虎节"和跳老虎活动被学者称为"傩仪"及"珍贵的活化石"。当地人祈吉驱灾的化妆"跳老虎"，是古代以虎御鬼辟恶、镇压祸祟的"驱傩之礼"的流传。现在"跳老虎"既作为民族体育和民间舞蹈到昆明调演，也为游客进行有偿表演。以打鬼、护丧、索室驱疫为主要功能的傩文化，因为政治、经济、审美等因素的介入而发生演变，变为非傩的文化。当地人清楚地知道给出了钱的外地人看的是非傩的表演，他们很理智地将傩化为非傩，零售给需要它的人们。乡里乃至省里有文化的人都把这叫做"民族文化资源的开发"，俗话叫"卖土特产"①。这种"卖土特产"即是"外演"的民族文化形式。

近年来，在桂北侗乡的各个花炮节，人们也开始注意"卖土特产"以及"土特产"的包装。从游炮的情况来看，过去富禄和葛亮放花炮并没有大型的文艺游行，还炮的人，他的亲戚朋友会盛装打扮，高高兴兴地帮他护送花炮来，富禄组委会作为主办者，作为一种礼貌，在他们进镇的时候就请唢呐队伍，放鞭炮、敲锣打鼓去接他，有条件的时候，就舞狮子舞龙去接他。②林溪程阳的花炮节上，上一届得炮的村寨会组织一个隆重的还炮游行，队伍中包括穿长衫的老人、青衣白裤的少年粉枪队和盛装的女子银花队。游炮是得炮村寨展示自己的机会，也是青年择偶的机会。家庭殷实的姑娘身上戴的银饰有一二十斤，有的戴不了那么多，母亲就在旁边帮其托着。姑娘身上的侗衣都是自己织、染、缝制的，布织得好不好、染得好不好、衣服的针脚细不细一一展示在众人面前，"姑娘被人看上，不光是靠漂亮，还靠心灵

---

① 邓启耀：《傩与非傩：漂变的活化石》，载《民族艺术研究》1994 年第 4 期。

② 摘自"富禄三老访谈"。访谈时间：2004 年 5 月 12 日。

手巧"①。这种"游炮"是一种自我展演，是展示给"自己人"看的，属"内演"的性质。随着侗乡的旅游开发，主办者越来越重视对外的民族风情展示，古宜、富禄和梅林的花炮节现在都安排大型的文艺游行，2004年富禄花炮节还开发了富有当地传统生活情趣的"大木拉山"节目，梅林也挖掘和恢复了当地的侗族大歌和"抬官人"节目。2003年林溪花炮节虽然还是保持传统的还炮游行，但把村寨各自为政的游炮集中起来，整个队伍安排了一个少儿仪仗队、姑娘银花队和两个芦笙队。

由组委会组织的文艺游行是一种"外演"的取向，是为了展示本地区的民族文化，达到宣传地方、招商引资的目的，已经没有了得炮者展示和炫耀自己的内涵。由村屯组织的还炮游行仍然保留着得炮的村屯展示实力和炫耀的内涵，但也表现了"外演"的趋向。对于把五个游炮队伍集中起来游行，林溪组委会的想法是"热闹一些，吸引更多的人"。但是，对此也有人表示反对。在一个庆祝得炮的百家宴上，村民说："以前游炮比现在游炮还要好看。过去我们游炮不像现在这样整体地游，我们有炮的寨子独立游，先来先游，五个炮就有五次游行。"也许如村民所说，各炮各游，不仅形成几次高潮，而且，看着一个游行，会对后面的游行有一种期待、一种悬念，同时产生议论和比较，比着装、比队伍的特色等，可形成一次次的高潮。目前程阳花炮节仍然保留着有炮的村寨各自游行的习惯。总的来说，筹委会的考虑，主要是"外演"的考虑；村民的考虑，主要是"内演"的考虑，但也逐渐加入了"外演"的成分。如程阳马安寨游炮时候，在飞山庙增加了九拜的形式，马安的陈老师（林溪中学教师，也是本寨游炮的策划人）说："旅游局搞了好多程阳花炮节的广告，人家来看我们，我们就搞得隆重一点、正规一点。"他

---

① 摘自对林溪花炮筹委会老人的访谈。访谈时间：2003年11月22日。

们通过"正规一点"来回应政府的旅游策略，体现一种观光化文化展演的演变趋势。林溪的游炮，应该属于"内外交织"的类型，趋势是逐渐注重"外演"的效果。这是"卖土特产"的目标所决定的。如果林溪花炮节的游行取消村寨游炮的形式而采用统一的文艺游行，那么，也许表面会变得好看一些，但其中的文化内涵就少了许多，文化精髓就失去了。

少数民族许多习俗和文化是与原始落后的生产生活方式和原始信仰相联系的，人们有发展的愿望和改善生活的愿望，随着人们认识水平的提高，原始信仰的力量也在减弱，但游客想看的又是那种原始的习俗、风情，于是，"卖土特产"成为一种必然。由于"卖土特产"，花炮节由较为单一的活动不断丰富多彩，许多地方的抢花炮由一个促进商贸的活动，建构成民族传统文化节日，这是民间组织者、政府以及当地民众共谋的活动。如今，花炮节的举办既有"外演"的考量——依旅游观光需求演给外人看，也有"内演"的元素——依传统方式自我展演，这样，既维系了传统，又顺应了国家政治文化和观光文化的要求。人们借由仪式的举行和文化展演，表达他们心中祈求的东西，也满足外界对他们的期待。

文化的民族性是各民族文化在长期的发展过程中，由于自身的历史、地域、种族、语言等多方面因素的综合作用而逐渐形成的民族特性，是各族文化在面向世界文化潮流的过程中所体现出来的多样文化特点，是与文化的时代性相对而言的一种更为根本的文化属性。花炮节由自然体现的民族特色逐渐变为主办者有意识地强化民族特色，这是一种"文化自觉"①的形成，是桂北侗

① "文化自觉"是费孝通先生 1997 年在北京大学举办的第二次社会学人类学高级研讨班上提出来的，其基本思想是费孝通先生在 20 世纪 80 年代对少数民族的实地研究中形成的。他说，文化自觉概念的意义在于生活在一定文化中的人对其文化有"自知之明"，明白它的来历、形成的过程、所具有的特色和它的发展趋向，自知之明是为了加强对文化转型的自主能力，取得适应新环境、新时代文化选择的自主地位。

乡人对全球化的回应。

台湾学者王明珂认为，在一个族群中，并不是所有人都在对自己的族群文化特征进行强调，而需要强调这些族群特征的人常常是有族群认同危机的人。[①] 然而，近年来桂北侗乡各花炮节对民族特色的强化并非出于自身的"族群认同危机"，这种变化一是对全球化背景下国家和政府增强本土文化保护的政策的回应；二是全国少数民族传统体育运动会吸收抢花炮为比赛项目，各方媒体对"东方橄榄球"的宣传，形成了"侗族抢花炮"的品牌效应，受市场机制的影响，民间抢花炮突出民族文化特色，以求扩大旅游、为地方作宣传、吸引投资。这种对民族文化特色的强化，客观上丰富了村民的文化生活，迎合了游客的观赏目的，获得了良好的旅游宣传效果，也切合了地方政府的发展思路，是一种多边皆赢的结果，因此，正形成一种良性循环的态势。例如政府的支持力度逐渐增大，对于某些重点旅游发展区的花炮节（如程阳花炮节），政府从被动地集资变为主动地提供经费。

（四）现代体育元素渗透：活动趋向规范化

第二届全国少数民族传统体育运动会，抢花炮为大会的表演项目，从第三届会始，抢花炮被正式列入比赛项目，被媒体称为古老又时尚的"东方橄榄球"。

如前文所述，1982 年，在内蒙古呼和浩特举行的第二届少数民族运动会上，富禄花炮会的老会长王仁生带三江的抢花炮队伍作了表演。第三届和第四届少数民族运动会上，富禄当时的花炮会首张新忠被聘为抢花炮裁判。尽管这样，少数民族运动会上的抢花炮除了与民间抢花炮拥有共同的名称、最初使用的炮圈和送

---

① 王明珂：《华夏边缘——历史记忆与族群认同》，（台湾）允辰文化实业有限公司 1997 年版，第 33—77 页。

炮器相同之外，两者之间并没有多少共同之处。

　　从对负责起草制定少数民族运动会抢花炮规则的专家 Z 先生的访谈中得知，抢花炮的规则是参考足球、篮球和手球进行的全新创制（参见附件3－5）。① 由于少数民族运动会抢花炮与民间抢花炮相去甚远，民间也不具备进行那种正规的抢花炮的条件，因而，抢花炮规则对民间抢花炮并没有很大的影响。但是，由于少数民族运动会确定了抢花炮的"少数民族运动"的身份，人们也开始注重它的规范化。古宜是县城，这里有县体育局，在体育局的帮助下，古宜抢花炮就比下面村寨的更趋向正规并向竞技比赛的方向发展和变迁。吴副局长和民间裁判员老邓谈了古宜抢花炮的这种变化（参见附件6－2）。

【附件6－2】吴副局长和老邓谈古宜抢花炮的变化

　　古宜的花炮是从1986年开始正规化的，那时少数民族运动会已有抢花炮了，于是我们主动帮助民间制定规则，慢慢规范，与少数民族运动会接轨。花炮还是按民间的方式抢，只是从人数方面、服装方面、场地方面规范化。以前花炮不管落在哪里都可以抢，不管是谁都可以抢，落在树上也可以抢，曾发生过几个人爬到大榕树上抢炮一起掉到树下水塘里的情况；也出现过花炮落在货摊前，被卖货的婆姥踩在脚下，然后拿去报炮台领取奖品的情况，既不规范又不太安全。现在我们划定了范围，出了警戒线就无效了。还有，由裁判员带运动员有序进场，围成一圈等送炮员送炮到位，点炮前不许动。抢得花炮者进入警戒线别人就不能再抢，裁判员把得炮人护送到报炮台，验炮无误就擂鼓，由主席台

---

　　① 抢花炮规则参见第七届全国少数民族传统体育运动会官方网站（http://fm95. nx. cninfo. net）。

宣布某某地方某某人得某某炮。[1]

　　刚开始寨子出的人数不同，有的出两个队，有的出三个队，不公平。1986年后慢慢修改，每个寨子只能出一个队，人数10人；报炮台前面原先没有警戒区和警戒线，1984年划了2米，1986年是4米，1988年是8米；服装上的变化是，原来没有标志，1986年腰上有标志（扎一条彩带）；以前用竹子做的土炮来送炮，难控制高度，80米、50米都有可能，现在用铁炮，可以控制高度，就变得比较规范，每个炮的高度大约控制在20—30米；另外，花炮的防伪标记原来没有，后来在里面放防伪布条，现在是在炮圈上面敲钢印（参见图6-5）。防伪标记是逐步发展过来的，以前不规范，裁判没有分工，现在有警戒裁判、抢炮裁判（包括内裁判、报炮裁判也就是外裁判）各10—15人，还有裁判长。[2]

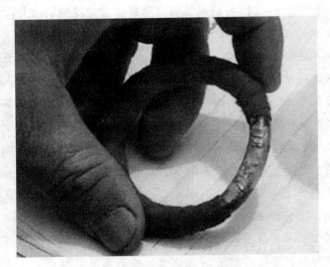

图 6-5　古宜的钢制炮圈及其防伪标记

---

①　根据对三江县体育局吴副局长的访谈整理。访谈时间：2004年2月11日。
②　根据2004年2月11日对三江县古宜花炮民间裁判员邓师傅的访谈录音整理。

归纳起来，古宜抢花炮规则的主要变化，一是限定了抢炮的范围和人数；二是设立警戒区和内外裁判；三是运动员增加腰部标志；四是改用铁炮；五是炮圈增加防伪标记。现代体育元素的渗透使古老的抢花炮有了一些现代气息，也强化了一些竞技体育的特征。

　　桂北侗乡其他地区的抢花炮虽然规范化的程度不如古宜，但民间组织者都已开始注意强化和完善抢花炮的规则，抢花炮的群众也有完善规则的要求。如2003年林溪的炮圈是用细藤扎制的，内藏防伪布条（参见图6-6），由土炮打上天的时候或在拼抢的过程中有的藤圈散掉了，这种时候就以内藏的布条为得炮的凭证，其中一个炮的防伪布条也碎了，有两人拿着布条的碎片报炮，验炮组最后把花炮判给了持有组委会盖章的布片的报炮者，对此出现了小小的争议。程阳抢花炮的时候，第一炮拼抢非常激烈，一直抢得难分难解，在众人抢夺中花炮到了界外，平坦一位老人说出线的时候，炮在他们手上，头炮应该归他们。但马安的说："当时出线不是他一个人拿出线的啊，是一大帮人把他推出线的。我们也是四五个人在里面抓这个炮，都在一起，一下子到我手，一下子又到他手，也不知道在哪一个寨的人手里面。到后面，我们马安的人抢到了，主席台就喊'马安马安'，把头炮判给了我们。"第二天，平坦的三个代表去交涉，花炮委员会召开有关负责人会议，大家认为，如果出线的时候，大家还在一起抢，就定不了给谁，抢炮的人拿到炮之后跑出界外3—5步才能算他得炮。这个规则原先已经定下的。平坦代表说："你们没有公布，没有形成文字。"最后，头炮还是判给马安。这些情况引起了人们对规则的重视，人们由此意识到规则有需要改进的地方——应该把规则定得清楚一些，并且形成文字，让参赛队员都知道这些规则。以前想不到，出现了问题就想到需要制定明确的规则。竞赛的实践使人们体会到，按规则办事，争论就会少一些，比赛规则要逐渐完善。因此可以说，侗乡抢花炮活动在潜移默化中提醒人们为活动制定游戏规则，培养着人们遵守规则、按规则办事的习惯。规则化正是现代性的重要特征之一，抢花炮的实践在培养这里的少数民族规则化的习惯方面起着特别有效的作用，这种习惯的养成对于山里人适应现代社会是很有助益的。

图 6-6　林溪的藤制炮圈，扎着防伪布条

对于少数民族运动会的抢花炮，大多数民间抢花炮组织者是知道一些的，但他们共同的态度是，"那跟我们的不一样的"，"我们有我们的历史，我们沿袭我们的历史来搞"①。

也许正是因为这种巨大的差异，民间抢花炮能够自行其是，没有抛弃它生存的精神土壤而变成"现代化"的抢花炮，仍继续传承着自己的精神文化，在这个过程中，村民自主地吸收一些现代体育的元素，使得抢花炮趋向规范化。桂北侗乡的抢花炮可以说是原生态的体育向正规化的体育转变的活标本，从各地的抢花炮可以看到在规范化的发展中处于不同阶段、不同水平的形态。例如，参加抢花炮从不需要报名到需要报名、从不限制人数

---

① 摘自对梅林罗正明的访谈，程阳和林溪的寨老也表达过同样的态度。

的报名到限制人数的报名、从每人不限报一个队到限报一个队等都可以在现实中找到相应的样本。富禄、梅林每队限报 10 人，但每人不限报名的队伍数，出现一些人拥有三个队、五个队的情况，这实际上是一种象征性的参赛人数控制，是限制人数规则的过渡形态。如上文马安的例子所反映的，在抢花炮活动的现实发展中，人们逐渐产生规则的意识以及对完善规则的要求，这对少数民族山区民众现代意识的觉醒是有一定作用的。

（五）角色转换：功能多样化

在现代文化的冲击下，传统有的消失，有的变异，有的新生——从较单一的文化功能，转向多样性的功能。一些信仰民俗在发展过程中，从神坛走向世俗、从原始宗教走向娱乐和商业表演。

在保持并强化贸易和娱乐功能的基础上，民间抢花炮由最初的一种兼具乡村贸易和娱乐的醮会或庙会活动，已经发展成村寨之间的"荣誉争夺战"和整合社区的一项体育活动，成为民间与政府沟通、民间精英获取社会资本以及社区交流和民间外交的机会。通过花炮节的举办和民族文化展示，为本地进行宣传，为本地带来名声，也为本地带来商机，花炮节成为一种可以转换的"象征资本"。近年来，花炮节由单纯的集资办炮，逐渐朝拉广告办炮发展，抢花炮由纯粹的消费转向具有生产和服务功能，集资也由单向的慈善式的施舍，逐渐加入经济利益的考量，显示市场经济对抢花炮活动的介入与互动进入更深的层次。

从历史来看，办炮的目的有促进商贸、热闹乡里和祈福禳灾等。程阳大寨老人说，民国十年（1921）左右，程阳发生虫灾、旱灾，有义士捐款建雷王庙，增加第六花炮（此炮后来因广东得炮者未还炮而自然消失）。现在人们办炮，除了不同程度地保留上述目的之外，突出地表现为侗乡民间力量利用花炮节的举办获取社会资本、强化自身的力量。侗乡是一个具有高度自组织根基的社区，其民间精英特别注重族群的认同与凝聚，抢花炮能满足这方面的需要，因而成为最具活力的传统节会。抢花炮被国家定义为少数民族体育运动后，更使其成为民间组织合法性开展活动的极好机会，组织该活动是安全系数最大、最无政治风险、又能得到各级各界支持的活动，因而民间精英对此项活动投入了最大的热情，梅林等地还表现出青年人主动接管而使活动的组织后继有人的现象。主办花炮节可以获得相应的荣誉、声望和他人的遵从，使普通的人际关系网络变为社会组织力量。民间精英们已经认识到，通过活动的举办可以放大自身的资源力量，获得更高的社会地位。

抢花炮活动使侗乡从封闭走向交往和互动，成为加强社区交流和侗乡对外交流的机会。2003年林溪的花炮节上，一道显眼的风景是有一支古宜街的秧歌队和文艺表演队参加花炮节的活动。林溪街的人自豪地告诉我们，古宜街文艺队是专门来为他们助兴、帮他们还炮的，是作为去年林溪街去他们那里活动的回访。在晚上的文艺演出中，林溪街用"哆耶"赞颂古宜街并表示感谢，双方表演了文艺节目，受到村民热烈的欢迎。2004年梅林二月二花炮节上，柳州龙城中学6位优秀教师受梅林中学王校长的邀请，带着该校团委、少先队员捐给梅林中学10位同学的1000元钱以及一些复习资料，到梅林中学实践"城乡联动，创新发展"、"送教学艺"活动。龙城中学的老师说："原本王校长是邀请我们去参加梅林有名的二月二花炮节的，我们则是想到梅林中学学习我们民族的侗家艺术。"在梅林中学，师生们给予龙城中学老师最隆重的欢迎仪式，让他们好生感动。准备参加花炮节表演的学校侗族大歌队专门为他们表演了侗族大歌和芦笙踩堂。"那歌词、那曲调是这样的好听，同学们表演完毕，我意犹未尽，走到后台找了叫吴婧荣、陈良丹、石桂花、罗留青四个初

360

二的孩子和教音乐的夏老师、石老师，让他们专门分声部再唱一遍给我听……"在座谈会上，两校老师对乡村教育的问题相互交换了看法。花炮节之后，龙城中学教师回到柳州，但梅林花炮节之行的余音在龙城中学久久回响。他们说梅林之行"对学校老师的师德师风教育也起到了潜移默化的作用，体验和提升了我们的人生价值观"。"淳朴的人民，优美的歌声，崎岖的山路，闭塞的山村，中国的教育事业任重而道远，每一个教育工作者都应从自身做起，从现在做起，努力工作多作一些贡献"①。这是一次非常成功的域乡互动交流，花炮节作为契机成就了两校的亲密联系和友好合作，双方都有很大的收获。

随着市场经济的发展，民间花炮节的组织者也意识到了花炮节的商业潜力，逐渐地从单纯地向政府机关和事业单位集资发展到联系商家的赞助。1999年林溪花炮节从桂兴饲料厂得到资助（运动服90件、现金1000元），从四川叙府酒厂得到赞助（6件叙府酒，每件12瓶，价值1440元）；2003年得到梧州三里牌电池厂赞助（4件电池、500元）。因为活动规模还不大、宣传力度也小，所以，目前乡村的花炮节还不易拉到广告。2004年县城古宜的花炮节商业气氛就很浓了，因为是县城，对商家的吸引力大得多，又因为是商会主办，组委会的领导成员都是当地的大老板，商业关系多、路子广，所以获得的商业赞助就大得多。据笔者统计，三月三现场的广告横幅一共有43条。长达一公里的游行队伍充满了商业宣传的广告牌，同时也有国家政策宣传的广告牌和民族文化宣传的广告牌。花炮节的游行，成为吸引10万双眼球的流动广告长廊，其价值正在被不断开发。而花炮节的媒体宣传，包括电视、报纸、广播、网络等，宣传的商业价值主要

---

① 彭先姣：《送教取艺——三江梅林记》（http：//old. doule. net/ 2004年3月2日）。

体现在旅游宣传方面，这是不需要付广告费的宣传，又是其他商业宣传的基础，有了花炮节的人气，其他方面的商业价值便能够得到提升。

总的来说，民间体育节庆具有许多可开发的价值，在文化上，它可活跃城乡人民的文化生活，推动群众文化发展；在经济上，它是有着很大潜在价值的资源，可以利用它带动旅游业和商业的发展。抢花炮在桂北侗乡正成为具有经济效应的民间狂欢节，与经济的结合使它获得新的发展机会。为传统节庆文化注入一些时代精神的内涵，利用民间娱乐狂欢活动弘扬传统文化，能达到发扬优良传统、增强民族凝聚力、社会和谐、国家稳定的目的。

三 传统功能与现代意义：促进族群建构及认同

（一）族群与族群认同的意义

"认同"最初是心理学使用的一个概念，通常指个体在社会生活中与某些人联系而与其他人区分的自我意识。弗洛伊德（Sigmund Freud）、艾里克森（Erik Erikson）、米德（George Mead）等心理学大家对此都有过理论贡献。社会学对认同的研究偏重于揭示个人与群体、群体与群体的归属问题，关注社会现象的一致特性（比如身份、地位、利益和归属）和人们对此的共识及其对社会关系的影响。[①] "认同"一词已成为当代民族政治紧张和压力的矛盾中最核心的词，使用范围日益扩大，包括社会认同、文化认同和民族认同等，它们分别指个人认为自己与所

---

① 王春光：《新生代农村流动人口的社会认同与城乡融合的关系》，载《社会学研究》2001 年第 3 期。

处的特定的社会地位、文化传统或民族群体的统一。① 一方面，认同有其本质的特征，是一种建立在彼此相同的认知及起源基础上的一些个体或群体分享属于彼此共有特性及理念的过程，凭借着这种基础，团结感及自然的亲近感和对认同目标的忠实得以建立；另一方面，认同又有主观性的一面，特定的历史、情境、文化和政治都可以促成认同的产生或引起原有认同的改变，由此出现了非本质主义视角的研究。持非本质主义视角的理论有建构论、情境论和工具论，以建构论最具代表性。人类学家本尼迪克特·安德森（Benedict Anderson）指出，国家、社群、民族等都是通过具体象征物（如旗帜、民族服装、仪式）等而想象出来的，因为即使是很小的族群，其成员之间也不可能全部相互认识，但在每个人的脑海中，却觉得与其他成员有亲密的关系。② 提出"族群边界"概念的弗雷德里克·巴斯（Fredrik Barth）也认为，行动者为了互动的目的，使用族群认同将自己和他人分类，在有组织的意义上，他们构成了一个族群。族群是一种"社会边界"，族群的维系正是取决于这一社会性边界的衍生、演变，并且这一边界还会增生出更多差异，而这些差异或区别族群的外在特征不过是族群认同和族群边界维系的结果。由此可见，认同的形成不仅仅限于自然的、生物意义上的原因，社会、文化、观念同样可以建构群体认同。③

从另一个角度来看，社会认同是通过社会时空和社会记忆得以建构、解构、重构和变化的。在不同的社会时空中，人们会有

① 周大鸣：《族群与族群关系》，学说连线（http://www.xslx.com/），发布时间：2002年10月31日。

② ［美］本尼迪克特·安德森著，吴叡人译：《想象的共同体：民族主义的起源与散布》，上海人民出版社2003年版。

③ 马爱丽：《虚拟社区网上、网下互动过程中认同的建构——网易羽版的实例研究》，中国社会科学院社会学所硕士论文，2004年。

不同的生命历程和行为特点，这会给他们留下不同的社会记忆。人们总是凭借这样的记忆（或经验）来确定自己的行为，建构自己对周围的认识。没有社会记忆，人们在互动过程中就找不到一致性，就缺乏行动的规则。也正是因为不同的社会记忆，影响着不同社会群体彼此的认同。社会记忆与社会时空之间存在着相互作用，社会记忆有可能重建社会时空，如吉登斯所谓的"经验的时间性"；同样，社会记忆会打下深刻的社会时空烙印，不同时代和生活在不同的社会空间的人们，会存在不同的社会记忆。①

"重复"是人类行为一个重要的特质，包括所说的话、所表达的意思、所感受的情感、所思考的想法。借着不断的重复，人类形成意义的体系，得以相互了解，产生相互沟通的基础；也借着不断的重复，人类的经验得以累积，并使之代代相传。因此，人类借着不断重复的仪式行为建构集体性的共识与社会性的记忆，并因此有了相互所属的认同与归属。周期性的仪式活动具有这种重复的功能，抢花炮就是这样透过仪式的书写历程，使地方的文化重复不断地书写着、传承着，也在其中建构着集体意识与社会记忆，建构着人们的认同与归属。

"族群"（ethnic group）概念 20 世纪 30 年代开始使用，被用来描述两个群体文化接触的结果。② 有关族群的概念有多种，马克斯·韦伯在《族群》中说："如果那些人类的群体对他们共同的世系抱有一种主观的信念，或者是因为体质类型、文化的相似，或者是因为对殖民和移民的历史有共同的记忆，而这种信念对于非亲属社区关系的延续是至关重要的，那么，这种群体就被

---

① 王春光：《新生代农村流动人口的社会认同与城乡融合的关系》，载《社会学研究》2001 年第 3 期。

② 周大鸣：《族群与族群关系》，学说连线（http：//www.xslx.com），发布时间：2002 年 10 月 31 日。

称为族群。"① 早期的定义基本上是从群体内部的共同特征出发，强调语言、种族和文化的特征。巴斯及其以后的许多研究使人们认识到族群是一种社会建构物，其共同体内部成员坚信他们共享的历史、文化或族源，而这种共享的载体是他们拥有的共同的记忆。有学者认为："民族（族群）认同是社会成员对自己民族群体归属的认知和感情依附。"② 郝时远先生认为："一个族群的自我认同是多要素的，即往往同时包括民族归属感、语言同一、宗教信仰一致和习俗相同等。"③ 概括地说，族群是人们在交往互动和参照对比过程中自认为和被认为具有共同起源或世系，从而具有某些共同文化特征的人群范畴。④ 族群认同是人们在长期的临界互动后产生的对内对外的心理认同意识，是族群互动的体现，⑤ 它有利于增强族群共同体的向心力、凝聚力。

目前在我国学术界，常常使用"族群"替代过去习惯所用的"民族"。国家民委的英译名由原来的 The State Nationality Affairs Commission 改成 The State Ethnic Affairs Commission；《民族团结》杂志的英译名也由原来的 Nationalities Unity 改为现在的 Ethnic Unity。而且，在外事场合，凡指涉少数民族的地方，原来的 nationality 改成了 ethnic groups。之所以作这样的改动，是因为在国际法律用语中，nationality 与 nation 一样具有表示国籍的"主权意义"，这显然不符合我国少数民族作为中华民族

---

① 乔健：《族群关系与文化咨询》，载周星、王铭铭主编《社会文化人类学讲演集》，天津人民出版社 1997 年版，第 482 页。

② 王希恩：《民族认同与民族意识》，载《民族研究》1995 年第 6 期。

③ 郝时远：《对西方学界有关族群释义的辨析》，载《广西民族学院学报》（哲学社会科学版）2002 年第 4 期。

④ 潘蛟：《勃罗姆列伊的民族分类及其关联的问题》，载《民族研究》1995 年第 3 期。

⑤ 纳日碧力戈《现代背景下的族群建构》，云南人民出版社 2000 年版，第 190 页。

一分子的现实，在政治外交和学术交往中往往引起歧义。但是，作为民族—国家（nation）的中华民族，其中至少包含着56个民族，而如果按照族群即英文的 ethilic groups 划分，可能比这个数量要多。[①] 但由于族群作为文化—心理认同的共同体，更适合学术研究，因此在社会文化人类学界常使用"族群"这个概念，或者与"民族"概念结合使用。族群（ethnic group）的本质是认同，且不排斥多种认同，与统摄诸族的现代国家并不矛盾。族群具有很大的可变性，常随情势的变化而发生认同上的变化。这对于多族群整合发展成一个国家民族预留了理论空间，也具有实践的价值。[②] 由于"民族"一词的歧义主要是在翻译上，中文使用这一名词并无问题，因此本书不对两个概念作严格的区别而采纳马戎先生的观点[③]，一般仍按习惯用"民族"概念，但为了学术对话的方便有时使用"族群"概念。

对于族群与国家的关系，费孝通先生提出了著名的中华民族多元一体格局理论。中华民族是一体，所包含的50多个民族单位是多元。这一格局的形成"是由许许多多分散孤立存在的民族单位，经过接触、混杂、联结和融合，同时也有分裂和消亡，形成一个你来我去、我来你去，我中有你、你中有我，而又各具个性的多元统一体"[④]。费孝通先生的理论是对中国

---

① "由于民族一词进入中国后赋予了新的内容，无西文的适合词汇相对应，有人建议用汉语拼音 'Minzu'。斯蒂文·郝瑞也认为民族无法转译，在英文中索性保留中文音译 'Minzu'。笔者认为这是一个好的建议，可用 'Minzu' 表示法定的56个民族，而族群作为一个学术的词汇，可以涵盖民族和次级群体，如藏族中的康巴、安多人，汉族中的客家、广府人等。"参见周大鸣《族群与族群关系》，学说连线（http://www.xslx.com），发布时间：2002年10月31日。

② 参见陆煜《中国族群理论的先河——评〈现代背景下的族群建构〉》，世纪中国（http://www.cc.org.cn），发布时间：2001年1月2日。

③ 参见马戎《民族与社会发展》，民族出版社2001年版，第1—28页。

④ 费孝通：《中华民族多元一体格局》，载《北京大学学报》1989年第4期。

各民族交往和融和过程的概括和总结，勾画了中华民族形成与发展历史的基本轨迹，对理解中国各民族的历史和民族关系史以重要的启发，[①] 也是理解全球化背景下当代民族和族群关系的一把钥匙。

文化是民族存在的基础，也是民族认同存在的根基。不同的群体在不同的物质环境中创造了不同的文化内容，而不同群体的人们也正是从这些文化的不同中感悟自我，认识自己的民族归属的。这种以本族群文化为核心的"族群意识"是族群构成的基本要素，族群心理在"他族观点与本族观点推动下的内部认同中，具有持久稳定的能动作用"[②]，这一特点使得族群认同比其他认同有着更为持久的聚合力，其强大的聚合力使族群认同成为一种重要的"政治资源"。它是一把双刃剑，进步的力量利用它，可以促进民族繁荣、社会稳定、国家发展和世界和平；邪恶势力利用它，又可以制造分裂、破坏团结、危及国家安全和国际局势稳定。因此，应正视民族认同的影响，因势利导，学会和掌握这一"政治资源"的正确利用。[③]

民族国家要整合不同的社会力量，就需要有一个共同的社会记忆。在保罗·康纳顿（Pual Connerton）看来，有关过去的形象和有关过去的回忆性知识，是在（或多或少是仪式的）操演中传送和保持的。他认为，如果说有什么社会记忆的话，我们可能会在纪念仪式上找到它。[④] 随着社会情境的变迁，关于传统文化的社会记忆不再是与现代性话语相对立的文化现象，而是尽可

---

① 马戎：《民族与社会发展》，民族出版社 2001 年版，第 79—80 页。

② 纳日碧力戈《现代背景下的族群建构》，云南人民出版社 2000 年版，第 3—4 页。

③ 王希恩：《谈民族认同》，载《学习时报》第 164 期。

④ 保罗·康纳顿著，纳日碧力戈译：《社会如何记忆》，上海人民出版社 2000 年版，第 4—5 页。

能地包容一切可以凝聚民族振兴的现代化诉求的力量。随着经济与文化生活形式的日益全球化，社会与国家之间呈现明显分离的趋势，改变着我们以往对社会的既存印象。全球性的文化没有社会记忆，也没有历史认同感。而地方性、社区性乃至国家和族群的文化都是特殊的、具有历史感、具有共同体的认同情感，能够引发民众共同的价值与记忆，产生共同的时代命运感。因此，不难理解，在全球化的今天，民族国家面临着内外两者的夹击，一方面是族群与区域的差异日益凸显，另一方面则是全球性的政治、经济、文化的交流与互动，日益打破民族国家固有的文化疆界。正是在这样一种全球化的背景中，民族国家动员全社会的力量，实现在民族共同体名义下的现代化建设，民间的传统象征符号因为其拥有最广泛的民众基础，获得了来自民间与官方的普遍认同。人类学者认为："民族主义运动是一个民族符号动员、社会记忆与民间信仰同时作用的过程，民族符号动员要借助于启动社会记忆，而社会记忆中又有相当比重的民间信仰。"① 民族是一种以"文化亲近性"为根基，以"集体记忆"与"结构性健忘"为工具，来凝聚及调整人群，以适应现实资源之争的人类社会结群现象。②

钟敬文先生从西部大开发的角度谈到民族之间的文化认同的意义。他说："西部开发要涉及几十个民族，没有文化的沟通与认同，就会影响整个西部大开发的进程。""所谓文化认同，就是各民族间文化的相互理解与沟通，彼此依赖与尊重。""人们在关照异文化的过程中，之所以多有不解，原因在于人们对其传统观念的生疏，解读一个民族，应该首先从文化开始，只有文化

---

① 纳日碧力戈：《现代背景下的族群建构》，云南人民出版社 2000 年版，第 240 页。

② 王明珂：《过去、集体记忆与族群认同：台湾的族群经验》，转引自王亚鹏《少数民族认同研究的现状》，载《心理科学》2002 年第 1 期。

上认同，才会有情感上的认同，才会有民族的团结和社会的安定，现代化建设才有保障。"这是应该引起我们重视的。

生活在桂北山区的侗族，生活方式的许多方面已经与汉族无异，但却维系并传承着族群认同感，这种认同感建立在语言、民俗仪式活动等载体之上。族群历史记忆的强化、族群间的互动、现代化的变迁、国家政策的鼓励等因素无不影响着族群认同的形成与发展。抢花炮作为一种跨村寨的多民族参与的民间体育活动，既强化了族群认同，又加强了族际之间的理解与沟通。

（二）形成集体记忆，建构族群认同和国家认同

民俗学家刘魁立先生说："每一种文化都有其符号体系，有时候符号的意义比内容还重要。文化归属感的确定，光凭一些民族节日是不可能的，但连这些传统节日也没有，那就更谈不到了。"[1] 记忆有赖于符号，个人记忆和集体记忆皆如此。集体记忆是集体认同的前提。一个群体区别于另一个群体的特征大都是在历史中形成的，这些特征通过诸多符号保留在人们的记忆中，这些特征构成一个群体集体认同的基础。[2] 如果这种符号成为一种周期性展演的仪式，无疑，它将不断地强化人们的集体记忆。仪式流传至今，是因为它现实的意义，也正是由于现实意义的考虑，仪式的周期性展演并非一成不变的复制，其形式和内容都在随时代不断地变化，甚至其民族"身份"也会有所改变，使其服务于现实的需要。只要人们在互动中保持族群认同，就会产生辨认该族群成员的标准和标志族界的方法，[3] 通常那些能反映其

---

① 《专家称对传统节日的文化认同将推动国家认同》，载《新京报》2005 年 4 月 3 日。

② 李强：《符号、集体记忆与民族认同》，文章来源：中评网（www.china-review.com）。

③ 庄孔韶主编：《人类学通论》，山西教育出版社 2002 年版，第 352 页。

世系和起源并能区分异己的文化传统与历史会被挑出来作为族群的标志或象征符号。法国人类学家布迪厄的实践理论指出："既然文化是人类创造的,那它就要体现一种主动性,体现一种自主人的意志。在文化内涵里经常有自我矛盾、牵强附会的因素,可供人们自主地去进行选择,以便于谋取经济的、声望的或者感情的利益。与其说是文化在控制人、奴役人,倒不如说人在利用文化和顺应文化。"① 侗乡的抢花炮,经国家"征用"并贴上"侗族传统体育项目"和"东方橄榄球"的标签之后,侗乡民间的组织者也积极回应,有意识地强化抢花炮的侗民族特点,如古宜和富禄花炮的组委会成员开始在花炮节期间穿上侗族服装并且组织大型的民族文艺游行和表演;林溪的花炮筹委会成员对花炮起源与五省馆的关系形成"结构性健忘"②;梅林的花炮组委会积极挖掘民族传统节目,并在花炮节上展示。侗乡民间与国家形成共谋,推动抢花炮的民族标签化。国家把抢花炮推进少数民族运动会,以此作为民族团结的象征符号;民间利用这一符号的建构强化族群认同,同时以民族特征的强化来维持和扩展该活动的生存空间。从人们对抢花炮来历的"结构性健忘"和少数民族运动会确定抢花炮为侗族传统体育项目之后人们对花炮节民族特色的自觉强化可以看出,抢花炮已作为族群认同的象征符号,刺激和唤醒侗乡人的自我认同意识。

纳日碧力戈认为,族群认同产生于传统和表达,它涉及神话、宗教、信仰、仪式、民间历史、民间文学和艺术。正是这些

① 转引自纳日碧力戈《现代背景下的族群建构》,云南教育出版社 2000 年版,第 27 页。
② 在《三江侗族自治县县志·民族志》(中央民族出版社 1992 年版)的第四章"习俗"中花炮节归入汉族节日,并记载林溪是祭祀关公,程阳祭祀飞山、关公。《努志潭——三江村寨传说》也记载林溪花炮的起源与五省馆的成立有关,是五省商人与当地寨老各族头人共同发起。但现在,关于抢花炮与汉族的关系已从官方和民间的抢花炮宣传中消失,现在很多人已经不知道花炮与五省馆的关系。

文化表达和族群认同的符号形式，为族群关系赋予了意义。①
抢花炮作为一种民间文化符号，既是族群记忆表述的载体，也
是族群记忆传承的载体。在桂北侗乡，抢花炮和人群姓氏、信
仰崇拜、生活习俗等等一起使人们获得并延续其认同感。在程
阳的访谈中（访谈对象参见表6－1），问到开放性的问题"什
么使你想到自己是侗族"的时候，得到的回答除了"说侗
话"、"侗衣"、"侗戏"、"芦笙"、"送新娘"之外，还有一些
人回答"抢花炮"（占访谈人数的20%）；而在要求"列举三
项使全寨团结一心、齐心协力的活动"的时候，列举的活动有
抢花炮、赛芦笙、建鼓楼、架桥、修路，其中100%的回答都
包括"抢花炮"；在回答"村寨的民间集体活动（仪式）有哪
些"时，回答中也100%包括"抢花炮"！桂北侗乡的抢花炮
具有求子祈福以及为村寨争夺"名声"的观念基础以及以老人
协会作为依托的组织基础，这种结合，保证了基本结构的稳
定，并能够超越时代，自我复制。通过一次又一次操演，族群
形成社会记忆，而族群只要有社会记忆，其精神基础的深层就
会有一种社会认同，即在"我们自己的历史"基础之上的族群
认同。这种社会认同对于维系族群凝聚力有重要作用。侗乡人
对抢花炮的利用也反映出，随着旅游业在少数民族地区的逐步
发展，当地人试图通过具有民族历史价值的人文旅游景观的再
现和重组来展示自身的文化智慧和创造力，重新唤起本民族成
员的历史记忆并增强族群的内聚力和自豪感。这种再现和重组
也使得主流文化群体（如前来观光的汉族）在民族旅游中获得
对少数民族文化的认识和肯定。在这一过程中，旅游推动着少
数民族地区传统文化的复兴和该地区民族身份、民族精神的再

①　纳日碧力戈：《现代背景下的族群建构》，云南教育出版社2000年版，第
65页。

建构，使少数民族地区在旅游大潮中重新塑造自我形象和强化族群认同。

抢花炮这项民间仪式性体育活动不仅表现了族群认同的作用，同时也在潜移默化中起到国家认同的作用。在林溪的调查中，村民说游炮有三个庙是必须经过的，即使现在庙已废也要经过那个地方。这三个庙是飞山庙、神婆庙和盘古庙。他们说："神婆庙敬的我们这里的祖先，盘古庙就是敬盘古开天地的盘古了，那是我们中华民族的。"① 在2003年林溪花炮节上，美俗村的游炮队伍特别显眼——村民制作了一个很大的神舟五号模型（参见图5-6）扛在游炮队伍中。笔者问花炮筹委会里的美俗老人他们是如何想到制作这样一个模型的，老人回答："花炮虽然是古老的，但现在是新时代，新时代国家的新鲜事我们也要庆祝一下。"侗乡的民间精英十分明白，侗乡的发展依托着国家的支持，民族的命运与国家的命运是紧紧相连的。另外，花炮节的经费全靠从政府部门"赖"来，安全问题也依靠政府的支持，他们说，没有政府的支持，是不可能体面地举办这项活动的。因此，在抢花炮活动和其他活动中，这些民间精英总是有意识地宣传和传递一种国家认同。例如，葛亮花炮的天后宫门口原有的对联是："闽粤湘黔桂一家，汉满蒙回藏五族"；富禄的五省会馆（相当于花炮的庙）门口的对联是"建设农村，复兴中国"，这显然分别是孙中山"五族共和"和民国时期"乡村建设运动"影响的结果。2004年葛亮举办花炮节的时候，主办者把天后宫的对联改成"闽粤湘桂黔一家，汉壮苗瑶侗五族"，大家都说改得好。这样的改动，由于更贴近侗乡的实际，因而所起的族群认同和国家认同作用更加明显。程阳抢花炮活

---

① 根据亮寨百家宴上的访谈整理。时间：2003年11月21日。

动的主席台两侧的对联为"鼓舞八方人民喜地方艺术风格乐得新绣篇章；实践三个代表看民族传统文化欣获发扬光大"（参见图 6－6）；林溪花炮节松门的对联为"万炮争鸣振兴林溪经济三大跨越创腾飞，百花争艳迎来侗乡人民两个文明齐并举"，表达了对中央政策的认同与支持；林溪新寨桥建桥仪式上，寨老（花炮筹委）们带领全寨去庆贺时，扛去的牌匾有"政通人和"、"国泰民安"、"风调雨顺"（参见附录2），表达了村民的国家认同和对未来的期望。由此我们可以认为，仪式性的斗花炮活动，通过仪式过程，不仅建构着地方族群的认同，同时也建构着人们的国家认同。

图 6－6　程阳八寨花炮活动主席台　李志清摄

对联：鼓舞八方人民喜地方艺术风格乐得新绣篇章

实践三个代表看民族传统文化欣获发扬光大

安德森认为，民族国家是一种想象的道德群体。"社会仪式、历史文献乃至自然景观，似乎以'共谋'的方式来加入想象、创造和记忆国民国家的过程，努力把民族国家的客观现实和

373

悠久的历史联系起来，……"① 这种文化认同感与国家为公民提供的政治认同感一起，形成公民的民族身份和国民意识，一个民族的文化危机所带来的不仅仅是民族认同感的危机，还有可能导致民族国家的危机与分裂。例如，台湾居民的妈祖信仰及其相应的到福建湄洲"进香"、"割火"等寻根活动强烈地维系着台湾人的"中国意识"，而宣扬"去中国化"的人却认为需要采取"改善这一现象的必要措施"②。

（三）创造公平与公正的竞争，维护村寨间的和谐

在与外群体的争斗或竞争中往往能明显地加强本群体的认同与凝聚力，这是一个普遍的社会心理现象。但是，竞争的形式多种多样，群体的边界也会视不同的情境而不同，因此，竞争往往也会造成族群内部和族群之间的矛盾与冲突。

侗人的荣誉感非常强。侗族村民平时喜欢在鼓楼聊天娱乐，在这种"熟人社会"网络编织而成的互动频繁的生活圈子中，人们的价值和行为具有浓厚的情感色彩，这种人际生活方式容易形成"比"的心态，人们由此也特别注重名声。相互比试的心态有时候产生正面的作用，如三江鼓楼传说中兄妹三人因为互相比试，分别造出了鼓楼、织出了最美的侗锦和编出了精湛的竹器。③ 有时候，这种荣誉感和比的心态也会发展到歪道上去，导致一些荒唐的行为。在调查中，笔者从好几位老人那里听到一个类似"夸富宴"的故事，这是村寨历史上发生过的一个真实故事：M村两个寨子为争夺鱼梁（打鱼地点）产生矛盾，两姓宗族的头人为了比谁更有能耐，约定三年不种田，全寨土地撂荒。

---

①　纳日碧力戈：《现代背景下的族群建构》，云南人民出版社 2000 年版，第190 页。

②　杨惠南：《台湾民间宗教的中国意识》（www.taiwanesevoice.net）。

③　石开忠：《侗族鼓楼》，华夏文化艺术出版社 2001 年版，第 41—42 页。

结果，W 姓宗族米尽粮绝，用洗米碓中的米糠充饥；L 姓宗族全寨也只剩下三排禾晾的禾把——为了争一口气，弄得两败俱伤。

此外，我国许多地方都有村寨间争名誉和争夺神灵眷顾的事例。例如，《变迁中的国家与社会》一文提到：

> 屏风村过去的传统认为：谁烧"头香"，即每年的第一炷香，谁就能最受神灵的眷顾，因此抢"头香"成为各单位关系最紧张的时刻。许姓和潘姓同属于屏风顶月亮庙。潘姓离屏风顶较近，因此理所当然认为头香属于自己。长期不甚服气的许姓龙灯有一年悄悄从另一边上山，抢得头香。潘姓大为恼火，于是借口许姓上山时踏了潘姓的土地而没到土地庙敬神，搞坏了潘姓的风水，在许姓游灯队伍回村的路上进行伏击，械斗一场。许姓被打伤一名教师，后不治而亡。许姓回村后召集全村男女老少前往潘家冲兴师问罪，后来被乡政府劝解。[1]

本书第二章和第三章已论述，在侗乡，花炮寓意着吉祥，抢得花炮意味着获得神的眷顾。此外，抢花炮是一项集体活动，关系到集体的荣誉，所以大家很重视它。在程阳八寨抢炮的次日，上届炮主会组织一个队伍，到该炮新主的寨子举行一个隆重的送炮仪式，得到花炮的寨子会十分光彩，来年抢花炮还有机会游炮展示自己。"个个都想要那个炮。为寨子争荣誉。如果上届没有抢得花炮，本届就没有机会游炮"，"八个寨只有五个炮，你不抢肯定没有了。大家为了寨子的荣誉，都用力去抢，为村寨争个炮"。"抢不过别人，就没办法"。

---

① 朱炳祥、夏循祥：《变迁中的国家与社会》，载《广西民族学院学报》（哲学社会科学版）2003 年第 6 期。

林溪乡科教文卫助理①说："每次抢花炮，寨里都要让大家自由报名，有谁报名要炮，寨子就组织去抢。要炮的心理，一是为了热闹，二是为了村寨的名誉，三是为了得子孙。得了炮以后，全寨到鼓楼喝一餐。抢炮的时候好冷的，现在河水浅了，以前河水很深的，但是如果花炮落在河里，也有人潜入水中去摸、去抢的，那个场面好热闹的。""我们有人去抢，不怕苦、不怕死，为寨子争光。"2004年1月28日我们在程阳看抢花炮，头一天游菩萨还下大雪的，但是抢花炮的时候，很多人都不怕冷，下到溪流中去抢。问到游炮的过程中村寨与村寨之间有没有一种炫耀和攀比的时候，这位乡干部说："得炮和没得炮的村寨不同，上届得炮的村寨才进行游炮，游炮的村寨都想方设法在服装、所抬的贡品的摆设、芦笙队等等方面搞得有特色点儿；来体现村寨的兴旺发达。准备游炮的，要求统一服装。前天是下雨，如果天晴，脚上都是穿自己做的绣花布鞋，从头到脚的打扮都是自制的民族服饰。"问到同样问题的时候，花炮筹委会的老郑②说："这种情况有的。比如你寨子有粉枪队，我又增加一项，显示我们比你们行，比如增加个芦笙队进去，我的粉枪队人数比你多，我的银花比你多，我比你兴旺发达。大家都喜欢显示这种。"

　　在马安寨庆贺抢得第一炮的百家宴上，青年们表示参加抢花炮是"为了整个村子的荣誉去比的嘛。我们村子一定要在这里显得很有威风，很有骨气，很团结的样子"；"为了表现我们很强很有力量"；"怕什么冷啊，不怕冷。如果抢到这个头炮，全家就要发财，全寨发财"；"抢到第一炮的话，就很有男子汉气概。你想想，八个寨有多少年轻人？抢到那个炮很不容易的"；

---

　　①　男，46岁，侗族；访谈时间：2003年11月21日。
　　②　男，66岁，侗族；访谈时间：2003年11月21日。

"抢得花炮是全村的荣耀啊。程阳有八个寨……"（参见附录4）。由此可见，抢炮中的人数、拼抢能力和游炮中"我的花样比你多"、"我的人数比你多"，"我的芦笙比你响"等等都是村寨力量的显示，也显示一个村寨的凝聚力。抢花炮队伍的组织以及游炮队伍的组织和游炮过程的展示对团结人心、凝聚人心具有很好的作用。抢花炮具有聚合村民形成集体认同的效果，而透过这种认同的效果，炫耀和显示了村寨的实力，提高了声望。村寨间对名声的竞争、对神灵眷顾的争夺被引导到一项体育活动之中，大家遵守一套约定的规则，承认"抢不过别人就没办法"这种体育比赛的惯例，对村寨间的和谐以及族群内部的团结、和谐是极有意义的。

（四）构筑公共空间，实现社区整合

社区（community）是存在于具有一定边界的地域中的、其成员有着各种稳定的社会和心理联系的人类生活共同体。德国社会学家腾尼斯在1887年出版的《共同体与社会》一书中首先提出社区概念；[1] 20世纪30年代，吴文藻先生和费孝通先生等人把社区理论引入中国，并创立"社区"这个新词。[2] 吴文藻先生提出从"社区"着眼来观察社会，了解社会，指出"社区"最显著的场域特征是地域性，单位可大可小，小之如邻里、村落、市镇，大之如都会、国家、世界，这一切统统可称为社区。[3] 社区整合是指社区诸要素相互协调成为一个整体并有效发挥社区功

---

① 腾尼斯著，林荣远译：《共同体与社会——纯粹社会学的基本概念》，商务印书馆1999年版。

② 据费孝通先生回忆，在1933年帕克访华之前，我国学界把"Community"和"Society"都翻译成"社会"，由于帕克的影响，特别是由于他的"Community is not society"这句话的逼迫，才创立"社区"一词，从而突出了具体的地域特征。参见费孝通《略谈中国社会学》，载《社会学研究》1994年第1期。

③ 吴文藻：《吴文藻人类学研究文集》，民族出版社1990年版。

能的过程和状态。社区整合的发生包括物质、人力资源和意识三个层面，社区共同体意识的形成是其中的关键。从增强社区意识的角度来看，社区整合就是增强社区的社会团结。

上海体育学院的胡爱本教授认为："体育实际上就是游戏规则制度化的一种娱乐形式。因为你要是不按照这个规则，就不能参加这个活动，比方说，篮球是每方出五个人比赛的，如果说中国人个矮，我就要上六个人，这就不符合制度规则，这个是不行的，那怎么办呢，不参加。……游戏规则制度化，肯定要有社交，因为你一个人不能定制度，不能定规则啊。"① 游戏规则制度化的活动即社会成员按某种约定的规则进行活动。民间每届举办抢花炮活动，都会对活动的规则进行讨论和修改。例如，程阳八寨抢花炮的筹委会中八寨都有代表，比赛规则是大家一起讨论决定的，抢炮活动中出现规则上的纠纷也是由各寨的筹委会代表商讨仲裁。这种在村落社区的体育活动中共同制定规则所要求的交往也是一种促进社区整合的形式。

公共空间的形成是仪式性民间体育在社区整合方面发挥作用的重要途径。公共空间是人际社会交往的场所，是交往行为实现的载体。人们在交往中形成集体意识，通过这种集体意识而达成社会团结。"集体意识"是涂尔干理论的一个核心概念，他认为，集体观念是通过社会化过程植根在个人意识中的。一个社会的秩序维持取决于该社会的团结，而社会团结的维持则必须仰仗于这种集体意识。在任何社会中，其成员的集体意识是由该社会的聚合形式决定的，但集体意识本身则是通过各种象征仪式来维持和强化的。② 德拉克利夫·布朗在《原始社会的结构与功能》中引

---

① 摘自 2005 年 6 月 13 日对上海体育学院胡爱本教授的访谈记录。

② 参见德拉克利夫·布朗《原始社会的结构与功能》译者序（作者潘蛟），中央民族大学出版社 2001 年版。

荀子的论述后说，该古代哲学学派的观点认为"仪式使人的情感和情绪得以规范的表达，从而维持着这些情感的活力和活动。反过来，也正是这些情感对人的行为加以控制和影响，使正常的社会生活得以存在和维持"。并说："我希望大家重视这一理论。它不仅适用于像古代中国这样的社会，也适用于所有的人类社会。"①前面几章的论述已经表明，抢花炮在侗乡超越了体育和娱乐活动层面，具有更广泛的社会意义和价值。与抢花炮相连的祭祀活动和抢炮、还炮和送炮仪式是一种社区整合的体现，村落通过这些活动得以整合。在现代社会，提供人们所需要的大规模文化与社会整合的是传媒，② 即使在今天的桂北侗乡，人际交往的信息流通仍是主要的大众传播形式（参见附件 6－3，附件 6－4），跨村寨的抢花炮活动是侗乡最大的周期性人际交往时空，至今仍然发挥着文化传承和社会整合的作用。

花炮节人员交流往来特别多，人们通过这种机会获得信息、传递信息，因而花炮节是重要的信息交换时空场域。乡民热衷于参加花炮节，也有这方面的原因。人们需要共享某种信息、需要获得本群体认知的共鸣，这就是为什么在电视普及率已经达到90％以上的山村，人们的信息或者对事物的认识第一位的来源还是社会交往，这也是抢花炮这个当地唯一的跨村落的集体仪式活动的意义之一。

【附件 6－3】赵军和访谈片断：关于村民的信息渠道

（访谈时间：2003 年 11 月 22 日；地点：林溪花炮筹委会临时办公室；受访者赵军和（以下简称 Z），林溪花炮筹委会副主

① 德拉克利夫·布朗：《原始社会的结构与功能》，中央民族大学出版社 2001 年版，第 179—180 页。

② 庄孔韶：《人类学通论》，山西教育出版社 2002 年版，第 591 页。

任，48岁，汉族，但其奶奶是苗族，妻子是侗族，孩子随母为侗族）

Z：我们这里的人对外面的人很友好的，但你要尊重他。你不尊重他，乱来的话，他很野蛮的。但他是最讲道理的。如果你来欺负他，要他怎么怎么样，他也是蛮野蛮的。一般是不野蛮的，你讲道理，他比你还要讲道理的。虽然文化不高，但他各方面也懂，政策、法律他也懂的。

L：如何懂得这些东西的呢？

Z：看电视、看书呀！还有他们自己看到的真人真事呀。比如说亲戚呀、外面听说的呀，从这些方面懂的。

L：最主要的渠道是什么？

Z：看外面。

L：怎样看外面？

Z：比如说：看外面人是怎样触犯法律的，受到什么样的惩罚。这样理解和认识的。

L：你刚才说一些人知道法律、政策、国家大事是通过互相交流，人际交流是获得信息的第一来源。看电视不是第一来源？

Z：电视也看，但是真人真事的也有、宣传方面也有、自己体会也有的，各方面都有。

L：影响最大的是哪一种？

Z：来自于社会，互相传播的。

L：第二呢？

Z：看电视，政府宣传。

L：政府宣传还是看电视排在前？

Z：政府经常宣传。比如说乡里的干部去你们村、县里派来了工作队召开群众会议以后，你小组的队长要到你们组去宣传这个政策、法律。

L：这是起第二作用的，第三是电视？

380

Z：对了。花炮节许多人走亲戚、看朋友，就了解外面的事情了呀！这就不容易闭塞，通过这个活动可以了解外面的世界，知道很多的事情。

【附件6-4】关于获得信息的渠道的问卷调查结果①

问：你通常从那些渠道获得知识和技能？第一_____；第二_____；第三_____。（可供选择项：（1）电视广播；（2）报刊书籍；（3）宣传材料；（4）学校；（5）各种培训班；（6）人际交往；（7）其他）

回答中选择"人际交往"的情况（％）

第一选择	第二选择	第三选择	累积
40	31.6	15.8	87.4

从事三农问题研究的著名青年学者仝志辉说："我调查过的村庄，建村历史最短的都有一百多年的历史，历史最长的则有一千多年。当我同村民询问村庄历史上发生过哪些事件，并不是每个村庄都能给我满意的答案。久而久之，我发现，那些对历史记忆清晰的村庄往往村庄的内聚力也强，村庄公共舆论发达，而那些对历史淡忘的村庄内聚力不强，村中各色人等自行其是，缺乏公共的行为评价标准。"②通过在桂北几个侗族村寨的调查，笔者深深感受到侗寨的公共舆论和凝聚力都相当强，这与侗乡"公益事业"③比较多是互为依托和相互强化的关系。

侗族是一个群体性很强的民族，侗乡人十分重视公益性事

---

① 调查对象同表6-1。
② 仝志辉：《社区记忆》，三农中国网，2004年6月17日。
③ 侗乡人把修路、架桥、办花炮等有利于大家的公共活动称为公益事业。

业。鼓楼、风雨桥、凉亭、水井、石板路是侗寨的特征性标志物，它们是为寨子的公众日常生活服务的，所以，侗家称它们为公益事业。在侗族民间音乐舞蹈中，有不少是群体性的。如哆耶、芦笙舞、侗族大歌、集体琵琶歌（亦有独唱琵琶歌）、祭祀音乐舞蹈等。哆耶是一唱众和、边唱边舞的集体歌舞形式，人数可多可少，少则几人，多则百余人甚至数百人。当每一喜庆活动进行哆耶时，主人、客人、或围观群众都可以加进围着的圆圈，相互搭着肩膀或手拉手，随着一唱众和的节奏，跟着跳那并不复杂的动作。仪式性的抢花炮活动提供了个人与群体、群体与群体间进一步表达、交往的公共空间，强化了少数民族社区的集体意识和团结精神。侗族社会自古有着守望相助的特点和传统，林溪乡农林水助理杨善兆说："我们侗族民间有这种情况，办花炮节的时候，我们'四村街'，如果哪个村不参加，就会遭议论，老人协会就会说，你们有什么了不起？大家的活动你们不参加，以后你们有什么事情大家也不帮你们。""一般大型民间活动都捐款捐物，不需要动员，大家主动去寨老那里问搞不搞乐捐，自觉地捐款捐物。除了花炮，竖鼓楼、架桥、修井都是这样自发捐款的。"[①] 如前所述，抢花炮是一项集体活动，关系到集体的荣誉，大家非常重视，在为村寨荣誉而谋划、拼抢的过程中，青年人体验到团结的力量——"你没有组织性的话，东进去一个，西进去一个，你做得成什么？那么多人抢炮，一个人怎么抢得"？"因为我们团结，所以抢到炮的可能性就很大"（参见附录4）。人们说抢得花炮的村寨就能获得神灵的保佑，人财两旺，这虽是迷信的传说，但就该活动的特点，从社会学的意义上分析，这种"村寨兴旺"的结果也不无道理。因为抢花炮不仅拼体力、比耐力，更是赛智慧、比灵敏、比团结协作，获胜的队体力和智力超

---

① 根据笔者 2003 年 11 月 21 日的访谈整理。

群、村寨富有凝聚力、富有团结协作精神，这样的村寨当然会兴旺发达。

抢花炮为侗乡创造了一个公共话题，一个把所有人都席卷进去的话题。由于抢花炮的体育竞技特点，除了参加抢花炮的人，全村寨的人都被卷入其中，人们关心抢花炮的结果，希望自己寨子能够抢得，悬着的心随着抢花炮人团的涌动和一拨拨的拼抢高潮经历着紧张和刺激。抢花炮使人们共有一个关心的主题和议论的话题，由于该活动的信仰内涵，抢花炮结束之后，对炮主的庆贺活动往往持续一周以上。例如，2004年梅林二月二的花炮得主石老金家里从得炮当天（农历二月初二）至二月初八不断有人去庆贺、吹芦笙、对歌。关于抢花炮的话题则持续更长的时间，因为花炮得主的任何幸运和好事情人们都会将它附会为花炮的灵验故事并津津乐道（当然，花炮得主也有可能会碰上意想不到的灾祸，对此，民间也有自己的智慧予以化解。例如本书第二章所述的"涧炮"）；与之相关的活动如自制民族服装（包括织布、染布、绣花、制作绣花挎包、绣花布鞋等）、排练侗族大歌、练习吹芦笙几乎持续整个农闲季节，[1] 因此，抢花炮活动的影响范围和影响持续的时间，在侗乡是其他活动无法相比的，它是最广泛地调动侗乡社会力量的民间活动。

花炮筹委会是跨村寨的民间组织（其组织渊源和组织状况见本书第四章），通过举办这一跨村寨的仪式性民族体育活动，民间形成和巩固了自己的组织资源，许多跨村寨的公益活动依托该组织有效地开展（例如新寨桥的建桥活动，参见第二章）。

程阳是三江县重点推广旅游的地区，位于程阳风雨桥边上的马安寨"近水楼台"，常常获得旅游团的光顾，寨里组织了芦笙

---

① 梅林调查所见所闻。参见虞重干、李志清《加强农村基层体育文化研究的历史契机与现实需要》，载《体育科学》2005年第1期。

表演队为游客进行有偿表演，由于内部的一些矛盾，表演队分裂成两个队，平时谁联系到旅游团谁演，不同台表演。但是两个芦笙队都参与 2004 年花炮节的游炮、送炮游行和演出，因为花炮是全寨的荣誉，每个人都有义务出力。花炮也密切了代际间的关系。如林溪青年说："老人家经验多嘛，年轻人出力嘛。老人给年轻人提供经验，年轻人就有力量去做好，老人和年轻人要互相配合。"（参见附录 4）马安寨的寨老说，我们马安抢炮前几天就在鼓楼造舆论了，今年我们要头炮，你们年轻人用力去抢。结果参加抢炮的人很多，我们取得头炮回来。① 除了展示村寨的团结，抢花炮也使不够团结、凝聚力不够强的村寨暴露在大家面前，产生一种刺激和鞭策作用，受到议论之后，这样的村寨一般会努力去改善自己的形象的。2004 年程阳八寨抢花炮的时候，P寨没有寨里组织的抢炮队参加抢炮，就有不少议论说他们村里不够团结，人们意见不统一，讲哪个抢得给哪个，寨上不管，有人想抢也不敢去抢，一个人哪负担得起？要买猪，要请那么多人，怎么搞得了？P 寨的老人就说明年他们要好好组织抢炮。在对大田寨的老人的访谈中，老人说："我们去年没得炮，但是我们上届得炮，所以要参加还炮游行。还炮游行也是一种团结的表现，如果寨子不团结，还炮就还不起来，就组织不起这样的游炮队伍来，通过组织这些活动呢，也增强了寨子的凝聚力，也通过放炮呢，把整个林溪呀，也把这几个寨子的人们凝聚在一起。你能够组织起来，能够放炮，也是几个寨子团结起来才能放炮。"他们认为，抢花炮是"一种把这几个寨子的人们凝聚在一起的很难得的机会"。"在林溪，几个寨子一起搞的民间活动，除了架桥就是抢花炮了"，但只有抢花炮是周期性举办的活动。

要增进社区的社会团结就要提高社区成员对社区的认同感，

---

① 2004 年 9 月 20 日访马安陈基光、大寨吴志繁。

增强他们的凝聚力和相互关怀意识，强化成员与所在社区的联系和社区成员之间的相互联系。社区之所以成其为社区，是因为它是具有内在认同感的共同体，这种认同感是通过特定的仪式和相关的社会组织来获得的。[①] 通过主办抢花炮这一仪式性民间体育活动，形成了村寨联合体，培养了村民参与公共事务（当地人称公益事业）的热情和习惯，从中产生认同感和文化传承的活力。这种参与公益事业的热情和习惯是村落社会生活的一种资源，侗乡的民间力量正是利用这一资源组织并调动社会力量，使村落的社会生活在一定的惯习秩序下维持和发展。在当今互联网时代，花炮节活动通过互联网也使离土离乡的侗家游子找到家乡情感之寄托。许多人在网络论坛倾诉家乡情怀。如有网友说："我也是林溪人呀！不过现在在外面打工，也很想知道在家的感觉!!! 明年的十月二十六日是花炮节哟!!!"侗乡的一些乡外游子在花炮节宣传网页上发帖时签名："我爱我的家乡，我要为我的家乡做点小小的贡献。""我不能常回家看看，但我时刻关注着家乡。"通过抢花炮活动，族群定期地表达其联合与团结，使群体内部的成员相互之间以及他们与"神"（神灵逐渐隐退之后，这"神"便是村寨的荣誉）之间的关系由此加强，对美好生活的期盼以及对寨寨荣誉的追求把人心凝聚，有效地起到团结的作用。

（五）增强民族自信，加倍热爱生活

中华民族是多民族组成的大家庭，毫无疑问，中华民族的振兴和发展必须包括各少数民族的发展，而少数民族地区的发展关键是民族地区的民众具有本民族的积极认同和民族自信，积极主

---

① 黄向春：《文化、历史与国家——郑振满教授访谈》，载《中国社会历史评论》第 5 辑，商务印书馆 2007 年版。

动地参与本地区的现代化建设。

Carla 认为，民族认同是指个体对本民族的信念、态度，以及对其民族身份的承认。[①] 这种群体水平上的认同一般包括认知、态度、行为和归属感四个要素。认知是态度形成的基础，而态度是民族认同中最关键的要素，其表现有两种基本模式：积极的民族认同和消极的民族认同。具有积极认同的民族成员积极、自豪地看待自己的民族，为身为民族的一员而自豪。他们对本民族的语言、文化、宗教、习俗表现积极的、主动的和自愿的认同与接受。具有消极民族认同的民族成员则以一种悲观、颓丧的心态看待本民族的一切，他们对本民族的语言、文化、宗教、习俗等充满了自卑，其认同是消极的、被动的、非自愿的。方李莉在《陕北人的窑洞生活：历史、传承与变迁》一文中说："这里的农民不再在窑洞里贴剪纸了，不再在衣服上绣花了，也不再唱山歌了，因为他们觉得这些流传了不知多少代的民间艺术，太落后了，太土了。那么这样一来，这些传统的、在窑洞中创造出来的民间艺术会到此枯竭吗？艺术是建立在对生活的热爱和自信上的，不再自信的农民们还会创造出自己新的艺术吗？不知道。我真心地希望这里的农民能够重新找回自己的艺术，找回真正属于自己的生活，而不是电视中生活的模仿和追求。当然，这一切也许都要建立在物质生活富足的基础上。"[②] 许多少数民族地区也存在这种现象。

少数民族（贫困地区的农民也一样）往往是弱势群体，其文化也是主流文化背景下的一种弱势文化。在上述具有消极民族

---

① Carla J, Reginald J. Racial identity, African self-consciousness, and career decision making in African American college women. Journal of Multicultural Counseling and Development, 1998, 26（1）: 28—36.

② 方李莉：《陕北人的窑洞生活：历史、传承与变迁》，载《广西民族学院学报》（哲学社会科学版）2003 年第 2 期。

认同的成员中，一部分人产生了强烈的向上流动的动机，积极学习主流文化背景中强势民族的语言、文化和生活方式，使自己尽可能像一位强势文化群体的成员。但是，由于他们与强势群体成员固有的差异，他们在放弃自己的母文化、认同主流文化的过程中，往往又不能获得强势群体积极的接纳，其结果是沦落为一种边缘人；另一部分人因认定了自己的弱势与不利地位，产生了自卑、悲观、消极的态度。上述的陕北农民即属于后者。两种态度都不利于民族地区及民族本身的发展。

民族成员对本民族的文化的积极认同，需要民族内部的强化，即民族成员共同的行为及成员之间的相互欣赏、赞扬、羡慕，同时，其他民族成员对他们的欣赏也能强化他们的这种积极认同，这是外部的强化。抢花炮活动给偏僻山村的乡民沉闷的日常生活增添了一道亮丽的色彩，提供了他们可以向人炫耀的资本，对于增强民族自信有积极的作用。2003 年 5 月初笔者到富禄的时候，三月三的喧嚣已经过去，葛亮三月二十三的花炮节还未到来，从高安乘船到富禄，下船之后拾级而上到达富禄街，看到的是晦暗的色调、残破的房屋和冷冷清清的街道，一派衰败的景象，很难想象这里曾经是溶江河第一富镇。1996 年和 2000 年的两场大水，曾冲毁了木屋，也泡坏了砖房（笔者在房东的二楼看到主人用红漆画下的两次大水的水线），街道晦暗的色调就是两场大水的印记。但是，这里的人们都很自豪地向笔者描述三月三花炮节的热闹，描绘那自然展示的民族风情以及为这民族风情而来的艺校学生和八方来客。而且，几乎每一位访谈对象都请笔者三月三的时候再到富禄，林溪、程阳和梅林人也都以花炮节而自豪。

由于种种原因，自治区没有颁发"抢花炮之乡"，但富禄人以"抢花炮之乡"自居。2004 年 12 在广州举办的全国抢花炮邀请赛上，富禄人穿着印有醒目的"抢花炮之乡"的服装自豪地走进开幕式，作民间抢花炮表演，向世界宣告自己来自"抢花炮之乡"。

现在，侗乡的学生平日里基本上不穿民族服装，为了加强民族意识的培养，学校规定每逢重大节庆学生必须穿民族服装，其庆祝活动也以民族歌舞表演为主。花炮节的时候，林溪、梅林的中小学都放假参加活动，家长们都为自己的孩子精心打扮，织布、染布、做衣、做绣花布鞋、绣花挎包，一套行头要花母亲几个月的时间，穿上节日盛装的孩子们兴奋而自豪，相互的欣赏、夸耀以及游客的赞赏和频频拍照更增添了他们的自豪感。在梅林的调查中我们了解到，当花炮节活动确定之后，学生们就早早地开始为花炮节准备节目了。历史上，梅林也是侗族大歌流传的地方，但这里的大歌已经很多年没听见了。梅林中学的女生在花炮节"标红"之后就开始自己组织起来，晚自习以后排练侗族大歌，每晚练习一小时。笔者问她们："这样排练是否会影响学习？"学生们说："不影响的，我们自己愿意练，老师也陪我们。"问："是老师教你们吗？"学生答："老师不懂这种歌，是会唱的同学教，我们自己排。会唱的同学是在家里学的。"在花炮节的文艺活动中，她们的演出受到乡亲们的热烈欢迎，演出间隙接受访谈的时候，学生们兴奋地说："好高兴，我们很喜欢唱大歌。"花炮节成了学校进行民族文化教育和培养民族认同感的时空场域，从学生们的活动我们也看到，花炮节的演出使当地濒临消失的侗族大歌获得传承的机会，培养了年轻人对自己民族优秀传统艺术的情感。在花炮节上表演侗族大歌的几个出色的女孩子被柳州龙潭公园看上，花炮节之后就被龙潭公园表演队挖走了。虽然人才流走，但人才的出路可刺激青少年学歌，人们对此持支持的态度。

如今，侗乡许多人平时都不穿民族服装了，除各姓氏过姓氏节时穿民族服装、结婚穿民族服装之外，最集中地展示民族服装的时间就是花炮节了。游炮的队伍有大头巾包头、青衣白裤扎绑腿、斜挎绣花包和火药葫芦、肩扛青布缠绕的粉枪管子的少年排枪队和盛装银饰的姑娘队。姑娘头上、颈上戴的银饰少则一二斤，多则一二十斤。盛装虽然漂亮，但穿起来很烦琐也不方便，没有一定的氛围和动力是不会盛装打扮的。花炮节周期性的展演给人们提供了"亮相"的机会，使侗乡人保留着对本民族服饰和文化的情感。林溪人虽然平时很少穿民族服装，但他们对自己民族服装的态度却很保守，似乎不愿意让它有一点点改变。花炮节过后，笔者在两个寨子听到同样的议论，就是说花炮节游行的时候，冠洞队伍穿的服装"不是林溪服装，是汉化的民族服装"，"是溶江河的服装"，"是县庆时台湾老板赞助的"。其中议论最多的是他们服装的布料不是这边特殊的家织布。这种对民族服装的情感和态度应该说利弊兼有，有利的一面是可以忠实地保存传统的民族服饰，但弊的一面是，如果僵化地保持民族服饰，会使民族服饰的生存空间越来越小，失去其本身的活力，结果是人们只会出于一种责任，在必须穿戴的场合才去穿戴，其他可以自由选择的场合就不会穿它了，致使穿侗衣变成了博物馆式的展示。林溪的年轻人只在姓氏节的时候和花炮节村寨游炮的时候穿侗衣，而坡会、坐夜等男女青年交友的时候已经很少穿侗衣了，可以说与此不无关系。花炮节上接受笔者访谈的程阳青年说的"那衣服穿起来把人弄得黑黑的"就很有代表性。我们看见花炮节的一场雨的确让穿侗衣的受访者手上、脖子上被侗衣染得蓝黑蓝黑的。融水和溶江河那边的人们的思想似乎开放得多，采用现代面料缝制新式民族服装，每当节会的时候花枝招展地穿出来结交异性朋友，民族服装在他们那里不是博物馆式的展示，而是富有活力地存在于人们的生活之中，花炮节上的集中展示更是使人们的自信心大增。溶江河边的梅林，对于通过抢花炮活动挖掘民族传统文化似乎有着更多的自觉。当然，这与该地正启动小城镇建设规划有很大关系。

通过抢花炮活动和花炮节民族文化的展演，抢花炮不仅负载着侗乡特有的民间体育传统，而且分享着整个民族文化的传统。村民在热闹的活动中，获得自我文化的了解和认同，激发了集体意识，增强了民族自信心，因此，通过抢花炮建构着民族的认同。同时，花炮节带来的旅游人群使村民获得对民族文化经济价值的启蒙，从而更加自觉地挖掘和弘扬民族文化，强化抢花炮的民族特色。

四　小结与讨论
现代背景下的民族体育文化——传统的循环与再生

与许多乡村节庆一样，花炮节是乡土社会农事活动节奏和经济社会繁荣的产物，抢花炮的兴起和流变见证了该地的社会变迁。商业活动使偏僻闭塞的少数民族山区与外界较为发达的地区建立了联系，在一定程度上打破了山区的封闭格局，在加强经济交往的同时加强了族际的文化交往。花炮节使闭塞的山里人聚集到一起，起到了一种沟通山里与山外、在商业和村落之间铺路架桥的作用，它既是商业发展渗入少数民族山区的结果，也在一定程度上起到了促进村寨的开放、使传统与现代相连接的作用。抢花炮和其他汉文化随着商业活动进入侗乡的过程，是一个侗乡民众主体的自觉和自然的文化借取和改造过程，抢花炮这一经过改造的外来文化很好地整合到侗乡的本土文化之中，并且形成了稳定的传承模式，是一种成功的文化重构。新中国成立以后，这一偏僻的少数民族乡村的社区生活与国家命运有了紧密的联系。抢花炮第一次的停办，是由于"大跃进"、大会战，村民没有闲暇搞花炮，接下去是浮夸、禾苗搬家、瞎指挥导致的饥饿、浮肿，男人走路都需要拐棍，根本不可能抢花炮。这时期使抢花炮停止的因素是时间和体力方面的，属于客观条件导致的文化主体对传统文化活动的一次主动放弃。"四清"以后抢花炮的再一次停办，则是因为活动被定为"四旧"，属于国家意识形态对村民的自主文化权力的剥夺，是由于社会经济制度的变化，村民被纳入统一的社会生产和社会管理之中，一些不符合国家意识形态的活动没有可能开展。尽管国家通过一系列"建设社会主义新农村"的措施，对山村进行了政治、经济、文化的全面改造，表面上，"封建迷信"没有了，但这种消失只是表面的，随着改革开放，国家对乡村意识形态的控制减弱、村民重新恢复原有的生活节奏的时候，传统的文化重新回到了村民的现实生活之中。20 世纪80 年代初开始，桂北侗乡的抢花炮陆续得到恢复，而那些靠行政命令的形式进入村民生活的"新文化"，由于并非主体自觉的选择，没有很好地整合到本土文化之中成为人们自觉的行为，失去行政的依托之后就从村民的生活中淡出了。这些现象说明，只有主体自觉参与、主动取舍和改造过的外来文化才能生根，而且，只有与传统文化整合到一起的新文化才能获得顽强的生命力。

改革开放以后抢花炮经历了盛衰轮回的过程。尽管从土改、合作化、"大跃进"到"文化大革命"，农村的组织结构、风俗习惯、生产方式都被进行了全面改造，但 1979 年以后的改革才真正改变了农民的生活方式。1981 年冬，三江全县实行以户为单位的农业联产承包制，开始农村经济改革。村民生活开始好起来（饭可以吃饱了），也有了弹性调度的闲暇时间。1982 年起，抢花炮陆续在桂北侗乡热热闹闹地恢复起来。随着现代化和全球化的发展，侗乡花炮节经历了热闹—降温—热度回升的过程。人们对此的解释有交通的原因、年轻人外出打工的原因和现代娱乐的冲击，另一个重要原因是，市场经济的发展使古老的侗乡抢花炮活动陷入资金缺乏的窘境。近年来，民间组织者已经意识到要走作广告、拉赞助办花炮的道路，只是由于村落的花炮节规模还有限、宣传也还不到位，难以吸引商家而拉到赞助，办炮经费的困境仍未解除。近两年抢花炮的温度有明显的回升，其中的原因与旅游和商业促销以及全球化中本土性意识的加强使传统文化被挖掘和弘扬有关。在这一过程中，表现的是民间与政府共同的发展愿望产生的合力。近年来，在市场经济的影响下，尤其是三江县开展民族风情旅游以后，各花炮节主办者的主办目的正越来越多地增加吸引旅游的成分。各花炮节举办地的人也都在强调自己的花炮节历史最长、名气最大，并且表达希望更多游客到他们那里去的愿望，他们对抢花炮有了品牌意识，并且对抢花炮品牌的潜在商业价值也有了相当的认识。

在乡村受到现代化与全球化之风微微吹拂的时候，这项古老的仪式性少数民族体育活动也发生着一系列的变化，有了许多新的特征：迷信色彩淡化，进一步理性化和世俗化；现代性进一步凸显，活动组织化、宣传立体化，女子亦成主角；"外演"趋势扩大，民族特色有意识地得到强化；现代体育元素渗透，活动趋向规范化；角色转换，功能多样化。抢花炮作为桂北侗乡唯一的跨村落的仪式性民间公共仪式，深刻影响着人们的社会生活，也促进着民族的团结和社会稳定，是乡土社会的"草根力量"显示其存在的重要机会，在抢花炮活动中明显地表现了国家—民间社会的互动。侗乡抢花炮活动的理性化、世俗化、组织化、规范化、传媒的利用、妇女的参与等变化，反映的是现代性所促使的改变；民族特色的强调、功能的扩展则是民间文化在现代化与全球化中的生存策略，这些变化都是文化主体自觉的改造过程，反映了民族文化的生存能力和适应性以及仪式性少数民族体育的现代价值。这些宝贵的文化资源值得关心、扶持、挖掘和利用。族群建构与认同是仪式性少数民族体育的传统功能，在现代背景下，这一传统功能仍然富有生命力并增加了新的意义——国家认同、整合社区、增强民族自信。信仰仪式起着群体认同的社会功能，抢花炮活动把村落联结为一个社会互动单位，调动了村民共同的行为，密切了内部的联系，形成了各村寨的内部认同，并将其与外部世界联系起来，通过抢花炮形成一种地缘关系。按照抢花炮仪式的传统，拜神活动是必不可少的，但现在，庙宇、神祇渐渐淡出人们的欢庆仪式，除了娱乐性功能之外，族群认同的功能在强化，吸引投资、吸引旅游的成分在逐渐增加，这种"内演"取向的民间仪式性体育逐渐增加了"外演"取向。由此，这种根植于乡土的仪式性少数民族体育活动在现代背景下经过"吐故纳新"，具有了许多新的内涵。

少数民族运动会抢花炮为民间抢花炮作了最大的广告。很多人由此知道有这样的活动，少数民族运动会抢花炮的侗族传统体育项目定位也使民间组织者更注意强化自己的民族特色。在这项活动上表现了国家和民间相互的利用——国家利用它作为一个民族团结的符号，强化民族团结和国家认同；民间利用这个品牌的知名度，把它建构成自己的符号，也利用它们获得政府对活动的支持，以及提高活动的商业价值。少数民族运动会抢花炮为民间抢花炮扩大了影响。对项目本身来说，少数民族运动会抢花炮对民间抢花炮朝体育方向的发展也有一定的意义——以前他们没意识到这是一项体育活动，而成为少数民族运动会比赛项目以后，民间意识到这是一种体育活动，这一民间项目也在朝体育的规则化发展，趋向规则化、制度化。民众在活动过程中自发地产生了对规则化的需求，抢花炮的过程中产生争议，为了减少争议就需要形成规则，这种规则从不完善到逐步完善，这是一个自下而上的过程。这对民众现代意识的培养也有一定的意义。

在民族—国家现代性建设中，民族地区仪式性体育经历了盛衰轮回。桂北侗乡的抢花炮经验告诉我们，现代背景下，传统民族文化并不会被"抟兑"，相反，传统的文化遗产会促进经济的增长。在现代背景下，不存在完全封闭的地方文化传统，地方文化传统与外界的文化交换、交流时时刻刻都在发生，现在的乡村活跃着的各种传统或者现代文化，大多是人们出于功用的考虑进行的"文化再造"。之所以这样，是因为"人同时是在经济上能算计、政治上能谋划、文化上能创造的，既有自己的能动性又受到环境的限制，社会的结构变迁过程，就是经济、政治与文化三者复杂缠绕在一起的过程"[1]。

① Helen F. Siu, Agent s and Victims in South China. New Haven : Yale University Press, 1989.

第　七　章

结　语

　　文化人类学家认为仪式行为至少有三方面的意义：第一，它是某些人世界观的一种反映；第二，是一种文化的演示，通过这种演示使该文化进一步影响其参加者；第三，也可以把它看成为一种政治活动，是参与者为达到某种政治目的而采取的一种文化手段。[①] 这些意义在抢花炮活动中得到充分的体现。由于该仪式性体育的信仰载体功能和广泛的社会关联，抢花炮活动纵向地刻上了历史变迁的印痕，折射了乡土社会文化的变迁，又横向联系了侗乡村寨的每根神经，体现了村寨内部的社会关系以及民间与政府的关系。通过该活动，民族文化精神得到普及、延续和发展，民族团结得到促进，族群得到凝聚。少数民族体育通过仪式化实现功能的扩展和顽强的传承，仪式与信仰通过体育而深入人心，获得最有效的传播及传承载体。由于对内增强凝聚力，对外展示地方特色又具有商业运用的潜力，这项古老的仪式性少数民族体育在现代乡村社会仍然具有强大的生命力。桂北侗乡的抢花炮反映出仪式性少数民族体育以下方面的意义：

---

　　① 萧凤霞：《文化活动与区域社会经济的发展》，载《中国社会经济史研究》1990 年第 4 期。

一　仪式性少数民族体育的流传折射
乡土文化与社会的变迁

（一）族际交流中诞生，民族团结符号建构中小传统与大传统形成互动

抢花炮的诞生是商业繁荣与族际交往的产物。中国是一个民族大家庭，费孝通先生认为汉族是"中华民族多元一体"格局凝聚的核心，在许多少数民族地区，汉族深入其交通要道和商业点长期定居，形成了一个点线结合、东密西疏的网络，这个网络就是多元一体格局的骨架。在桂北侗乡，汉族商人进入少数民族地区经商、定居，在这些地区引入抢花炮的庙会活动，促进了该地区各民族的交往和文化共享。共享是文化的本质属性，也是文化的生命力之所在。文化共享能促进文化的再生，使文化更丰富，影响力更强。除此之外，由于文化的交流和共享，使得文化基因在社会变迁中获得存活的可能。广东已经基本消失的文化基因——抢花炮在桂北侗乡仍然展现很强的活力，每年都有不少广东人到富禄观看抢花炮甚至花钱请人代抢花炮，满足一种失落的文化情结。族际的交流和文化共享可以缓和民族矛盾，族群之间容易产生信任感，心理上也容易表现趋同、宽容和理解。从抢花炮的族际共享我们看到，仪式化使少数民族体育形成庆典，在多民族聚居的地区，乡间庆典是人们聚会和交往的重要时节，也是人们进行物资交换的季节，因而，仪式性少数民族体育能够促进当地各民族的交往和相互了解、增进感情、减少民族隔阂，是形成共同地缘感和社区意识的重要途径，也是民族团结的重要纽带和桥梁，同时又是促进地区经济发展的重要机会。

随着抢花炮进入全国少数民族传统体育运动会，一种区域族

际共享的文化被推广和接受为全国范围的族际共享的文化，民族团结的符号建构使这种小传统的体育文化登堂入室，成为大传统的一部分而体现官方意识形态。许多少数民族体育的发展经历了与抢花炮类似的道路，这就是在民族团结建构中，小传统的地域的传统活动成为国家的、民族团结的符号，其意义变得深远，其影响范围得以扩大。每一次少数民族运动会的举办都是国家认同的实践。自从霍德菲尔德在 20 世纪 50 年代提出"大传统"与"小传统"概念以来，人们就不断地利用大传统、小传统的依存关系与相互作用的框架来解释传统向现代变异过程中的许多复杂现象。大传统一般是指一个社会里的主流文化或者精英文化，小传统一般是指社会里大众分享的文化。反映在我国体育运动中，可以说，大传统是国家参与的各种国际体育运动和国家参与推行的各种民族传统体育运动，它们体现着国家的权威、意识以及国家的利益与要求。村落开展的仪式性体育活动是村民的生活文化，往往带有非官方的传统价值、规范和习俗，反映的是非正式的民间意识形态以及农村与农民的利益与需求。在中国的乡村，一方面，地方性的传统文化力量还很强大，仪式性的体育活动的传承就是这种地方性的传统文化力量的体现，这些活动也反过来强化了这种力量；另一方面，由于处于现代化过程中，乡村不断受到国家意识形态和主流文化娱乐的影响，小传统与大传统进行着更为广泛、深入的文化碰撞，国家民族团结的符号建构从一些小传统吸纳资源，使一些小传统被纳入大传统的体系之中，其社会文化得以在更大的范围内获得认同和接受。在传播过程中，随着影响地域的扩大，族际之间的文化交流也随之扩展。抢花炮作为民族团结符号的建构，对于侗族文化的介绍和侗乡旅游的开展起到了积极的促进作用，也提高了侗族民众的文化自信，抢花炮活动被注入新的活力。

（二）民族文化的深厚积淀，社会变迁的指示器

桂北侗乡的抢花炮是一种仪式性的民间体育，也是一种民俗体育。按照涂尔干的观点，社会组织产生仪式。仪式带有集体讯息，因此可重新肯定团体生活的集体真实。桂北侗乡社区是一个联结较为紧密的共同体，在这个共同体中有众多的集体仪式活动，人们在仪式中分享快乐、互助合作，共渡难关。侗乡民众的生活习俗与日常娱乐处处体现着仪式的象征意义与原始宗教、伦理信念。源自古老的寨老传统的老人协会是这些活动的组织保障。民间寨老组织几乎把各项集体活动仪式化，并且与信仰文化结合，使其成为人们的自觉行动，同时把它们建构成公益性活动，使活动成为人人都有义务参加的活动。通过这些仪式活动，形成集体记忆、凝聚族群、强化权威。这就是抢花炮的本土文化环境，也是抢花炮活动深厚的乡土基础。在这片沃土上，抢花炮活动也被建构成凝聚集体的仪式性活动，花炮把人们联系起来，在欢愉中获得心理的释放。该活动由于符合人们的需要而得到最广泛的支持，正是在群众热爱的基础上，民间组织能够克服种种困难，使该活动生生不息、传承至今。

村落的集体仪式和民俗活动的主题往往与信仰目的有紧密的关联，敬神是为了表达愿望，向神祇祈福，希望获得生命和生活的安全，获得幸福的保障，因此，活动成为人与神、现实与理想交流的机会，成为理想实现的桥梁。传统的抢花炮有着丰富的民间信仰文化成分，民间花炮是信仰的载体。侗乡人把花炮与自己的信仰结合，形成了各地祭祀不同神灵的抢花炮。在侗族地区的历史上，抢花炮主要承载的愿望是添丁，人们接花炮的目的主要是为了生孩子。随着社会的变迁，人们的需要发生变化，寄托在花炮上的愿望也发生了变化。由于计划生育政策，人们不再期望多子多福，"添丁炮"成了"生男炮"，另外，更多的人希望花炮带来的是"打工得钱"，"养猪快大"，"养的鸡鸭都很好"，

以及"不得病"。尽管人们喜爱花炮，相信花炮能够带来好运，但并没有借贷要炮的，人们表现在抢花炮上的消费，是一种量力而行的消费。这种理性可以从"乡民之需鬼神只是对现实生活的一种补充"①加以理解。随着现实能力的增强和科学知识的普及，鬼神观念逐渐淡化，人们抢花炮更多是为了"搞热闹"，"给村子安排点儿喜事"。抢花炮在桂北侗乡是比过年还热闹的节日，在生活条件十分艰苦又比较闭塞的乡村，人们盼望花炮节，可以吃百家宴、穿新衣、盛装打扮、唱戏、围也（村寨间集体做客娱乐）。随着打工潮的兴起和青年交友方式的增多，节日的吸引力有所下降，但近年来旅游的发展，作为民族风情主要卖点的花炮节又获得新的发展契机。

林溪和程阳的抢花炮，是以村寨为单位参与抢炮，那里的抢花炮是村寨实力的展示。抢花炮的拼抢过程是村寨实力的展现，游炮是村寨自我展示的机会，是对村寨财富、社会地位、村寨团结和凝聚力、老人协会的权威与作用等的综合检验。抢炮和游炮体现了一个村寨的精神面貌。程阳花炮会计说，现在奥运会、少数民族运动会也是这样，拼命夺金牌为国争光，为地区争光。国家搞得大点儿，我们小地方搞得小点儿，道理是一样。这个抢花炮就等于是我们小地方的运动会，你有本事你去抢得来你就光荣，然后就有机会游行，有机会把家底亮出来。

在桂北侗乡，抢花炮活动可以说是一种圣福流动活动——抢炮："抢"来福气"抢"来机会；得炮：获得神恩；祀宴：共食分福；还炮：酬谢神恩；游炮：传递神恩。通过抢炮、接炮、还炮、游炮，把"福气"传递给得炮、接炮的村寨和个人，由有福的人传递给盼望得福的人，一年一度或数年一度，流动不歇。

---

① 曹锦清等：《当代浙北乡村的社会文化变迁》，上海远东出版社2001年版，第562页。

圣福的流动，是一种精神的互利、气氛的感召和情感的交流。

村落社区的仪式性民间体育抢花炮活动的历史深深打上了村落政治历史的烙印，也表现着现实中民间与国家的互动，是我们在村域层次认识国家与社会关系的极好样本。在对古宜、林溪、程阳、富禄、梅林的田野调查中，据老人的回忆，从新中国成立初至今，三江各地的抢花炮大约经历了三次停办和恢复：1950因匪乱而停，1954年匪乱平息，三江各地陆续恢复抢花炮活动直至1958年"大跃进"开始停办。1958年"大跃进""连天连夜搞生产"，没有时间也没有精力办花炮，接下去是因为瞎指挥、浮夸、禾苗搬家，"饿饭了，死人了"，更不可能抢花炮了；1962年农民分得自留地、实行作业组，"三自一包"使农村得以休养生息，渡过了危机，随着生活状况的改善，抢花炮活动又回到了民间。1965年，三江县开始"四清"运动，"村里的领头人被打倒，干部遭赔退，那时话都不敢讲了，庙都推去了，没有人敢出头组织抢花炮"，各地的抢花炮活动都停止了；"文化大革命""那时候讲'破四旧'，只是唱红歌、扭秧歌，没有什么民族风俗了，什么节期都没有了"，而且，"七几年那时搞生产队的时候，每人只能分到100斤谷子，还是没有晒干的，不够吃，那种时候没有人想办这种民族传统的事情，那时候就是想有党的好政策，政府引导我们走富裕的道路，有饭、吃饱我们就心满意足了，我们办这个事情的前提就是有饭吃饱"，改革开放以后，人们"饭能吃饱了，生活富裕了，有经济基础了，办这个事情也有时间了"，"生活好心情好又想抢花炮了"，改革开放出现的宽松的政治环境也使这种愿望有了实现的可能。

在不同历史时期，民间主办者对有关传说版本的选择性宣传、以花炮纪念馆的形式恢复花炮的庙、深更半夜接菩萨等行为反映了少数民族山村同样受着国家意识形态的影响以及这种大传统的意识形态的变化。从抢花炮的完全沉寂，到为恢复抢花炮集体签字、参加抢花炮要被迫先去挑粪挖地、与领导玩捉迷藏而放花炮、不得已把抢花炮改为抽签，再到近年来县旅游局大搞抢花炮的宣传、乡庆期间"大做抢花炮的文章"、利用花炮节的机会进行小城镇建设的宣传、自治区民委主任亲临乡村抢花炮现场并慷慨解囊，反映出当地政府对这种乡村仪式性体育从说"不"，到"睁一只眼闭一只眼"，再到共谋发展的态度，这也是社会变迁的表现。改革开放乡村恢复抢花炮以来，这项活动所经历的盛衰轮回——从热闹到降温、温度回升、获得新的发展契机，反映了市场经济、打工潮、工路建设、现代娱乐对少数民族山村的冲击和旅游开发、小城镇建设中这种"地方性知识"获得新的价值。人们已意识到抢花炮的商业价值，出现"争抢老祖宗"进行旅游宣传的现象。有些地方的青年人主动接管抢花炮的主办权，通过抢花炮活动进行社会资本的重新分配。花炮节在市场经济和旅游宣传中重新获得发展机遇。几十年的经历使老一辈的民间组织者深感"这个活动与整个国家、社会的政策是有很大关系的"。

在乡村受到现代化与全球化之风微微吹拂的时候，这项古老的仪式性少数民族体育活动也发生着一系列的变化，有了许多新的特征：迷信色彩淡化，进一步理性化和世俗化；现代性进一步凸显，活动组织化、宣传立体化、女子亦成主角；"外演"趋势扩大，民族特色有意识地强化；现代体育元素渗透，活动趋向规范化；角色转换，功能多样化。抢花炮作为桂北侗乡唯一的跨村落的仪式性民间公共仪式，深刻影响着人民的社会生活，也促进着民族的团结和社会稳定，是乡土社会的"草根力量"显示其存在的重要机会。在抢花炮活动中明显地表现了国家—民间社会的互动。侗乡抢花炮活动的理性化、世俗化、组织化、规范化、传媒的利用、妇女的参与等变化，反映的是现代性所促使的改变；民族特色的强调、功能的扩展则是民间文化在现代化与全球化中的生存策略，这些变化都是文化主体自觉的改造过程，也体现了"现代性中的传统"①，反映了民族文化的生存能力和适应性以及仪式性少数民族体育的现代价值。这些宝贵的文化资源值得关心、扶持、挖掘和利用。

二 仪式性体育在乡土社会存在的现实意义

（一）乡土社会文化传承的良好载体

仪式是信息的不断重复和传递，因此，仪式本身是文化传承的方式。同时，节庆仪式是民族文化活的载体，许多民族文化形式借着这样的机会获得表达，得以传承。钟敬文先生指出："民间的许多节日，是包括着社会的多种活动事项在内的。从社会文化的门类说，它包括着经济、宗教、伦理、艺术、技艺等活动。它是许多文化活动的集合体，是民族文化的一种展览会。"② 民族节庆仪式活动蕴藏着丰厚的民族文化资源，各民族文化形式以其极富活力的方式动态地保存在这些民族的节日活动中。可以说，节日既是民族观念的形象展演，也是民族艺术的张扬。乡土社会的仪式性体育总是形成一种节日开展活动的。一方面，民间仪式性体育活动有社会组织基础及信仰和传统力量的支撑；另一方面，体育活动又是把人们聚集和组织起来的重要手段，体育的竞技性能强烈地激发集体荣誉感，制造狂欢气氛，因此，村落仪式性体育具有顽强的生命力。

---

① 美国哈佛大学杜维明教授认为，中国现在的文化传统中非常缺乏传统文化的资源，用科学民主的观点来看待传统文化就把传统文化都边缘化了（杜维明：《人文精神与全球伦理》，载《中国大学学术讲演录》，广西师范大学出版社 2002 年版）。我们现在的体育传统中也是比较缺乏传统体育的东西。
② 钟敬文：《节日与文化》（为萧放著《岁时——传统中国民众的实践生活》所做的序），中华书局 2002 年版。

1. 集中展示民族文化，使民族文化维持活态

影响较大并且具有传承性的少数民族体育大都是和信仰仪式有关并形成节日的。仪式性体育往往是复合性的活动，在其活动举办期间，有各种民族文艺的展演。在桂北侗乡，在民间信仰和不能丢掉老祖宗遗产的认同之下，抢花炮活动代代相传，人们年复一年克服各种困难举办花炮节。每一届的花炮节都包括当地各种民族文艺形式的表演（哆耶、侗族大歌、吹芦笙、抬官人等），民族传统体育娱乐竞技活动的开展（斗牛、钓鱼、斗鸟等），花炮节上人们都要穿自制的民族服装，少男少女要盛装打扮，要穿手工制作的千层底的绣花布鞋，要背手绣的吉祥挎包。被需要、被使用的文化艺术才是有生命的，花炮节集中展示这些民族文化，使这些文化形态被需要和被使用而维持活态，保持了这些民族文化的生命力。

现在，侗乡的许多人平日里基本上不穿民族服装了，除过姓氏节时穿民族服装、结婚穿民族服装之外，花炮节是最集中地展示民族服装的时间。青少年的盛装虽然漂亮，但穿起来很烦琐，也不方便，没有一定的氛围和动力人们是不会盛装打扮的。花炮节周期性的展演给人们提供了"亮相"的机会，使人们保留着对本民族服饰和文化的情感，节庆期间民族服饰的集中展示更使人们的自信心大增。为了突出花炮节的民族特色，梅林花炮组织者资助各村寨把消失多年的芦笙恢复起来，儿童和少年都学会了吹芦笙。梅林中学的学生排练和唱响了久已不闻的侗族大歌。花炮节的演出使当地濒临消失的侗族大歌获得传承的机会，培养了年轻人对自己民族优秀传统艺术的情感，花炮节成了学校进行民族文化教育和培养民族认同感的课堂。抢花炮不仅负载着侗乡特有的民间体育传统，而且分享着整个民族文化的传统。村民在热闹的活动中，获得自我文化的了解和认同，激发了集体意识，增强了民族自信心，同时，花炮节带来的旅游人群使村民获得对民

族文化经济价值的启蒙，从而更自觉地挖掘和弘扬民族文化，强化抢花炮的民族特色。2004年梅林花炮节抢花炮现场搭建的主席台上悬挂的对联是"弘扬民族传统文化；振兴梅林经济发展"；程阳抢花炮会主席台的对联"鼓舞八方人民喜地方艺术风格乐得新绣篇章；实践三个代表看民族传统文化欣获发扬光大"充分体现了民间花炮组织者对花炮节的文化传承作用的认识。

2. 营造民族文化氛围使青少年受到熏陶

每个人都受其所在的社区的风俗和其他文化的影响。"在他出生以后，他就受到风俗的熏染。他长大后参加了文化创造活动，那么，这种文化的习惯就是他的习惯，这种文化的信仰就是他的信仰"①。人们对文化的认同是后天培养然后渐成习惯的，习惯的形成便是文化传承的实现。节庆仪式提供了感受民族艺术的情境和氛围，通过周期性的重复能够培养人们的认同与习惯。"一些民间艺术只有亲身置身于那种情境里，才会感受到它的魅力"②。"儿童是人类社会中有赖于成年人关怀和培养的生命体和社会成员，同时又是民族文化血脉的继承者和文化基因的承载体"③。民族地区的节庆仪式使社区为儿童营造了一个体验文化传统的氛围，使儿童从小就开始了对本土文化的认同。节日服饰、礼节行为、民族艺术节目等文化符号的提供，使青少年在节日期间耳濡目染民族文化的传统和感受民族的精神。

3. 有助于其他民间体育的传承与发展

少数民族往往是弱势群体，其文化也是主流文化背景下的一

---

① ［美］露丝·本尼迪克特著，何锡章、黄欢译：《文化模式》，华夏出版社1987年版，第2页。

② 《南方民族的节日习俗与文化传承——〈电视批判〉第28次论坛刘亚虎的访谈》，《电视批判》栏目专稿，发布时间：2003年1月15日。

③ 刘铁梁：《谈年味》，载《光明日报·文化周刊》第355期，2002年2月6日B1版。

种弱势文化。在当代全球性娱乐与全球性体育文化的冲击下，民族传统体育文化式微甚至消亡是普遍的情形。然而，文化多样性是人类文明进步的动力，也是人们获取知识、得到感情及精神满足的一种途径。文化多样性是创造力的源泉。文化的创新根源于传统，文化的茂盛来自于各种文化的接触，文化资产必须加以保存、改进和传递，以便促进文化多样性的创新。民族体育的传承除了需要在民族地区的学校体育中加以重视与扶持外，活在社区民众生活之中的民族传统体育文化才有生命力。因此，应该"让民族文化在社区中传播，在娱乐中发展"[①]。以某一种民族体育面对现代体育与娱乐的冲击，其力量是过于单薄和微不足道的，因此需要一种团结的力量。民间节庆具有文化的包容性，以一种活动为龙头，定期地举办综合性的民族体育节庆活动，能保证民族体育在社区的生存空间。民族体育有了展示的机会，人们就能从中获得娱乐和自我实现的满足，就有人去从事这些活动，该活动就能获得自然的传承。

仪式是社会或者群体保存记忆的一种方式，也是社会中的个人在社会或群体中寻找自我，确证自我的方式，仪式是联系个人和社会、群体的纽带。[②] 在乡民的意识里，越是庄严肃穆而带有神秘色彩的仪式，越能激发起民众心里对该活动的"事业"感和服从心理。民间仪式活动往往又属于公益性活动，人人都有参加的义务。因此，仪式性的民间体育活动是最具号召力和能够稳定传承的民族体育形式，往往形成节庆。为了丰富节庆活动的内容，往往结合开展其他的体育娱乐竞赛活动。例如，桂北侗乡的花炮节除了抢花炮活动，还有斗牛、斗鸟、钓鱼、侗棋等比赛，人们各取所需，满足

---

① 贾作光：《让少数民族文化遗产活起来》，在"中国少数民族艺术遗产保护与当代艺术发展国际学术研讨会"上的发言，载《中国艺术报》2003年12月12日。

② 参见保罗·康纳顿著，纳日碧力戈译《社会如何记忆》，上海人民出版社2000年版。

了多层次的需要。随着仪式性少数民族体育活动抢花炮的传承，侗乡其他形式的民族传统体育活动的传承与发展也得到保障，它们也充实着花炮节的活动，增加花炮节的吸引力，两者相辅相成、相得益彰。花炮节活动中还安排了篮球赛，传统体育与现代体育在同一个场域没有相斥和冲突，人们保持和热爱自己的传统体育，也接纳和热爱现代体育，两者形成相互促进。

以节庆方式强化民族文化意识，传承民族体育文化是民族民间体育文化传承的成功模式。而能够形成节庆、并在民族体育传承中起核心作用的民族体育形式就是仪式性的民间体育。目前，在市场经济条件下，民间举办仪式性体育节庆活动在经济上困难重重，贫困的少数民族地区尤其如此，政府应该给予更多的关怀和支持，这种支持应该不仅仅是输血式的支持，更应该是造血式的支持。民间组织者也有这样的意识，他们希望政府能够在政策上支持他们，形成某种固定的经济基础。

（二）促进民族地区稳定和谐的重要活动

1. 建构地方族群的认同和人们的国家认同

族群是一种社会建构物，其共同体内部成员坚信他们共享的历史、文化或族源，而这种共享的载体是他们拥有的共同的记忆。"民族（族群）认同是社会成员对自己民族群体归属的认知和感情依附"①。族群认同有利于增强族群共同体的向心力、凝聚力。不同的社会记忆，影响着不同社会群体彼此的认同。

仪式的操演形成社会记忆，共同的社会记忆有利于族群社会力量的整合。一种集体记忆的符号如果成为一种周期性展演的仪式，通过仪式的展演将不断地强化人们的集体记忆。仪式由于其

①　王希恩：《民族认同与民族意识》，载《民族研究》1995 年第 6 期。

现实意义而流传，也正是由于现实意义的考虑，仪式的周期性展演并非一成不变的复制，其形式和内容都在随时代不断地变化，甚至其民族"身份"也会有所改变而服务于现实的需要。正如布迪厄的实践理论指出的："既然文化是人类创造的，那它就要体现一种主动性，体现一种自主人的意志"，"与其说是文化在控制人、奴役人，倒不如说人在利用文化和顺应文化。"① 侗乡的抢花炮，经国家征用并贴上"侗族传统体育项目"和"东方橄榄球"的标签之后，侗乡民间的组织者也积极回应，有意识地强化抢花炮的侗民族特点，从人们对花炮节民族特色的自觉强化可以看出，抢花炮已作为族群认同的象征符号，刺激和唤醒侗乡人的自我认同意识。

抢花炮作为一种民间文化符号，既是族群记忆表述的载体，也是族群记忆传承的载体。在桂北侗乡，抢花炮和人群姓氏、信仰崇拜、生活习俗等等一起使人们获得并延续其认同感。例如程阳花炮节期间对村民的访谈中，对于自己侗族身份的象征，除了"说侗话"、"侗衣"、"侗戏"、"芦笙"、"送新娘"之外，20%的受访村民也把抢花炮作为侗族身份的象征。在要求"列举三项使全寨团结一心、齐心协力的活动"的时候，所有的回答都包括抢花炮。桂北侗乡的抢花炮具有求子祈福以及为村寨争夺"名声"的观念基础以及以老人协会作为依托的组织基础，这种结合，保证了基本结构的稳定，并能够超越时代，自我复制。通过一次又一次的操演，族群形成社会记忆和社会认同，对于维系族群凝聚力具有重要作用。

抢花炮这项民间仪式性体育活动不仅表现了族群认同的作用，同时也在潜移默化中起到国家认同的作用。林溪的游炮有三

---

① 转引自纳日碧力戈《现代背景下的族群建构》，云南教育出版社2000年版，第27页。

个庙是必须经过的，即使现在庙已废也要经过那些地方。这三个庙是飞山庙、神婆庙和盘古庙。他们说："神婆庙敬的是我们这里的祖先，盘古庙就是敬盘古开天地的盘古了，那是我们中华民族的。"① 在花炮节上，村民制作了一个"神舟五号"模型扛在游炮队伍中，他们说："新时代国家的新鲜事我们也要庆祝一下。"侗乡的民间组织者十分明白，侗乡的发展依托着国家的支持，民族的命运与国家的命运是紧紧相连的；同时，没有政府的支持是不可能体面地举办这项活动。因此，在抢花炮活动和其他活动中，这些民间组织者总是有意识地宣传和传递一种国家认同。例如，富禄的五省会馆（相当于花炮的庙）门口的对联是"建设农村，复兴中国"；葛亮花炮的天后宫门口原有的对联是"闽粤湘黔桂一家，汉满蒙回藏五族"，2004 年葛亮举办花炮节的时候，主办者把天后宫的对联改成"闽粤湘桂黔一家，汉壮苗瑶侗五族"，更贴近当地的现实，弘扬民族团结的意义更容易为当地人理解而得到大家的拥护。程阳抢花炮活动的主席台两侧的对联为"鼓舞八方人民喜地方艺术风格乐得新绣篇章；实践三个代表看民族传统文化欣获发扬光大"；林溪花炮节松门的对联为"万炮争鸣振兴林溪经济三大跨越创腾飞，百花争艳迎来侗乡人民两个文明齐并举"，表达了对中央政策的认同与支持。仪式性的抢花炮活动，通过仪式过程，代表一定的民间意识形态，不仅建构着地方族群的认同，同时也建构着人们的国家认同。

2. 调动各村落社区的参与，形成健康的竞赛关系

抢花炮能调动各村落社区的参与，也能调动它们之间形成健康的竞赛关系，显示出全寨同心协力的精神。抢花炮是一项集体

---

① 2003 年 11 月 21 日亮寨百家宴上的访谈。

的竞技活动，关乎集体荣誉，所以"个个都想要那个炮。为寨子争荣誉"，"八个寨只有五个炮，你不抢肯定没有了。大家为了寨子的荣誉，都用力去抢"。青年们表示，参加抢花炮是"为了整个村子的荣誉去比的嘛。我们村子一定要在这里显得很有威风，很有骨气，很团结的样子"。每次抢花炮，寨里都让大家自由报名领炮，然后寨子就组织去抢。得了炮以后，全寨到鼓楼摆百家宴吃一顿。林溪抢花炮的时候天气很冷，以前河水很深，但是如果花炮落在河里，也有人潜入水中去摸、去抢，场面非常热闹。村民说："我们有人去抢，不怕苦、不怕死，寨子就很有面子。""得炮和没得炮的村寨不同，上届得炮的村寨才进行游炮，游炮的村寨都想方设法在服装、所抬贡品的摆设、芦笙队等等方面搞得有特色点儿来体现村寨的兴旺发达。"抢炮中的人数、拼抢能力和游炮中"我的花样比你多"、"我的人数比你多"、"我的芦笙比你响"等等都是村寨力量的显示，也显示一个村寨的凝聚力。抢花炮队伍、游炮队伍的组织和游炮过程的展示对团结人心、凝聚人心具有很好的作用。抢花炮具有聚合村民形成集体认同的效果，而透过这种认同的效果，炫耀了村寨的实力，提高了村寨的声望。

3. 加强族际之间的理解与沟通

抢花炮作为一种跨村寨的多民族参与的民间体育活动，既强化了族群认同又加强了族际之间的理解与沟通。

钟敬文先生从西部大开发的角度谈到民族之间的文化认同的意义。他说："西部开发要涉及几十个民族，没有文化的沟通与认同，就会影响整个西部大开发的进程。""所谓文化认同，就是各民族间文化的相互理解与沟通，彼此依赖与尊重。""人们在关照异文化的过程中，之所以多有不解，原因在于人们对其传统观念的生疏，解读一个民族，应该首先从文化开始，只有文化上认同，才会有情感上的认同，才会有民族的团结和社会的安定，现代化建设才有保障。"① 这番话告诉我们族群之间文化的相互理解与沟通的意义。生活在桂北山区的侗族，生活方式的许多方面已经与汉族无异，但却维系并传承着族群认同感，这种认同感建立在语言、民俗仪式活动等载体之上。族群历史记忆的强化、族群间的互动、现代化的变迁、国家政策的鼓励等因素无不影响着族群认同的形成与发展。随着旅游业在少数民族地区的逐步发展，当地人通过具有民族历史价值的人文旅游景观的再现和重组来展示自身的文化智慧和创造力，唤起本民族成员的历史记忆，增强族群的凝聚力和自豪感，也使主流文化群体（如前来观光的游客）在民族旅游中获得对少数民族文化的认识和肯定。在这一过程中，旅游推动着少数民族地区传统文化的复兴和该地区民族身份、民族精神的再建构，使少数民族地区在旅游大潮中重新塑造自我形象和强化族群认同。桂北侗乡民间抢花炮对民族特色的有意识强调就是在这种互动中加强的。

（三）乡村治理的有利工具

1. 健康的文体活动对劣质文化②形成竞争性抑制

近年来，随着经济社会的发展，一批批乡村青年离农离乡涌入城市，他们中的大多数人在年节的时候返回家乡，这些季节性返乡的青年"不会干农活也不想干农活"，整天打麻将、赌钱，放假期间的孩子们也沾染上赌博的习气。赌博现象在当今的乡村尤其严重。在传统社会中，农闲时节有各种节日，寨老们牵头组

---

① 钟敬文：《没有文化认同，西部大开发如何进行？》，载《民族团结》2000年第4期。

② 关于劣质文化的定义，参见许博渊《建设先进文化当首先扫荡劣质文化》，新华网2004年10月26日。

织丰富的文化娱乐活动充实着人们的生活，不健康的文化活动没有泛滥的机会。人民公社时期，在那种半军事化的管理下人们平时没有空闲也没有余钱，节日里集体组织文体活动，赌风也难以滋长。分田到户后，人们的空闲时间多了，零花钱多了，打工回来的人兜里更是多了几个钱，乡村生活又很单调，于是赌博就有了市场。健康娱乐与文化垃圾是消长的关系。农村生产力提高后，精神文明建设要及时跟上才能遏制垃圾文化蔓延。堵和疏相结合是制止乡村赌风的最有效的办法，而疏是根本的办法。如果仅有堵，没有适当的替代方式，由于相应的心理需求不能满足，必然出现"巧妙的遵从"，"明修栈道，暗度陈仓"，或政府抓紧的时候收一收，放松的时候又泛滥的状况。农村基层体育文化活动的开展，丰富了农民的精神文化生活，是一种有力的文化替代形式，M村曾经因为小孩公开参赌被媒体曝光。2004年花炮会资助村寨恢复芦笙，孩子们着迷地学吹芦笙，这种健康的业余活动配合乡政府的管理措施，使赌博活动得到有效遏止。M村的实践说明，健康的农村体育文化活动完全能够对劣质文化形成竞争性抑制。文化替代帮助人们达到心理上的平衡，因此，应该加强农村基层体育文化的研究，积极扶持和开展健康有益的基层体育活动，用文化替代方式逐步取代抽象的宣传和行政的强制。程阳青年在正月初七花炮节之后大量返回广东打工，梅林青年等到二月二花炮节之后才去打工，说明仪式性民族传统体育活动的吸引力是相当强大的。其中的原因，有这种集体性的原始竞技活动使人获得压抑情绪的充分释放（如许多参与抢花炮的青年说的"过瘾"）；有乡民信仰方面的因素（尽管这种原始信仰在现代社会已经有所减弱，但仍然有一定的力量，"对花炮带来好运许多人还是相信的"）；也有仪式强制性的作用（人们把参与仪式看做一种义务，不参加会遭人议论，"说你不是寨里的人"）。不可否认，在许多情况下，健康的文化活动不敌赌博等不良娱乐的冲击，但从桂北侗乡抢花炮的实践来看，以上三方面的原因使仪式性的体育活动有着较强的影响力，能够把绝大部分的人长时间吸引到这一活动中。仪式有一种强制性，因此仪式保证参与，"文化大革命"时期政治活动的全民参与在很大程度上也有着仪式的作用。农村基层体育活动的开展丰富了农民的精神文化生活，是一种有力的文化替代形式。仪式性体育活动在桂北侗乡的实践给我们进行农村基层文化建设以启发，应该扶持乡村年节形成仪式性文体活动的传统。

2. 仪式性体育具有社会秩序的宣示与法规观念的启蒙作用

文化人类学家对仪式在社会秩序方面的作用有过许多论述。涂尔干指出，仪式是社会群体定期重新巩固自身的手段。① 布朗认为，仪式行为是社会秩序的展演，对于社会结构的构筑有着不可或缺的作用。② 仪式总是与一定的社会秩序相联系的，它本身是由文化秩序所塑造的，反过来又塑造产生它们的社会秩序。③ 仪式体现了一定的社会秩序与社会关系，并表征了某一时代人们的意识观念、思想情感等等。④ 在抢花炮筹办过程中，谁进入筹委会，谁担任主任、副主任和常务理事与一个人的社会地位有关，在花炮筹委会（或组委会）中社会地位比较高的人扮演的角色也重要些，花炮筹委会实际上体现了村寨的社会结构和秩序规则，在游炮活动背后还蕴涵着浓厚的传统文化精神和价值。在游炮的时候，不仅要让一个有福的老人拿炮，还要有穿长衫、清

---

① 涂尔干著，渠东、汲喆译：《宗教生活的基本形式》，上海人民出版社1999年版，第507页。

② 转引自宋萑《学校升旗仪式的人种志研究——对一所中学的田野调查》，华东师范大学硕士论文，2004年。

③ 唐·汉德尔曼：《仪式/壮观场面》，载《国际社会科学杂志》1998年第3期。

④ 吴晓群：《古代希腊仪式文化研究》，上海社会科学院出版社2000年版。

朝打扮的老人游炮。青年人说:"让老人陪炮,这是上一辈传下来的,我们又要传下去。昭示后人。""让老人游炮,表示我们寨子非常尊重老人家,愿意听老人的话。"老人说:"花炮怎样搞,我们老的才懂得那些事情,要把这些事情告诉年轻人知道,让年轻人接班,一辈传一辈。"还炮不是一家一户的事,是村寨的公益事务,还炮的时候,由寨老组织村寨乐捐活动。抢花炮活动过程凸显了老人的地位和作用,表明了村里人遵从传统,尊敬老人,热心公益事业。侗乡抢花炮的仪式过程有展示社会观念、建构社会权威、整合社会秩序等社会功能。抢花炮活动是一种社会秩序的展演。这种仪式性活动是村落社会生活的一种资源,村落老人协会运用这一资源交流信息并结成多层次社会联系,组织并调动社会群体的力量,定期举办的抢花炮活动不断强化着乡间传统的社会秩序。

抢花炮的过程彰显了民主与公平竞争的道德观念。除了民主选举筹委会常务理事、经费收支张榜公布完全透明并接受监督之外,在抢花炮过程中也处处看到这项体育活动在培养着村民的民主观念和遵守规则的习惯。抢花炮规则规定了活动的进行方式、奖惩办法以及对违规所采取的措施,参加者一方面同心协力想方设法去夺取花炮,另一方面又要尊重游戏规则,在规则约束下的拼抢使得竞争公平化和制度化,使村民意识到尊重规则的意义。在林溪抢花炮活动现场,筹委会宣布,发生争执,凡有意见的花炮队,派代表到主席台谈判,不准打架;各地花炮组委会(有的叫筹委会)都在抢花炮现场设有场内裁判、终点裁判,还有验明炮圈真伪的验炮裁判,有意见可以提出来,但一切都要服从裁决。侗乡的抢花炮在体育活动中培养着民众通过正常渠道提出意见、民主协商以及遵守裁决的习惯,把民众的反应导入一种有序的状态。作为游戏规则制度化的活动,体育可以提高一个民族的道德水平。体育运动的竞争具有公平性，没有规则就没有体育竞赛，活动规则总是与活动本身一起产生、一起发展、一起完善的。侗乡抢花炮的规则正在活动过程中逐步完善，每一届抢花炮人们都会对规则提出意见和建议，每一届都要对规则进行一些修改和补充，这个过程可以说也是一个培养民主与法规观念的过程。参与是一种体验，按照现代教育学理念，体验是最好的学习方法之一，经常参与公平竞争的活动可以提高人与人之间公平竞争的道德观念。因此，抢花炮仪式活动是侗族村寨传统道德规范和传统价值的传承场，也具有现代民主与法规的启蒙作用。

在侗乡，花炮寓意着吉祥，抢得花炮意味着获得神的眷顾。此外，抢花炮是一项集体活动，关系到集体的荣誉，得到花炮的寨子会很有脸面，来年抢花炮还有机会游炮展示自己，所以，大家很重视它。"个个都想要那个炮。为寨子争荣誉。如果上届没有抢得花炮，本届就没有机会游炮"，"大家为了寨子的荣誉，都用力去抢"，"抢不过别人，就没办法"。村寨间对名声的竞争、对神灵眷顾的争夺被引导到一项体育活动之中，大家遵守一套约定的规则，承认"抢不过别人就没办法"这种体育比赛的惯例，对村寨间的和谐以及族群内部的团结和谐很有意义。实现和谐社会，是人类孜孜以求的一个社会理想，法律制度是实现和谐社会的制度平台，只有人人自觉遵纪守法，才能形成良好的社会秩序和社会环境，才能实现社会和谐。法治实现的一个十分重要条件是人民对法律普遍的尊重和自觉服从。加强公民法治观念是建设现代文明社会的重要保障，是法治建设的基础。① 普法不能停留在法律知识的普及上，

---

① 张涛：《和谐社会需要法治》，《深圳特区报》"做个讲法治的现代公民"笔谈，2005年3月2日。

414

要加强现代法律意识、法治观念的培育。① 村落民间的体育活动可以成为一种寓教于乐的活动，在潜移默化中培养村民制定规则和对规则的遵从意识，把规则看成参加竞赛者必须遵循的准则，把实现规则看成实现公平的条件，这种意识可以迁移到法律意识、法规观念的培养之中。

3. 老人协会，构建农村和谐社会应该重视的力量

在桂北侗乡，抢花炮的民间组织者是村寨老人协会。侗乡的老人协会不是通常意义上的老年人娱乐联谊组织，它是一种自生的地方性草根力量（指相对于国家或政府力量的民间力量，也称非制度性力量）。传统的侗族社会内部管理自成一统，寨内集体事务的管理，往往寨老的话就是法，就是权威，这是一种被韦伯称做"卡里斯玛"的权威（Charisatic authority）。② 本书第四章和第五章已述，在"四清"到"文化大革命"时期，桂北侗乡与全国各地一样，寨老组织在强大的政治运动和国家力量作用下退出了侗寨民众的生活，但它的根基还在，随着改革开放、土地承包及联产责任制的推行，这种草根力量在侗乡陆续恢复，只不过寨老这一名称已改为老人协会而已。目前，这种老人协会是没有经过社团法人登记的民间组织。

在当地村屯中，寨老往往是由一些德高望重的老人担任，有的寨老还是当地的退休干部，他们的话在当地群众中有一定分量。一位乡党委副书记说："寨老对促进当地的发展有一定作用，一是能做一些当地政府无法解决的事情，如村里建设一些大项目（公路建设、捐资助学等）时涉及到占用土地、土地掉换

---

① 周成新：《现代文明社会与公民法治观念》，《深圳特区报》"做个讲法治的现代公民"笔谈，2005 年 3 月 2 日。

② "卡里斯玛"权威以对个人超凡能力、英雄主义精神、典范品格的崇拜、迷信为基础。参见马克斯·韦伯，林荣远译《经济与社会》（上卷），商务印书馆 1998 年版，第 241 页。

以及捐款等，在政府部门无法处理时，他们往往会起到意想不到的作用。二是做一些公益性事业。现在是经济社会，人们无论做什么事情总讲有报酬，但村屯里的一些大事如建鼓楼、整修道路等，只要村里的寨老商量说做，群众在没有任何报酬的情况下，会自发地完成村屯里的各项公益事业。"① 当地的寨老和村民也说："有时候，政府号召的事情不如寨老起的作用大。"其中的原因，是"寨老管理与政府管理有区别。行政管理的人，下来只是一两个钟头，或者天把就走了，但寨上的寨老，天天在这地方，你做没做，他很清楚，很晓得你的底细，所以讲话就听些。大家都在寨上，你做好做坏，很晓得底细，人是要脸面的，所以你讲做什么事就会听。如果你讲一次不听，讲两次又不听，大家就会讲这个人不行，他就没面子。如果是政府组织，你组织你的，他懒得理你。"老人协会成员做公益事务没有任何报酬，报酬就是"把村寨管理好"，老人说："因为我们在这个寨子，要把我们这个寨子各方面做好，把这个小地方管理好，有个自发的习惯传下来。"由于账务公开、工作透明，群众的捐款捐物都制作公开的乐捐榜，使大家获得做善事之后的心理满足，他们组织的架桥、修路等公益活动，村民捐款、捐物、捐工都十分踊跃，当地人把这种捐款叫做乐捐，充分表明了民众对这些行为的意愿。"乐捐"一词非常生动地刻画了侗乡人热心公益的形象。与此乐捐相反，政府组织的活动，人们总要讲报酬、讲价钱。因为村民认为："政府要做的事上面都拨了钱的，让我们尽义务是把我们当阿斗。"这是社会风气中的腐败现象影响了政府的形象，造成政府诚信危机。在本研究调查的桂北侗乡，老人协会与村委会的关系是比较和谐的，上级任命的村长和书记这种制度性力量

---

① 摘自 L 乡党委副书记 CJQ 于 2004 年 5 月给笔者写的材料《"寨老"在社会发展中的利与弊》。

和老人协会这种非制度性力量相互配合使得各项地方事业进行得较为顺利。人们说，总体上是村委会为主导，老人协会为动力，一些村屯工作由老人协会来做已经形成惯例。乡里面的号召、文件布置到村委会，村委会就落实到到老人协会，例如"非典"期间站岗、旅游节活动安排、沼气建设、公路和公共建设占地问题。村长和书记主要是向乡政府和乡党委负责，实际上是国家力量的最基层体现。与官方发生的关系及事务由村长和书记来完成，包括政策的传达、农业税收、计划生育、地方政府摊派等。民间自组织的老人协会向村寨负责，管本村、本屯的社会治安、纠纷，组织架桥、修路，组织抢花炮等传统仪式、丧事互助以及平时的喊寨防火等公益事务等，老人协会是最基层的管理组织，协助村委会管理村寨。草根力量在桂北侗乡仍然具有许多实际的权威，村委会与老人协会形成一定的互相监督。

由于老人协会能发挥许多正面的作用，对政府的工作有很大帮助，因此，当地政府默认了这种非正式组织的存在。近年来，村官违纪现象时有发生，2005 年 6 月下旬，中央组成四个组，调研媒体披露和信访反映问题较多的八省村官违法违纪行为。[①] 桂北侗乡并没有严重的村官违纪违法行为，应该说与老人协会的制约有一定关系。"由于国家力量与草根力量所依靠的背景不同，前者带有在法律甚至暴力（韦伯对国家的根本性规定之一）色彩下强制干预的性质，属于'横暴权力'范畴。后者的依据则是地方伦理以及在此基础上形成社会契约，为乡土知识与民间智慧的产物，属于'同意权力'范畴（费孝通）。既然两股力量各有着自己的体现范围和说明依据，在现代社会中无法全面替代，那么，承认草根力量的合理性并适度宽容之应该有益于中国

---

① 《中央调研八省村官违法违纪行为》，民主与法制社广东记者站（www. lawing. cn），2005 年 7 月 5 日。

广大农村特别是那些边陲地带乡土社会各项工作的开展"①。老人协会这样的民间组织弥补了当今我国农村基层组织动员力不足等问题，也让村民真正地有渠道参与村庄的自我管理、自我发展和自我服务。正是这样的民间组织承担着抢花炮活动的筹备和组织，为村民提供了公共空间和文化传承载体。同时，在革命运动和市场经济的双重冲击造成村庄传统解体，那些"传统型的村庄精英越来越少也越来越失去影响力"②的情况下，抢花炮活动的组织筹办也是老人协会体现自我存在价值、强化权威的重要方式。老人协会是农村和谐社会构建应该重视的力量，草根性的仪式性体育则是体现和维系这种乡村自组织根基的一股力量。这种仪式性的体育活动是建构乡村和谐社会的文化载体和组织载体。

在桂北侗乡调查的所见所闻，从政府到民间都承认这个组织有很长的历史，又不像一些非法组织是与政府对抗的，"有很多事情政府是要靠他们的，讲民族团结，要靠寨老们作宣传。没有老人家，光依靠上面政府是不可能管理好的。这里一二十年了，从没有发生过什么大案件，就是那帮寨老的功劳"③。社会安定团结和寨老们的有效管理是密切相关的，所以，政府应该在扶持基层民间力量方面做些工作。

村寨老人协会这种模式是一种保证村落社区和谐的管理模式。类似侗乡老人协会的民间力量并不只存在于少数民族乡村。贺雪峰在《新乡土中国》指出，江浙两省村一级大都设有老人协会。浙江温州地区几乎每一个村都有老人协会，且老人协会活动很多，作用颇大。苏南地区大多也有健全的老人协会组织，只是作用没有温州大。温州沿江发达乡镇党委书记和贫困山区乡镇

---

① 彭兆荣：《边陲地带的草根力量》，载《读书》2000 年第 5 期。

② 贺雪峰：《村庄精英的谱系》，世纪中国（http://www.cc.org.cn），发布日期：2005 年 2 月 8 日。

③ 林溪街党支书在访谈中的话。

党委书记都用一样的语气说，老人协会在某些时候的作用比村支部还大，有些事情，特别是涉及民间纠纷的调解，离开了老人协会就是解决不了……①2003 年，贺雪峰等在洪湖渔场倡议成立老年人协会，老年人协会不仅在本村扎下了根，而且为当地社会所认同。② 这说明，老人协会模式是可以普遍有效的，并且是有可能移植到没有这种专统的村落的。

三　仪式性少数民族体育的未来

抢花炮是一种少数民族传统的仪式性体育，也是一种民俗体育，对它的深入调查研究，可以获得对仪式性少数民族体育乃至一般村落民俗体育的继承与发展以及村落文化建设的一些有益启示。本书对于我们认识仪式性少数民族体育的未来有以下的启示：

（一）仪式性民间体育民间办才有生命力，草根性质的仪式性少数民族体育将继续保持活力

仪式性少数民族体育在乡土社会是一种习俗，这种习俗长期以来已经形成严密的"组织性"惯力，每当花炮节，远近的乡民便不约而同赶来并按群体的共识行事。林溪抢花炮四村街的联合，就是在习俗惯制的严密"组织性"惯力下形成并传承的。它调动四村街俗民群体的共同行为，使他们形成超越行政社会组织的联合，并世代传承。在桂北侗乡村民参与政府主办的活动与参与花炮节活动态度有极大的反差。花炮节仪式是纯粹民间组织的活动，它是民众自愿聚集、平

---

①　贺雪峰：《新乡土中国》，广西师范大学出版社 2003 年版，第 136 页。
②　贺雪峰：《老年人协会纪事》（之一），来源：三农中国，2004 年 8 月 24 日。

等交往、和谐共处的公共活动，人们在这种仪式中愉悦精神、增进情感、强化文化认同、沟通价值观念。民众是活动的主角，他们宣泄、表达的是自己渴望表达的情感与愿望，因而是不计报酬的。但在政府组织的节日如旅游节上，民众是被人摆布的棋子，是进行表演的"演员"，因此，他们计较参与活动的报酬，参与活动的热情也大不一样。民间的仪式性体育活动民间办才有生命力。

对于清贫、枯燥和单调中生活的少数民族来说，仪式性民间体育是与平日的生活有着巨大反差的狂欢生活，是沉闷压抑生活的一个宣泄口，既是他们的精神需要，也是他们的现实交往需要，这些都是仪式性少数民族体育存在的基础。仪式性少数民族体育的集体仪式性特点决定了它的存在依赖民间组织者的存在和有效的组织工作，仪式性少数民族体育与民间草根力量有着互为依托的关系。我国乡村越来越开放和民主的政治环境是草根民主能够生存的环境，也是仪式性少数民族体育存在的政治环境。因此可以预见，在村落社区仪式性少数民族体育仍将具有生命力。但是在尚处于贫困状态的少数民族地区，民间办仪式性体育活动需要政府在政策上和经济上的支持与扶持。这种支持应该不仅仅是输血式的支持，更应该是造血式的支持。

（二）仪式性民间体育是"一条流动的河"，随着经济、社会的发展会发生相应的变异

目前，对于民族传统文化的衰微，学术界有两种态度，有的学者大声呼吁予以抢救和保护，甚至有一些极端的意见，寻求"原汁原味"、"未受任何外来影响的"民族传统文化，不加分析地提倡"越是民族的就越是世界的"。也有学者主张"花开花落两由之"。"事实是，民族文化，不仅处在一种历时性的'传统'

中，而且处在一种共时性的‘生境’中"①，它是民众的一种行为方式。人的行为方式总是以一定的思想观念作为基础的，而人的思想观念是随着时代的发展而变化的，因此，民族文化也必然是一种流变的东西。在现代化与全球化背景下，少数民族社区正在发生巨大的变化，政治、经济的变化必然反映到文化上来。仪式性少数民族体育是一种民俗，是少数民族本能的需求和创造，其孕育、生成、演变与创造主体的进化、需求息息相关。随着经济、社会的发展，作为物质文化和精神文化表现的仪式性少数民族体育必然会发生相应的变异。因此，它与其他民俗文化一样也是"一条流动的河"，既是传统的，又是变异的、新生的。例如，少数民族风情是少数民族地区开展旅游的卖点，然而，少数民族的许多习俗和文化是与原始落后的生产生活方式、原始信仰相联系的，人们有发展的愿望和改善生活的愿望，随着人们认识水平的提高，原始信仰的力量也在减弱，但游客想看的又是那种原始的"习俗"、"风情"，于是，"卖土特产"成为一种必然。由于"卖土特产"，抢花炮由较为单一的活动不断丰富多彩，被建构成综合性的民族传统文化节日，这是民间组织者、政府以及当地民众共谋的活动，也是现代背景下仪式性少数民族体育的一个共同趋向。民族文化的传习与保护，只有在其能够生存、发展的前提下才是实在的，否则易流入空谈。现实是，凡能与市场建立互益关系的民族传统文化就能获得生存的土壤和发展的空间。目前，抢花炮活动的举办并没有能够对村民的物质生活改善起作用，但人们举办花炮节已有了很强烈的发展地方、招商引资的愿望，近年来抢花炮温度的回升与这种经济利益的考虑有关。

---

① 廖明君：《源于田野的文化思考——邓启耀访谈录》，载《民族艺术》2002年第2期。

(三) 民间信仰成分仍将有一定程度的保留

一种民俗之所以传承千年而不衰，主要是信仰的力量。在中国，"迷信"一词早已成为一种特定的政治术语，但许多专家提出，一种具有悠久历史的民俗不可能不带有某些封建色彩和迷信味道，许多习俗对社会并未造成伤害，它提供人们宣泄不满、抚平焦躁的机会，我们没有理由，也没有必要以"迷信"之名将其打入冷宫。对待传统文化，我们应该具有起码的宽容。附着在仪式性少数民族体育上的信仰内涵代表着少数民族对美好生活的愿望，对他们具有精神上的慰藉与行为上的实用功能。信仰需要外化的形式，但在许多少数民族地区，例如笔者调查的某乡基层的政府官员因为"迷信"的"概念不清、不好把握"而导致对仪式性少数民族体育活动行为上的保守。仪式性少数民族体育的衰微与其信仰内涵被剥离有一定的关系。随着时代的进步和人们观念的更新，抢花炮的文化内涵也在发生变化，仪式中强化亲情力、获得社会影响力、增强人际关系亲和力的因素受到了普遍的重视，祈福避灾、休养生息的文化功能也得到了进一步的加强。仪式的功能已经从添丁的目的向着调剂人际关系的方面发展。

(四) 仪式性少数民族体育的规范化发展是一个渐进的过程；与现代体育携手可以增强对劣质文化的"竞争性抑制"能力

现代体育元素的渗透使少数民族仪式性体育活动也趋向规范化。现代体育元素的渗透使古老的抢花炮有了一些现代的气息，也强化了一些竞技体育的特征。竞赛的实践使人们体会到，按规则办事争论就会少一些，比赛规则要逐渐完善。但是，文化的发展变化是必须与特定的文化生态相适应的，如果强行把少数民族运动会抢花炮的规则搬到侗乡，由于现阶段乡村并不具备接受这种规则的现实条件（包括物质条件和心理条件），将会扼杀这一

422

仪式性少数民族体育的生命力。因此，要尊重客观规律，耐心地引导少数民族体育向现代体育的规则化渐变发展。在访谈中，一位乡长谈到，如果由政府主办抢花炮的话，将会面临采用国家少数民族运动会规则还是民间规则的矛盾。他说，抢花炮已进入少数民族运动会，有国家的竞赛规则，政府来做按民间的规矩不好，不按民间规矩又不现实，说明农村基层领导这方面的意识存在偏差。

在现实中，少数民族体育与现代体育并非向一些人想象的是一种冲突的关系而是常常形成互补，共同对劣质文化形成"竞争性抑制"。在桂北侗乡各花炮节上，民间几乎都安排了篮球赛，人们对抢花炮充满热情，在鼓楼里热闹地下侗棋，对现代体育的篮球赛也兴趣浓厚，在这里，传统体育与现代体育没有相斥和冲突，人们保持和热爱自己的传统体育，也接纳和热爱现代体育。在当前赌博等劣质文化如洪水猛兽般席卷村落的时候，民间体育尤其是具有核心作用的仪式性民间体育与现代体育两者携起手来可以增强对劣质文化的"竞争性抑制"能力，构建和谐社会应该重视对两者的利用。

（五）需要艰辛地拼抢和相互合作的仪式性体育在未来将更显体育的魅力

民俗学家董晓萍说："研究村社结社的资料能发现，传统的中国人活得充实、有奔劲。贫困使人们相互依靠、合力协作、一分一寸地奋斗。所取得的物质成果尽管有限，却能让人们自我实现，分享群体欢乐，增长忍让宽厚的人文精神，产生幸福感。现代中国的经济水平提高了，有钱人多了，许多艰苦制作的产品变成了商品，花钱就能买到，不再仅仅求助于人群的竭力合作，加上社会生活节奏的加快，传统的稳定的社会关系也在悄然变化，一些人变得自私了，跟他人不亲了。但有的西方发达国家的民俗学者却诚恳相告，这正是他们经历过的精神失落。高消费、大把花钱、不必备尝艰辛地劳作奋斗，反而让人不能自我实现，找不着感觉，不幸福。于是，西方民俗学者羡慕勤劳合作的东方人，向本国读者介绍他们的这一认识，这对我们重新阐释本民族的村社组织和地方社会史中的优秀民俗文化成分，不无启发。"① 笔者调查时的桂北侗乡虽然正在有所改变，但依然处于比较贫困的状态，在生活中，人们正像董晓萍所说，在许多事情上相互依靠、合力协作，分享群体欢乐，例如笔者在林溪经历的一次建桥活动（参见本书第二章），抢花炮也是这样的活动。也许如董文所说，随着经济水平的提高，在桂北侗乡许多事情也会不再仅仅求助于人群的竭力合作，不必备尝艰辛地劳作奋斗，但是，抢花炮是需要艰辛地拼抢和相互合作的仪式性体育，通过它，人们仍然品尝痛苦、失落与成功的欢乐，这正是体育的魅力。到那时候，这类活动的作用将更为重要和突出。

四　抢花炮体育人文社会学研究的方法论启示
——民族传统体育需要在乡土社会背景中理解和研究

（一）将民族传统体育与其传承的主体作为有机整体来予以观察和认识

长期以来，我国民族传统体育研究比较注重体育活动本身而相对忽视作为创造主体的人。本书的研究说明，作为生活文化，民族传统体育尤其是仪式性的民族传统体育与当地人的需求、组织等活动相联系，活动的人就是其传承的载体，传统组织是其传承的保障，应该将民族传统体育与其传承的主体作为有机整体来

---

① 董晓萍：《说话的文化——民俗传统与现代生活》，中华书局 2002 年版，第220 页。

予以观察和认识。如果视野只局限于体育活动本身就难以产生文化的理解。例如，如果只看到民间抢花炮的新奇、壮观，不知道什么叫花炮、为什么有一个还炮的规定、人们为什么开展这样的活动、为什么现在还不断有一些乡村在引进这项活动等等这些属于活动主体行为过程方面的情况，对许多现象就无法理解，就会对抢花炮产生"这些人辛辛苦苦抢来花炮，明年又要如数奉还，何苦来哉"，"怎么那么多老人游行，那些人穿得像清朝的人，跟港台的鬼片一样"等等的困惑和评论，① 对抢花炮这种民间体育活动的社会价值和意义也就不能充分认识和挖掘利用。全国少数民族传统体育运动会中的抢花炮项目并没有充分理解花炮的意指，为解除人们对那种在场上看不到花怎么叫抢花炮的疑惑，就在场地器材上下功夫——把炮圈缠上红绸、炮圈改成五彩的大圆饼，设置进炮的花篮。其实，抢花炮就好像足球的世界杯、冠军杯赛，人们争抢世界杯、冠军杯，是通过足球来抢，并没有在场上抢一个杯状的物品，也不必把球门设计成奖杯一样。民间抢花炮，是利用抢炮头争夺那作为吉祥象征物的炮屏（炮架、镜屏），因此，炮头往往并不花哨，以抢得炮头跑进庙中为夺魁。乡民把抢花炮与自己的信仰结合，形成了各地祭祀不同神灵的抢花炮。笔者以为，全国少数民族传统体育运动会也可利用抢花炮的这种信仰载体功能，把它改造来为现实服务，宣传民族团结，祝愿国泰民安和地方兴旺发达。

（二）揭示和阐释当地人对乡土体育的观点而不仅仅是描述这些活动本身

仪式性体育在乡土社会有其存在的生态基础，只有回到村民所生活的村落社区环境中，在他们的生活逻辑中寻找答案，才能

---

① 摘自网友评论。花炮节过后，类似的网友评论不是个别。

理解仪式性体育在乡土社会的存在与意义。"人类学的研究目标本身就在于理解当地人观点，展示他们赋予这个世界，以及他们自身生命、生活和行为的意义"①。因此，人类学的方法可以给我们许多帮助。克利福德·格尔茨认为，文化是"历史上传递下来、体现于象征符号中的意识模式，一套承袭下来、表达于象征形式中的概念系统，通过这套系统，人们得以交流、延续和发展他们有关生活的知识和对待生活的态度"②。换言之，格尔茨认为，文化并不是行为、习俗或人工制品等象征符号本身，而是通过这些象征符号表达出来的意义体系或结构，文化是一张由人自己编织而成的"意义之网"。对于行为的客观描述并不意味着对于行为的深入理解，因为人们赋予同一行为的意义可能是不同的。例如，用照相机照下来的所有人的眨眼动作可能都是相似的，但是，有的眨眼可能是无意的，有的则是有意的；有的人眨眼可能是在使眼色，而有的人眨眼则可能仅仅是为练习使眼色等等。因此，对于行为本身的描述仅仅是一种"淡写"③（thin description），而"浓描"（thick description）则应该能辨析人们赋予其行为的意义。"浓描"的提出表明人类学的研究目标不再是当地人的行为本身，而是当地人赋予其行为的意义，因此，文化研究"不是寻求规律的经验科学"，而是"一门寻求意义的阐释学科"④。这是格尔茨倡导的人类学研究途径。把此观点引入民族传统体育研究中，就是体育社会文化人类学应当揭示和阐释当

---

① 潘蛟：《火把节纪事：当地人观点？》，载《民族艺术》2004年第3期。

② Clifford Geertz, The Interpretation of Cultures-Selected Essays by Clifford Geertz, London：Fontana Press，1993，p. 90.

③ thin description 和 thick description 一般译为"浅描"、"浅薄的描写"与"深描"、"深厚的描写"，笔者认为，用中国文字中传统的表达词语"淡写"与"浓描"应该更达、雅一些。

④ 克利福德·格尔兹著，纳日碧力戈等译：《文化的解释》，上海人民出版社1999年版。

地人对那些乡土体育活动的观点而不仅仅是描述这些活动本身，在乡土社会中去理解当地人对乡土体育的认识和看法，理解这些活动的存在与意义。同时，我们也要注意，当地人的观点也"生成于与别人的对话。在他们的观点中，不仅能看到与别人争辩，而且能看到对别人观点的内化和引申"①。桂北侗乡近年来抢花炮"外演趋势扩大"，"民族特色有意识地强化"就是在与外界对话中，根据外人的观念和需要进行的自我改造。

（三）引入"自下而上"的视角，在国家与社会关系和社会变迁背景中研究民族传统体育的传承和流变

国家与社会关系是社会学和社会人类学等学科普遍关心的问题，但民族传统体育学科这方面的研究却仍然比较鲜见。本书的研究表明，仪式性少数民族体育是乡土社会中民间与国家相遇和互动的舞台，乡土社会的仪式性体育非常突出地体现了两者的互动。因为仪式性活动涉及民间意识形态与官方意识形态的冲突，仪式性民间体育依托的民间组织又往往是非正式的组织，没有合法身份，为了能够顺利组织这项活动，民间组织需要政府在经济上的支持和政治上的宽容，因此，民间组织积极主动地与政府沟通，为政府考虑，协助政府做许多工作，游炮过程中为政府进行政策宣传。纵向来看，仪式性民间体育伴随国家政治经历了几起几落，现在，在现代化与全球化的大背景与地方性文化特点的张扬之间又出现了"复兴"，如果不考虑其社会历史背景，仅就民间体育传统本身来讨论它的"流传演变"规律显然是不得要领的。本书对桂北侗族地区抢花炮的研究表明，乡土社会的民族传统体育尤其是仪式性民间体育有着深厚的传统文化内涵，传递了丰富的乡土文化信息，它在文化归属上属于小传统，受到民间意

---

① 潘蛟：《火把节纪事：当地人观点？》，载《民族艺术》2004 年第 3 期。

识形态的支撑，是民间自治组织力量的体现和强化权威的重要方式。它与大传统之间有密切的关联，在进行民族团结符号建构、开展全民健身活动和农村文化建设的过程中是一项重要的资源，国家对这种民间资源进行征用和改造，民间也吸收大传统的规则程序，并不断完善庆典仪式，以适应社会的变化，大传统与小传统之间表现出相互影响和利用。"只有与现实生活保持紧密联系的学科才是有生命力的学科"[1]，因此，民族传统体育研究需要突破体育的狭窄圈子，引入"自下而上"的学术视野，大处着眼，小处着手，加强田野调查，从问题到实证，从体育到社会，进行深入的研究，才能使体育更充分地体现人文社会学的研究价值。

（四）在少数民族体育研究中引入"族际"的视角

体育文化的共享是族际社会里最常见的文化现象与社会事实。长期以来，我们的少数民族体育研究和少数民族体育运动会的有关宣传过于强调族别性，对每一少数民族体育项目都要定义它的族别，以至于在抢花炮项目上还有过姓"侗"还是姓"壮"的争论。然而，承认抢花炮的族际传播和族际共享并不会贬低该少数民族体育的文化价值，相反，对与之有关的文化现象能够获得更全面的理解和解释，更能体现它在民族团结方面的价值。本书对桂北侗族地区的抢花炮研究说明，族际的视角对于少数民族体育研究是需要重视的。以族际的视角，通过跨学科、跨文化的研究，可以促进不同文化的相互理解与合作，使这些文化成为全社会共享的财富。

注重田野调查，把民族体育研究的范围扩大到社会的各个层

---

[1] 刘锡诚：《妙峰山·世纪之交的中国民俗流变》（序言），中国城市出版社1996年版。

面，学科之间不再壁垒森严而是相互打通与印证，对研究抱一种开放的心态和探索的姿态，"自下而上"看民俗体育，丰富民族传统体育的叙事方法，使之摆脱平面的单调与单薄，从"淡写"达到"浓描"，更深刻地反映民众的思想和情感。"超越体育"才能更深刻地认识体育，本书提供了这种认识的研究实践，这是抢花炮体育人文社会学研究给民族传统体育研究的方法论启示。

附　　录

附录 1　国家图书馆收藏的民族传统体育著作目录①

著者	题目	资料类型	出版社	出版年	年总计
卢兵	中华民族传统体育文化导论	专著	民族出版社	2005	4
倪依克	论中华民族传统体育	专著	北京体育大学出版社	2005	
王岗、王铁新	民族传统体育发展的文化审视	专著	北京体育大学出版社	2005	
宝音特古斯编	er-e-yin ɤurban naɤadum	民语文献（蒙古文）	内蒙古科学技术出版社	2005	
央西编	中国少数民族体育	专著	中国画报出版社	2004	10
倪依克	论中华民族传统体育的发展	博士论文	华南师范大学	2004	
王震	马王堆导引图技理研究	博士论文	上海体育学院	2004	

---

① 本目录是分别以检索词"民族体育"、"传统体育"、"民间体育"、"×族体育"在所有中文数据库的"所有字段"范围检索的结果筛选出来的（检索时间：2005 年 11 月 15 日）。如此检索当然会有许多遗漏，但已经能够反映少数民族体育研究著作的基本情况。

续表

著者	题目	资料类型	出版社	出版年	年总计
卢东镐	20世纪民间创新拳学体系的研究	博士论文	上海体育学院	2004	
刘德琼主编	中国民族传统体育发展研究	专著	广西师范大学出版社	2004	
雷军蓉主编	舞龙运动	专著	北京体育大学出版社	2004	
李济主编	少数民族传统体育	专著	山西科学技术出版社	2004	10
韦晓康著	壮民族传统体育文化研究	专著	中央民族大学出版社	2004	
姚重军编著	少数民族传统体育文化研究	专著	民族出版社	2004	
刘旭东主编	十四种竞技：中国少数民族传统体育运动会竞赛项目赏析	专著	宁夏人民出版社	2003	
杨丰陌主编	辽宁省第五届少数民族传统体育运动会	专著摄影集	辽宁民族出版社	2003	
周伟良主编	中华民族传统体育概论高级教程	专著	高等教育出版社	2003	
国家民委文化宣传司选编	民族体育论集：第七届全国少数民族专统体育运动会科学报告会	专著	民族出版社	2003	9
钟亚军	吉祥圣火：中国少数民族传统体育	专著	宁夏人民出版社	2003	
赵静冬编著	云南省特有民族传统体育文化	专著	云南民族出版社	2003	
刘星亮主编	民族传统体育概论	专著	湖北科学技术出版社	2003	
徐玉良等主编	民族体育传统保健	专著	广西师范大学出版社	2003	
秦文忠、秦岭	回族体育文化	专著	宁夏人民出版社	2003	

著者	题目	资料类型	出版社	出版年	年总计
张北平主编	贵州民族宗教（期刊）	期刊	贵州贵阳该刊编辑室	2002	
佚名	七彩山乡·风情竞技：广西河池市少数民族传统体育	电子资源VCD	广西民族音像出版社	2002	
李嘉	西南地区民族体育之教育传承体系研究	硕士论文	云南师范大学	2002	
韦晓康、方征主编	民族传统体育教材	专著	民族出版社	2002	9
曲宗湖主编	学校民族传统体育	专著	人民体育出版社	2002	
卢平生、杨兰生编著	民族传统体育研究	专著	甘肃教育出版社	2002	
宋加华等编著	民族传统体育保健学	专著	民族出版社	2002	
张锦年、姚毓武主编	中年妇女保健手册	专著	农村读物出版社	2002	
赵昌毅等编著	民族传统体育教学与训练	专著	华文出版社	2002	
杨彦、郑海祯编著	传统体育健身法	专著	山西科学技术出版社	2001	
赵静冬等	中国少数民族传统体育研究	专著	云南民族出版社	2001	3
谢光编著	中华民族体育	专著	大连出版社	2001	
李鸿江主编	中国民族体育导论	专著	中国书籍出版社	2000	
胡小明等主编	民族体育	专著	广西师范大学出版社	2000	14

著者	题目	资料类型	出版社	出版年	年总计
李德祥著 白居舟等译	哈尼族体育	译著	云南民族出版社	2000	
戴伟谦	程登科之民族体育思想	海外中文图书	师大书苑公司（台北）	2000	
饶远、刘竹编著	生命活力的迸放：云南民族体育	专著	云南教育出版社	2000	
徐金尧主编	民族传统体育学	专著	人民体育出版社	2000	
陈青山、鄢红洁主编	传统体育养生学	专著	湖北科学技术出版社	2000	
黄益苏、史绍蓉编著	中国传统体育	专著	中南工业大学出版社	2000	14
高广、蒋绍敏主编	云南少数民族传统体育发展前瞻	专著	云南民族出版社	2000	
白晋湘等编著	民族传统体育教程	专著	中南工业大学出版社	2000	
曾于久、刘星亮	民族传统体育概论	专著	人民体育出版社	2000	
刘德琼等主编	少数民族传统体育	专著	广西师范大学出版社	2000	
涂绍生、向鸣坤编著	土家族民间体育	专著	中央民族大学出版社	2000	
高谊主编	中国民族传统体育研究	专著	北京体育大学出版社	1999	2
赵静冬主编	少数民族传统体育运动教学与训练	专著	云南民族出版社	1999	
库德热提·阿不里来提	新疆民族体育	专著	新疆科技卫生出版社	1998	1
陈新海	论丝路地区的尚武精神与民族体育	敦煌资料	西北史地	1997	1

续表

著者	题目	资料类型	出版社	出版年	年总计
第五届少数民族传统体育运动会组委会大型活动部编辑	中国 56 个民族传统体育摄影作品集	专著	云南民族出版社	1996	
王金保、彭士媛编著	民族传统体育及健身方法	专著	华夏出版社	1996	
第五届少数民族传统体育运动会新闻中心编	中华人民共和国第五届少数民族传统体育运动会获奖新闻作品集	专著	云南教育出版社	1996	4
高发元主编	盛世盛会：中华人民共和国第五届少数民族传统体育运动会	专著	云南民族出版社	1996	
李立纲等主编	少数民族体育文化论	专著	云南民族出版社	1995	2
赵书主编	京华民族传统体育项目 50 例	专著	北京燕山出版社	1995	
杨平编著	开满世界的山花：民族体育运动	摄影集	四川少年儿童出版社	1994	
盛琦、丁志明	中国传统体育风俗	海外中文图书	百观出版社	1994	3
李金龙	论中西传统体育的基本思维方式特征	博士论文	上海体育学院	1994	
张春娣、陈秀英编著	中国传统体育保健	专著	湖南教育出版社	1992	
张斌主编	民族之光：第四届全国少数民族传统体育运动会新闻大奖	专著	广西民族出版社	1992	3
覃卓凡主编	第四届全国少数民族传统体育运动会文件汇编	专著	广西民族出版社	1992	

著者	题目	资料类型	出版社	出版年	年总计
杨万智	运动与生存：云南少数民族体育文化考释	专著	云南大学出版社	1991	3
梁彬主编	民族纵横	期刊	民族纵横编辑部	1991	
王正芳主编	云南少数民族传统体育文集	专著	云南民族出版社	1991	
国家体委文史委员会编	中华民族传统体育志	专著	广西民族出版社	1990	2
罗廷华主编	论民族传统体育	专著	贵州民族出版社	1990	
胡小明编著	民族体育集锦	专著	四川民族出版社	1989	1
张荣泉主编	中国体育	期刊	中国体育杂志社香港书画出版社	1988	2
山东省高校编	传统体育保健	专著	石油大学出版社	1988	
陈英主编	河北体育学院学报	期刊	学报编辑部	1987	1
王泉声编	新疆民族体育集萃	专著	新疆人民出版社	1986	1
《民族体育集锦》编写组编	民族体育集锦	专著	人民体育出版社	1985	1
毕世明主编	体育文史	期刊	体育文史杂志社	1983	1
内蒙古自治区体育运动委员会编	内蒙古民族体育	专著	内蒙古自治区体育运动委员会	1982	2
苏竞存编	体育史料增刊：少数民族体育历史考证作品专辑	专著	人民体育出版社	1982	
中央民族学院民族体育儿歌编创组	民族体育儿歌	专著	人民体育出版社	1977	1

续表

著者	题目	资料类型	出版社	出版年	年总计
皖南大学体育科二年级甲班民间体育研究小组编著	牧球	专著	安徽人民出版社	1960	1
包耶夫·H. 著，仇标译	击木运动：苏联最流行的民间体育游戏	专著	北新书局	1953	1
台湾地区体育委员会	台湾原住民的传统体育研究：以排湾、鲁凯族为对象	海外中文图书	台湾地区体育委员会	不详	
王建台主持	台湾原住民的传统体育研究：以布依族为对象	海外中文图书		不详	
中外文化交流中心制作	中国民族体育盛会	录像制品	中外文化交流中心	不详	
高华君	中华民族体育技艺内容资料汇编与探索		（台北）供学	不详	

附录 2 新寨桥庆典期间村民乐捐活动组图

大田人在准备贺新寨桥的礼物

踊跃乐捐

乐捐上榜

"政通人和"领头

乐捐队伍

活动凝聚人心

寨老迎候嘉宾

新寨村民喜迎宾

附录3 调查日记二则

林溪调查日记——新寨桥上梁、竖中梁等

2月7日

昨夜下雨夹雪。今天雨仍在不停地下着，我和小丽在泥水中艰难地行走，去程阳补充调查。在一位老乡家，他们中午煮白糖水糯米粑粑做午餐，一定要我和小丽一起吃，我们吃一口就感到很重的霉味，但又不敢吐出来，硬着头皮把一碗粑粑吃下肚。天气很冷，每天都在和老乡烤火访谈，脸和手都熏得黑黑的，我和小丽的衣服都发黑发亮了，天气太冷，没法换下洗，我们笑称与老乡真正打成一片了，进到城里大概会被看成叫花子了。我的羽绒服在烤火中烧出了几个小洞洞，这衣是春节刚买的"波顿"，好可惜！

下午赶回林溪。到老吴家请他谈"安龙谢土"等仪式并借来一些手抄的各种"迷信"仪式的经文。为了充分利用时间，计划由小丽把老吴提供的资料看一遍，把看不懂的字筛选出来及时问清楚，我则与几位老人交谈，了解情况。小丽看了很久以后，老吴过来，我问小丽："看不懂的字多吗？"小丽答："字倒是认得，但基本上看不懂！"我把本子拿过来一看，的确"基本上不懂"——原来是用汉字记侗音的材料。只好改变计划，自己与老吴疏通我想用的一些材料，由老吴念唱一遍，再解释一遍。

下午4点左右去新寨看明天活动的筹备情况，在新寨又参加了乐捐（已经和小丽在大田捐过一次），被吴贵中老人拉到家里聊了一阵，出来后进吴居华老人家，与吴老聊了很长时间。原准备在吴家吃饭的，但被新桥典礼筹委会的人叫去会餐，少不了又

喝了一些"农家乐"。

今年全球发生禽流感疫情。从家里出来以后，家人一直在给我转发有关禽流感疫情、控制措施的新华短信，但为了调查，我们在吃饭上无法达到卫生要求。这些日子，我和小丽走访到哪家，就被留在哪家吃，平时不与别人共用餐具的我们也只好入乡随俗，与老乡喝换杯酒。那些酒杯，用现代人的眼光来看当然是不清洁的，但在这闭塞、淳朴的山寨，人们的生活方式是亲近大自然的健康的生活方式。因为没有什么厂矿企业，所以也没有工业污染，人们生活虽然简单清贫，但身体和精神都很健康，"非典"、"禽流感"都没有肆虐到这里。现在，当地政府实施旅游富民政策，正在开发当地的旅游，政府和民间都在想办法吸引游客，似乎都是从为游客考虑的角度做改善环境条件的工作，没有人想到保护当地人健康的问题。我担心旅游发展起来、游客增多以后，外面的疾病会随之带来，当地传统的生活习惯（喝换杯酒等）是很容易传播和扩散疾病的。开放之后，生活习惯不改变将有可能给当地带来灾难性的后果。应该在寨老中普及一些必要的知识，他们一旦意识到某些威胁和懂得防范的措施，在动员村民方面他们能发挥十分有效的作用，这是侗乡重要的组织资源。但现在因为寨老不能够罚款、没有处罚的权力，加之外出参加公共活动的机会少，因此外面的社会关系少，在村寨中的权威有所下降。抢花炮活动使寨老们加强了相互的以及与外界的沟通，是他们增加社会资本的机会，因而也强化了寨老的权威，这对于维持侗寨传统的自组织功能，维护村寨的安定团结和组织活力是十分有益的。

2月8日

昨天看见《通告》，今天丑时（凌晨2点）竖柱，子年出生属鼠的人、未年出生属羊的人要暂时回避；申时（下午4点）

上梁，属虎人士暂时回避。所幸我和小丽都不属回避之列，我们可以去看难得的仪式。

凌晨1:30，房东儿子为我们开门，我和小丽到新寨桥看起梁。准备竖立的梁架都平放在桥面上。半夜里真冷。在微弱的夜光下可见这些木质的梁架上有一层银光闪闪的粉末，我和小丽以为是村民为图吉利撒的滑石粉，村民告知是夜晚结的白霜，原来是老天爷给新桥装扮的！因为太冷，只有我和小丽两个旁观者，也是现场仅有的女性。请来的师父在桥上"斗萨"之后，十几位老人加上几个中年人把中梁竖了起来。我和小丽返回旅社时，鸡叫头遍了，房东儿子一直等着为我们开门，让我们十分感动。

昨晚在新寨与老人们一起吃饭，饭前主人端来一盆热水请我和小丽洗脸，小丽问："这是这里的习俗吗？"众人答："请客人洗脸是对客人的尊重，侗家一贯热情好客。"我和小丽刚搓两下水中红色的新毛巾，盆里的水就变成了红色，仿佛倒进了半瓶红墨水，我们的手也立马被染成了红色，如此毛巾如何洗脸？我只好象征性地在脸上沾了两下。小丽又问："请客人用红色的水洗脸也是这儿的习俗吗？"众人笑答："用红色的水来洗不是像涂胭脂一样好看吗？"

下午在新寨吃中餐（3点半才吃），切成块状的酸肉看起来完全是一块块的生肉，吴居华老人说要帮我烤烤吃，我连忙谢绝。近4点，我暂别吴老去桥上，吴老拿出特意准备的红腰带给我们，这是非常特别的礼遇，今天的来宾中只有我们享受了这样的礼遇。我们和新寨村民一样也扎上红腰带去桥上看上梁。4点，桥上"斗萨"开始，程序与凌晨的"斗萨"无二，只是祭品多一些，观者多一些。"斗萨"后在桥上吃油茶，然后是上梁，随着梁架被拉上，爬在架上的人从梁上撒下糖果、粑粑和钱币，男女老少争相抢拾，我和小丽也加入争抢的行列，抢得好多粑粑、糖，我还抢得一枚硬币，实在好玩儿、过瘾。

上梁后，华夏屯表演贺新寨桥的哆耶，我加入老人的哆耶圈子一起哆耶。

晚上文艺演出，先是新寨的年轻人在 78 岁老人吴贵元的带领下哆耶，感谢各方支持，欢迎各方来宾。吴贵元老人是县文化馆老馆员，也是著名的歌师。哆耶的人不是指定的，吴贵元老人上去之后年轻人不断加入进去，我加入青年的哆耶圈，被推到圈子中央，到吴老边上录音。青年人附和吴老耶歌的那种欢乐、兴奋的哆耶步态、哆耶歌声和搞笑的模样深深打动了我，在他们的包围中，我真实地感受到民间文艺仍然有着强大的生命力，因为青年人还是喜欢这种娱乐方式的。

今天新寨杀了 7 头猪、办了 300 多桌酒。吴居华老人的家里就接待了 20 多桌，新寨的人不是成了厨师就是成了接待员。

晚上，我在桥上与吴杭恩老人交谈。老人 83 岁了，但耳聪目明、步伐矫健。老人是主动过来与我交谈的，他说看见某某在我面前胡说八道，他就想过来和我说。我谢谢老人，同时告诉老人我已经调查了解了不少情况，有一定的分辨力了（其实，从社会学的研究来说，每个人的表述都是有意义的，即使是胡诌——但这要建立在你知道对方是胡诌的基础上）。桥上很冷，已经下霜了。在寒冷的桥上与老人谈了半个多小时，老人穿得比我还少，我怕老人受风寒，提议去老人的家，在老人家里，老人给我提供了他的家谱资料，有吴氏宗族如何进林溪的简单记述。

附录4 马安庆功百家宴访谈

（时间：2004年1月29日，抢花炮次日晚。地点：马安寨鼓楼坪。L——访问者（笔者）；V——村民）

L：祝贺你们，祝贺你们得头炮。

V：谢谢！谢谢！（四周是村民快乐的吆喝声）

L：昨天你们都参加抢炮了吧？我看见你们抢到头炮好高兴。上次你们是两个炮？

V：对，两个换一个。换个头炮，宁可要头炮。

L：你为什么觉得头炮值呢？

V：就是想要个头要个尾。

L：你们这个抢花炮大家都喜欢吧？

V：喜欢啦，大家都高兴呢。

L：为什么高兴呢？为什么喜欢抢花炮？说说你们的想法和理由吧，你自己为什么喜欢抢花炮？

V：我们的风俗习惯就是这样，每一年都有。

V：抢得花炮是全村的荣耀啊。程阳有八个寨……

（四周村民未等话说完，又热情敬酒，笑声、敬酒声、说话声不断。）

V：今天晚上我们这里可能要闹到两点钟。

……

L：你们觉得你们侗家最好玩儿、最热闹的是什么节日？

V：也是花炮节。我们侗家最热闹的还有八月十五。

L：八月十五是什么活动？芦笙？

V：芦笙大赛！就是八个寨，我们林溪乡吧，搞个大赛。

L：那是由乡政府来办的，对吧？但是如果是民间的，不是政府办的，最热闹的是什么活动？

V：就是花炮节了。

L：昨天抢花炮你们都参加了？

V：我们都报名了。

L：你们怎么商量去抢呢？

V：我们就听老人家的嘛，老人家说我们要抢第一炮，要我们一定要抢第一炮回来。

L：第一炮奖多少钱呢？

V：四百五吧。

L：如果不是第一炮呢？

V：那就没有四百五了，好像是300吧。

L：就是说抢大炮就加150，300是组委会给的，对吧？

V：对对对。有钱做生意就容易嘛。（这些年轻人把抢花炮也当成做生意了！）

L：抢花炮主要是为了什么？抢到花炮希望花炮保佑你什么？

V：保佑啊，你做什么就有什么。

L：你们都相信花炮能够带来好运吧？

V：有好运的嘛，有的。

L：讲点故事，有什么得到花炮就获得好运的事？

V：因为那个花炮从天上下来的，从天上下来的好运嘛，被我们抢到了。

L：那以前的花炮有什么带来好运的故事没有？

V：做什么都是顺利的。五年前啊，我老哥啊，他抢得一个，他那一年养猪啊，特别大，养得快。比往年都快，觉得很开心。

（转向另一村民）

L：你是出去打工的吗？

V：对对。

L：在哪里打工？

V：在广东。

L：今年多少岁？有女朋友没有？

V：20岁。没有。

L：你们这个花炮节游行，好像没见多少女孩子出来游行啊，灵溪那边好多打扮很漂亮的女孩子游行的。

V：以前也有，以前也有很多的，现在都出去打工了。

L：你们也是打工啊，你们不是也回来参加吗？

V：男孩子不同嘛，为了表现我们很强很有力量。

L：那你们通过抢花炮显示自己很强很有力量，也有可能让女孩子看上自己，是吧？有这种想法吧？

V：对。抢到第一炮的话，就很有男子汉气概。你想想，八个寨有多少年轻人？抢到那个炮很不容易的，到时候就娶个好老婆。

L：现在你们年轻人抢到花炮以后，没有结婚的就是希望讨个好老婆，是吧？

V：（不好意思地笑）都是这样想的。

L：已经结了婚的呢？

V：养猪顺利，打工顺利，滚滚发财。

L：那你们在寨子里面服不服老人管你们啊？老人叫你们做什么事情你们听不听？

V：肯定听的嘛。

L：老人发挥什么作用？

V：老人家经验多嘛，年轻人出力嘛。老人给年轻人提供经验，年轻人就有力量去做好，老人和年轻人要互相配合。

L：你们抢这个头炮，事先大家商量了一下怎么去抢它吗？你们在抢炮之前互相怎样配合、怎样掩护，商量过了没有？

V：肯定商量过啦。都有思想准备的。

L：是什么样的准备呢？

V：就是我们一部分人在外面等，要是我们里面的人拿到了，我们外面的人都挤进去，挤进去把那些人推开，保护他，我们都已经安排好的，所以人多力量大。

L：每个抢炮队的人数不固定的，是吧？有些人多有些人少的，是吧？

V：对对对，不固定。看看你们村团不团结，因为我们团结，所以抢到炮的可能性就很大。

L：那你们村里自己的人抢到，会不会本村的人也去抢呢？

V：不会去抢的，我只有掩护他。就是他拿不住了，别人去抢，他会送出来，他要放也要放给自己人啦。

L：如果没有别村的人了，自己村寨的人就不会再抢他的了？

V：不抢了。（不会窝里斗！）

L：河水那么冷，你们到河里面抢就不怕冷吗？

V：怕什么冷啊，不怕冷。如果抢到这个头炮，全家就要发财，全寨发财。

L：你们抢得了头炮以后还去抢吗？

V：我们一抢得就抛掉，搞热闹一点儿嘛，意思就是不要了，你也要留一点儿给人家。再一个下次放花炮的话，多几个寨子游行热闹一点儿嘛。

L：是不是寨老跟你们说的呢，说我们要一个炮就得了？

V：是啊，但是说一定要那个头炮的。如果我们抓不到头的，后面也可能会多要几个的。

L：到后面就是各人去抢了，是吧？

V：对，很自由的。能抢到就是你的本事了。大家互相配合要抢的就是那个头炮。

……

V：昨天很明显的有两个寨子不进去抢花炮。（实际是没有形成团体去抢。）

L：他们为什么不进去呢？

V：他们没有很好地组织，你没有组织性的话，东进去一个，西进去一个，你做得成什么？那么多人抢炮，一个人怎么抢得？

L：的确，团结起来才有力量。是不是这两个寨子的老人协会号召力不够？

V：也可以这样说，如果老人协会说要抢花炮，他们会管那些年轻的嘛，可能年轻的不听他们的话。

L：为什么那些年轻人不听老人的话呢？

V：以前老人不支持年轻人嘛，你不支持他们，他们也懒得听你的。

L：那你说老人家不支持年轻人的事情，能举一些具体的事情吗？

V：以前他们寨子里面有年轻仔抢到一个花炮，本来是为集体、为大家抢来的，但结果老人呢，不来帮你组织乐捐，叫年轻人自己去做，结果抢到花炮的得自己负担。年轻人还没有觉悟到为大家承担一切，他只是想尽到自己的一分力量，为自己的寨子争一口气，贡献出一分力量。

L：也就是说，老人的号召力不够，不能捐到很多款来支持这个活动，喊大家出来游行呢，又没有多少人参加，所以年轻人就觉得没劲？

V：就是。如果你出来游行，一个寨子寥寥无几的没有几个人，一个队伍又不强壮，人家一看到，你这个村子怎么那么差火，很落后的，就像卖丑一样。所以就不想去抢了。

参考文献

中文部分

安德明：《天人之际的非常对话——甘肃天水的农事禳灾研究》，中国社会科学出版社2003年版。

安德森、本尼迪克特著，吴叡人译：《想象的共同体：民族主义的起源与散布》，上海人民出版社2003年版。

巴比、艾尔著，邱泽奇译：《社会研究方法》（第8版），华夏出版社2000年版。

巴赫金著，佟景韩译：《巴赫金文选集》，中国社会科学出版社1996年版。

白晋湘、刘少英、钟海平等：《湘鄂渝黔边山寨民族体育文化的本质内涵》，载《北京体育大学学报》2000年第3期。

白晋湘：《弘扬中华民族传统体育　丰富世界现代体育宝库》，载《北京体育大学学报》2001年第3期。

鲍江：《象征与意义：叶青村纳西族宗教仪式研究》，中央民族大学博士论文，2003年。

本尼迪克特、露丝著，何锡章、黄欢译：《文化模式》，华夏出版社1987年版。

波普诺著，李强等译：《社会学》（第10版），中国人民大学出版社1999年版。

布朗、拉德克利夫著，潘蛟等译：《原始社会的结构与功能》，中央民族大学出版社 2002 年版。

曹锦清等：《当代浙北乡村的社会文化变迁》，上海远东出版社 2001 年版。

曹锦清：《黄河边的中国》，上海文艺出版社 2003 年版。

曹树基：《清代前期浙江山区的客家移民》，载《客家学研究》第 4 辑，客家人社区（http：//bbs.ydzc.com），2004 年 6 月 11 日。

陈春声：《信仰空间与社区历史的演变——以樟林的神庙系统为例》，载《清史研究》1999 年第 2 期。

陈光金：《中国农村社区精英与社会变迁研究》，中国社会科学院博士论文，1997 年。

陈连山：《春节民俗的意味》，载《百科知识》2005 年第 2 期。

陈向明：《质的研究方法与社会科学研究》，教育科学出版社 2000 年版。

陈衣等编著：《八桂侗乡风物》，广西民族出版社 1992 年版。

陈荫槐等主编：《体育大辞典》，上海辞书出版社 2000 年版。

成中英：《中国哲学的现代化与世界化》，联经出版事业公司 2005 年版。

邓建伟：《喜庆活动与村庄社会结构的重组——喜庆村庄：红村个案研究》，中国人民大学博士论文，2001 年。

邓敏文、吴浩：《没有国王的王国——侗款研究》，中国社会科学出版社 1995 年版。

邓启耀：《傩与非傩：漂变的活化石》，载《民族艺术研究》1994 年第 4 期。

邓启耀：《访蛊手记》，载《华夏人文地理》1999 年第 5 期。

邓启耀：《中国神话的思维结构》，重庆出版社 2005 年版。

董晓萍：《说话的文化——民俗传说与现代生活》，中华书局 2002 年版。

杜维明：《人文精神与全球伦理》，载《中国大学学术讲演录》，广西师范大学出版社 2002 年版。

杜赞奇著，王福明译：《文化、权力与国家》，江苏人民出版社 2003 年版。

范伟达编著：《现代社会研究方法》，复旦大学出版社 2001 年版。

范瑜、贺雪峰：《村民自治的村庄基础》，西北大学出版社 2002 年版。

方李莉：《陕北人的窑洞生活：历史、传承与变迁》，载《广西民族学院学报》（哲社版），2003 年第 2 期。

弗思、雷蒙德著，费孝通译：《人文类型》，商务印书馆 1991 年版。

费孝通：《中华民族的多元一体格局》，载《北京大学学报》1989 年第 4 期。

费孝通：《略谈中国社会学》，载《社会学研究》1994 年第 1 期。

费孝通：《乡土中国　生育制度》，北京大学出版社 1998 年版。

费孝通：《江村经济——中国农民的生活》，商务印书馆 2001 年版。

费孝通主编：《中华民族多元一体格局》（修订本），中央民族大学出版社 2003 年版。

冯骥才主编：《守望民间》，西苑出版社 2002 年版。

风笑天：《社会学研究方法》，中国人民大学出版社 2001 年版。

傅瑾：《草根的力量——台州戏班的田野调查与研究》，广西人民出版社 2001 年版。

高丙中主编：《现代化与民族生活方式的变迁》，天津人民出版社 1997 年版。

高丙中：《中国文化的族际共享》，载《民族艺术》1998 年第 4 期。

高丙中：《社会团体的合法性问题》，载《中国社会科学》2000 年第 2 期。

高登荣：《一个彝族社区的社会文化变迁》，四川大学历史文化学院博士论文，2000 年。

克利福德·格尔兹著，纳日碧力戈等译：《文化的解释》，上海人民出版社 1999 年版。

葛兆光：《中国思想史》，复旦大学出版社 2004 年版。

管学庭、梁柱平：《民族传统体育——侗族抢花炮初探》，载《广西体育史料》1984 年第 2 期。

郭于华：《民间传统丧葬仪礼的文化功能和意义》，北京师范大学博士论文，1990 年。

郭于华主编：《仪式与社会变迁》，社会科学文献出版社 2000 年版。

哈布瓦赫、莫里斯著，毕然、郭金华译：《论集体记忆》，上海人民出版社 2002 年版。

汉德尔曼：《唐·仪式/壮观场面》，载《国际社会科学杂志》1998 年第 3 期。

郝时远：《对西方学界有关族群释义的辨析》，载《广西民族学院学报》（哲学社会科学版）2002 年第 4 期。

郝翔、朱丙翔主编：《周城文化——中国白族名村的田野调查》，中央民族大学出版社 2001 年版。

贺雪峰：《乡村治理的社会基础》，中国社会科学出版社 2003 年版。

贺雪峰：《新乡土中国》，广西师范大学出版社 2003 年版。

贺雪峰：《村庄精英的谱系》，世纪中国（http：// www. cc. org. cn）2005 年 2 月 8 日。

黄剑波：《"四人堂"纪事——中国乡村基督教的人类学研究》，中央民族大学博士论文，2003 年。

黄伟、卢鹰：《中国古代体育习俗》，陕西人民出版社 2004 年版。

黄文仁：《全球化背景下我国体育文化发展问题的理论思考》，载《北京体育大学学报》2005 年第 7 期。

黄泽：《西南民族节日文化》，云南教育出版社 1995 年版。

黄宗智：《长江三角洲小农家庭与农村发展》，中华书局 1992 年版。

黄宗智主编：《中国乡村研究（一）》，商务印书馆 2003 年版。

黄宗智主编：《中国乡村研究（二）》，商务印书馆 2003 年版。

黄宗智主编：《中国乡村研究（三）》，中国社会科学文献出版社 2005 年版。

黄宗智：《认识中国——走向从实践出发的社会科学》，载《中国社会科学》2005 年第 1 期。

胡小明：《体育人类学》，广东人民出版社 1999 年版。

胡守钧：《走出轮回》，山东友谊出版社 1998 年版。

胡守钧：《走向共生》，上海文化出版社 2002 年版。

霍尔、尼兹著，周晓虹、徐彬译：《文化：社会学的视野》，商务印书馆 2002 年版。

吉登斯、安东尼著，胡宗泽等译：《民族—国家与暴力》，三联书店 1998 年版。

金元浦：《重新审视大众文化》，载《中国社会科学》2000年第 6 期。

金元浦：《文化：奥林匹克的核心价值》（http：//www. c2008. org），2004 年 12 月 4 日。

康纳顿、保罗著，纳日碧力戈译：《社会如何记忆》，上海人民出版社 2000 年版。

科克利·杰著，刘精明等译：《体育社会学：议题与争议》（第 6 版），清华大学出版社 2003 年版。

蓝宇蕴：《都市里的村庄》，三联书店 2005 年版。

雷伯·阿瑟编，李伯黍等译：《心理学词典》，上海译文出版社 1996 年版。

李非：《空间观念与族群认同》，四川大学硕士论文（中国期刊网），2002 年。

李丰楙：《严肃与游戏：从蜡祭到迎王祭的"非常"观察》，载《民族学研究所集刊》第 88 期。

李嘉：《西南地区民族体育之教育传承体系研究》，西南师范大学硕士论文，2002 年。

李立忠：《变迁与重建：1949—1956 年的中国社会》，江西人民出版社 2002 年版。

李培林：《村落的终结——羊城村的故事》，商务印书馆 2004 年版。

李培林等：《20 世纪的中国：学术与瑜社会·社会学卷》，山东人民出版社 2001 年版。

李强：《符号、集体记忆与民族认同》，中评网（www. china-review. com）。

李秋洪：《广西民族交往心理》，广西人民出版社 1996

年版。

李晓华：《从民运会看少数民族体育的发展》，载《北京体育大学学报》2001 年第 1 期。

李亦园：《人类的视野》，上海文艺出版社 1996 年版。

李亦园：《中国文明的民间文化基础》，载《中华读书报》1998 年 8 月 5 日。

李志清：《少数民族体育起源与变异探析》，载《体育科学》2004 年第 1 期。

李志清、虞重干：《专题研究与田野调查：深化少数民族体育研究的途径》，载《体育科研》2004 年第 4 期。

李志清、虞重干：《当代乡土生活中的抢花炮——桂北侗族地区抢花炮变化特征的实地研究》，载《体育科学》2005 年第 12 期。

李志清、张艳：《奥林匹克仪式与上海市全民健身的实践》，载《体育科研》2006 年第 1 期。

梁治平：《清代习惯法：社会与国家》，中国政法大学出版社 1996 年版。

廖开顺：《侗族文化心理剖析》，载《民间文化》1998 年第 3 期。

廖明君：《源于田野的文化思考——邓启耀访谈录》，载《民族艺术》2002 年第 2 期。

刘德琼等主编：《少数民族传统体育》，广西师范大学出版社 2000 年版。

刘少英等：《湘鄂渝黔边山寨少数民族传统体育的演化及发展趋势》，载《体育文史》2001 年第 3 期。

刘翔：《云南少数民族体育的特点及产业化思路》，载《思想战线》2000 年第 6 期。

刘晓春：《仪式与象征的世界》，商务印书馆 2003 年版。

刘志伟：《神明的正统性与地方化——关于珠江三角洲地区北帝崇拜的一个解释》，载《中山大学史学集刊》（第 2 辑），广东人民出版社 1994 年版。

刘宗碧：《侗族传统文化特征及其对社会的影响》，载《西南民族大学学报》（人文社科版）1993 年第 1 期。

芦平生：《西北少数民族传统体育的项群分类及其特征》，载《中国体育科技》2001 年第 9 期。

陆焱：《村落社区的傩仪与象征》，中央民族大学博士论文，2005 年。

陆煜：《中国族群理论的先河——评〈现代背景下的族群建构〉》，世纪中国（http：//www.cc.org.cn/），2001 年 1 月 2 日。

罗荣渠：《现代化新论》，商务印书馆 2004 年版。

卢元镇：《体育社会学》，高等教育出版社 2001 年版。

卢元镇编著：《中国体育社会学》，北京体育大学出版社 2001 年版。

吕树庭、卢元镇编著：《体育社会学》，高等教育出版社 2001 年版。

吕微：《神话何为》，社会科学文献出版社 2001 年版。

吕卓红：《川西茶馆：作为公共空间的生成和变迁》，中央民族大学博士论文，2003 年。

马凌诺斯基著，梁永佳等译：《西太平洋的航海者》，华夏出版社 2002 年版。

马戎：《民族与社会发展》，民族出版社 2001 年版。

马戎、周星主编：《二十世纪：文化自觉与跨文化对话（一、二）》，北京大学出版社 2001 年版。

苗延秀、蒙书翰主编：《广西侗族文学史料》，漓江出版社 1991 年版。

纳麒：《传统与现代的整合：云南回族历史文化·发展论

纲》，云南大学出版社 2001 年版。

纳钦：《口头叙事与村落传统》，民族出版社 2004 年版。

纳日碧力戈：《现代背景下的族群建构》，云南人民出版社 2000 年版。

倪依克：《当代中华民族传统体育发展的思考》，载《体育科学》2004 年第 4 期。

倪依克：《论中华民族传统体育的发展》，载《体育科学》2004 年第 11 期。

倪依克：《民族传统体育学学科建设的理论基础》，载《体育科学》2005 年第 1 期。

倪依克：《蒸腾与困窘：当代中华民族传统体育发展之惑》，载《体育科学》2005 年第 9 期。

帕森斯著，张羽德等译：《社会行动的结构》，译林出版社 2003 年版。

潘蛟：《勃罗姆列伊的民族分类及其关联的问题》，载《民族研究》1995 年第 3 期。

潘蛟：《火把节纪事：当地人观点》，载《民族艺术》2004 年第 3 期。

潘乃谷、马戎：《社区研究与社会发展》（上、中、下），天津人民出版社 1996 年版。

潘其旭：《壮族歌圩研究》，广西人民出版社 1991 年版。

潘秋荣：《文化变迁与认同——赛夏族与基诺族的考察研究》，中央民族大学博士论文，2003 年。

潘守永：《重访抬头：中国基层社会文化变迁的田野研究》，中央民族大学博士论文，1999 年。

潘英海：《热闹：一个中国人社会心理现象的提出》，载《本土心理学研究》1993 年第 1 期。

彭林：《从〈仪礼乡射礼〉看中国古代的体育精神》，载

《光明日报》（史学版）2004 年 2 月 10 日。

彭兆荣：《边陲地带的草根力量》，载《读书》2000 年第 5 期。

彭兆荣：《仪式谱系：文学人类学的一个视野》，四川大学博士论文，2002 年。

彭兆荣：《旅游人类学》，民族出版社 2004 年版。

覃德清：《民生与民心——华南紫村诸族群的生存境况与精神世界》，中山大学博士论文，1998 年。

乔健等主编：《社会科学的应用与中国现代化》，北京大学出版社 2000 年版。

屈杰：《体育全球化环境下的中国少数民族传统体育文化》，载《中国民族》2002 年第 9 期。

任海：《顾拜旦与奥林匹克仪式》，载《中国体育科技》2001 年第 3 期。

饶远、张云钢：《云南少数民族体育资源产业化发展对策》，载《上海体育学院学报》2000 年第 4 期。

沙莲香等：《社会学家的沉思：中国社会文化心理》，中国社会出版社 1998 年版。

沈阳等：《云南民族体育产业化发展的可行性及思路》，载《体育文史》1999 年第 4 期。

沈阳、饶远：《云南旅游大省建设中的新亮点：民族体育旅游互动式发展》，载《学术探索》2001 年第 1 期。

石开忠：《侗族鼓楼》，华夏文化艺术出版社 2001 年版。

史宗主编：《二十世纪西方宗教人类学文选》，上海三联书店 1995 年版。

宋蜀华、白振声主编：《民族学理论与方法》，中央民族大学出版社 1998 年版。

孙立平：《迈向实践的社会学》，载《江海学刊》2002 年第

3 期。

孙秋云等主编：《南方民族研究论丛》第 5 辑，民族出版社
2001 年版。

孙晓莉：《中国现代化进程中的国家与社会》，中国社会科
学出版社 2001 年版。

泰勒·爱德华著，连树声译：《人类学：人及其文化研究》，
广西师范大学出版社 2004 年版。

田祖国等：《湘鄂渝黔边山寨民族体育文化的共性研究》，
载《西安体育学院学报》2000 年第 1 期。

田祖国等：《湘鄂渝黔边山寨民族体育文化研究现状及发展
对策》，载《西安体育学院学报》2000 年第 3 期。

田祖国等：《湘鄂渝黔边区民族传统体育消费与产业化发展
研究》，载《成都体育学院学报》2001 年第 6 期。

全志辉：《乡村关系视野中的村庄选举》，西北大学出版社
2002 年版。

涂尔干著，渠东、汲喆译：《宗教生活的基本形式》，上海
人民出版社 1999 年版。

涂绍生等：《试论湘鄂渝黔边区土家族民间体育的起源及发
展》，载《中国体育科技》2001 年第 5 期。

王春光：《新生代农村流动人口的社会认同与城乡融合的关
系》，载《社会学研究》2001 年第 3 期。

王岗：《体育全球化背景下的民族传统体育发展问题的思
考》，载《体育文化导刊》2004 年第 1 期。

王杰、海力波：《审美人类学：研究方法与学科意义》，载
《民族艺术》2000 年第 3 期。

王明珂：《华夏边缘——历史记忆与族群认同》，允辰文化
实业有限公司 1997 年版。

王铭铭：《社会人类学与中国研究》，三联书店 1997 年版。

王铭铭：《社区的历程》，天津人民出版社 1997 年版。

王铭铭、王斯福主编：《乡土社会的秩序、公正与权威》，中国政法大学出版社 1997 年版。

王荣国：《民清时代的海神信仰与经济社会》，厦门大学博士论文，2001 年。

王希恩：《民族认同与民族意识》，载《民族研究》1995 年第 6 期。

王希恩：《当代中国民族问题解析》，民族出版社 2002 年版。

王亚鹏：《少数民族认同研究的现状》，载《心理科学》2002 年第 1 期。

王筑生主编：《人类学与西南民族》，云南大学出版社 1998 年版。

韦伯·马克斯著，林荣远译：《经济与社会》，商务印书馆 1998 年版。

韦晓康：《壮族传统体育文化研究》，中央民族大学出版社 2004 年版。

文军：《传承与创新：现代性、全球化与社会学理论的变革》，华东师范大学出版社 2004 年版。

翁乃群：《全球化背景下的文化研究及其思考》，载《社会学研究》1999 年第 6 期。

翁乃群：《全球化背景下的文化再生产——以纳西文化与旅游发展之间关系为例》，载《人文世界》，华夏出版社 2001 年版。

乌丙安：《中国民俗学》（新版），辽宁大学出版社 2002 年版。

吴凤玲：《辽东满族的仪式与象征研究》，中国社会科学院硕士论文，2001 年。

吴文藻:《吴文藻人类学研究文集》,民族出版社 1990 年版。

吴晓群:《古代希腊仪式文化研究》,上海社会科学院出版社 2000 年版。

吴毅:《村治变迁中的权威与秩序》,中国社会科学出版社 2002 年版。

冼光位主编 《侗族通览》,广西人民出版社 1995 年版。

萧放:《岁时——传统中国民众的实践生活》,中华书局 2002 年版。

萧凤霞:《文化活动与区域社会经济的发展》,载《中国社会经济史研究》1990 年第 4 期。

萧凤霞:《传统的循环再生——小榄菊花会的文化、历史与政治经济》,载《历史人类学学刊》2003 年第 1 期。

香港城市大学中国文化中心:《岭南历史与社会》,香港城市大学出版社 2003 年版。

徐杰舜等:《程阳桥风俗》,广西民族出版社 1992 年版。

徐平:《羌村社会》,中国社会科学出版社 1993 年版。

许檀:《明清时期城乡市场网络体系的形成及意义》,载《中国社会科学》2000 年第 3 期。

徐万邦、祁夫富:《中国少数民族文化通论》,中央民族大学出版社 1996 年版。

徐勇、徐增阳:《流动中的乡村治理》,中国社会科学出版社 2003 年版。

徐勇:《乡村治理与中国政治》,中国社会科学出版社 2003 年版。

徐勇、徐增阳:《中国农村和农民问题的百年回顾》,故乡(www.guxiang.com),2001 年 8 月 1 日。

薛艺兵:《神圣的娱乐—中国民间祭祀仪式及其音乐的人类

学研究》，宗教文化出版社 2003 年版。

杨民康：《贝叶礼赞——傣族南传佛教节庆仪式音乐研究》，宗教文化出版社 2003 年版。

杨念群主编：《空间、记忆、社会转型》，上海人民出版社 2001 年版。

杨念群等主编：《新史学——多学科对话的图景》，中国人民大学出版社 2003 年版。

杨通山等编：《侗乡风情录》，四川民族出版社 1983 年版。

叶春生、施爱东主编：《广东民俗大典》，广东高等教育出版社 2005 年版。

叶舒宪：《文学与人类学——知识全球化时代的文学研究》，社会科学文献出版社 2003 年版。

印春力：《论民族传统体育文化的休闲参与价值》，载《武汉体育学院学报》2003 年第 3 期。

应星：《从"讨个说法"到"摆平理顺"——西南一个水库移民区的故事》，中国社会科学院博士论文，2000 年。

尤林·罗伯特·C 著，何国强译：《理解文化：从人类学和社会理论视角》，北京大学出版社 2005 年版。

于建嵘：《岳村政治》，商务印书馆 2001 年版。

俞可平等：《中国公民社会的兴起与治理的变迁》，社会科学文献出版社 2002 年版。

余新忠：《清代江南的瘟疫与社会》，中国人民大学出版社 2003 年版。

虞重干、李志清：《近 10 年我国少数民族体育研究评析》，载《体育科学》2004 年第 10 期。

虞重干、李志清：《加强农村基层体育文化研究的历史契机与现实需要》，载《体育科学》2005 年第 1 期。

袁方主编：《社会学研究方法教程》，北京大学出版社 2003

年版。

曾于久、刘星亮：《民族传统体育概论》，人民体育出版社 2003 年版。

折晓叶：《村庄的再造——一个"超级村庄的"的社会变迁》，中国社会科学出版社 1997 年版。

张冀震：《西藏儿童游戏"提格"及其文化内涵》，载《西北民族学院学报》2000 年第 3 期。

张建新：《族际交往与文化融通》，中国人民大学博士论文，1999 年。

张静主编：《国家与社会》，浙江人民出版社 1998 年版。

张世珊、杨昌嗣：《侗族文化概论》，贵州人民出版社 1992 年版。

张意：《文化、符号与权力：布迪厄的文化社会学导论》，中国社会科学出版社 2005 年版。

张云钢：《云南少数民族体育产业化的政策选择与社会支撑体系》，载《思想战线》2001 年第 2 期。

张泽忠主编：《努志潭——三江村寨传说》，广西民族出版社 2002 年版。

赵嘉文、马戎：《民族发展与社会变迁》，民族出版社 2001 年版。

赵世林：《云南少数民族文化传承论纲》，四川大学博士论文，2001 年。

赵世瑜：《眼光向下的革命——中国现代民俗学思想史论》，北京师范大学出版社 1999 年版。

赵世瑜：《狂欢与日常——明清以来的庙会与民间社会》，三联书店 2002 年版。

赵世瑜：《"自上而下"、"自下而上"与整合的历史观》，载《光明日报》2002 年 10 月 12 日。

赵世瑜：《传说·历史·历史记忆——从 20 世纪的新史学到后现代史学》，载《中国社会科学》2003 年第 2 期。

赵苏喆：《20 年来我国民族传统体育研究的状况（综述）》，载《体育学刊》2002 年第 3 期。

赵苏喆：《论当代中华民族统体育的理论研究》，华南师范大学体育学院硕士论文，2002 年。

郑卫东：《"国家与社会"框架下的中国乡村研究》，载《中国农村观察》2005 年第 2 期。

郑振满、陈春声主编：《民间信仰与社会变迁》，福建人民出版社 2003 年版。

中根千枝著，麻国庆译：《田野工作的意义》，载《思想战线》2001 年第 1 期。

钟敬文主编：《民俗学概论》，上海文艺出版社 1998 年版。

钟敬文：《论娱乐》，载《浙江学刊》1999 年第 5 期。

钟敬文：《节日与文化》，载《岁时——传统中国民众的实践生活》，中华书局 2002 年版。

钟海平、田祖国：《湘鄂渝黔边民族传统体育文化产业发展与精神文明建设协调发展研究》，载《北京体育大学学报》2002 年第 1 期。

周大鸣：《凤凰村的变迁——广东潮州凤凰村追踪研究》，中山大学博士论文，1998 年。

周大鸣：《族群与族群关系》，学说连线（http：//www. xslx. com/），2002 年 10 月 31 日。

周谨：《论藏区跳锅庄的社会功能》，四川大学硕士论文，2002 年。

周晓虹：《传统与变迁——江浙农民的社会心理及其近代以来的嬗变》，三联书店 1998 年版。

周晓虹主编：《中国社会与中国研究》，社会科学文献出版社 2004 年版。

周星、王铭铭主编：《社会文化人类学讲演集》，天津人民出版社 1997 年版。

朱炳祥、夏循祥：《变迁中的国家与社会》，载《广西民族学院学报》（哲社科版）2003 年第 6 期。

庄孔韶：《银翅——中国的地方社会与文化变迁》，三联书店 2000 年版。

庄孔韶主编：《人类学通论》，山西教育出版社 2002 版。

庄孔韶：《中国乡村人类学的研究进程》，载《广西民族学院学报》（哲社版）2004 年第 1 期。

黄向春：《文化、历史与国家——郑振满教授访谈》，载《中国社会历史评论》第 5 辑，商务印书馆 2007 年版。

《广西通志·民俗志》，广西人民出版社 1992 年版。

《广西通志·体育志》，广西人民出版社 1989 年版。

《侗族简史》，贵州民族出版社 1985 年版。

《侗族百年实录》（上、下），中国文史出版社 2000 年版。

《三江县志》（民国 35 年版），三江县志办公室，2002 年（翻印）。

《三江侗族自治县志》，中央民族大学出版社 1992 年版。

三江县民委编：《三江侗族自治县民族志》，广西人民出版社 1989 年版。

《从江县志》，贵州人民出版社 1999 年版。

《黎平县志》，巴蜀书社 1989 年版。

《通道县志》，民族出版社 1995 年版。

《中国大百科全书·心理学卷》，中国大百科全书出版社 1991 年版。

外文部分

Anderson, Benedict (1983). *Imagined Communities: Reflections on the Origin and Spread of Nationalism*. London: Verso.

Bourdieu, Pierre (1994). *Structures, Habitus, Power: Basis for a Theory of Symbolic*

Carla J, Reginald J. (1998). *Racial identity, African self-consciousness, and career decision making in African American college women*. Journal of Multicultural Counseling and Development.

Cohen, Myron (1989). "Cultural Identity in China," Paper presented to the Workshop on the Construction of Chinese Cultural Identity, Institute of Culture and Communications, East-West Center, Hawaii.

Durkheim (1973): *The Dualism of Human Nature and its Social Conditions*, in Robert N. Bellah (ed.), On Morality (Chicago: University of Chicago Press.

Geertz, Clifford (1993). *The Interpretation of Cultures-Selected Essays by Clifford Geertz*. London: Fontana Press.

Geertz, Clifford. *Religion as a Cultural System*. www. questia. com

Kertzer, David (1988). *Ritual, Politics, and Power*. Yale University Press.

Siu, Helen F. (1989). *Agent s and Victims in South China*. New Haven: Yale University Press.

塚田誠之. チワン（壮）族の春を告げる祭り — 搶花炮（シン. バウアー）. 国立民族学博物館（大阪）www. minpaku. ac. jp/staff/tsukada/thema02_ 01. html

Turner, V. (1967). *The Forest of Symbols*. Ithaca: Cornell University Press.

    Turner, Victor (1981) . *The Forest of Symbols*. Ithaca: Cornell University Press.

致　谢

感谢亲爱的妈妈。妈妈一直鼓励我不断学习、进步，病危的时候还表示要给我读博提供经济支持。但是为了读博，在妈妈最后的日子里我没有好好侍奉她，留下了永远的遗憾。天国里的妈妈看见此书一定会欣慰的！

感谢国家社科基金委员会和上海市社科基金委员会，本书研究内容获得其立项资助。

感谢上海体育学院和广西师范大学为本书提供了良好的研究条件。

此书的完成需要感谢的人太多太多。

首先感谢导师虞重干教授，是先生使我有信心从运动人体科学转入体育人文社会学的研究，也是先生指引我走上对少数民族体育进行人文社会学研究的道路，先生常常在关键之处给我指点，四年的教诲受益匪浅。

特别感谢中国社会科学院民族学研究所文化人类学研究室翁乃群研究员。翁先生在百忙中多次接受我的电话咨询，明确肯定仪式性少数民族体育是进行"少数民族体育与社会"研究的一个很好的切入点，并通过 E-mail 进行具体的指点。

感谢复旦大学社会学系胡守钧教授。胡先生多次对本选题进行鼓励和点拨，旁听胡老师的"发展社会学"、"中国社会"、"中国古代思想著作选读"等课程获益匪浅。

466

感谢上海体院胡爱本教授。胡老师接受本文的访谈，提供了许多重要的意见。

感谢华东理工大学曹锦清教授在田野调查的理论准备和方法上给予的指点。

感谢南京大学人文社会科学院王杰教授对本研究的鼓励和支持。

感谢中国社会科学院少数民族文学研究所刘亚虎研究员给予本书的鼓励和宝贵意见。

感谢广西师范大学人事处、科研处、体育学院的支持，尤其感谢广西师范大学林娜副书记、梁冬冬处长、查丹明处长、梁柱平院长和杨永亮教授的帮助与支持。

感谢参加笔者博士论文答辩的卢元镇教授、胡守钧教授、周爱光教授、田雨普教授和李建国教授，感谢预答辩的评委老师胡爱本教授、张林教授、李建国教授、徐本力教授、吴怡刚教授，他们的提问和意见帮助笔者对本书进行修改和完善。

感谢各调查点的报道人，是他们与我共同写成了本书。他们是富禄的张新忠、温老、沈老、王老、文奇、刘建文、张久令……，林溪的吴荣彰、吴荣庚、吴永金、吴居华、郑永祥、黄世正、赵军和、吴善居、吴杭恩、吴贵中、吴荣欢、覃文璋、石均能、曹副书记、杨副书记、吴副书记、石乡长……，程阳的陈基光、陈能军、陈能轩、吴志繁、吴生义、杨似玉、杨银桥、梁思、杨进群、吴国成……，梅林的罗正明、罗正文、陈进章、罗晓峰、梁乡长、莫书记、罗庆福、罗锦添、罗本忠、罗进章、石老金、罗修庆、罗修贤、吴军荣、韦爱林、罗明华……，古宜的黄庆耀、吴善文、邓天明、杨尚荣、赖诗义、荣士平、梁国文、吴新华、李晓芸……希望他们的生活一年比一年好。

特别感谢朱小丽硕士。勇敢的小丽陪伴我进行了多次田野调查，与我甘苦与共，体会了深入少数民族村落调查的辛苦和快乐。希望小丽早日实现心愿，考博成功！感谢我的亲友、同事和学生们，是他们在我面对 300 多小时的访谈录音感到透不过气的压力时，伸出援手，帮我完成录音记录，渡过难关。他们是李咏梅副教授、刘伟春教授、卓杰先副教授、李玉华副教授，谢伟老师、曾宇老师，研究生朱小丽、李治业、张艳、杨元英、李忠义、庞依婷、施仙琼、郭传燕、汪现义、苏正、李佳以及文勇和我的许多学生。

感谢广西师范大学中文系蒙书翰教授赠予和借给我许多侗族研究资料。

感谢台湾的刘丽云老师帮我复印并寄来有关资料。

感谢广州的李湘远老师帮我复印并寄来有关资料。

感谢上海体育学院 2002 级博士班的全体同学。早我一年毕业的同学们的鼓励与支持给我克服困难完成本书的力量。尤其感谢李海博士在社团合法性寻求方面提供的思路和与谢建平博士进行的讨论。

感谢所有支持和帮助我的同学们。

感谢上海体育学院刘志民教授、上海市体育局杨卫民处长、上海体育科学研究所张蓓所长和许以诚研究员、上海市虹口区体育局徐文庆局长，与他们共同参加上海市政协的课题调研工作和学术研讨活动，使我在学术思维和学术实践上受益无穷。该学术团队将成为我永远的美好记忆！

感谢我的家人。博览群书、藏书丰富的父亲是我的活辞典，常常为我解答疑惑；姐姐、妹妹常常给我生活上的照顾、情感上和学术上的支持；丈夫多年以来承担了所有的家务和教育女儿的责任；懂事的女儿，每次问她要妈妈给她什么礼物的时候都说只要妈妈快点儿毕业，再也不离开她！2004 年春节回家，上一年级的女儿送给我一个意外的礼物——一顶她亲手制作的博士帽！

女儿的健康成长是我的快慰！2004 年正月里我在程阳八寨调研，女儿和她爸爸过来看抢花炮，之后我仍然留在八寨调研，女儿只好可怜巴巴地向妈妈挥手再见回家去，下图的一张照片就是在那一刻拍下的。

对本书帮助极大的是大量的参考文献。高水平的参考文献使本书获得研究的思路、理论的支撑以及对现实问题进行分析的勇气。本书的研究内容涉及面很广，对涉及的每一方面我都试图找到最权威的和最好的参考文献，是大量高水平的研究文献引导我完成本研究。对所有引用文献，我都忠实列出了文献出处，在此，对许多不曾谋面的老师表示衷心的感谢！本书完成以后，我已经在相关学科积累了大量精品图书资料，对今后的教学和研究十分有利。李培林先生说"参考文献就是广告牌，是作者向他的同行显示其知识实力的途径，是作者研究的专业性的证明书"，"参考文献是英雄榜，是学术著作名牌产品的陈列室"，四年来我在努力

实践这些话，在积累名牌的过程中提高自己。

李志清

2006 年 6 月 25 日于上海

补　记

　　由于上海市社会科学基金项目的结题和本书的出版，博士论文答辩之后我看到了本来无法看到的论文盲审阶段五位专家写的评阅意见。五位专家都是著名学者，他们是：中国社会科学院少数民族文学研究所南方室主任、博士生导师刘亚虎研究员，复旦大学社会发展与公共政策学院学术委员会主席、复旦大学传统与发展研究中心主任、博士生导师胡守钧教授，南京大学人文社会科学高级研究院博士生导师王杰教授，华南师范大学体育学院博士生导师、中国社会学会理事、体育社会学专业委员会副主任委员及秘书长卢元镇教授，南京师范大学体育学院博士生导师田雨普教授。五位专家对论文一致的肯定给了我出版本书的信心，他们提出的宝贵意见对本书的修改提供了帮助，同时也指导了我此后的研究。在此，我对五位专家表示深深的谢意。

　　感谢广西师范大学出版社上海贝贝特文化公司总经理郑纳新博士对出版本书的鼓励，郑博士馈赠的一批图书对我后续的研究提供了有力的支持。

　　最后，感谢为本书作序的著名社会学家胡守钧教授和著名体育社会学家卢元镇教授，两位教授在序里提出了发人深省的问题，从中我得到许多启发，也有许多共鸣。我感觉，他们把我成年以后思考的许多问题以哲学家和社会学家的理性和睿智表达了出来，把我分析得不够深刻的社会现象做了入木三分的剖析。这使我想到我完成博士论文请胡守钧老师提意见的时候，他说要让论文"上天入地"，"上天"是要达到理论的高度，"入地"是要扎根民间、扎根现实。现在这个"上天"的工作两位老师帮我完善了，相信本书出版后，会有许多人为了看这两篇序而翻看本书，谢谢他们为本书添彩，谢谢他们使本书增加了流传的价值。

2008 年 6 月 22 日于桂林